乡村振兴：
基层干部法治素养与能力建设丛书

丛书主编／江必新　李占国

生态资源环境保护法律问题解答与实例

第二版

主　编／朱新力
副主编／钱建军

人民法院出版社

图书在版编目（CIP）数据

生态资源环境保护法律问题解答与实例 / 朱新力主编；钱建军副主编. -- 2版. -- 北京：人民法院出版社，2024.3

（乡村振兴：基层干部法治素养与能力建设丛书 / 江必新，李占国主编）

ISBN 978-7-5109-4027-9

Ⅰ．①生… Ⅱ．①朱… ②钱… Ⅲ．①生态环境－环境保护法－案例－中国 Ⅳ．①D922.685

中国国家版本馆CIP数据核字(2024)第025785号

生态资源环境保护法律问题解答与实例（第二版）

朱新力　主　　编
钱建军　副主编

策划编辑	韦钦平
责任编辑	巩　雪
封面设计	天平文创视觉设计
出版发行	人民法院出版社
地　　址	北京市东城区东交民巷 27 号（100745）
电　　话	（010）67550658（责任编辑）　67550558（发行部查询） 　　　　　65223677（读者服务部）
客　服 QQ	2092078039
网　　址	http：//www.courtbook.com.cn
E - mail	courtpress@sohu.com
印　　刷	三河市国英印务有限公司
经　　销	新华书店
开　　本	787 毫米 ×1092 毫米　1/16
字　　数	412 千字
印　　张	23
版　　次	2024 年 3 月第 1 版　2024 年 3 月第 1 次印刷
书　　号	ISBN 978-7-5109-4027-9
定　　价	78.00 元

版权所有　侵权必究

乡村振兴：基层干部法治素养与能力建设丛书编辑委员会

主　　编：江必新　李占国
编委会成员：（按姓氏笔画排序）
　　　　　　王旭光　王　渊　朱深远　朱新力　刘　敏
　　　　　　李秀丽　陈龙业　赵风暴　姜启波　徐　阳
　　　　　　徐建新　蒋惠岭

生态资源环境保护法律问题解答与实例（第二版）编辑委员会

主　编：朱新力
副主编：钱建军
撰稿人：夏祖银　董　东　俞郭栋　赵　钰　陈　奥
　　　　吴可婷　陈序溢

第二版出版说明

21世纪以来，2024年是中央连续21年发布聚焦"三农"工作的中央一号文件。中央一号文件已逐渐成为中共中央、国务院重视农村问题的专有名词。今年的主题为《中共中央 国务院关于学习运用"千村示范、万村整治"工程经验有力有效推进乡村全面振兴的意见》。为助力乡村振兴战略的实施，推进法治乡村建设，提升基层干部群众的法治素养与能力，2020年，经过深入实地调研，在最高人民法院有关领导和庭室的指导帮助下，我们精心策划出版了《乡村振兴：基层干部法治素养与能力建设丛书》。丛书出版以来，其以与乡村社会生活紧密结合的实用性、解答法律问题的准确性，以及语言风格的简洁易懂性，受到了包括法官、律师等广大基层干部、群众在内的读者喜爱，收到了诸多积极评价和反馈。同时，丛书还入选了2021年中宣部农家书屋重点推荐书目，其中，《农村土地流转法律问题解答与实例》《农村生产经营、生活法律问题解答与实例》两册被农村党支部书记学院选用为基层干部培训教材。

丛书出版三年多以来，《民法典》正式施行，党的二十大作出全面实施乡村振兴战略的决策部署，乡村改革发展过程中出现了新的法律问题，司法实践中也形成了新的成果和经验。为使丛书对法律问题的解答能够紧密结合乡村社会发展变化，保证实用性和时效性，满足读者学法用法的强烈渴求，我们决定在第一版的基础上，对丛书内容进行全面补充更新完善，全新推出《乡村振兴：基层干部法治素养与能力建设丛书》(第二版)，共5册，分别为《农村土地流转法律问题解答与实例（第二版）》《农村生产经营、生活法律问题解答与实例（第二版）》《集体土地征收、拆迁、拆违法律问题解答与实例（第二版）》《生态资源环境保护法律问题解答与实例（第二版）》《乡村诉源治理的实践经验与典型案例（第二版）》。

丛书在第一版的基础上主要进行了以下修订完善：一是结合法律法规、司法解释的修改，对法律问题解答内容进行全面审核、修改和更新，保证解答的准确性；二是梳理并补充此前未收录的法律问题和新出现的法律问题，对丛书内容进行全面丰富完善；三是收录新的案例，包括最高人民法院新公布的典型案例，在全新上线的"人民法院案例库"中精选的典型案例，以及各地法院近期裁判的典型案例，以体现当前新的司法观点和裁判标准。

丛书具有以下三个突出特点：

1. 内容全面、问题导向、针对性强。丛书编写过程中进行了充分调研，以问题为导向，听取基层执法人员在工作中遇到的问题和主要诉求，并结合人民法院丰富的案例资源和司法实践经验，全面、客观、科学地梳理、提炼出主要涉农纠纷类型、矛盾多发点和法律风险点，使内容全面反映并紧密贴合乡村振兴基层涉法需求，具有很强的针对性。

2. 观点准确、注重时效、实用性强。丛书由一批既有丰富审判实务经验，又具有较强法学理论研究能力的业务骨干法官组成作者团队，由最高人民法院相关庭室的审判业务专家进行指导、审稿，保证丛书观点的准确性、科学性以及与当前立法精神和司法观点的一致性，为司法人员正确适用法律、基层干部依法行政、群众依法维权提供准确的指引与帮助。

3. 一问一答、以案说法、通俗易懂。丛书采用一问一答的形式，先提出问题，然后对问题作出通俗易懂的解答，再附以相关典型案例以及案例分析帮助理解，并提示存在的认识误区和法律风险，最后列明相关联的法律法规条文，方便对照阅读和查阅。通过一套"组合拳"，让读者对相关法律问题形成点面结合、立体式的理解和认识。

丛书修订再版倾注了编写团队的大量心血，在此致以诚挚的敬意和由衷的感谢。希望丛书的再版能为全面实施乡村振兴战略、提升广大基层干部的法治素养和依法办事能力、推进法治乡村建设提供智力支持。

丛书不足之处在所难免，欢迎广大读者批评指正，并对我们未来不断完善提升丛书内容质量积极建言献策。

编者

2024 年 3 月

Introduction 出版说明

乡村兴则国家兴，乡村衰则国家衰。党的十九大提出实施乡村振兴战略、建设美丽中国，围绕实施乡村振兴战略党中央作出了一系列重大部署，《中共中央国务院关于实施乡村振兴战略的意见》和《乡村振兴战略规划（2018—2022年）》对实施乡村振兴的目标任务提出了明确要求。实施乡村振兴战略，是解决新时代我国社会主要矛盾、实现"两个一百年"奋斗目标和中华民族伟大复兴中国梦的必然要求，具有重大的现实意义和深远的历史意义。

良好的法治环境是健全乡村治理体系的有力保障，在实施乡村振兴战略中起着基础性和决定性作用。2018年最高人民法院先后发布了《关于深入学习贯彻习近平生态文明思想为新时代生态环境保护提供司法服务和保障的意见》和《关于为实施乡村振兴战略提供司法服务和保障的意见》，明确了司法服务和保障实施乡村振兴战略的具体意见与措施。2020年3月中央全面依法治国委员会印发了《关于加强法治乡村建设的意见》，对法治乡村建设提出明确要求。广大基层干部是乡村振兴、美丽乡村建设的参与者与推动者，在乡村振兴中发挥着重要作用。增强基层干部法治观念、法治为民意识，提高基层干部的法治素养和依法办事能力，教育引导广大基层干部群众办事依法、遇事找法、解决问题用法、化解矛盾靠法，对于促进乡村依法治理，建设法治乡村，加强社会主义民主法治建设和精神文明建设具有重要作用。鉴于此，人民法院出版社在最高人民法院有关领导和庭室的指导帮助下，经过深入实地调研，精心策划推出了《乡村振兴：基层干部法治素养与能力建设丛书》。丛书由第十三届全国人民代表大会宪法和法律委员会副主任委员江必新、浙江省高级人民法院院长李占国担任主编，最高人民法院和浙江省高级人民法院有关庭室的领导和法官以及相关部委的有关科室人员为本套丛书的主要作者。

丛书项目实际调研中，充分听取乡镇干部、村干部、基层人民法庭工作人员在乡村振兴、美丽乡村建设中遇到的问题和主要诉求，并依托人民法院海量的案件资源和司法大数据分析，全面、客观、科学地梳理了乡村振兴、美丽乡村建设中矛盾纠纷的主要类型、多发点以及法律风险点，以确保丛书的内容既系统全面，又重点突出，贴合实际。丛书作者既有相关领域的专家，又有实践经验丰富的基层一线人员，保障了丛书内容的科学性、严谨性、权威性和实用性。

乡村振兴涉及面广，对基层干部的综合能力素质要求高，因此，本套丛书设计为开放式丛书，以便后续根据乡村振兴的实际需求不断追加。首批，推出4卷册，包括《生态资源环境保护法律问题解答与实例》《集体土地征收、拆迁、拆违法律问题解答与实例》《农村土地流转法律问题解答与实例》及《农村生产经营、生活法律问题解答与实例》。后续，将陆续推出涉农法律法规，乡村规划，矛盾纠纷多元化解与乡村治理，涉农刑事法律问题，村规民约在乡村治理、法治乡村建设中的作用等分卷册图书。为便于理解与查阅，丛书采用了一问一答形式，并结合典型案例分析，对人们普遍关心的涉农法律问题进行通俗易懂的解答，提示存在的法律风险，对于提升基层干部的法治素养和依法办事能力具有重要指导与帮助作用。

丛书以问题为导向，依托人民法院丰富的案例资源，不断梳理挖掘乡村振兴战略实施过程中的新情况、新问题，以充分发挥人民法院典型案例的指引、规范和示范作用，服务于生态环境保护、乡村规划与产业发展、乡村治理与乡风文明、乡村人文素养提升等涉及乡村振兴的各个方面。希望丛书的出版能够为实施乡村振兴战略提供整体的法律解决方案与全方位的智力支持，为把我国农村建设成"产业兴旺、生态宜居、乡风文明、治理有效、生活富裕"的美丽乡村贡献绵薄之力。

编者

2020年10月

Preface 前言

　　环境与资源，是人类赖以生存和发展的各种自然要素的总和，是整个社会发展进步的自然基础。党的十九大明确把"坚持人与自然和谐共生"纳入新时代坚持和发展中国特色社会主义的基本方略，指出"生态文明建设是关系中华民族永续发展的千年大计""必须树立和践行绿水青山就是金山银山的理念""像对待生命一样对待生态环境"；2035年即将基本实现的社会主义现代化，把"生态环境根本好转，美丽中国目标基本实现"作为重要的衡量标准；21世纪中叶即将建成的富强民主文明和谐美丽的社会主义现代化强国，把"美丽"作为建成社会主义现代化强国的重要衡量标准之一。党的二十大指出，我们要推进美丽中国建设，坚持山水林田湖草沙一体化保护和系统治理，统筹产业结构调整、污染治理、生态保护、应对气候变化，协同推进降碳、减污、扩绿、增长，推进生态优先、节约集约、绿色低碳发展。2023年7月，习近平总书记在全国生态环境保护大会上强调，今后5年是美丽中国建设的重要时期，要深入贯彻新时代中国特色社会主义生态文明思想，坚持以人民为中心，牢固树立和践行绿水青山就是金山银山的理念，把建设美丽中国摆在强国建设、民族复兴的突出位置，推动城乡人居环境明显改善、美丽中国建设取得显著成效，以高品质生态环境支撑高质量发展，加快推进人与自然和谐共生的现代化。习近平总书记关于生态环境保护的重要论断和党中央关于生态文明建设的重大部署，为加快改善生态环境、推进生态文明法治建设指明了方向和发展路径。

　　环境资源审判是国家生态环境治理体系的重要环节。近年来，人民法院以习近平新时代中国特色社会主义思想为指引，深入践行习近平生态文明思想，积极顺应国家生态环境以及资源管理体制改革的趋势，牢固树立环境资源司法新理念，不断创新审判体制机制，切实发挥审判职能作用，为国家生态文明和美丽中国建设提供了有力的司法服务和保障。2014年以来，最高人民法院先后发布《关于全面加强环境资源审判工作为推进生态文明建设提供有力司法保障的意见》《关于深入学习贯彻习近平生态文明思想为新时代生态环境保护提供司法服务和保障的意见》等文件，深入践行绿水青山就是金山银山理念，准确把握发展经济与保护环境的辩证统一关系，不断创新审判执行方式，促使经济社会发展建立在资源得到高效循环利用、生态环境受到严格保护的基础上，协同推进经济高质量发展和生态环境高水平保护。2014年以来全国法院共受理各类环境资源一审案件110万件，审结104万件，依法审理宁夏和内蒙古腾格里沙漠污染系列案、北京幼儿园"毒跑道"案、江西"三清山巨蟒峰"案、浙江"年检神器"案、昆明"绿孔雀"案等一批标志性案件，依法维护人民群众在健康、舒适、优美生态环境中生存发展的权利。

案例源于审判实践，是司法智慧的结晶。为了配合美丽乡村国家战略的实施，帮助基层、一线执法工作者提高执法素养，培养社会公众的法律思维、规则意识，最终确保国家法律统一正确实施，在人民法院出版社的组织下，我们有选择地对来自基层一线的、鲜活的环资案例进行了加工、编撰。对于每个案例，我们提炼问题、作出解答，并用案例评析进行实例解说，最后辅以法官对执法者、社会公众的风险提示。本书共收集典型案例110余个，涉及环境资源刑事、民事、行政三大诉讼领域，并用专章对环境公益诉讼、生态环境损害赔偿诉讼等当前环资审判的热点问题进行了介绍。这次入选的案例均为各地法院公开发布的典型案例，经过了法院和法官的层层审核和严格把关，体现了人民法官的司法智慧和水平，对于法律实务工作者具有很强的参考价值。

本书在写作过程中得到了最高人民法院、浙江省高级人民法院有关领导和专家的大力指导与支持。最高人民法院民一庭法官助理徐阳，浙江省高级人民法院副院长朱新力、环资庭庭长钱建军对书稿提出了许多有建设性的意见与建议。本书从涉及乡村振兴的污染防治、生态保护、资源利用等案件出发，选取了最高人民法院、浙江法院有关乡村振兴的典型案例等具有代表性的案例进行解答。本书提纲经人民法院出版社与本书作者多次讨论修改完善拟定，由浙江省高级人民法院环资庭高级法官夏祖银、董东，法官助理俞郭栋、赵钰、陈奥以及浙江省法院环资条线多名法官共同执笔完成。初稿形成后，又历经丛书编写人员两次统稿，多次修改、审稿。各位专家与本书作者通力协作，倾注了大量心血与智慧，保证了书稿内容质量。全书写作风格深入浅出、浅显易懂，适合广大基层干部阅读，对预防和处理相关纠纷有积极的指导意义。

囿于作者水平和能力，书中不当与错误之处在所难免，诚请各位读者提出宝贵意见！

作者

2024年3月

Contents 目录

第一章 污染防治类案件

第一节 概述 / 1

第二节 大气污染类案件 / 2

 问题 1：大气污染纠纷中，恶臭气体排放企业的侵权责任如何确定？/ 2

 问题 2：构成环境污染侵权，被侵权人应提供什么证据？/ 5

 问题 3：对于环境行政案件，法院如何附带审查环保行政主管部门出台的规范性文件？/ 8

 问题 4：污泥恶臭超标，是否适用《大气污染防治法》进行处罚？/ 11

 ◎法律规定速查 / 13

第三节 土壤污染类案件 / 15

 问题 1：环境污染刑事案件未直接认定污染及受损事实，相应环境污染侵权民事案件中受害人和污染者的因果关系举证责任如何分配？/ 15

 问题 2：无意思联络的多个污染行为导致同一损害后果时，各污染行为与损害后果的原因力大小应该如何认定？/ 19

 ◎法律规定速查 / 22

第四节 水污染类案件 / 22

 问题 1：对于环境污染刑事案件，何种情况属于情节严重？/ 22

 问题 2：环境污染刑事案件中犯罪嫌疑人的主观过错应如何认定？/ 24

问题 3：委托无资质被告处置危险废物，公司是否构成单位犯罪？/ 26

问题 4：单位犯污染环境罪的，罚金数额应该如何确定？/ 29

问题 5：干扰自动监测设施但未造成污染后果是否认定为严重污染环境？/ 31

问题 6：在水污染环境纠纷中，行政机关出具相关证据的效力如何？/ 34

问题 7：居民对环境公共整治行为负有何种程度的容忍义务？/ 35

问题 8：当一污染行为涉及刑事行为、行政行为和民事行为时，如何综合运用刑事责任、行政责任和民事责任对污染行为进行处罚？/ 38

问题 9：环境侵权案件举证中行政文书可否起到证明作用？/ 39

问题 10：高速公路的运营、管理单位对高速公路环境污染是否应承担相关责任？/ 41

问题 11：环保部门作出的"责令停止生产决定"的性质是行政命令还是行政处罚？/ 42

问题 12：企业将未经处理的生产废水通过管道，向雨水排放口排放，是否构成违规设置排污口的违法行为？/ 45

问题 13：如何确认环境侵权行为的处罚时效起算时间？/ 48

问题 14：船舶偷排含油污水案件中，如何认定违法排放污染物行为及其造成的损害？如何认定偷排的含油污水是否属于有毒物质？/ 52

◎法律规定速查 / 54

第五节 海洋污染类案件 / 58

问题 1：未纳入环境标准的物质导致损害结果是否应认定为新型污染物及承担相关侵权责任？/ 58

问题 2：在污染来源多样的情况下，侵权责任主体应如何甄别及各主体责任比例应如何判定？/ 60

◎法律规定速查 / 62

第六节 物质污染类案件 / 63

问题 1：在污染环境刑事犯罪中，对于悔罪表现明显，积极挽回、减少损害后果的犯罪嫌疑人是否可从轻处罚？/ 63

问题 2：污染环境刑事案件中，在当事人承担了环境修复责任的情况下，可否对环境污染者从宽处理？/ 65

问题 3：非法排放、倾倒、处置行为应如何认定？/ 68

问题 4：环境保护部门依职权处置污染物垫付的处置费用能否通过民事诉讼向环境污染者追偿？/ 69

◎法律规定速查 / 71

第七节　能量污染类案件 / 72

问题 1：噪声污染责任纠纷案件中，高速公路已经环评验收合格的，管理者是否应承担侵权责任？/ 72

问题 2：公共机电设施的所有权转移后，建设单位是否承担隔音降噪的维护责任？/ 75

问题 3：如何认定构成光污染损害赔偿责任？/ 77

问题 4：噪声相关标准的执法适用范围应该如何界定？/ 80

问题 5：高速公路工程产生噪声扰民问题的，该路段环保验收单位是否需要履行监督管理职责？/ 82

问题 6：居民楼电梯噪声致人损害时，可否参照适用《社会生活环境噪声排放标准》作为判断噪声是否超标的评价标准？/ 85

◎法律规定速查 / 87

第八节　环境治理类案件 / 88

问题 1：污染企业在不承担刑事责任或者行政责任的情况下是否可以免除民事责任？/ 88

问题 2：建设单位在已核准的经营范围内实施建设项目，是否需根据国家环境影响评价分类管理制度办理许可审批手续？/ 93

问题 3：行政机关作出行政处罚行为时适用"旧"法，是否属于适用法律法规错误？/ 95

问题 4：行政规范性文件的司法审查标准与方式该如何界定？/ 99

问题 5：涉众利益行政行为轻微违法的，是否可以确认违法而不予撤销？/ 102

问题 6：政府在履职过程中实施的内部行政行为实际影响相对人权利义务，是否具有可诉性？/ 105

问题 7：排污不达标企业逾期未完成限期治理任务的，行政机关是否可以进行行政处罚？/ 109

问题 8：企业可否拒绝或以企业内部管理规定为由对抗行政机关履行执法检查职责？/ 110

问题 9：在法律规定的行政处罚幅度范围内，行政机关行使自由裁量权时是否完全"自由"？/ 113

问题 10：如何认定《行政许可法》第 47 条规定之"重大利益关系"？/ 115

问题 11：环境保护行政机关作出环境影响评价行政许可前未进行听证是否属于没有保障公众参与权？/ 119

问题 12：实施环境评价许可过程中，行政机关应当如何保障公众参与权？/ 122

问题 13：行政机关不能提供其作出环保行政批复行为的相关事实证据是否需承担不利后果？/ 124

问题 14：如何保护行政相对人的信赖利益？/ 126

问题 15：环境保护主管部门对行为人非法处置的位于其管辖区域内的固体废物负有何种法定职责？/ 130

问题 16：相邻方环境污染造成侵权的，应当依照什么原则处理？/ 135

问题 17：对于有效合规整改的污染环境刑事案件涉案企业以及相关责任人，是否可以从宽处罚？/ 138

问题 18：如何判断公民获取政府环境信息行为是否构成滥用权利？/ 140

问题 19：侵权人走私固体废物但已被行政执法机关查扣、没收的，相关处置费用应当作为行政执法成本处理还是应当由侵权人承担？/ 144

问题 20：行为人将医疗污水处理设备断电后直接排放医疗污水的，哪些行政部门有权进行处罚？/ 146

问题 21：环保部门作出的"责令改正违法行为决定"的性质是行政命令还是行政处罚？/ 148

问题 22：建设单位施工行为不当，是否会成为评判环评审批行为合法性的标准？/ 151

◎法律规定速查 / 153

第二章 生态保护类案件

第一节 概述 / 159

第二节 生物多样性保护类案件 / 162

问题 1：生态环境犯罪中修复性司法理念应该如何落实？ / 162

问题 2：环境资源刑事案件中是否可以适用速裁程序？ / 165

问题 3：非法收购、运输、出售珍贵、濒危野生动物的量刑幅度是多少？ / 167

问题 4：参与收购、运输、出售、杀害珍贵、濒危野生动物是否构成犯罪？ / 170

问题 5：非法猎捕、杀害珍贵、濒危野生动物案件中，是否要求行为人在主观层面知道该动物属于国家重点保护的珍贵、濒危野生动物？ / 172

问题 6：走私《濒危野生动植物种国际贸易公约》附录所列珍贵动物是否属于走私珍贵动物罪？ / 175

问题 7：受损生态环境无法修复或直接修复难度较大时，如何确定合理的生态环境损害替代性修复方案？ / 177

问题 8：如何认定非法采伐国家重点保护植物罪中的"采伐"？ / 179

问题 9：法院是否可以判决被告采取预防性措施，并将对濒危野生植物生存的影响纳入环境影响评价？ / 182

问题 10：明知所收购的鱼苗系非法捕捞所得仍与非法捕捞者建立固定买卖关系的，如何承担责任？生态资源损失如何确定？ / 185

◎法律规定速查 / 188

第三章 资源利用类案件

第一节 概述 / 191

第二节 自然资源类案件 / 192

问题 1：以营利为目的的开采砂石及其他矿产资源但未按规定办理采矿登记手续，是否属于非法采矿行为？ / 192

问题 2：非法采矿案件中，鉴定机构作出的矿产采挖量计算报告及国土资源厅作出的鉴定意见书能否作为定案依据？ / 195

问题 3：因村集体公益事业承包地被征用，承包人是否可以获得补偿？/ 197

问题 4：公益林补偿款应该如何分配？/ 199

问题 5：名为采矿权转让合同实为采矿企业股权转让合同，当事人能否以签订的合同是矿业权转让合同为由主张确认转让合同无效？/ 202

问题 6：在自然保护区作业的勘察、开采矿产资源合同是否有效？/ 205

问题 7：将申请农用地用于其他用途是否属于非法占地？/ 208

问题 8：如何认定违法用地复耕整改到位？/ 210

问题 9：土地行政协议中，企业方的损失应当如何认定？/ 213

问题 10：行政机关作出的行政许可直接关系到申请人及他人重大利益时，是否应按照法律规定履行相关告知义务？/ 216

问题 11：水资源开发利用权人与流域内水资源的开发规划行为之间是否具有利害关系？/ 218

问题 12：在无法鉴定的情况下，如何认定破坏自然遗迹和风景名胜造成的生态环境损害？/ 221

问题 13：对于非法采砂违法犯罪，如何认定生态环境损害范围和损失？/ 224

问题 14：对于非法运输列入《濒危野生动植物种国际贸易公约》附录Ⅰ、附录Ⅱ的物种的行为，行政机关是否应作出行政处罚？/ 226

问题 15：行政机关对于非法占用海域的行为是否可以进行行政处罚？对于同一海域内先后存在两个以上相互独立的非法围海、填海行为，行为人应如何承担行政法律责任？/ 228

问题 16：公司探矿权取得在先，人民政府基于饮用水水源地保护需要不再申报延续登记，是否符合环境公共利益？/ 231

问题 17：未办理合法用地手续，违法改变耕地用途造成基本农田大量毁坏难以恢复原状的行为，如何定性？/ 233

问题 18：违反土地管理法规，违法改变耕地用途造成耕地、山林大量毁坏的行为，如何定性？/ 235

问题 19：非法占用农用地罪从重处罚的具体情形有哪些？/ 237

问题 20：土地承包人未尽监管和保护义务，致使土地生态受到严重破坏的，人民法院能否判决解除承包合同？/ 238

问题 21：对于发生时间很早但一直持续的非法占地行为，如何理解与适用行政处罚追诉时效？/240

问题 22：生猪养殖户在未办理用地手续的情况下破坏农用地的，人民法院应如何区分并作区别处理？/242

◎法律规定速查 / 244

第四章　环境公益诉讼与生态环境损害赔偿诉讼类案件

第一节　概述 / 249

第二节　环境公益诉讼类案件 / 259

问题 1：环境刑事附带民事公益诉讼中被告人民事赔偿责任应如何确定？/259

问题 2：刑事附带民事公益诉讼中，在被告人已经被判处没收违法所得的情况下，是否还需要用自身合法财产承担民事责任？/261

问题 3：检察机关在环境公益诉讼中有哪些权利、义务？/264

问题 4：环境功能损失的诉请是否应得到支持？/267

问题 5：环境民事公益诉讼案件是否适用调解，需要哪些程序？/269

问题 6：刑事附带民事公益诉讼中生态环境修复费用应如何认定？/271

问题 7：集体企业改制后环境污染责任主体、修复方案及修复费用如何确定？/273

问题 8：无法鉴定或鉴定成本过高的情况下，如何确定生态环境的损失数额？/280

问题 9：如何适用劳务代偿等创新性的生态环境修复责任方式？/282

问题 10：被告人因利用职业便利实施污染环境犯罪，或者实施违背职业要求的特定义务的犯罪被判处刑罚的，可否禁止其今后从事相关职业？/286

问题 11：如何认定具有损害社会公共利益重大风险的污染环境、破坏生态的行为？/288

问题 12：哪些因素可减轻污染者的赔偿责任？/292

问题 13：污染经环境自净后是否可免除污染者的环境修复责任？/ 295

问题 14：判令污染者停止侵害后，污染者恢复生产的前提条件是什么？/ 298

问题 15：基于同一行为提起的环境民事、行政公益诉讼是否可以一并审理？/ 302

问题 16：环境行政公益诉讼中行政机关履行法定职责的判断标准是什么？/ 305

问题 17：推定规则在环境公益诉讼中如何适用？/ 307

问题 18：环境污染侵权案件中，侵权人付出的环保技术改造费用能否用以抵扣应承担的生态环境损害赔偿金？/ 310

问题 19：生态环境侵权人履行整体修复义务后，能否以代其他侵权人支出的修复费用折抵其应当承担的生态环境服务功能损失赔偿金？/ 312

问题 20：因非法采矿造成的生态环境损害，赔偿的具体范围应当如何认定？生态环境修复费用应当如何使用？/ 315

问题 21：生态环境修复是否可以裁定先予执行？/ 318

问题 22：违法行为人在刑事判决中未承担生态环境修复责任，行政机关是否可以代履行？/ 320

问题 23：非法占用农用地案件中，行政责任、刑事责任、民事责任如何有效衔接？/ 323

问题 24：自然资源主管部门将非法占用农用地案件移送公安机关后，是否应继续履行监督检查职责？/ 325

◎法律规定速查 / 327

第三节　生态环境损害赔偿类案件 / 332

问题 1：生态环境损害赔偿磋商中，如何体现磋商的公开透明、保障社会公众的环境权益？/ 332

问题 2：生态环境损害赔偿磋商协议是否需要进行司法确认？/ 335

问题 3：承担生态环境损害责任时，责任人提供有效担保后可以分期支付赔偿费用吗？/ 336

第一章
污染防治类案件

第一节 概述

目前,我国环境形势依然严峻,大气、水、土壤等污染问题仍然较为突出,广大人民群众热切期盼加快提高生态环境质量。打好污染防治攻坚战,解决好人民群众反映强烈的突出环境问题,既是改善环境民生的迫切需要,也是加强生态文明建设的当务之急。

本章的主要内容是对污染防治类案件典型案例的介绍、分析解答,法官根据案件情况作出相应的风险提示。随着我国对环境保护的日益重视,环境污染类案件的打击力度也随之加强。根据《环境保护法》第2条规定,环境是指影响人类生存和发展的各种天然和经过人工改造的自然因素的总体,包括大气、水、海洋、土地、矿藏、森林、草原、湿地、野生生物、自然遗迹、人文遗迹、自然保护区、风景名胜区、城市和乡村等。污染防治类案件类型多样,根据其污染对象的不同,通常可以将其分为大气污染类案件、土壤污染类案件、水污染类案件、海洋污染类案件、物质污染类案件、能量污染类案件以及环境治理类案件等不同类型。对污染防治类案件的处理不仅涉及民事行为,还涉及行政行为,甚至刑事行为,如一个大气污染类案件可能涉及大气污染责任纠纷、行政处罚、污染环境罪等不同法律行为。准确把握污染防治类案件的处理对于打击环境污染犯罪、保护生态环境具有至关重要的意义。

在司法实践中,污染防治类案件通常存在以下几个方面的特点:一是污染来源复杂,难以厘清各侵权主体的责任;二是污染证据难以收集,难以证明污染行为与污染结果的因果关系;三是影响范围广,难以认定具体损失;四是污染行为同时涉及民事、行政、刑事行为。环境污染具有易逝性、扩散性,污染事件发生后,必须尽快收集、固定相关证据。在处理此类案件的过程中,司法机关可以发挥行政文书的证明作用进一步了解案情,通过污染检测手段明晰污染来源、确定责任主体与责任比例,综合运用民事、行政、刑事责任打击环境污染行为。污染防治类案件不仅涉及的空间范围广,在法律适用上也涉及多个部门法,审判实践中时常需要进行规范性文件附带审查,厘清环境法律规范交叉适用竞合的情形,在污染防治类案件举证责任倒置的前提下,同时也需要通过关联性证据补全证据链。此外,实践中也常会遇到单位犯罪、主观过错认定等问题,在本章案例中也都将涉及,在此不作赘述。

污染发生后的环境恢复问题是处理污染防治类案件的重要内容。面对污染防治类案件时,我们应当坚持运用司法手段改善、减轻或者消除破坏资源、污染环境的危害状态,建立资源环境案件的恢复性司法机制。对资源环境案件中的民事诉讼部分,可以根据案件的具体情况,合理判令侵权人停止侵害、排除妨碍、消除危险、恢复或者修复环境、赔偿损失等责任,使已经造成的环境污染尽快消除。

习近平总书记提出:"我们既要绿水青山,也要金山银山。宁要绿水青山,不要金山银山,而且绿水青山就是金山银山。我们绝不能以牺牲生态环境为代价换取经济的一时发展。"①

第二节 大气污染类案件

问题 1:大气污染纠纷中,恶臭气体排放企业的侵权责任如何确定?

【解答】

《民法典》第1229条规定:"因污染环境、破坏生态造成他人损害的,侵权人应当承担侵权责任。"另外,《大气污染防治法》第125条规定:"排放大气污染物造成损害的,应当依法承担侵权责任。"大气污染物因传播范围广,侵害的不特定

---

① 2013年9月7日,习近平在哈萨克斯坦纳扎尔巴耶夫大学发表的题为《弘扬人民友谊 共创美好未来》的演讲。

主体也广，但当被侵权人主张损害赔偿时，仍应当依照《民法典》侵权责任编规定的侵权构成要件来判断侵权事实。环境污染侵权的构成要件包括环境污染行为、环境污染损害事实及污染环境的行为与损害事实之间具有因果关系。但实践中，被侵权人较难证明大气污染所造成的损害，因此需要借助上门走访、实地勘察等方式确定实际的影响。

【案例】
项某等127人诉临安市继生有机肥料有限公司大气污染责任纠纷案[①]

案情：临安市继生有机肥料有限公司（以下简称继生公司）成立于2010年11月，主要从事有机肥料的生产和销售。2013年，继生公司向临安市发展和改革局申请投资建设临安市动物无害化处理场建设项目，于2014年8月正式投产，负责临安范围内的病死动物无害化处理。在生产过程中将会产生化制恶臭废气和燃料废气，根据环评要求，化制恶臭废气经高温（1200℃）燃烧后与燃料废气一起经水膜除尘装置处理后达到《恶臭污染物排放标准》中二级标准后高空排放。投产后，因继生公司技术和操作规范等方面原因，曾数次发生恶臭气体外泄，影响周边村民生活，部分村民甚至出现了明显的头晕、恶心的反应。在多次投诉未能有效解决的情况下，继生公司所在地的太阳镇浪山村部分村民多次以围堵企业大门等方式阻扰生产。2017年5月，当地环保所对继生公司再次进行现场检查时发现其在生产过程中未运行大气污染防治设施，且在生产过程中产生的恶臭废气和燃烧废气未经水膜除尘设施处理直接排放，厂区恶臭明显，污染了周围环境，并根据《大气污染防治法》（2015年修订）的相关规定，对其作出行政处罚。继生公司与村民之间的矛盾虽经太阳镇和林业、环保等相关职能部门多次协调，仍无结果。故太阳镇浪山村127名村民遂于2017年11月以继生公司为被告向法院提起诉讼，以被告自项目成立以来，向大气排放恶臭废气和燃烧废气，严重干扰原告的正常生活并对原告的身心健康造成严重影响为由，请求法院判令：（1）被告立即停止排放恶臭等污染气体；（2）被告向每位原告分别赔偿精神损害抚慰金5000元；（3）承担本案的全部诉讼费用。

---

① 参见浙江省临安区人民法院（2017）浙0185民初6518号民事判决书。

继生公司认为，2014年9月、10月，继生公司被投诉后，停止了残渣发酵做有机肥的工艺，并将该工艺做的有机肥外运清空，产生恶臭的污染源工艺已不存在。临安市环境监测站委托浙江聚广检测技术服务有限公司于2016年7月4日至7日对继生公司排放口和厂界上下风向进行了空气质量的检测，重点监测了氨、硫化氢以及臭气浓度等，检测报告显示监测结果均达标。继生公司分别于2014年10月、2016年8月委托了不同的专业检测公司对被告的环境空气及环境保护设施进行监测，检测结果均达标。本案不符合环境污染侵权责任的构成要件，原告等人要求停止排放恶臭等污染气体及赔偿精神损害抚慰金的诉求，没有事实和法律依据。

为全面掌握案情，案件开庭前，合议庭召集双方，并邀请太阳镇、林业局及环保局等部门相关负责人，实地踏勘现场，详细了解生产操作流程，探求臭气产生的症结所在；同时，在周边村庄进行走访，听取周边群众对继生公司的看法和感受。合议庭认为被告大气污染的事实客观存在，但被告的无害化处理项目是一项公益性环保项目，因此企业不能一关了之，最佳的处理方案是敦促被告进一步加强环保意识，规范操作流程，杜绝恶臭气体泄漏而影响周边群众生活。对于原告方要求禁止排放恶臭气体的诉讼请求如何处理，精神抚慰金如何确定等问题，合议认为调解是处理本案最合适的方法。最后，经双方协商，达成和解协议：一是继生公司一次性支付127名原告105 000元（补偿原告方实际支出、诉讼费等损失）；二是继生公司必须按照操作标准进行生产，不得排放臭气，如有违反则应赔偿127名原告精神损害抚慰金，实际损失原告方据实主张。被告将协议款项支付至法院后，原告于2018年11月撤回本案起诉。

分析： 本案的难点在于原告并未证明其所受到的损害，均主张精神损害抚慰金，但臭气影响生活的事实又是确定的。另外，在127名原告中，也有许多人并非长期在村里生活，且居住地点分散，受到的影响大小不一。经承办人走访了解，甚至部分村民认为该气味并不难闻，也即该气味对村民的影响因主观个体认识不同也会有所差异。再者，既然是大气污染，污染物对周围环境的影响，也与风向有关。因此，要判断127名原告是否受到损害以及损害是否有所区别，似乎是不可能完成的任务。即便在存在损害的情况下，法院若要酌情确定精神损害抚慰金，如何把握裁量标准又是一大难题，这事关该企业的生存发展和当地村民的生活质量。

调解是贯穿民事诉讼的基本原则。环境侵权案件的处理应注重环境治理和修复，并借此促成双方当事人的调解。因此，在处理过程中，承办人坚持这一原则并围绕其进行了一系列行为，是本案圆满处理的关键。面对群体诉讼纠纷时，应当统筹协调社会力量，健全完善调解机制，充分发挥司法在环境资源纠纷多元化解机制中的引领、推动和保障作用，形成防范和化解社会矛盾的整体合力。本案在查明案件事实、明确争议焦点的基础上，积极探寻公民私权益与环境保护公权益的契合点，并围绕这个契合点做文章，以时间换空间，逐渐减小双方的差距，缓解矛盾，从而达成个人权益保护、企业发展与环境保护的平衡。

【风险提示】

既要"金山银山"，又要"绿水青山"，经济发展不能以牺牲生态环境为代价，公益项目也应当切实保护生态环境。企业应当严格遵守《大气污染防治法》，在依法依规生产时，减少对当地群众生活环境的影响。相关主管部门也应当加强对企业的监督，督促企业改进生产方式，及时制止、处罚企业的违法行为，协调企业与当地百姓之间的矛盾。

问题 2：构成环境污染侵权，被侵权人应提供什么证据？

【解答】

《民法典》第1230条规定："因污染环境、破坏生态发生纠纷，行为人应当就法律规定的不承担责任或者减轻责任的情形及其行为与损害之间不存在因果关系承担举证责任。"因此，在环境污染侵权案件中适用无过错责任原则，由侵权人对侵权行为与损害后果之间不存在因果关系进行举证。但这并非意味着被侵权人无须承担相应举证责任。在被侵权人未能提供证据证明存在损害事实或侵权行为的情况下，仍应适用"谁主张，谁举证"的原则，由其承担举证不能的法律后果。

【案例】

孙某某与嘉兴某化工公司、嘉善县某镇人民政府
大气污染责任纠纷案[①]

案情： 原告孙某某是嘉善县某镇某村的居民。2007年12月29日，被告经申

[①] 参见浙江省嘉兴市中级人民法院（2016）浙04民终2239号民事判决书。

报并经嘉善县经济贸易局批复同意核准在位于嘉善县某镇某路投建某化工公司增资项目。2009年3月20日,嘉善县某镇人民政府(以下简称镇政府)向县环保局出具承诺书一份,载明:被告增资项目选址于该镇工业功能区,目前企业拟建地块东侧200米范围内有该镇某村居民12户,西侧约50米处有一个水鸭养殖场,承诺人确保被告动工建设前,将上述居民及养殖场实施搬迁。2009年被告增资后整体迁建至现址。同年8月,浙江大学环境影响评价研究室出具被告增资项目环境影响报告书一份,载明:污染物甲醛大气防护距离200米,拟建厂区东侧200米范围内的12户某村居民及西侧约50米处水鸭养殖场在大气防护距离内。同年12月16日,镇政府向县环保局出具承诺书一份,载明:被告公司的项目目前在建设过程中,计划明年竣工投产;如企业生产过程中出现各类信访案件,由镇政府负责协调处理。

2014年6月12日,县环保局以被告的工业废气水喷淋处理设施、清洗桶废水生化处理设施等均未通过环保设施竣工验收为由,对被告作出责令停止生产,直至通过环保审批验收及罚款7万元的行政处罚。2014年11月14日,被告通过银行转账缴纳7万元罚款。2014年12月4日,县环保局就上述行政处罚向一审法院申请强制执行。该院于2015年1月30日作出行政裁定书,对县环保局作出的《行政处罚决定书》不予强制执行。后孙某某以要求责令县环保局履行职责为由提起行政诉讼,法院裁定不予立案。孙某某不服,上诉至二审法院。同年12月31日,该院作出判决:驳回上诉,维持原裁定。2015年10月,浙江大学出具被告增资项目环境影响后评价书一份,认为根据相应规则,就已建部分生产区和储灌区应设置100米的防护距离。2016年1月20日,被告提交相关资料向县环保局申请环保验收,但截至判决前尚未通过验收。

另查明,原告住址在被告厂区东侧100米范围外,200米范围内。被告目前正在进行试生产。被告经营范围为生产销售催化剂、表面活性剂、助剂、胶粘剂、纺织品专用精细化学品、水处理剂等。经法院释明,原告就被告目前生产状态是否会对原告造成损害不申请司法鉴定。

一审法院认为,当事人对自己提出的诉讼请求所依据的事实有责任提供证据加以证明。一是本案孙某某并未充分举证证明被告存在环境污染侵权行为。被告受到行政处罚系因相关设施未通过环保验收,不足以证明被告因此即存在环境污染侵权行为。二是原告孙某某就目前被告的生产状态是否对其造成损害的事实,未提供相应证据证明,亦不申请司法鉴定。综上,孙某某要求被告立即停止侵害,排除妨碍，消除危害及立即迁离该项目的诉讼请求，不予支持。二审法院判决：驳回上诉，维持原判。

分析：本案的重点在于环境污染侵权案件适用无过错责任原则，那么被侵权人与侵权人各自应承担何种举证责任？原告主张被告违反环境保护及危险废物污染防治等规定，污染物超标排放、危废处理不规范等，已侵犯其合法权益，要求被告排除妨碍，赔偿损失。虽然此类案件适用无过错责任原则，即由侵权人对侵权行为与损害后果间不存在因果关系进行举证，但被侵权人仍应就侵权人存在环境污染侵权行为及因环境污染侵权行为遭受损失的事实提供证据证实。结合本案，首先，原告称被告存在污染物超标排放等环境污染侵权行为，但无证据证实。其所称被告项目被环保部门处罚，系因相关环保设施未通过环保验收。而环保设施验收属环保部门的行政管理职权，不足以依此认定被告即存在环境污染侵权行为。其次，原告称其合法权益受到侵犯，但未举证证实存在何种损失及相应损失数额。经法院释明后，原告未对被告的生产状态对其造成的损失等进行司法鉴定。一审、二审法院依照相应证据规则及归责原则以原告孙某某举证不足为由未支持其诉讼请求，合理合法。

本案的裁判结果既体现了审理环境污染侵权案件时应秉持的严格追究环境污染侵权人责任，让污染者负责的理念，又体现了程序正义与实体正义。值得一提的是，考虑到被告公司的生产经营可能对周围环境造成一定影响，二审法院以证据不足不支持原告诉请的同时，要求相关部门及单位对包括孙某某在内的民众的合理关切予以充分考虑，亦体现了司法温度，对今后审理环境污染侵权案件具有参考意义。

【风险提示】

化工企业的生产经营对周围环境造成不良影响的可能性大，在立项投产前均需进行充分的环境影响评价，并经环保验收。生产过程中，相关企业仍应采取必要有效措施避免发生环境污染侵权行为及损害后果。若被侵权人举证证实的确存在环境污染侵权行为及损害后果，那么侵权人应就侵权行为与损害后果之间不存在因果关系进行举证，否则将承担相应的不利后果。

问题 3：对于环境行政案件，法院如何附带审查环保行政主管部门出台的规范性文件？

【解答】

《最高人民法院关于适用〈中华人民共和国行政诉讼法〉的解释》规定了"规范性文件的一并审查"，其中第 147 条规定了应当听取规范性文件制定机关的意见这一程序，第 148 条规定了如何进行实体审查。在被诉行政机关并非规范性文件制定机关时，应当听取规范性文件制定机关的意见，了解文件的制定目的、依据及出台背景等情况。这样不仅赋予了制定机关参与权利，尊重了制定机关的程序权利，更能深刻地理解规范性文件的具体含义，审慎作出审查结论。

【案例】

孙某某诉原浙江省环境保护厅行政许可案[①]

案情：2015 年 3 月 17 日，原告为其所有的车牌号为浙 A×××MY 号牌的小型越野客车领取了黄色机动车环保检验合格标志，其上加盖了被告的公章。案涉机动车品牌型号为切诺基牌 BJ2021，燃油类型为汽油，生产企业为北京吉普汽车有限公司，出厂日期为 1995 年 7 月 7 日，注册日期为 1995 年 9 月 22 日。

2015 年 3 月 17 日，该机动车在杭州利有汽车服务有限公司进行了机动车排气污染物检测。该公司具有浙江省质量技术监督局核发的计量认证证书，受浙江省环境保护厅委托开展环保定期检验业务。机动车排气污染物检测报告单载明：依据标准 GB 18285—2005 和 DB33/660—2013，对浙 A×××MY 号牌的小型越野客车进行排气污染物检测，综合结论为合格。同日，环境保护主管部门予以核发了黄色机动车环保检验合格标志，有效期至 2015 年 6 月。

另查明，2015 年 11 月 19 日，原告提交机动车排放鉴定申请审核，经实车鉴定，该车装有电喷发动机、氧传感器、三元催化器。2015 年 11 月 20 日，该车经排气污染物检测，结论为合格，被告核发了编号为 3301150110024××× 的绿色机动车环保检验合格标志。

法院经审理认为：根据《行政许可法》第 2 条及《浙江省机动车排气污染防

[①] 参见浙江省杭州市中级人民法院（2016）浙 01 行终 373 号行政判决书。本案入选了最高人民法院 2018 年发布的第一批行政诉讼附带审查规范性文件九大典型案例。

治条例》第 13 条的规定，在用机动车实行环保检验合格标志管理；上道路行驶的机动车，应当取得并放置环保标志。可见，环保标志的核发与否关系到该机动车能否准予上路行驶，因此环境保护主管部门核发环保标志的行为系行政许可行为。《浙江省机动车排气污染防治条例》由浙江省第十二届人民代表大会常务委员会第六次会议通过，系地方性法规。该条例第 13 条第 1 款规定，"在用机动车实行环保检验合格标志管理。环保检验合格标志（以下简称环保标志）分为绿色环保标志和黄色环保标志。具体管理办法由省环境保护主管部门会同省公安、交通运输部门制定，报省人民政府批准后公布实施"。据此，被告作为浙江省人民政府环境保护行政主管部门具有核发绿色和黄色环保标志的职权。被告的该职权来自《行政许可法》和《浙江省机动车排气污染防治条例》，而不是《机动车环保检验合格标志管理规定》（环发〔2009〕87 号）。原告提出的被告依据该规范性文件增设标志管理的主张，不能成立。

《浙江省大气污染防治行动计划专项实施方案的通知》（浙政办发〔2014〕61号）中所含《浙江省机动车环保检验合格标志管理办法》系浙江省内关于环保标志的具体管理办法。根据该管理办法第 12 条的规定，根据机动车型号和发动机型号查询国家环保部门发布的《环保达标车型公告》目录，依据核查结果核发对应的环保分类标志，经查询目录无记录的车型，则进行排放控制装置核查或按上牌登记时间核发标志。《机动车环保检验合格标志管理规定》（环发〔2009〕87号）系由原环境保护部颁发，其中对核发绿色或黄色环保标志明确了一些技术标准，并未违反上位法的规定，原告对之提出合法性审查，提出其不合法的主张不能成立。根据该管理规定的附件二文件《环保检验合格标志判定方法》，对于环保达标车型查询系统无法查询到的车型，按照机动车注册登记时间核发环保检验合格标志，对按照机动车注册登记时间核发环保检验合格标志有异议的，可采用技术鉴别方式核发环保检验合格标志。案涉车辆属于在国家环保部门发布的《环保达标车型公告》目录中无记录的车型，根据《浙江省机动车环保检验合格标志管理办法》及《机动车环保检验合格标志管理规定》，应按照机动车注册登记时间或采用技术鉴别方式核发环保检验合格标志。根据《浙江省机动车环保检验合格标志管理办法》，环保标志作为机动车注册登记、转入、上路行驶、高排放机动车区域限行以及鼓励淘汰等机动车环保过程管理的基础，对行政相对人而言，核发黄色环保标志相较于绿色环保属于不利的行政许可，将受到区域限行等限制。事后，案涉车辆经排放控制装置核查的技术鉴别，实际上符合核发绿色环保标志的条件，被告核发黄色环保标志显然与事实不符。且被告按照机动车注册登记时间核发了黄色环保标志而未告知原告若对按照机动车注册登记时间核发环保检验合格标志有异议的，可采用技术鉴别方式核发，有违正当程序。因案涉黄色环保标志的有效期已于2015年6月到期，现已期满失效，被告也已于2015年11月20日就案涉车辆向原告核发了绿色环保标志，判决撤销被诉核发黄色环保标志的行为已无实际意义，应确认违法。综上，法院判决如下：确认浙江省环境保护厅于2015年3月17日就浙A×××MY小型越野客车向孙某某核发编号为3301150124006×××的黄色机动车环保检验合格标志的行为违法。双方未上诉，一审判决已生效。

分析： 新修订的《行政诉讼法》设立了规范性文件附带审查制度，本案是一起典型的环境领域的规范性文件附带审查案件。为防治大气污染，全国各地逐步对黄标车进行治理淘汰，案涉机动车环保标志的核发及对原环保部制定的《机动车环保检验合格标志管理规定》进行的附带审查，不仅关系到车主的切身利益，同时也关系到大气污染防治的民生大计。原环保部制定的《机动车环保检验合格标志管理规定》的专业性和政策性较强。法院向原环保部发函了解情况，原环保部复函详细作了介绍。法院在听取了诉讼双方的主张及制定机关的意见，充分掌握信息后，作出审慎的审查结论。本案对合法的规范性文件予以适用，并对违反正当程序的环保标志核发行为确认违法，在保障行政相对人合法权益的同时，推动了环保标志的规范化管理。

本案发生在《最高人民法院关于适用〈中华人民共和国行政诉讼法〉的解释》出台之前，对规范性文件的审查思路作了有益的探索。之后，新司法解释也作出了"人民法院在对规范性文件审查过程中，发现规范性文件可能不合法的，应当听取规范性文件制定机关的意见"的规定，即在一定情形下应当听取制定机关意见的义务性规定，表明了对听取制定机关陈述意见程序的倡导。

【风险提示】

规范性文件中规定了两种鉴别方式，对于环保达标车型查询系统无法查询到的车型，按照机动车注册登记时间核发环保检验合格标志，有异议的，可采用技术鉴别方式。行政机关在作出相对不利的行政许可时，应遵循正当程序。对行政相对人而言，核发黄标相较于绿标属于不利的行政许可，行政机关应当告知也可采用技术鉴别方式，给予相对人知情权和选择权。

问题 4：污泥恶臭超标，是否适用《大气污染防治法》进行处罚？

【解答】

企事业单位和其他生产经营者堆放、处理固体废物产生的臭气浓度超过大气污染物排放标准，环境保护主管部门适用处罚较重的《大气污染防治法》对其进行处罚，企事业单位和其他生产经营者主张应当适用《固体废物污染环境防治法》对其进行处罚的，人民法院不予支持。

【案例】

上海鑫晶山建材开发有限公司诉上海市金山区
环境保护局环境行政处罚案[①]

案情： 因群众举报，2016 年 8 月 17 日，被告上海市金山区环境保护局（以下简称金山环保局）的执法人员前往上海鑫晶山建材开发有限公司（以下简称鑫晶山公司）进行检查，并由金山环境监测站的工作人员对该公司的厂界臭气和废气排放口进行气体采样。同月 26 日，金山环境监测站出具了编号为 XF26-2016 的《测试报告》，该报告中的《监测报告》显示，依据《恶臭污染物排放标准》（GB 14554—93）的规定，臭气浓度厂界标准值二级为 20，经对原告厂界四个监测点位各采集三次样品进行检测，3 号监测点位臭气浓度一次性最大值为 25。2016 年 9 月 5 日，被告收到前述《测试报告》，遂于当日进行立案。经调查，被告于 2016 年 11 月 9 日制作了《责令改正通知书》（金环保改字〔2016〕第 224 号）及《行政处罚听证告知书》，并向原告进行了送达。应原告要求，被告于 2016 年 11 月 23 日组织了听证。2016 年 12 月 2 日，被告作出第 2020160224 号《行政处罚决定书》，认定 2016 年 8 月 17 日，被告执法人员对原告无组织排放恶臭污染物进行检查、监测，在原告厂界采样后，经金山环境监测站检测，3 号监测点位的臭气浓度一次性最大值为 25，超出《恶臭污染物排放标准》（GB 14554—93）规定的排放限值 20，该行为违反了《大气污染防治法》（2015 年修订）第 18 条的规定，依据《大气污染防治法》（2015 年修订）第 99 条第 2 项的规定，决定对原告罚款 25 万元。另查明，2009 年 11 月 13 日，被告审批通过了

[①] 参见上海市金山区人民法院（2017）沪 0116 行初 3 号行政判决书。

原告上报的《多规格环保型淤泥烧结多孔砖技术改造项目环境影响报告表》，2012年12月5日前述技术改造项目通过被告竣工验收。同时，自2015年以来，原告被群众投诉数十起，反映该公司排放刺激性臭气等环境问题。2015年9月9日，因原告同年7月20日厂界两采样点臭气浓度最大测定值超标，被告对该公司作出金环保改字〔2015〕第479号《责令改正通知书》，并于同年9月18日作出第2020150479号《行政处罚决定书》，决定对原告罚款35 000元。原告以处罚不当，起诉至法院请求予以撤销。法院于2017年3月27日作出（2017）沪0116行初3号行政判决：驳回原告上海鑫晶山建材开发有限公司的诉讼请求。宣判后，当事人服判息诉，均未提起上诉。

分析： 本案争议的核心问题在于被告适用《大气污染防治法》（2015年修订）对原告涉案行为进行处罚是否正确。其中涉及《固体废物污染环境防治法》（2016年修正）第68条第1款第7项、第2款[①]及《大气污染防治法》（2015年修订）第99条第2项[②]之间的选择适用问题。前者规定，未采取相应防范措施，造成工业固体废物扬散、流失、渗漏或者造成其他环境污染，处1万元以上10万元以下的罚款。后者规定，超过大气污染物排放标准或者超过重点大气污染物排放总量控制指标排放大气污染物的，由县级以上人民政府环境保护主管部门责令改正或者限制生产、停产整治，并处10万元以上100万元以下的罚款；情节严重的，报经有批准权的人民政府批准，责令停业、关闭。前者规制的是未采取防范措施造成工业固体废物污染环境的行为，后者规制的是超标排放大气污染物的行为；前者有未采取防范措施的行为并具备一定环境污染后果即可构成，后者排污单位排放大气污染物必须超过排放标准或者重点大气污染物排放总量控制指标才可构成。本案并无证据可证实臭气是否源于任何工业固体废物，且被告接到群众有关原告排放臭气的投诉后进行执法检查，检查、监测对象是原告排放大气污染物的情况，适用对象方面与大气污染防治法更为匹配；《监测报告》显示臭气浓度超过大气污染物排放标准，行为后果方面适用《大气污染防治法》（2015年修订）第99条第2项[③]规定更为准确，故被诉行政处罚决定适用法律并无不当。本案判决确立了最贴切法律适用原则。通过对两部法律各自条文语义的分析，结合案件情况，最终确定在企业厂界臭气浓

---

① 现对应《固体废物污染环境防治法》（2020年修订）第102条第7项、第2款。
② 现对应《大气污染防治法》（2018年修正）第99条第2项。
③ 现对应《大气污染防治法》（2018年修正）第99条第2项。

度超出国家排放标准时适用《大气污染防治法》(2015年修订)的相关规定进行处罚。

【风险提示】

环境法律规范交叉适用竞合之情形较多，本案的典型意义在于，堆积有固体废物的企业厂界臭气浓度超出国家排放标准时，是适用《大气污染防治法》还是《固体废物污染环境防治法》，两部法律的处罚幅度不同，适用更重的《大气污染防治法》可以对违法企业起到更强的威慑作用，这提醒了企业切莫掉以轻心，谨防"触雷"。

◎ 法律规定速查

《中华人民共和国民法典》（2020年5月28日）

第一千二百二十九条　因污染环境、破坏生态造成他人损害的，侵权人应当承担侵权责任。

第一千二百三十条　因污染环境、破坏生态发生纠纷，行为人应当就法律规定的不承担责任或者减轻责任的情形及其行为与损害之间不存在因果关系承担举证责任。

《中华人民共和国固体废物污染环境防治法》（2020年4月29日修订）

第一百零二条　违反本法规定，有下列行为之一，由生态环境主管部门责令改正，处以罚款，没收违法所得；情节严重的，报经有批准权的人民政府批准，可以责令停业或者关闭：

（一）产生、收集、贮存、运输、利用、处置固体废物的单位未依法及时公开固体废物污染环境防治信息的；

（二）生活垃圾处理单位未按照国家有关规定安装使用监测设备、实时监测污染物的排放情况并公开污染排放数据的；

（三）将列入限期淘汰名录被淘汰的设备转让给他人使用的；

（四）在生态保护红线区域、永久基本农田集中区域和其他需要特别保护的区域内，建设工业固体废物、危险废物集中贮存、利用、处置的设施、场所和生活垃圾填埋场的；

（五）转移固体废物出省、自治区、直辖市行政区域贮存、处置未经批准的；

（六）转移固体废物出省、自治区、直辖市行政区域利用未报备案的；

（七）擅自倾倒、堆放、丢弃、遗撒工业固体废物，或者未采取相应防范措施，造成工业固体废物扬散、流失、渗漏或者其他环境污染的；

（八）产生工业固体废物的单位未建立固体废物管理台账并如实记录的；

（九）产生工业固体废物的单位违反本法规定委托他人运输、利用、处置工业固体废物的；

（十）贮存工业固体废物未采取符合国家环境保护标准的防护措施的；

（十一）单位和其他生产经营者违反固体废物管理其他要求，污染环境、破坏生态的。

有前款第一项、第八项行为之一，处五万元以上二十万元以下的罚款；有前款第二项、第三项、第四项、第五项、第六项、第九项、第十项、第十一项行为之一，处十万元以上一百万元以下的罚款；有前款第七项行为，处所需处置费用一倍以上三倍以下的罚款，所需处置费用不足十万元的，按十万元计算。对前款第十一项行为的处罚，有关法律、行政法规另有规定的，适用其规定。

《中华人民共和国行政许可法》（2019年4月23日修正）

第二条 本法所称行政许可，是指行政机关根据公民、法人或者其他组织的申请，经依法审查，准予其从事特定活动的行为。

《中华人民共和国大气污染防治法》（2018年10月26日修正）

第十八条 企业事业单位和其他生产经营者建设对大气环境有影响的项目，应当依法进行环境影响评价、公开环境影响评价文件；向大气排放污染物的，应当符合大气污染物排放标准，遵守重点大气污染物排放总量控制要求。

第九十九条 违反本法规定，有下列行为之一的，由县级以上人民政府生态环境主管部门责令改正或者限制生产、停产整治，并处十万元以上一百万元以下的罚款；情节严重的，报经有批准权的人民政府批准，责令停业、关闭：

（一）未依法取得排污许可证排放大气污染物的；

（二）超过大气污染物排放标准或者超过重点大气污染物排放总量控制指标排放大气污染物的；

（三）通过逃避监管的方式排放大气污染物的。

第一百二十五条 排放大气污染物造成损害的，应当依法承担侵权责任。

《最高人民法院关于适用〈中华人民共和国行政诉讼法〉的解释》（2018年2月6日 法释〔2018〕1号）

第一百四十七条 人民法院在对规范性文件审查过程中，发现规范性文件可能不合法的，应当听取规范性文件制定机关的意见。

制定机关申请出庭陈述意见的，人民法院应当准许。

行政机关未陈述意见或者未提供相关证明材料的，不能阻止人民法院对规范性文件进行审查。

第三节 土壤污染类案件

问题 1：环境污染刑事案件未直接认定污染及受损事实，相应环境污染侵权民事案件中受害人和污染者的因果关系举证责任如何分配？

【解答】

一般侵权纠纷中，受害人应就侵权行为违法性、侵权人过错、受损后果以及受损后果与侵权行为之间存在因果关系进行举证。《民法典》第1230条规定："因污染环境、破坏生态发生纠纷，行为人应当就法律规定的不承担责任或者减轻责任的情形及其行为与损害之间不存在因果关系承担举证责任。"该条确定了环境侵权的因果关系的举证责任倒置原则。但受害人仍需对排污事实、损害后果以及污染者排放的污染物或者其次生污染物与损害之间具有关联性举证。即使相关刑事案件未认定环境被污染及受害人受损事实但又未作否定，受害人仍可以在环境污染民事侵权案件中积极举证以保护自身合法权益。一旦受害人已证明排污事实、损害后果以及污染者排放的污染物或者其次生污染物与损害之间具有关联性，则应推定环境污染的因果关系。若污染者欲否认因果关系，则应就不存在因果关系充分举证。无法举证或者举证不充分的，即使是因为客观原因，比如污染者申请鉴定但无相关资质的鉴定机构而无法启动鉴定程序的，仍由排污者承担举证不能的不利后果，由排污者承担损害赔偿责任。

【案例】
陈某某与杨某环境污染责任纠纷案[①]

案情： 原告陈某某承包了温岭市城南镇彭下村部分承包户的土地，并于2014年2月栽种了红地球葡萄树，分为东片、西片及西南片三片葡萄园，其中东、西两片相通，西南片葡萄园与东、西两片相隔一条机耕路，但灌溉用水以机耕路下灌溉渠相通，面积为36.25亩。被告杨某经营温岭市某机械配件厂，于2014年7月左右承租叠岭村南临原告东片葡萄园的房屋为厂房，在未经环保审批的情况下进行喷塑加工。因其生产产生的废水未经过处理，排放的废水渗漏、污染到周边土地。其间，原告葡萄园内的葡萄树未能正常生长、发芽，但是葡萄树出现异常情况的时间不明，然而原告在2014年10月前曾向温岭市城南镇人民政府反映该厂污染其葡萄园。2015年1月15日，被告被温岭市环境监察大队查获。经检测，被告经营的机械配件厂内原液、废水处理池、废水池旁杂地内水沟废水水质中有毒重金属六价铬的浓度超过《污水综合排放标准》（GB 8979—1996）的标准限值3倍以上，其中杂地内水沟中六价铬含量为18.6mg/L（标准限值为0.5mg/L），但当时并未对原告葡萄是否受到污染进行检测。2015年6月12日，被告因犯污染环境罪，被温岭市人民法院判处有期徒刑七个月，并处罚金6万元。该案中，原告以证人出现，但刑事判决并未直接认定原告受污染及损害后果，但也未否定。2016年，原告拔除了西片、西南片葡萄园的葡萄树，植株悬挂在以水泥柱搭建的生长平架上。原告曾自行委托台州允正价格评估有限公司对葡萄树损失进行评估，该评估公司评估其葡萄树受损损失为重新栽种费用及2015年、2016年、2017年的经济损失，共计891 740元，原告支付评估费5000元。原告遂提起民事诉讼，要求被告赔偿原告经济损失896 740元。2016年8月，温岭市农业林业局组织有关专家与工作人员对原告葡萄园进行了实地踏勘，见树上有大量枯枝，新梢发生量少、短、细弱，叶片细小且薄，根系生长情况差、深度浅，老根稀少，基本无新根发生，并对葡萄园内的葡萄枝、叶进行抽样送宁波正明检测有限公司检测。2016年9月8日，该局收到测试报告，葡萄枝的铬含量为1.21mg/kg，葡萄叶的铬含量为1.01 mg/kg，检出限为0.01mg/kg。根据原告提出，温岭市农业林业局专家及工作人员认为剩余葡萄树在2017年也无结果可能，建议拔除，原告予以拔除。

[①] 参见浙江省台州市中级人民法院（2018）浙10民终724号民事判决书。

审理过程中，一审法院两次组织对现场进行勘察，发现被告原厂房、污水池所处杂地及西面田地地势高于临近的原告葡萄园，存在污染物流向或渗向原告葡萄园的地理条件。被告在审理过程中曾申请对原告葡萄园葡萄树未能正常生长的原因、原告葡萄园范围内的土壤含量有无含重金属铬及土壤有无受到酸污染进行鉴定，均因无相关鉴定机构被退回，被告亦未提供具有相关资质的鉴定机构。

一审法院经审理认为，本案原告已举证证明被告存在排放六价铬污染物的违法行为；原告亦存在葡萄树未正常生长的损害后果；其葡萄树枝、叶均检出铬，而铬污染会抑制作物生长发育，而原告葡萄树所表现的症状与铬污染可能导致的后果相似，故也可以认定原告已举证证明被告排污行为与原告损失之间存在关联性。本案的主要争议焦点：被告排污与原告葡萄树损害是否有因果关系。（1）被告主张排放的可造成该损害的污染物未到达该损害发生地。虽原告仅东片葡萄园与被告排污地相邻，但经现场勘查，污水池所处杂地及西面田地地势确高于临近的原告葡萄园，原告的各片葡萄园在灌溉上均相通，存在污染物至东片葡萄园再污染至各片葡萄园的地理条件。（2）被告主张原告的葡萄树损害发生在被告排污之前。但是被告系原告葡萄树发生损害刚开始左右迁入涉案地，目前证据无法认定原告葡萄树损害发生前被告从未排污。即使原告葡萄树前期存在因为管理、技术等不到位导致生长不好的情况，在未有证据证明其今后均将绝收的情况下，难以成为污染者后期污染而免责的理由。另外，被告申请鉴定因无相关资质的鉴定机构被退回后又未提供具有相关资质的鉴定机构，应当承担举证不能的不利后果。（3）被告主张北面葡萄园无损害反应、厂房后的水稻种植未受影响。经现场勘查证实北面葡萄园与已知污染区间隔一条流淌活水的东西向水沟，另外还有小路相隔，故无法证明被告的主张；另外，水稻等其他作物的反应并不具有当然的对比作用，被告也不能对附近作物未受污染进行有效举证。综上，被告作为违法排放有毒有害物质且严重污染环境的污染者，其应当对其排污与原告损害不存在因果关系进行充分举证，举证不能的，应当承担举证不能的不利后果。原告虽系第一次种植红地球葡萄，被告抗辩其存在管理、技术不到位等导致葡萄树未能正常生长也有可能，但对此被告并未能举证，由于举证责任倒置，即使葡萄树不能正常生长的原因真伪不明，仍应推定原告葡萄树受损损失与被告排污存在因果关系。被告应当赔偿原告因此造成的合理损失。据此判决，被告赔偿原告经济损失896 740元。一审宣判后，被告不服，提出上诉。二审法院经审理后，判决：驳回上诉，维持原判。

分析： 环境污染侵权作为特别侵权，由于环境污染侵权行为具有复杂性、技术性强、信息不对称等特点，为避免举证责任上对受害人的不公平，规定了因果关系的举证责任倒置原则。实践中，需要对关联性、因果关系及证明标准准确把握，以充分保护受害人权益。本案中主要有两个关键性问题：一是关联性及因果关系的证明问题。由于仅是因果关系举证责任倒置，受害人仍需对排污事实、损害后果以及污染者排放的污染物或者其次生污染物与损害之间具有关联性举证。实践中，受害人对排污与损害的关联性的证明往往需要依靠司法鉴定。但是，司法鉴定有时会缺少客观条件或技术条件，而且司法鉴定并非唯一的举证、认证手段。特别是在无司法鉴定条件下，也可以通过对污染物质、地理位置、损害结果、职能部门文书、刑事裁判认定事实、现场勘查情况等进行综合分析，判断当事人提供的间接证据、单独证明力不足的证据去认定排污行为、损害后果、排污行为与受损是否有关联性。此时，应当注意受害人、污染者证明标准的不同：首先，关联性是证明标准非常低的因果关系，不能以因果关系高度盖然性去衡量；其次，一旦受害人已证明关联性，则排污者应就不存在因果关系承担充分举证责任，若举证不能，比如污染者申请鉴定但无相关资质的鉴定机构而无法启动鉴定程序的，仍由污染者承担举证不能的不利后果；最后，只要无法排除因果关系或排除因果关系未达到高度盖然性的标准，即推定存在因果关系，由污染者承担损害赔偿责任。二是在环境污染刑民交叉的情况下，刑事判决对民事侵权赔偿案件的既判力问题。刑事案件与民事案件采不同的证明标准，前者采排除一切合理怀疑标准，而后者采高度盖然性标准，在环境污染刑事案件中未认定的事实但未否定的，受害人仍可以在环境污染民事侵权案件中积极举证，若符合证据的高度盖然性标准，根据具体案情仍可以认定。本案中，刑事判决认定被告从2014年10月开始排污，原告是该案中的证人之一，刑事判决虽未直接认定原告是受害人以及其葡萄园是否被污染，但原告证言作为被告定罪证据采纳，同时作为定罪依据采纳的还有被告雇员的证言，雇员均陈述生产、排污在10月前，因此综合分析刑事判决的总体逻辑和刑事案件证明标准，结合当地政府提供的原告早前反映的葡萄园被污染的事实，不能仅以刑事判决认定的"10月开始排污"来认定原告的葡萄园损害后果即发生在被告排污前，从而否定因果关系。

【风险提示】

环境污染民事侵权案件虽实行因果关系举证责任倒置，即一般由被告举证不存在因果关系,如系因其本人之外的因素导致污染等。但受害人仍应注重对污染事实、损害后果,特别是关联性证据的收集,否则也会因为举证不能而败诉;生产者在环保问题上应当如履薄冰,否则即使不承担刑事责任,但也极可能因为因果关系举证责任倒置而承担不利后果,面临巨额索赔。而政府环保部门在查获污染违法犯罪时,应当全面对污染源周边进行监测,防止因为监测不全面导致受害人维权困难,产生不必要的诉累。

问题2:无意思联络的多个污染行为导致同一损害后果时,各污染行为与损害后果的原因力大小应该如何认定?

【解答】

无意思联络数人分别实施了侵权行为,但主观上无侵权意思联络,虽然无法详细区分各自排放污染物数量及污染范围,但单就数污染源各自的侵权行为尚不足以造成本案全部损害。根据《民法典》第1172条的规定,二人以上分别实施侵权行为造成同一损害,能够确定责任大小的,各自承担相应的责任;难以确定责任大小的,平均承担赔偿责任。因此,应由数公司各自承担相应的责任。

【案例】

重庆市长寿区珍心鲜农业开发有限公司诉中盐重庆长寿盐化有限公司、四川盐业地质钻井大队环境污染责任纠纷案[①]

案情:中盐重庆长寿盐化有限公司(以下简称盐化公司)系生产销售工业盐及其化工产品的公司,其所有的矿井包括A井、B井、C井。盐化公司与四川盐业地质钻井大队(以下简称钻井大队)签订合同,约定由钻井大队负责C井的钻井施工,施工过程中产生的含盐特征污水给距离约30米的重庆市长寿区珍心鲜农业开发有限公司(以下简称农业公司)的农业基地造成污染。经政府主持调解,农业公司与钻井大队签订《协议书》,约定钻井大队一次性支付农业公司50万元补偿款。2012年4月至5月,因钻井大队处理、填埋钻井产生的污染物措施不当以及下雨等原因,致使包括农业公司在内的数家农业基地受到污染。盐化公司所有的C井位于农业公司的农业基地西北侧约100米处。2012年4月,B井配套管

---

① 参见重庆市第一中级人民法院(2016)渝01民终8972号民事判决书。

道发生泄漏，亦导致包括农业公司在内的农业基地受到污染。有关部门先后多次组织调解，并对土地污染情况、损害程度、损害费用等进行鉴定和评估。鉴定意见认定环境污染损害包括财产损失和污染修复所需费用两部分，农业公司的财产损失为27.67万元，污染修复所需费用为9.848万元。农业公司提起诉讼，要求停止侵害、恢复原状、赔偿农产品损失和土壤修复期间损失等费用。一审法院认为，盐化公司、钻井大队分别实施了环境污染行为，导致包含农业公司在内的农业基地受到含盐特征污染物的污染。盐化公司、钻井大队的侵权行为在主观上并不具有关联性与意思联络，应当根据《侵权责任法》第11条①的规定承担连带责任。二审法院认为，盐化公司、钻井大队分别实施了侵权行为，但主观上无侵权意思联络，虽然无法详细区分各自排放污染物数量及污染范围，但单就两污染源各自的侵权行为尚不足以造成本案全部损害。根据《侵权责任法》第12条②的规定，应由盐化公司、钻井大队各自承担相应的责任。根据鉴定报告，结合C井位于案涉农业基地西侧约30米处，B井位于案涉农业基地西北侧约100米处，且C井共发生过两次污染事实，可判断两个污染源中C井的原因力较大，B井的原因力较小。二审法院酌定C井的原因力为60%，B井的原因力为40%。二审改判盐化公司、钻井大队恢复农业公司被污染土地原状，如逾期未采取恢复措施，则分别按照40%、60%的比例支付修复费用，并按比例赔偿农业公司土壤修复期间的损失及农产品减产损失。

分析： 本案系环境污染纠纷，争议焦点是如何认定无意思联络的数个侵权人对造成的同一损害后果的责任承担问题。一审法院适用《侵权责任法》第11条③的规定，认定盐化公司与钻井大队应当承担连带责任。二审法院改判，认为应当适用《侵权责任法》第12条④的规定，认定盐化公司与钻井大队应当各自承担相应的责任。因此对《侵权责任法》第11条⑤和第12条⑥的理解非常重要，无意思联络数人侵权责任承担的界分是关键。一审法院认为本案中钻井大队与盐化公司分别实施了环境污染行为，导致包括农业公司在内的农业基地受到含盐特征污染物的污染，两侵权人在主观上并不具有关联性与意思联络，同时农业公司的农业

---

① 现对应《民法典》第1171条。
② 现对应《民法典》第1172条。
③ 现对应《民法典》第1171条。
④ 现对应《民法典》第1172条。
⑤ 现对应《民法典》第1171条。
⑥ 现对应《民法典》第1172条。

基地受污染的程度随着与 B 井、C 井的距离远近呈现递减趋势，结合农业公司的农业基地与 B 井、C 井的地理位置与距离，B 井、C 井均会对农业公司的农业基地造成污染，且两侵权人也未举示排放污染物数量、污染农业公司的农业基地的范围等证据，因此应当根据《侵权责任法》第 11 条[①]的规定承担连带责任。二审法院认为农业公司的涉案土地受污染系 B 井及 C 井两个污染源共同作用所致。B 井发生管道泄漏时，系由盐化公司所有及管理、使用，该公司应对 B 井导致的污染后果承担赔偿责任；C 井虽系盐化公司所有，但 C 井的两次污染均发生在钻井大队施工管理和实际控制期间，且发生污染的原因也是钻井大队的施工行为所致，故钻井大队应对 C 井导致的污染后果承担赔偿责任。关于 B 井及 C 井对涉案土地现有污染后果各自原因力的确定，二者主观上无侵权意思联络，虽然无法详细区分各自排放污染物数量及污染范围，但单就 C 井、B 井各自的侵权行为尚不足以造成本案全部损害后果。因此，一审法院适用《侵权责任法》第 11 条[②]的规定，确定二上诉人承担连带责任不当。本案应对二上诉人各自责任大小予以确定，并适用《侵权责任法》第 12 条[③]的规定，由二上诉人各自承担相应的责任。无意思联络数人侵权中的竞合侵权行为，能够确定责任大小的，各自承担相应的责任，难以确定责任大小的，平均承担赔偿责任，即对竞合侵权行为采取按份责任形式。而对于并发侵权行为，行为人承担连带责任。可见，我国民法在无意思联络数人侵权的责任承担配置上，原则是承担按份责任，例外情况下承担连带责任。

【风险提示】

结合受污染地域区位、受损环境检测数据、自然科学知识进行分析，合理确定污染行为所占原因力的大小，对于此类环境侵权案件的审理具有较好的示范作用。因环境污染不仅会导致被侵权人的财产损失，也会直接对环境造成不良影响，在判令侵权人赔偿损失的同时承担生态环境修复责任，体现了环境侵权救济中以修复生态环境为中心的司法理念，具有较好的示范意义。

[①] 现对应《民法典》第 1171 条。
[②] 现对应《民法典》第 1171 条。
[③] 现对应《民法典》第 1172 条。

◎法律规定速查

《中华人民共和国民法典》（2020年5月28日）

第一千一百七十一条　二人以上分别实施侵权行为造成同一损害，每个人的侵权行为都足以造成全部损害的，行为人承担连带责任。

第一千一百七十二条　二人以上分别实施侵权行为造成同一损害，能够确定责任大小的，各自承担相应的责任；难以确定责任大小的，平均承担责任。

第一千二百二十九条　因污染环境、破坏生态造成他人损害的，侵权人应当承担侵权责任。

第一千二百三十条　因污染环境、破坏生态发生纠纷，行为人应当就法律规定的不承担责任或者减轻责任的情形及其行为与损害之间不存在因果关系承担举证责任。

第四节　水污染类案件

问题 1：对于环境污染刑事案件，何种情况属于情节严重？

【解答】

《刑法》第338条规定了环境污染犯罪的量刑处理，对于何种情形属于污染环境罪中的"情节严重"，则应当根据《最高人民法院、最高人民检察院关于办理环境污染刑事案件适用法律若干问题的解释》（法释〔2023〕7号）第2条之规定进行适用，即非法排放、倾倒、处置危险废物100吨以上属于环境污染犯罪中的"情节严重"，违法所得或者致使公私财产损失100万元以上的亦属于环境污染犯罪中的"情节严重"，应处三年以上七年以下有期徒刑，并处罚金。

【案例】

宝勋精密螺丝（浙江）有限公司及被告人黄某某等 12人污染环境案[①]

案情： 2002年7月，被告单位宝勋精密螺丝（浙江）有限公司（以下简称宝勋公司）成立，经营范围包括生产销售建筑五金件、汽车高强度精密紧固件、精冲模具等，该公司生产中产生的废酸液及污泥为危险废物，必须分类收集后委托具有危险废物处置资质的单位处置。被告人黄某某自2008年起担任宝勋公司副总经理，负责公司日常经营管理，被告人姜某某自2016年4月起直接负责宝勋公司酸洗污泥的处置工作。

2016年7月至2017年5月，被告单位宝勋公司及被告人黄某某、姜某某违反国家关于危险废物管理的规定，在未开具危险废物转移联单的情况下，将酸洗污泥交给无危险废物处置资质的被告人李某某、涂某某、刘某某进行非法处置。被告人李某某、涂某某、刘某某通过伪造有关国家机关、公司印章，制作虚假公文、证件等方式，非法处置酸洗污泥。上述被告人通过汽车、船舶跨省运输危险废物，最终在江苏省淮安市、扬州市、苏州市，安徽省铜陵市非法倾倒、处置酸洗污泥共计1071吨。其中，2017年5月22日，被告人姜某某、李某某、涂某某伙同被告人汪某1、汪某2、吴某某、朱某某、查某某等人在安徽省铜陵经济技术开发区将62.88吨酸洗污泥倾倒在长江堤坝内，造成环境严重污染。案发后，经鉴定评估，上述被告人非法倾倒、处置酸洗污泥造成环境损害数额为511万余元，产生应急处置、生态环境修复、鉴定评估等费用共计139万余元。

此外，2017年6月至11月，被告人李某某、涂某某、刘某某、吴某某、朱某某、查某某等人在无危险废物处置资质的情况下，非法收集10余家江苏、浙江企业的工业污泥、废胶木等有毒、有害物质，通过船舶跨省运输至安徽省铜陵市江滨村江滩边倾倒。其中，倾倒废胶木313吨、工业污泥2525余吨，另有2400余吨工业污泥倾倒未遂。

2018年9月28日，一审法院依法作出判决，认定被告单位宝勋公司犯污染环境罪，判处罚金1000万元；被告人黄某某犯污染环境罪，判处有期徒刑六年，并处罚金20万元；被告人姜某某犯污染环境罪，判处有期徒刑五年九个月，并处

[①] 参见安徽省芜湖市中级人民法院（2018）皖02刑终321号刑事裁定书。

罚金20万元；判处被告人李某某等10人犯污染环境罪，分别判处拘役四个月至有期徒刑六年，并处罚金。一审宣判后，被告单位宝勋公司和被告人黄某某等人提出上诉。2018年12月5日，二审法院裁定：驳回上诉，维持原判。裁定已生效。

分析： 本案的争议焦点在于本案的犯罪行为是否属于污染环境罪中"情节严重"的情形。根据《刑法》第338条规定，违反国家规定，排放、倾倒或者处置有放射性的废物、含传染病病原体的废物、有毒物质或者其他有害物质，严重污染环境的，处三年以下有期徒刑或者拘役，并处或者单处罚金；情节严重的，处三年以上七年以下有期徒刑，并处罚金。就何种情况属于污染环境罪中"情节严重"的情形，《最高人民法院、最高人民检察院关于办理环境污染刑事案件适用法律若干问题的解释》（法释〔2023〕7号）第2条亦予以明确。本案中宝勋公司、李某某、涂某某参与倾倒危险废物达1071.63吨，吴某某、朱某某、查某某参与倾倒危险废物达62.88吨，伙同他人倾倒有毒、有害固体废物造成公私财产损失7 943 924.14元，根据《最高人民法院、最高人民检察院关于办理环境污染刑事案件适用法律若干问题的解释》（法释〔2023〕7号）第2条第3项、第4项之规定，非法排放、倾倒、处置危险废物100吨以上的或致使公私财产损失100万元以上的属于污染环境罪中情节严重，应处三年以上七年以下有期徒刑，并处罚金。

【风险提示】

长江是中华民族的母亲河，也是中华民族发展的重要支撑。推动长江经济带发展是党中央作出的重大决策，是关系国家发展全局的重大战略。服务长江生态高水平保护和经济社会高质量发展，为长江经济带共抓大保护、不搞大开发提供有力保障，是公安司法机关肩负的重大政治责任、社会责任和法律责任。司法实践中，对发生在长江经济带十一省（直辖市）的跨省（直辖市）排放、倾倒、处置有放射性的废物、含传染病病原体的废物、有毒物质或者其他有害物质的环境污染犯罪行为，应当严格适用《最高人民法院、最高人民检察院关于办理环境污染刑事案件适用法律若干问题的解释》（法释〔2023〕7号），依法从重处罚。

问题 2：环境污染刑事案件中犯罪嫌疑人的主观过错应如何认定？

【解答】

准确认定犯罪嫌疑人、被告人的主观过错是办理环境污染刑事案件中的重点问题。司法实践中,判断犯罪嫌疑人、被告人是否具有环境污染犯罪的故意,应当依据犯罪嫌疑人、被告人的任职情况、职业经历、专业背景、培训经历、本人因同类行为受到行政处罚或刑事追究情况以及污染物种类、污染方式、资金流向等证据,结合其供述,进行综合分析判断。

【案例】

上海云瀛复合材料有限公司及贡某某
3人污染环境案[①]

案情: 被告单位上海云瀛复合材料有限公司(以下简称云瀛公司)在生产过程中产生的钢板清洗废液,属于危险废物,需要委托有资质的专门机构予以处置。被告人乔某某系云瀛公司总经理,全面负责日常生产及管理工作,被告人陶某系云瀛公司的工作人员,负责涉案钢板清洗液的采购和钢板清洗废液的处置。

2016年3月至2017年12月,被告人乔某某、陶某在明知被告人贡某某无危险废物经营许可资质的情况下,未填写危险废物转移联单并经相关部门批准,多次要求被告人贡某某将云瀛公司产生的钢板清洗废液拉回常州市并处置。2017年2月至12月,被告人贡某某多次驾驶卡车将云瀛公司的钢板清洗废液非法倾倒于常州市新北区春江路与辽河路交叉口附近污水井、常州市新北区罗溪镇黄河西路等处;2017年12月30日,被告人贡某某驾驶卡车从云瀛公司运载钢板清洗废液至常州市新北区黄河西路685号附近,利用塑料管引流将钢板清洗废液非法倾倒至下水道,造成兰陵河水体被严重污染。经抽样检测,兰陵河增光桥断面河水超过Ⅳ类地表水环境质量标准。被告人贡某某非法倾倒涉案钢板清洗废液共计67.33吨。经常州市高新区(新北)环境保护局认定:涉案钢板清洗废液属于《国家危险废物名录》中的金属表面(酸洗)除锈产生的废槽液等,类别为HW17,废物代码为336-064-17。案发后,被告单位云瀛公司已支付处置、修复费用1 824 300元。

2018年12月17日,一审法院作出判决,认定被告单位云瀛公司犯污染环境罪,判处罚金30万元;被告人贡某某犯污染环境罪,判处有期徒刑一年三个月,并处罚金5万元;被告人乔某某犯污染环境罪,判处有期徒刑一年,缓刑二年,

---

[①] 参见江苏省常州市武进区人民法院(2018)苏0412刑初1057号刑事判决书。

并处罚金5万元；被告人陶某犯污染环境罪，判处有期徒刑一年，缓刑二年，并处罚金5万元；禁止被告人乔某某、陶某在缓刑考验期内从事与排污工作有关的活动。判决已生效。

分析： 本案的争议焦点在于判断犯罪嫌疑人、被告人主观上是否具有环境污染犯罪的故意。司法实践中，应当依据犯罪嫌疑人、被告人的任职情况、职业经历、专业背景、培训经历、本人因同类行为受到行政处罚或刑事追究情况以及污染物种类、污染方式、资金流向等证据，结合其供述，进行综合分析判断。

本案中，被告人乔某某、陶某明知本单位产生的危险废物需要有资质的单位来处理，且跨省、市区域转移需填写危险废物转移联单并经相关部门批准，仍通过与有资质的单位签订合同但不实际处理，多次要求被告人贡某某将云瀛公司产生的钢板清洗废液拉回常州市并处置，放任对环境造成危害。被告人贡某某在无危险废物经营许可资质的情况下，跨省、市区域运输危险废物并非法倾倒于常州市内污水井、下水道中，严重污染环境。上述3名被告人均具有环境污染犯罪的故意。

【风险提示】

企业对于日常生产中产生的危险废物，需要委托有资质的专门机构予以处置。在签订危险废物处置合同时，一定要准确核对处理企业危险废物经营许可资质，切不可因企业利润等因素选择不合规危险废物处理企业，进而构成环境污染刑事责任。

问题 3：委托无资质被告处置危险废物，公司是否构成单位犯罪？

【解答】

《刑法》第30条规定："公司、企业、事业单位、机关、团体实施的危害社会的行为，法律规定为单位犯罪的，应当负刑事责任。"即单位犯罪要求主观上具有故意，且有为本单位谋取非法利益之目的，客观上实施了由单位集体决定或负责人员决定的行为。在公司关于废乳化液的处理制定了相关文件，并明确了管理部门，公司也与有处置资质的公司签订了处置协议的情况下，责任部门之外的管理人（涉及厂区的生活垃圾、污水处理）违法处置废液的行为虽然符合单位名义、单位利益，但无法明确单位意志，不宜认定为单位犯罪。

【案例】
方某某、何某某污染环境案[①]

案情： 杭州西湖台钻有限公司制造分公司（以下简称西湖台钻）与杭州西湖数控机床有限公司（以下简称西湖数控）虽分别办有营业执照、系两家独立的公司，但生产场所均位于杭州市余杭区瓶窑镇长命村石西同一厂区内，负责人为同一人，生产、经营、管理均存在混同，两家公司在机械加工过程中均需要用到乳化液（皂化油、切削液），所产生的废乳化液均集中贮存在同一个废液池内。

被告人方某某在西湖台钻、西湖数控负责物业、规划建设两个部门的管理，管理范围涉及厂区的生活垃圾、污水处理等。被告人何某某原系杭州市余杭区瓶窑镇环境卫生管理站（以下简称瓶窑环卫站）工作人员，在杭州可俐物业有限公司（以下简称可俐公司）承包了瓶窑集镇的污水、生活垃圾处理后，在可俐公司上班，具体负责瓶窑集镇的污水处置等。

2012年至2016年5月底，被告人方某某明知被告人何某某无处置危险废物的资质，仍委托被告人何某某非法处置两家公司在生产过程中产生的废乳化液。其间，被告人何某某驾驶浙A×××85号、浙A×××27号车辆多次到两家公司的废液池装运废乳化液，并运送至杭州市余杭区瓶窑环卫站污水井、瓶窑镇长命村农居点后面污水井等地进行非法倾倒，共非法处置数量约20吨。

经杭州市余杭区环境保护局（以下简称余杭区环保局）认定，根据《国家危险废物名录》，西湖台钻、西湖数控使用切削液等进行机械加工过程中所产生的乳化液属于危险废物，危险特性为T（毒性）。

法院经审理认为，被告人何某某违反国家规定，排放危险废物，严重污染环境，其行为已构成污染环境罪；被告人方某某明知被告人何某某无处置危险废物的资质，仍委托被告人何某某处置危险废物，严重污染环境，其行为亦构成污染环境罪。公诉机关指控的罪名成立。被告人方某某在庭审中自愿认罪，被告人何某某归案后如实供述自己的主要罪行并在庭审中自愿认罪，分别予以从轻处罚。依照《刑法》第338条、第25条第1款、第52条、第53条第1款、第67条第3款以及《最高人民法院、最高人民检察院关于办理环境污染刑事案件适用法律若干问题的解释》（法释〔2016〕29号）第1条第2项、第7条、第10条第1项，

[①] 参见浙江省杭州市余杭区人民法院（2017）浙0110刑初65号刑事判决书。

《最高人民法院关于适用财产刑若干问题的规定》第1条、第2条第1款之规定，以污染环境罪，判处被告人方某某有期徒刑一年四个月，并处罚金5万元，判处被告人何某某有期徒刑一年三个月，并处罚金45 000元。

分析： 本案主要的争议在于被告人方某所在的公司是否构成单位犯罪。而根据在案证据显示，被告人方某某在西湖台钻、西湖数控负责物业管理、规划建设两个部门，其职责中包含了厂区生活污水、生产废水的处理等，其代表公司与瓶窑镇环卫站、被告人何某某的环美公司签订劳务协议，明知被告人何某某无处置危险废物的资质，仍违规委托被告人何某某处理废乳化液，被告人方某某的行为在广义上来说应该是其履行公司职务的行为。但在案证据也显示，两家公司关于废乳化液的处理是有明文规定的，且明确由朱某某的综合管理部负责；同时，公司还与有处置资质的专业处理机构大地公司签订了相关废液处置协议；虽然实际上由大地公司处置的废液量很少，但我们不能因此否认公司在处置涉案危废上的态度；被告人方某某在侦查阶段也曾供述废乳化液的处理是由朱某某的综合管理部门在负责；因此在本案非法处置危废的问题上，能体现西湖台钻及西湖数控的单位意志（违规处理的主观故意）的证据是不充分的，鉴于调查取证的局限，故而本案虽符合单位名义、单位利益两项犯罪构成，但认定构成单位犯罪却证据不足。其实，本案案情不算复杂，被告人亦认罪，且无过大的争议焦点，所以本案更多的意义在于背后所反映的监管疏漏以及给相关企业和监管部门带来的警示。

本案案发是因为被告人何某某最后一次倾倒废液的位置为农居点污水井，后因污水外溢至良渚港，导致良渚港变成"牛奶河"，因对水体的污染情况已经肉眼可见，经群众反映举报，故引起政府重视。环保部门经对污染物以及周边企业产品及生产废物等进行检测、数据分析、采样分析等，最终确定了污染物的来源，从而锁定犯罪嫌疑人。一经侦查才发现，本案中二被告人的犯罪行为持续时间已经长达5年之久，之所以一直未被发觉系因被告人何某某具有环卫站工作人员的身份，其倾倒地点均为环卫站污水井，可见其犯罪行为具有相当的隐蔽性。

【风险提示】

实践中一些单位和个人非法排放、倾倒、处置危险废物，以降低生产成本、牟取不法利益。对于此类犯罪，不仅要依法惩治直接污染环境的行为人，更要打源头、追幕后，依法追究危险废物提供者的刑事责任。对于明知他人无危险废物经营许可证而向其提供或者委托其收集、贮存、利用、处置危险废物，严重污染环境的，也应当以污染环境罪论处。本案中，对被告人方某某追究刑事责任，正是给相关企业敲响了警钟。

问题 4：单位犯污染环境罪的，罚金数额应该如何确定？

【解答】

根据我国《刑法》规定，判处罚金应当根据犯罪情节决定罚金数额。对于单位罚金的确定，应当根据单位犯罪的情节和特点，结合单位违法所得数额、造成损失的大小等因素综合考虑。单位为降低危险废物的处置成本，在明知他人没有处置资质的情况下仍委托进行处置，最终导致严重污染环境，由此减少支出巨额的处置费用，实质上就是通过犯罪行为而获取了利益。同时，消除污染环境行为带来的危害后果必然会有一定的费用支出，相关司法解释中规定，公私财产损失包括污染环境行为直接造成财产损毁、减少的实际价值，以及为防止污染扩大、消除污染而采取必要合理措施所产生的费用，这部分费用的确认，实质就是犯罪行为所造成的损失大小，由此，公私财产损失数额应当作为确定罚金的一个重要参数。

【案例】

德司达（南京）染料有限公司、
王某某等污染环境案[①]

案情： 被告单位德司达（南京）染料有限公司（以下简称德司达公司）生产过程中产生的废酸液体属于危险废物，依照国家相关规定应当交由具有资质的企业进行处置。2010年9月，被告人王某受德司达公司指派联系处置废酸事宜，与仅具有经销危险化学品资质的顺久公司法定代表人王某某达成了以每吨580元处置废酸的口头协议。此后，德司达公司产生的废酸液体均交由被告人王某某进行处置。时任公司罐区主管的被告人黄某某明知顺久公司王某某没有处置资质，仍具体负责与拉运废酸的王某某直接对接，王某负责审核支付处置废酸费用。2013年9月，王某某明知丁某某（另案处理）没有处置废酸资质，仍与丁某某达成每吨150元处置费用的口头协议，并指使被告人徐某某驾驶槽罐车从德司达公司拉

---

① 参见江苏省扬州市中级人民法院（2016）苏10刑终185号刑事裁定书。

运废酸,直接送至丁某某停放在江都宜陵码头等处的船上。至2014年5月,交由丁某某处置的废酸共计2828.02吨。其间,丁某某多次指使被告人孙某某、钱某某等人于夜间驾驶船只,将其中的2698.1吨废酸直接排放至泰东河和新通扬运河水域的河道中。其中,孙某某参与排放1729.82吨,钱某某参与排放318.78吨。后丁某某未及排放的129.92吨废酸被查获。江苏科技咨询中心、江苏省环境科学研究院专家论证分析认为,德司达公司在生产过程中产生的上述废酸液体属于危险废物,其中主要成分为硫酸并含有大量有机物,硫酸浓度较高且具有极强的腐蚀性,对生物、水体、环境的危害极大,废酸中残存的大量有机废物对生物环境也会造成长远的累积性危害。

一审法院经审理认为,被告单位德司达公司违反国家环境保护法律规定,明知被告人王某某经营的顺久公司无废酸处置资质,仍将公司生产过程中产生的废酸交由王某某处置;被告人王某某明知丁某某亦无废酸处置资质,仍将德司达公司的废酸转交其处置;被告人徐某某明知其运输的是化工废液以及丁某某可能没有处置废酸的能力,而帮助王某某进行运输作业;被告人孙某某、钱某某明知是化工废液,仍然违反国家规定偷排,最终导致严重污染环境的后果,均已构成污染环境罪,且属共同犯罪。被告人王某、黄某某系德司达公司直接负责的主管人员和其他直接责任人员,应当知道王某某没有废酸处置资质,仍然在各自职责范围内促成交易,导致严重污染环境的后果发生,均应以污染环境罪追究刑事责任。德司达公司为降低危险废物的处置成本,在明知他人没有处置资质的情况下仍委托进行处置,最终导致严重污染环境,德司达公司由此减少支出巨额的处置费用。一审法院综合德司达公司的犯罪情节以及缴纳罚金的能力,以污染环境罪判处德司达公司罚金人民币2000万元,判处其余被告人一年至五年有期徒刑不等并处罚金。二审法院裁定:驳回上诉,维持原判。

分析:本案中的一个重要问题是单位犯污染环境罪的,罚金数额应该如何确定?关于对德司达公司判处的罚金数额是否恰当的问题。法院审理认为:根据我国《刑法》和相关法律规定,人民法院应当根据犯罪情节,如违法所得数额、造成损失的大小等情节,并综合考虑犯罪分子缴纳罚金的能力,依法判处罚金。德司达公司为降低危险废物的处置成本,在明知他人没有处置资质的情况下仍委托进行处置,最终导致严重污染环境,德司达公司由此减少支出巨额的处置费用,实质上就是通过犯罪行为而获取了利益。同时,污染环境行为必然会造成严重的危害后果,而消除这一结果必然会有一定的费用支出,相关司法解释中规定,公私财产损失包括污染环境行为直接造成财产损毁、减少的实际价值,以及为防止污染扩大、消除污染而采取必要合理措施所产生的费用,这部分费用的确认,实质就是犯罪行为所造成的损失大小,由此,公私财产损失数额应当作为确定罚金的一个重要参数。综上,在污染环境犯罪案件中,在实际获取利益和公私财产损失数额的区间幅度内判处罚金具有基本法律依据,如此确定的幅度罚金既有利于环境生态的修复,也有利于刑罚威慑力的发挥。

【风险提示】

单位在处置危险废物时,一定要认真审查危险废物处置企业的资质,并订立书面合同。切不可为了降低危险废物的处置费用,在明知对方没有处置资质的情况下,仍委托处置危险废物。否则,在构成环境污染犯罪的情况下,单位既要承担巨额罚金,主要负责人和具体实施犯罪人也要承担刑事责任。

问题 5:干扰自动监测设施但未造成污染后果是否认定为严重污染环境?

【解答】

环境监测数据是环境决策的重要基础,破坏环境资源保护罪所侵害的以及本法所要保护的法律关系的客体是我国的环境资源保护制度。通过对环境监测数据造假类的环境污染行为进行分析,明确在该类案件中单位和个人的责任承担及污水处理公司工作人员的特殊身份下界定犯罪故意问题,以免出现损害结果非即时显现而无法定罪的情形,对今后此类环境污染问题具有一定的参考意义。

【案例】

刘某某污染环境案[①]

案情: 2017 年 4 月 28 日 8 时 30 分许,被告人刘某某在浙江华都革基布有限公司上班期间,在公司污水处理站附近捡来一个空雪碧瓶。被告人刘某某将雪碧瓶洗干净,装入污水处理池第五格生化池内的污水及 15 毫升自来水后,携带该雪碧瓶进入 COD 自动监控房,将 COD 自动分析仪的进水管拔出插入该雪碧瓶内,

---

① 参见浙江省丽水市中级人民法院(2018)浙 11 刑终 42 号刑事裁定书。

随后离开COD自动监控房。当日11时30分许，丽水经济开发区环保局工作人员到华都公司检查时发现该情况，遂将上述雪碧瓶封样检测，并在污水标排口、污水处理设施第五格生化池采集了水样。上述COD自动分析仪为实时检测华都公司排放的污水数据，并实时将数据传送至丽水市经济开发区环保局。

一审法院经审理认为：被告人刘某某违反国家规定，干扰自动监测设施，排放化学需氧量等污染物，应当认定被告人刘某某具有其他严重污染环境的情形，其行为已构成污染环境罪，判处有期徒刑一年六个月，并处罚金人民币2万元。

二审法院经审理认为：根据《最高人民法院、最高人民检察院关于办理环境污染刑事案件适用法律若干问题的解释》①（法释〔2016〕29号）规定，从污水排放口提取的水样经丽水市环境监测中心站监测仍符合排放标准，不符合"致使监测数据严重失真"的规定，故不构成破坏计算机信息系统罪。另外，关于被告人犯罪的主观故意问题。《最高人民法院、最高人民检察院关于办理环境污染刑事案件适用法律若干问题的解释》（法释〔2016〕29号）第1条第7项②的核心词"篡改、伪造""干扰"均是行为性的描述，有此行为即视为有结果，此为"对行为的故意"。对此，在上述情形中，证明犯罪者的故意，只需证明其对特定行为本身明知且加以追求或者放任即可。虽然本案被告人刘某某供述其行为未造成环境污染后果，其初衷仅为调取第五格生化池中的污水数据，并没有牟利、躲避环保监测的目的，但被告人刘某某作为重点排污单位的污水处理工，应熟悉环保自动监测设施的用途，明知利用兑入自来水的雪碧瓶进行水样监测足以影响到正常结果仍实施该行为。据此认定被告人刘某某主观上系故意，行为动机上是为了保证水样监测合格而违反了国家管理规定，干扰自动监测设施。另关于法律适用，本案一审法院认为《最高人民法院、最高人民检察院关于办理环境污染刑事案件适用法律若干问题的解释》（法释〔2016〕29号）第1条第7项规定为单位犯罪，本案应适用该解释第1条第18项③规定，其他严重污染环境的情形。对此，二审法院认为该解释第1条第7项中的规定"重点排污单位"为前置条件，应首先理解为个人犯罪构成条件，具体行为人可以是个人而不能理解成该法条适用的主体仅

---

① 该解释已失效。现对应《最高人民法院、最高人民检察院关于办理环境污染刑事案件适用法律若干问题的解释》（法释〔2023〕7号）。
② 现对应《最高人民法院、最高人民检察院关于办理环境污染刑事案件适用法律若干问题的解释》（法释〔2023〕7号）第1条第7项。
③ 现对应《最高人民法院、最高人民检察院关于办理环境污染刑事案件适用法律若干问题的解释》（法释〔2023〕7号）第1条第11项。

是单位。本案中，被告人刘某某系重点排污单位的工作人员，实施了干扰监测的行为，符合该法条规定，应认定为严重污染环境。另外，《刑法》第346条规定："单位犯本节第三百三十八条至第三百四十五条规定之罪的，对单位判处罚金，并对其直接负责的主管人员和其他直接责任人员，依照本节各该条的规定处罚。"本案中，现有证据不足以认定被告人刘某某的行为是受指使，也无法体现单位意志，不能根据《刑法》第346之规定对单位进行处罚。据此，本案适用《最高人民法院、最高人民检察院关于办理环境污染刑事案件适用法律若干问题的解释》(法释〔2016〕29号) 第1条第7项之规定更为恰当。据此，裁定：驳回上诉，维持原判。

分析： 本案被告偷梁换柱实现了监测数据的达标，使企业达成偷排的目的。环境监测数据不但是环境决策的重要基础，更是衡量环境状况的重要抓手。但由于违法成本低，有的企业使用监测设备造假，有的采取监测方式作假，完全不顾触碰法律底线，常常铤而走险，为逃避监管，把超标排污和偷排变成合法排放。这种行为最后的结果是生态环境受损，环境总量控制制度对环境质量目标的实现失去作用，既不利于生态治理，也不利于国家质量型经济的发展。《最高人民法院、最高人民检察院关于办理环境污染刑事案件适用法律若干问题的解释》(法释〔2016〕29号) 于2017年发布，针对环境监测数据造假问题，首次将其纳入"严重污染环境"行为，可构成污染环境罪。本案通过对环境监测数据造假类的环境污染行为进行分析，明确在该类案件中单位和个人的责任承担及污水处理公司工作人员的特殊身份下界定犯罪故意问题。针对环境质量监测系统实施破坏行为同时构成破坏计算机信息罪和污染环境罪的，依照处罚较重的规定定罪处罚，这也说明司法解释的出台提高了篡改环境监测数据的处罚力度。通过该类案件的审理，加大对环境监测造假类污染环境的打击力度，确保环保体制改革以预期方式顺畅运转，有利于提升环境监管的有效性，维护生态文明评价考核的严肃性。

【风险提示】

违反国家规定，针对环境质量监测系统实施破坏行为进行环境监测数据造假是污染企业逃避环保部门检测经常采用的一种违法行为，该行为会同时构成破坏计算机信息系统罪和污染环境罪，所以相关企业在日常生产过程中，要严格遵守相关环境法律规定，不要通过采取监测方式或监测设备造假的方式逃避监管，触碰法律底线。

问题 6：在水污染环境纠纷中，行政机关出具相关证据的效力如何？

【解答】

实践中出现环境侵权民事纠纷案件时，往往存在案件证据收集难、损失认定难等问题。而行政机关作为环境污染调查机关，借助其出具的监测报告、行政文书等固定证据在审理中对查明案情可以起到重要作用。

【案例】

施某树诉长兴县宏梅养殖场水污染责任纠纷案[①]

案情： 2014 年 2 月 7 日，施某树向长兴县公安局报警，称其承包的鱼塘被长兴县宏梅养殖场排出的污水污染，导致养殖鱼全部死亡。同日，长兴县环境保护局雉城环保所抽取长兴县宏梅养殖场西侧污水池污水及其外排污水水样、养殖场南边鱼塘水样，并委托长兴县环境保护监测站检测。检测报告载明：长兴县宏梅养殖场西侧污水池污水、外排污水、养殖场南边鱼塘水样水质浑浊，化学需氧量、氨氮含量等超过国家规定排放标准。2014 年 4 月 16 日，长兴县环境保护局作出行政处罚决定，对长兴县宏梅养殖场处以 60 555 元的罚款。

2015 年 8 月 15 日，浙江淡水渔业环境监测站对 2014 年 2 月 7 日污染事故进行鉴定并对渔业损失进行评估，该评估报告载明：长兴县宏梅养殖场排污导致施某树承包鱼塘氨氮超标是鱼死亡的原因，测算鱼塘死鱼重量为 2366 公斤，直接经济损失为 50 530 元，并建议对鱼塘彻底清淤并消毒后再进行养殖生产。

分析： 本案的争议焦点在于 2014 年 2 月 7 日长兴县宏梅养殖场排污是不是导致施某村鱼塘中的鱼死亡的原因及原告的损失应如何认定。关于因果关系问题，长兴县宏梅养殖场在 2014 年 2 月 7 日未达标排放污水，根据长兴县环境保护监测站检测，其外排污水中化学需氧量及氨氮含量超标，并被长兴县环境保护局行政处罚。该违法排放污水行为发生后，长兴县公安局李家巷派出所出警进行现场勘查并拍摄照片，固定现场情况。根据浙江淡水渔业环境监测站出具的报告分析，施某树鱼塘的鱼死亡的原因为氨氮超标，故可以认定 2014 年 2 月 7 日长兴县宏梅养殖场排污是导致施某树鱼塘鱼死亡的原因。根据法律规定，因污染环境发生纠

[①] 参见浙江省长兴县人民法院（2015）湖长民初字第 1662 号民事判决书。

纷，污染者应当就法律规定的不承担责任或者减轻责任的情形及其行为与损害之间不存在因果关系承担举证责任，但长兴县宏梅养殖场未对其排污行为与施某树的损害之间不存在因果关系充分举证。关于损害赔偿认定，浙江淡水渔业环境监测站出具的报告虽然载明鱼塘的鱼死亡直接经济损失为 50 530 元，但依据的是施某树提交的几份鱼苗及鱼饲料的采购单，这些证据材料未经双方当事人确认，不能作为认定损失事实的依据，鉴于排污事实客观存在且确已导致鱼塘养殖鱼死亡，为弥补损失，综合酌定施某树鱼塘死亡损失 15 000 元，另加施某树委托评估费用以及不能继续承包经营的损失费，法院最终判令长兴县宏梅养殖场给付施某树各项经济损失合计 30 000 元。一审宣判后，双方当事人均未上诉。

【风险提示】

环境侵权民事纠纷案件中，证据收集难、损失认定难是困扰原告维护自身权益的两大难题。在环境侵权案件中，借助行政机关固定证据，有助于法院进一步了解案情。

问题 7：居民对环境公共整治行为负有何种程度的容忍义务？

【解答】

环境公共整治对居民生产生活产生影响甚至损害，居民自身权益保护与公共利益产生冲突时，怎么平衡两者的利益？居民是否对环境公共整治行为负有容忍义务？对此，我国法律没有作出明确规定。《民法典》第 288 条规定引申出了容忍义务，即容忍合理损害义务。环境公共整治的行为本身为社会公共利益进行，居民对环境公共整治行为负有容忍义务。容忍义务的适用应在合理损害限度之内，进行容忍义务判定时要在遵循相邻关系处理原则的前提下考量案件的主体因素、权利设定的先后因素、损害程度因素和社会公共利益因素。基于社会公共利益出发，居民对此所负的容忍义务应较一般容忍义务高。

【案例】

赖某与衢州市衢江区黄坛口乡黄泥岭村村民委员会物权保护纠纷案[①]

案情： 坐落在衢江区黄坛口乡茶坪村赖某房屋南边的两个料塘原系黄坛口乡黄泥岭村的村民巫某建造，2007年许，因料塘的污染问题，案涉料塘被政府关停。2011年1月13日，巫某以1500元对价将该料塘的塘基出卖给赖某。根据区委办〔2014〕5号文件《中共衢江区委办公室、衢江区人民政府关于印发衢江区农村生活污水治理实施方案的通知》，衢江区黄坛口乡黄泥岭村被列为2014年衢江区农村生活污水治理重点村，黄泥岭村村民委员（以下简称黄泥岭村委会）通过考察，确定了黄坛口乡茶坪村高山底竹山脚公路边的一块空地为污水终端处理设施的地块。事后，黄泥岭村委会即组织施工。因该地块属于黄坛口乡茶坪村第九村民小组所有，故黄泥岭村委会与黄坛口乡茶坪村第九村民小组签订协议，该村民小组同意黄泥岭村委会在茶坪村高山底竹山脚公路边的空地建造污水终端设施，占地面积50平方米，黄泥岭村委会支付土地补偿费8000元。黄泥岭村委会在施工过程中，在终端处理设施的南北方向覆盖了案涉料塘2.58米，覆盖厚度为0.70米，料塘的南基离污水池3.5米。因赖某认为黄泥岭村委会的施工行为侵害了其料塘的所有权，该污水终端处理设施的建造将会妨碍其生活，赖某的父亲赖某某以此为由阻拦黄泥岭村委会施工，致使黄泥岭村委会停工至今。赖某向一审法院起诉请求：责令黄泥岭村委会将该污水终端设施移位，并恢复料塘的原状。

一审法院审理认为，在民事诉讼中，当事人对自己的主张有责任提供证据。本案中，黄泥岭村委会在赖某房屋南侧建造污水终端处理设施，无论赖某主张该污水终端处理设施损坏了其所有的料塘还是该污水终端处理设施的使用将会对赖某的生活造成妨碍，赖某均应举证证明其对该料塘享有所有权或者黄泥岭村委会在使用污水终端设施时将对赖某生活造成妨碍。赖某并不享有涉案料塘及塘基的所有权及使用权，黄泥岭村委会的该行为并未侵害赖某的权利；黄泥岭村委会的污水终端处理设施尚未完工，赖某并未提供证据证明该设施完工后在进行污水处理时将会对其生活造成妨碍。为此判决：驳回赖某的诉讼请求。

赖某不服一审判决，向二审法院提起上诉，请求撤销原判，改判支持其诉讼

[①] 参见浙江省衢州市中级人民法院（2019）浙08民终449号民事判决书。

请求。二审法院判决：驳回上诉，维持原判。

分析： 本案的重点是居民是否对环境公共整治行为负有容忍义务，负有何种程度的容忍义务？我国相关法律对此没有作出明确规定，但是《物权法》第84条至第92条[①]对相邻关系作出了规定并引申出了容忍义务，即容忍合理损害义务。法院在进行容忍义务判定时要在遵循相邻关系处理原则的前提下考量案件的主体因素、权利设定的先后因素、损害大小因素和社会公共利益因素。

赖某主张黄泥岭村委会的行为侵犯了其物权，要求进行物权保护。综合本案案情，首先，建造污水工程是按照政府文件要求进行，黄泥岭村委会进行环境公共整治的行为并未违反相关法律法规；其次，根据证据显示，赖某只对料塘的塘基享有过物权，对不动产料塘并不享有物权，且该料塘已在受让后废弃并填埋，赖某已经抛弃了对料塘的所有权，抛弃所有权之后不能再要求司法救济。赖某还主张建造污水终端设施影响了其生活。在是否适用容忍义务上，考虑到本案中案涉第九村民小组同意黄泥岭村委会在茶坪村高山底竹山脚公路边的空地建造污水终端设施，并接受土地补偿费用。该污水终端处理设施虽然主要是处理被上诉人部分村民的生活污水，但包括上诉人所在村在内的下游村庄均可因该设施而受益。且该终端处理设施与料塘尚有一定的距离，并未对赖某的生活造成较大影响，明显未超出法律规定的容忍限度。赖某亦未举证证明污水终端处理设施影响其生活，法院对此不予支持。本案的裁判结果体现了社会公共利益与居民权益之间的利益平衡，对居民权益保护范围和环境公共整治行为适当性的认定具有一定的借鉴意义。

【风险提示】

政府有关职能部门在进行环境公共整治中，一方面要按照相关的法律法规和政策文件，依法依规进行；另一方面在前期规划设计中应考虑多方因素，按照有利生产、方便生活的原则尽量避免对居民权益造成损害。环境公共整治系为公共利益，居民个人也会因此受益，居民对环境公共整治行为亦应理解、配合并适度包容。

---

① 现对应《民法典》第288~296条。

问题 8：当一污染行为涉及刑事行为、行政行为和民事行为时，如何综合运用刑事责任、行政责任和民事责任对污染行为进行处罚？

【解答】

根据《民法典》第 1229 条的规定，因污染环境、破坏生态造成他人损害的，侵权人应当承担侵权责任。但是，该条规定并没有对侵权行为涉及侵权行为类型时的责任认定作出具体的规定。而实践中，常常会出现一个环境污染行为涉及多种责任类型的情形。当各个责任主体的污染行为涉及的不仅是行政责任，还涉及刑事责任、民事责任时，承担了其中一种责任并不能免除其相应的其他责任。而通过刑事责任、行政责任、民事责任三种责任方式的综合运用，有助于提高污染者的违法成本，并对潜在的污染者形成有效震慑，达到防治危险废物污染的目的。

【案例】

上海市松江区叶榭镇人民政府与蒋某某等水污染责任纠纷案[①]

案情：浩盟车料（上海）有限公司（以下简称浩盟公司）、上海日新热镀锌有限公司（以下简称日新公司）与上海佳余化工有限公司（以下简称佳余公司）存在盐酸买卖关系，并委托佳余公司处理废酸。佳余公司委托未取得危险废物经营许可证的蒋某某从上述两公司运输和处理废酸。2011 年 2 月至 3 月，蒋某某多次指派其雇佣的驾驶员董某将从三公司收集的共计 6 车废酸倾倒至叶榭镇叶兴路红先河桥南侧的雨水井中，导致废酸经雨水井流入红先河，造成严重污染。污染事故发生后，上海市松江区叶榭镇人民政府（以下简称叶榭镇政府）为治理污染，拨款并委托松江区叶榭水务管理站对污染河道进行治理。经审计确认红先河河道污染治理工程款、清理管道污染淤泥工程款、土地征用及迁移补偿费、勘察设计费、合同公证及工程质量监理费、审计费等合计 887 266 元。因本次污染事故，蒋某某、董某分别被判处有期徒刑二年和一年三个月，佳余公司、浩盟公司、日新公司分别被上海市环境保护局罚款 46 万元、16 万元、16 万元。叶榭镇政府提起诉讼，请求判令蒋某某、董某、佳余公司、浩盟公司、日新公司连带赔偿经济损失 887 266 元。

---

① 参见上海市松江区人民法院（2012）松民一（民）初字第 4022 号民事判决书。

分析： 危险废物不但严重威胁人体健康，也会对人类赖以生存的生态环境造成巨大破坏，必须依法进行申报和处理。本案中，叶榭镇政府作为被污染河道的主管单位，有权对污染河道进行治理，也有权作为原告提起诉讼。蒋某某以营利为目的，在未取得危险废物经营许可证的情况下擅自倾倒废酸，致使红先河严重污染，应承担全部赔偿责任。董某作为蒋某某雇佣的驾驶员，对未经处理的废酸倾倒至雨水井可能造成的危害后果应当具有预见能力，但其盲目听从蒋某某的指派，故意将废酸倒入雨水井中，应与蒋某某承担连带赔偿责任。佳余公司、浩盟公司与日新公司在生产过程中所产生的废酸属于危险废物，应向当地环境保护行政主管部门申报，并移交有相应资质的单位进行处理，但上述三公司未办理法定手续，擅自将废酸交由不具备资质的个人运输并排放，与红先河污染有直接的因果关系，应根据各自违法处理危险废物的数量以及对事故发生所起作用等因素按份额与蒋某某共同承担责任。虽然环境保护行政主管部门已对上述三公司进行了行政罚款，蒋某某、董某也被处以刑罚，但均不能免除或减轻其民事赔偿责任。通过刑事责任、行政责任、民事责任三种责任方式的综合运用，提高污染者的违法成本，并对潜在的污染者形成有效震慑，达到防治危险废物污染的目的。

【风险提示】

危险废物不但严重威胁人体健康，也会对人类赖以生存的生态环境造成巨大破坏，必须依法进行申报和处理。若不依法进行申报、处理，将承担相应的行政、刑事和民事责任。

问题 9：环境侵权案件举证中行政文书可否起到证明作用？

【解答】

环境污染具有易逝性、扩散性，污染事件发生后，必须尽快收集、固定相关证据。环境污染的调查情况往往需要环境保护行政主管部门依职权或依当事人申请对相关情况进行调查认定、形成相应的调查报告，即环境保护行政主管部门制作的行政文书。借助行政文书，对于促进行政、司法联动，发挥行政文书的证明作用，解决环境侵权案件的举证难问题具有重要作用。

【案例】

梁某某诉华润水泥（上思）有限公司水污染责任纠纷案[①]

案情： 2011年10月5日，上思县水产畜牧兽医局接到梁某某报告，梁某某所承包的下走水库因华润水泥（上思）有限公司（以下简称华润水泥公司）所属的华润水泥厂排入的污水污染致使大批鱼类死亡。该局与县环境监测大队、思阳镇人民政府等单位组成联合调查组多次前往现场调查，调查报告显示，下走水库水质发黄混浊，水库周围靠近岸边的水面及其他水面出现死鱼；且华润水泥厂的排水沟有水泥、煤炭等粉灰不断排入水库。上思县渔政管理站出具的《现场检查（勘验）笔录》记载，华润水泥厂位于水库上游，有水沟直接排到水库。上思县水产畜牧兽医局会同思阳镇人民政府、六银村、龙怀村及华润水泥公司等单位到现场勘察，发现库中鱼类基本死亡。梁某某因此提起诉讼，主张华润水泥公司承担侵权责任。经法院委托鉴定确认，梁某某的鱼类损失为11万余元。

分析： 本案的主要争议焦点之一为华润水泥公司应否对梁某某的损失承担赔偿责任。针对这个问题，华润水泥公司主张《思阳镇下走水库水污染鱼类死亡调查报告》的调查方法不符合《污染死鱼调查方法（淡水）》（农渔函〔1996〕62号）的规定，以此否定其应对下走水库鱼类死亡承担赔偿责任，即华润水泥公司对相关行政部门作出的该行政文书提出了质疑。对此，二审法院认为上思县水产畜牧兽医局作出的该调查报告，是在联合调查组、该局等部门的三次现场勘察、对周边群众进行了询问的基础上形成的调查报告，调查报告得出下走水库鱼类死亡与华润水泥公司排污有因果关系的结论，并不违反法律规定的情形，对一审法院予以采信的行为予以维持。环境污染具有易逝性、扩散性，污染事件发生后，必须尽快收集、固定相关证据。环境保护行政主管部门依职权或应当事人申请对污染者、污染物、排污设备、环境介质等进行查封、扣押、记录、检测、处罚，形成的行政文书有助于人民法院准确认定案件事实。本案污染事故发生后，政府相关部门及时介入，成立联合调查组，出具调查报告，固定、保全证据，为受案法院准确认定案件事实奠定了良好基础。

【风险提示】

水污染是环境污染工作的重要内容，企业在生产过程中应当注意污水的处理，

[①] 参见广西壮族自治区防城港市中级人民法院（2014）防市民一终字第377号民事判决书。

勿将未经处理的污染物质直接进行排放。企业未经污水处理直接排放污水造成水污染，需要承担相应的侵权责任。

问题 10：高速公路的运营、管理单位对高速公路环境污染是否应承担相关责任？

【解答】

《民法典》第 1165 条第 1 款规定："行为人因过错侵害他人民事权益造成损害的，应当承担侵权责任。"《民法典》第 1172 条规定："二人以上分别实施侵权行为造成同一损害，能够确定责任大小的，各自承担相应的责任；难以确定责任大小的，平均承担责任。"《水污染防治法》（2017 年修正）第 78 条第 1 款规定："企业事业单位发生事故或者其他突发性事件，造成或者可能造成水污染事故的，应当立即启动本单位的应急方案，采取隔离等应急措施，防止水污染物进入水体，并向事故发生地的县级以上地方人民政府或者环境保护主管部门报告。环境保护主管部门接到报告后，应当及时向本级人民政府报告，并抄送有关部门。"相关单位或个人在高速公路上发生交通事故并可能导致环境污染的情况下，作为高速公路的运营、管理单位应充分了解其控制、管理路产的周边情况，依法应当及时启动应急预案并采取应急措施，控制污染源，防止二次污染发生及损害扩大，如其在事故发生后未履行上述法定义务，导致二次污染发生及损害扩大的，应认定高速公路的运营、管理单位存在过错，其应对扩大的损失承担与其过错相应的民事赔偿责任。

【案例】

周某诉荆门市明祥物流有限公司、重庆铁发遂渝高速公路有限公司水污染责任纠纷案[①]

案情： 2012 年 2 月 20 日，荆门市明祥物流有限公司（以下简称明祥物流公司）所有的油罐运输车，在重庆铁发遂渝高速公路有限公司（以下简称遂渝高速公司）管理的成渝环线高速公路发生意外事故，所载变压器油泄漏。事故发生后，遂渝高速公司及时处理交通事故，撒沙处理油污路段。经铜梁县环境保护局现场

---

① 参见重庆市第一中级人民法院（2014）渝一中法民终字第 03125 号民事判决书。

勘验，长约 1 公里、宽约 10 米的路面被泄漏的变压器油污染。泄漏的变压器油顺着高速公路边坡流入高速公路下方雨水沟，经涵洞流入周某承包的鱼塘，鱼塘水面有大面积油层漂浮。经铜梁县环境监测站监测，鱼塘挥发酚、石油类浓度均超标。经鉴定，周某损失鱼类经济价值为 35 万余元。周某提起诉讼，要求明祥物流公司、遂渝高速公司承担侵权责任，赔偿其损失。

分析：本案的争议焦点之一为遂渝高速公司是否应对周某的经济损失承担相应责任。本案中，虽然遂渝高速公司并不是本次环境污染的直接侵权人，但其亦应当在其职责范围内承担相应的过错责任，即次要责任。遂渝高速公司作为事故路段的管理者，在交通事故导致变压器油大量泄漏并可能导致相关污染事故的情况下，应依法履行上述法律规定的相关义务即及时启动应急预案并采取应急措施，控制污染源，防止二次污染发生及损害扩大。而遂渝高速公司在事故发生后仅应急处理路面交通情况，且迟延至事发 4 小时后才撒沙处理泄漏在路面上的油污，并未对该路段周围油污进行清理。鉴于遂渝高速公司在事故后未履行相关法定义务，导致泄漏的变压器油沿高速公路边坡流向外环境，经高速公路雨水沟、高速公路下方的涵洞流入周某经营的鱼塘，造成渔业损失，致使本次事故损失进一步扩大，存在过错，故遂渝高速公司应承担与其过错相应的民事赔偿责任。法院根据本案实际，认定明祥物流公司承担 70% 的责任、遂渝高速公司承担 30% 的责任，并无不当。

【风险提示】

随着我国高速公路的延伸和行驶车辆的增多，高速公路及两侧区域的生态环境保护问题日益突出。高速公路及其沿线的环境保护，不仅仅是环境保护行政主管部门的责任，更需要车辆所有人与使用人、高速公路建设单位与运营单位等方面的共同参与。高速公路的运营、管理单位应当提高认识，完善管理机制，履行环境保护义务。

问题 11：环保部门作出的"责令停止生产决定"的性质是行政命令还是行政处罚？

【解答】

"责令停止生产决定"限制、剥夺了原告继续开展屠宰项目生产、经营的权利，具有惩罚性和强制性，属于行政处罚。环保部门应根据《行政处罚法》规定的程序要求作出。

【案例】

丽水碧湖建友屠宰场诉丽水市环境保护局、浙江省环境保护厅环保行政处罚暨行政复议案[①]

案情： 2000年5月23日，原告丽水碧湖建友屠宰场（普通合伙）进行建设项目环境保护审批，建设地点为碧湖河口村，规模为年屠宰生猪4800头。丽水市环境保护局（以下简称市环保局）审批同意屠宰场在碧湖镇河口村临时选址建设，要求严格执行环保"三同时"制度；建成后必须经环保部门验收合格后方可投入营业。但原告建成后未办理建设项目环保"三同时"验收。2012年，该屠宰场进行提升改造。自2015年1月起，原告未经环保部门同意，擅自停用原有的水污染治理设施，改用沼气池沉淀后用槽罐车抽取，排放到农田的方式处理废水，但水污染治理设施未通过环保"三同时"验收，主体工程已投入生产。

2017年1月19日，市环保局予以立案。2月22日，市环保局制作询问笔录。同日，市环保局作出丽环（莲）违改〔2017〕1号《责令改正违法行为决定书》（以下简称1号责令改正决定书），载明：原告生猪日屠宰数260头，已超出环保审批文件"年屠宰4800头生猪"的项目规模；另外，原告"年屠宰4800头生猪"项目于2000年5月经环保部门审批同意后，至今未办理建设项目环保"三同时"验收，违反了《建设项目环境保护管理条例》第23条规定，责令原告停止生产。3月16日，市环保局作出丽环（莲）罚字〔2017〕8号《行政处罚决定书》，对原告作出责令停止生产、罚款人民币279 000元的行政处罚。原告不服，于4月21日向浙江省环境保护厅（以下简称省环保厅）申请行政复议。省环保厅于6月30日作出浙集复〔2017〕4号《行政复议决定书》（以下简称4号复议决定书），予以维持。原告仍不服，诉至杭州市西湖区人民法院，要求撤销前述两项决定。

一审法院经审理认为，被诉1号责令改正决定书认定原告生猪日屠宰数260头，已超出环保审批文件"年屠宰4800头生猪"的项目规模；另外，原告"年屠宰4800头生猪"项目于2000年5月经环保部门审批同意后，至今未办理建设项目环保"三同时"验收的行为违反了《建设项目环境保护管理条例》第23条规

---

① 参见浙江省杭州市中级人民法院（2018）浙01行终416号行政判决书。

定，故责令其"停止生产"。被诉1号责令改正决定书限制、剥夺了原告继续开展屠宰项目生产、经营的权利，具有惩罚性和强制性，属于行政处罚。本案中，市环保局在作出责令原告停止生产的1号责令改正决定书前，并未告知原告有要求举行听证的权利，违反了《行政处罚法》第42条第1款的规定，属程序违法，应予撤销。省环保厅作出维持案涉1号责令改正决定书的4号行政复议决定书亦违法，一并予以撤销。据此判决：一、撤销丽水市环境保护局于2017年2月22日作出的丽环（莲）违改〔2017〕1号《责令改正违法行为决定书》。二、撤销浙江省环境保护厅于2017年6月30日作出的浙集复〔2017〕4号《行政复议决定书》。一审宣判后，丽水碧湖建友屠宰场不服，提起上诉。要求撤销一审判决"经审查查明"部分中认定的"但原告建成后未办理建设项目环保'三同时'验收"至"主体工程已投入生产"的部分；维持一审判决的两项结果，即撤销被诉1号责令改正决定书和相应的复议决定书。二审法院判决：驳回上诉，维持原判。

分析： 本案的焦点是环保部门作出的"责令停止生产决定"的性质是行政命令还是行政处罚。环境保护方面的法律文件众多，但实践中环保部门对严重污染环境的违法行为进行制裁的最常用手段是行政处罚。环保部门往往会根据部门规章《环境行政处罚办法》的规定，习惯于在作出最后的行政处罚决定前，先行作出责令改正违法行为决定书。其法条依据为《环境行政处罚办法》第11条第1款，环境保护主管部门实施行政处罚时，应当及时作出责令当事人改正或者限期改正违法行为的行政命令。根据《行政处罚法》的规定，责令改正违法行为决定系行政机关实施行政处罚时对违法行为人发出的行政命令。该行政命令应为纠正违法行为，恢复正常行政管理秩序的目的，作为行政处罚决定的补充措施而采取。发出责令改正违法行为的命令的目的系要求违法行为人履行法定义务，该命令不具有制裁性。本案中，市环保局系适用《建设项目环境保护管理条例》第28条规定，作出了责令改正违法行为决定书，要求原告停止生产。该决定限制、剥夺了原告继续开展屠宰项目生产、经营的权利，具有惩罚性和强制性，属于行政处罚。既然是行政处罚，则应当根据《行政处罚法》规定的程序进行，但由于市环保局将该决定作为行政命令，故因程序违法而导致被撤销。

【风险提示】

强化法治思维，切实做到依法行政，才能维护良好的政府形象。环保部门在处理行政相对人污染环境的违法行为应严格适用法律。作为实践中最常用的制裁手段之一的行政处罚，环保部门更需要依照《行政处罚法》规定的程序要求进行，以保障行政相对人的合法权益，实现服务和促进当地的生态文明建设的最终目标。

问题 *12*：企业将未经处理的生产废水通过管道，向雨水排放口排放，是否构成违规设置排污口的违法行为？

【解答】

《水污染防治法》（2017 年修正）第 22 条规定："向水体排放污染物的企业事业单位和其他生产经营者，应当按照法律、行政法规和国务院环境保护主管部门的规定设置排污口；在江河、湖泊设置排污口的，还应当遵守国务院水行政主管部门的规定。"《浙江省环境污染监督管理办法》第 25 条第 4 款规定："排污单位应当按照国家和省的技术规范和标准设置排污口，并按照规定报经批准。禁止通过雨水排放口排放污水。"企业通过雨水排放口排放污水，属于向水体排放污染物的行为，其未按规定设置连接雨水排放设施的排出设备及端口，构成违规设置排污口。

【案例】

温州某鞋业有限公司不服永嘉县环境保护局、
温州市环境保护局环保行政处罚及行政复议案[①]

案情： 2016 年 12 月 18 日，永嘉县环保局（以下简称永嘉环保局）作出处罚决定，称 2016 年 8 月 24 日，该局执法人员在例行检查中发现原告温州某鞋业有限公司现场正在从事鞋业生产加工，主要生产设备有制鞋流水线 1 条、喷漆台 2 个及配套设备。生产时有废水、废气产生，喷漆除尘废水未经处理直接用管道接入雨水管道窨井（排放口）进行排放。上述行为已构成违规设置排污口。根据

---

① 参见浙江省温州市中级人民法院（2017）浙 03 行终 446 号行政判决书。

《水污染防治法》(2008年修订)第22条、第75条第2款[①]的规定,对原告处以罚款32 000元。原告不服,向被告温州市环境保护局(以下简称市环保局)申请行政复议。市环保局于2017年3月8日作出行政复议决定,维持被诉处罚决定。原告认为:(1)被诉处罚决定认定事实不清,证据不足。永嘉环保局检查时原告相关人员并不在现场,且涉案的窨井坑也未完成施工。即使原告向该窨井坑排水,被告也无证据证明向何水体排放。原告已经提供了厂房出租方证明及租赁合同,但两被告没有进行调查,事实不清。(2)被诉处罚决定适用法律错误。被诉处罚行为仅引用《水污染防治法》(2008年修订)第22条及第75条第2款作为法律依据,上述法律条文内容均载明违反"法律、行政法规和国务院环境保护主管部门的规定",但到底违反了哪些规定,被诉处罚决定没有进一步明确。另外,上述两个条文适用的前提均为"向水体排放污染物",而参照该法第2条之规定,水体指"中华人民共和国领域内的江河、湖泊、运河、渠道、水库等地表水体以及地下水体"。事实上涉案窨井坑排水设施未接通,无证据证明直通何种水体。(3)被诉处罚决定程序违法。永嘉环保局作出处罚决定前先后三次进行告知,且案件调查人和作出处罚的经办人相同,违反了《环境行政处罚办法》第5条的"查处分离"原则和《环境行政处罚证据指南》第5.1.4条"案件审查人员不得现场收集证据"的规定。综上,请求法院撤销被诉处罚决定及被诉复议决定。

法院经审理认为,原告在其生产经营场所将生产废水使用连接喷漆台的管道接入雨水管道窨井(排放口)进行排放的事实清楚,该管道直连连接原告生产设备,且确为原告在使用,故应认定为原告设置,原告是否系租赁场地生产不影响上述认定。《水污染防治法》(2008年修订)第22条规定:"向水体排放污染物的企业事业单位和个体工商户,应当按照法律、行政法规和国务院环境保护主管部门的规定设置排污口;在江河、湖泊设置排污口的,还应当遵守国务院水行政主管部门的规定。禁止私设暗管或者采取其他规避监管的方式排放水污染物。"《浙江省环境污染监督管理办法》第25条第4款规定:"排污单位应当按照国家和省的技术规范和标准设置排污口,并按照规定报经批准。禁止通过雨水排放口排放

[①] 现对应《水污染防治法》(2017年修正)第84条第2款,该条款规定:"除前款规定外,违反法律、行政法规和国务院环境保护主管部门的规定设置排污口的,由县级以上地方人民政府环境保护主管部门责令限期拆除,处二万元以上十万元以下的罚款;逾期不拆除的,强制拆除,所需费用由违法者承担,处十万元以上五十万元以下的罚款;情节严重的,可以责令停产整治。"

污水。"据此，原告未经审批并通过雨水排放口排放生产废水，永嘉环保局认定其属于违规设置排放口具有事实和法律依据。鉴于原告已经拆除违规设置的排放管道，被告永嘉环保局依据《水污染防治法》(2008年修订)第75条第2款的规定，在法定处罚幅度内对原告作出罚款32 000元的处罚决定，适用法律正确，裁量适当。关于原告所称被告永嘉环保局告知程序不合法及违反"查处分离"原则，虽然永嘉环保局确认其确实先后进行了三次告知，但在告知时并未改变拟处罚内容，也并不影响原告行使陈述、申辩等程序权利，故并无违法；另外，永嘉环保局案件调查和处理审核系不同部门作出，并无违反"查处分离"原则，因此原告上述主张依据不足，不予支持。鉴于被诉处罚决定在认定事实、适用依据、决定内容及作出程序等方面均无不当，被告市环保局在受理原告的行政复议申请后，按法定程序进行审查，并在法定期限内作出维持的复议决定，并无不当。综上，根据《行政诉讼法》第69条的规定，判决驳回原告温州某鞋业有限公司的诉讼请求。一审宣判后，原告温州某鞋业有限公司不服提出上诉。二审法院经审理后，判决：驳回上诉，维持原判。

分析： 本案的问题在于企业将未经处理的生产废水通过管道，向雨水排放口排放，是否构成违规设置排污口的违法行为？原告企业在租赁厂房后进行鞋业生产加工，主要生产设备有制鞋流水线、喷漆台及配套设备，生产时有废水、废气产生。而该厂房外沿墙壁设有管道，终端出口在道路雨水窨井口上方。经检查发现，该企业喷漆除尘废水未经处理直接用管道接入雨水管道窨井进行排放。此类情况在企业中比较普遍，环保部门近年来也在进行严厉查处。本案中，双方主要对"向水体排放污染物"及"违规设置排污口"的理解存在争议。

关于水体，《水污染防治法》(2008年修订)第2条[1]明确，该法所称水体，包括地表水体及地下水体。雨水自道路排放口汇集后即形成地下水体。关于排污口设置，《水污染防治法》(2008年修订)第22条、《浙江省环境污染监督管理办法》第25条第4款明确规定，排污单位设置排污口应当符合法律法规及环保部门的相关规定，且禁止通过雨水排放口排放污水。原告在生产过程中产生废水，其未经任何处理，直接自生产设备排放入管道，再沿管道通过终端出口流入雨水排放口，此一行为即属设置排污口。原告作为必然产生污水需要排放的企业，如需设置排污口应向环保部门进行申请，符合规定的可予设置。故原告直接将未经处

---

[1] 现对应《水污染防治法》(2017年修正)第2条。

理的生产废水通过雨水口排放，显然是违规设置排污口。本案依法维护了环保行政机关对违法行为的查处，也对广大企业起到了警示作用。

【风险提示】

企业在生产中产生污水难以避免，而企业应当积极树立环保意识，在开展生产前即应当注意做好环保措施。排污口的设置在很多企业看来是个小事，特别是对于类似原告的租赁场地生产、设备数量不多的企业，出于成本考虑，加之环保意识的缺乏，往往不加重视。实际上，反而得不偿失。

问题 13：如何确认环境侵权行为的处罚时效起算时间？

【解答】

《行政处罚法》（2021年修订）第36条规定，"违法行为在二年内未被发现的，不再给予行政处罚；涉及公民生命健康安全、金融安全且有危害后果的，上述期限延长至五年。法律另有规定的除外。前款规定的期限，从违法行为发生之日起计算；违法行为有连续或者继续状态的，从行为终了之日起计算。"只要行为人的违法行为存在违法的继续状态，尚未依法还原到合法状态，那么行政处罚就并未超过处罚时效。

【案例】

海南万泉农产品批发市场有限公司与琼海市生态环境保护局、琼海市人民政府不服环境管理处罚纠纷案[①]

案情： 琼海市嘉积镇泮水农产品批发市场项目系由琼海市农贸产品交易批发中心有限责任公司（以下简称农贸公司）于1994年投资兴建，该公司于1994年7月16日向原琼海市环境资源局提交《建设项目环境影响报告表》，其中对该市场建设过程中及建成后对环境影响的分析及需要说明的问题说明如下："该市场选址靠近银海开发区，基础设施较完备，便于环境保护建设。施工过程无特殊污染，建筑垃圾边施工边清理，保证环境清洁。建成后主要是生活污水，如卫生间、洗车场、'三鸟粪便'等，经室外化粪池处理达标后排入开发区排污系统。我司将严

---

① 海南省第一中级人民法院（2019）琼96行终34号行政判决书。

格按照该地区的总体规划和环保部门要求，精心设计，严密组织，安全施工，为维护开发区规划的严肃性和保证环境的美化性作出积极的贡献。"原琼海市环境资源局在该表中"环境保护部门的审批意见"一栏审批如下："同意在拟定地段建设琼海市农贸产品交易批发中心市场。市场建设必须配备合理的排污系统，各种污水须经处理后才排入附近污水管道，同时要加强管理，保持市场环境整洁。建成后报市环资局验收，合格后才正式投入使用。"该市场Ⅰ#楼、Ⅱ#楼、Ⅲ#楼的主体工程于1995年11月10日经相关部门竣工验收合格，此后投入使用。2000年12月27日，农贸公司的名称变更为海南万泉热带农业投资有限公司。2002年4月30日，海南万泉热带农业投资有限公司与海南汇博投资有限公司共同出资成立海南万泉农产品批发市场有限公司（以下简称万泉公司，即本案原告），海南万泉热带农业投资有限公司以其上述泮水农产品批发市场Ⅰ#楼、Ⅱ#楼、Ⅲ#楼及其占用土地的土地使用权投资入股，其相关房屋所有权及土地使用权均于当年登记至万泉公司名下。2017年3月13日，琼海市生态环境保护局（以下简称琼海市环保局）对万泉公司的泮水农产品批发市场项目进行检查，发现该项目的水污染防治设施未建成，主体工程已投入使用。2017年3月14日，琼海市环保局向万泉公司送达《责令改正违法行为决定书》（海环监字〔2017〕12号），责令万泉公司接到决定书之日起停止该项目的使用，并告知万泉公司如拒不改正违法行为又不履行该决定，该局将依法实施行政处罚。同日，万泉公司向被告琼海市人民政府（以下简称琼海市政府）提供《关于暂时停止经营海南万泉农产品批发市场的报告》，其中载明：因该市场对周边的居民生活、环境卫生和城市形象产生了不利影响，为配合市政府推进"三市一区"创建（巩固）工作，万泉公司拟暂时停止经营该市场。2017年4月1日，琼海市环保局对泮水农产品批发市场进行现场检查，发现该市场主要经营批发家禽及鱼产品，产生污水的主要来源为冲洗市场场地及鱼产品产生的污水，污水通过暗沟进入自建的沉淀池预处理，进入市政管网，该建设项目在需要配套建设的环境保护设施未经验收的情况下，其主体已投入使用。2017年4月5日，琼海市环保局对万泉公司法定代表人庞某进行询问，庞某称当时约有60户商铺在市场内经营及该市场未办理相关的环评审批手续和环保"三同时"验收手续。2017年4月18日，琼海市环保局作出《环境行政处罚事先告知书》（海环监字〔2017〕18号），告知拟对万泉公司的上述违法行为作出如下处罚决定：（1）责令万泉公司立即停止该市场的使用；（2）处人民币5万元的罚款。同时告知万泉公司享有陈述、申辩或听证等权利，并于同年4月24日送达给万泉公司。根据万泉公司的申请,琼海市环保局于2017年5月31日对该案举行公开听证会,于2017年11月13日作出《环境行政处罚决定》(海环监字〔2017〕110号),该决定认定万泉公司泮水农产品批发市场项目主体在需要配套建设的污水处理环境保护设施未建设且未经验收的情况下主体已投入使用,认为万泉公司的该违法行为违反了《建设项目环境保护管理条例》第20条、第23条的规定,依据《建设项目环境保护管理条例》第28条的规定,决定对万泉公司作出如下行政处罚:(1)责令万泉公司在接到本处罚决定书之日起立即停止该市场的使用;(2)处人民币5万元的罚款。琼海市环保局于2017年11月16日将该处罚决定书送达万泉公司。万泉公司对此不服,于2017年12月18日向被琼海市政府申请行政复议,被告琼海市政府受理后,于2017年12月21日送达琼海市环保局《行政复议答复通知书》,琼海市环保局于2017年12月29日向被告琼海市政府提交书面答复材料。被告琼海市政府对万泉公司提交的行政复议申请书及证据材料、琼海市环保局提交的书面答复及证据材料进行了书面审查,于2018年2月9日作出《行政复议决定书》(海府复决字〔2018〕第3号),决定维持琼海市环保局作出的《环境行政处罚决定书》(海环监字〔2017〕110号)。万泉公司对该复议决定不服,于2018年3月7日向法院起诉。另查明,琼海市政府于2015年设立琼海市环保局,为主管琼海市生态环境保护工作的政府工作部门,将原琼海市国土环境资源局的环境保护相关职责划入琼海市环保局。一审法院判决:驳回万泉公司的诉讼请求。二审法院判决:判回上诉,维持原判。

分析: 行政处罚追责时效意在平衡法的效率性与法的安定性,明确行政处罚法上的时间界限。具体而言,一方面对行政处罚机关而言,可以限制行政处罚机关的权力,保障行为人的合法权利,完善行政处罚法体系;另一方面,对行为人而言,其违法行为已超过时效规定的,行政处罚机关不得再对违法行为人追究责任,这也体现了教育与处罚相结合的原则。

第一,行政处罚时效的基本构造。(1)普遍适用的一般规则。"违法行为在二年内未被发现的,不再给予行政处罚。"这是适用行政处罚时效的一般规则,具有普遍适用性,并不区分适用领域以及要求行政违法行为产生危害后果。行政处罚时效的效果是绝对消灭。这也就意味着,行为人的违法行为在二年内未被行政机关发现,对该违法行为不得再给予处罚;反之,违法行为在二年内被发现的,就不受二年时效的限制,在二年后行政机关仍应依法给予行政处罚。(2)针对特定案件类型的特殊规则。"涉及公民生命健康安全、金融安全且有危害后果的,上述期限延长至五年。"这是《行政处罚法》2021年修订时新增的内容。适用五年延长时效的，仅有"涉及公民生命健康安全、金融安全"的行政违法行为，且相关行政违法行为产生"危害后果"的。之所以增加了规定五年的处罚时效，主要考虑到有些侵害公民生命健康安全或金融安全的违法行为较为隐蔽且社会危害性大，短时间内难以发现并予以处罚。如未以实际为考量，仍机械地规定二年时效，则无法发挥《行政处罚法》的制度预期，不利于社会安定和公平正义的实现。限定在前述违法行为则是为了避免五年追责时效被滥用。

第二，处罚时效的起算。在司法实践中，双方对行政处罚时效计算时长的争议并不大，双方的争议焦点主要集中在时效的起算时间。本案亦是如此。万泉公司认为本案的处罚时效应从1995年市场建成时开始起算，由于距政府第一次行政处罚的时间已经超过20年，因此不应当对其进行行政处罚。但实际上并不是如此认定本案时效。

从违法行为发生之日起算行政处罚时效。较为典型的是，一次性完成的违法行为就是违法行为完成之日。司法实践中，有些违法行为并非以行为发生即告终了，还有许多违法行为以违法结果的发生作为违法行为的完成。

违法行为有连续的，从行为终了之日起算。所谓违法行为的连续状态，应当是指行为人基于同一或概括的违法故意，连续实施多个独立的违法行为，且触犯同一个行政处罚的规定。行为人所实施的多个违法行为之间处于连续状态，遂对连续行为的追责时效应当自最后一个违法行为的实施完成起开始计算。

违法行为有继续状态的，从行为终了之日起算处罚时效。所谓继续状态，应指违法行为自实施后，该违法行为或违法状态仍在时间上处于延续。该违法行为所产生的社会危害的继续状态即为违法行为继续与否的判断标准。值得强调的是，继续状态不仅是违法行政管理行为的持续，而且违法行为所造成的不法状态也处于持续之中。只有在排除违法状态，恢复到合法状态时，行为人的继续性违法行为才算终了。本案中万泉公司的行为就一直保持着继续状态，20年来农贸市场应当存在的配套建设的环境保护设施始终未经验收，违反了《环境保护法》的规定，对周边居民的生产生活始终存在一定的影响。法院应当纠正万泉公司的违法行为，依法还原到合法状态。由于万泉公司违法行为的持续性，本案的行政处罚并未超过处罚时效。

【风险提示】

行政处罚的设立目的除了对违法行为人的惩戒与教育之外，还包括对公共利益、社会秩序、合法权益的保护，因此消除持续性的违法状态必然是行政处罚的基本要求。

问题 *14*：船舶偷排含油污水案件中，如何认定违法排放污染物行为及其造成的损害？如何认定偷排的含油污水是否属于有毒物质？

【解答】

船舶偷排含油污水案件中，人民法院可以根据船舶航行轨迹、污染防治设施运行状况、污染物处置去向，结合被告人供述、证人证言、专家意见等证据对违法排放污染物的行为及其造成的损害作出认定。认定船舶偷排的含油污水是否属于有毒物质时，由于客观原因无法取样的，可以依据来源相同、性质稳定的舱底残留污水进行污染物性质鉴定。

【案例】

武汉卓航江海贸易有限公司、向某等
12 人污染环境刑事附带民事公益诉讼案[①]

案情：被告单位武汉卓航江海贸易有限公司（以下简称卓航公司）通过租赁船舶从事国内水上货物定线运输业务，其经营的国裕 1 号船的航线为从江苏省南京市经安徽省芜湖市至浙江省台州市以及宁波市北仑港返回南京市。

依照法律法规，被告单位卓航公司制定了《防止船舶造成污染管理须知》，该须知规定国裕 1 号船舱底含油污水可通过油水分离器处理达标后排放，也可由具备接收资质的第三方接收。被告单位卓航公司机务部常年不采购、不更换油水分离器滤芯，船舶油水分离器无法正常工作，分管机务部的副总经理等人指示工作人员用纯净水替代油水分离器出水口水样送检，纵容船舶逃避监管实施偷排；其亦未将含油污水交给有资质第三方处理，含油污水长期无合法处置去向。

2017 年 8 月至 2019 年 3 月，先后担任国裕 1 号船船长的被告人向某、担任

---

① 参见最高人民法院 2022 年 12 月 30 日发布的第 37 批指导性案例 202 号。

轮机长的被告人殷某某、胡某某伙同同案其他被告人违反法律规定，先后五次偷排船舶含油污水。后又购买污水接收证明自行填写后附于油类记录簿应付检查。2019年3月，经举报，国裕1号船将含油污水偷排入长江的行为及作案工具被查获。

归案后，被告人向某等各被告人供述了国裕1号船轮机长等为公司利益多次指使轮机部管轮、机工等人逃避监管，拒不执行法律法规规定的防污措施，于2017年8月至2019年3月五次将舱底含油污水不经油水分离器处理偷排至长江及近海自然水域的事实。各被告人供述能够相互印证，并有证人证言佐证，亦与涉案船舶常年定线运行，含油污水积累速度和偷排频率相对稳定的情形相符，足以认定案件相关事实。

排入外界的含油污水因客观原因已无法取样，鉴于案涉船舶常年定线运输、偷排频次稳定，设备及操作规程没有变化，舱底残留含油污水与排入外界的含油污水，来源相同且性质稳定，不存在本质变化，故就舱底残留含油污水取样送检。经鉴定，国裕1号船舱底含油污水属于"有毒物质"。生态环境损害的专家评估意见证实，以虚拟治理成本法计算得出五次偷排含油污水造成的生态环境损害数额为10 000元至37 500元。

江苏省南京市鼓楼区人民检察院同时提起刑事附带民事公益诉讼，指控被告单位卓航公司及各被告人犯污染环境罪，并请求判令被告卓航公司承担本案环境损害赔偿费用23 750元、专家评估费用9000元及公告费用700元。

分析： 根据《水污染防治法》等法律法规，被告单位卓航公司虽制定了舱底含油污水等污染环境防治措施，但相关措施在实际运行中流于形式，没有实际执行，用于防治污染的油水分离器不能正常使用。被告单位卓航公司弄虚作假获取油水分离器水样合格的检测报告、低价购置含油污水接收证明逃避监管。案涉船舶常年定线运输，航线上千公里，随着航程增加必然产生并持续累积含油污水，但含油污水既未经油水分离器处理又未交由有资质第三方接收。各被告人供述、证人证言及在案物证关于偷排污水行为的方式、时间、参与人员的内容互相吻合，足以认定各被告人实施了将含油污水排至长江及近海水域的污染环境行为。涉案含油污水的性质稳定，案涉船舶常年定线运输，设备、操作规程及含油污水产生机理稳定，舱底残留含油污水与被偷排的污水系同一整体、性状一致，可以取样据以进行污染物性质鉴定。经鉴定，该含油污水系有毒物质。

案涉污染环境行为系为了被告单位卓航公司的单位利益，在公司分管副总经理指使下，由国裕1号船船长、国裕1号船轮机长、机工等多人参与，共同将未经处理的舱底含油污水偷排至驶经的长江及近海水域，应当认定为单位犯罪。卓航公司违反国家规定，以逃避监管的方式排放有毒物质，严重污染环境，其行为构成污染环境罪。被告人向某等各被告人系单位犯罪中直接负责的主管人员或其他直接责任人员，应当以污染环境罪对其定罪处罚。

附带民事公益诉讼被告卓航公司污染环境，依法应承担生态环境损害赔偿责任。卓航公司将未经处理的舱底含油污水多次偷排至自然水域，专家意见以虚拟治理成本法量化生态环境损害数额并无不当，卓航公司对此不持异议。经评估，案涉船舶五次将未经处理的舱底含油污水偷排至驶经的长江及近海水域行为造成的生态环境损害数额为10 000元至37 500元。公益诉讼起诉人江苏省南京市鼓楼区人民检察院取其中间值主张的生态环境损害赔偿费用数额，具有法律和事实依据，依法予以支持。公益诉讼起诉人主张的专家评估费用及公告费用，属于为诉讼支出的合理费用，依法予以支持。

【风险提示】

绿水青山就是金山银山，碧海银滩也是绿水青山、金山银山。水上运输是我国重要的运输方式之一，对保障国民经济顺畅运转发挥了至关重要的作用。但船舶营运过程中不可避免地会产生含油污水等污染物，一旦偷排入海将对水产资源、生态环境和人体健康等方面造成极大危害。船舶运营单位应当遵守《水污染防治法》等法律法规，严格制定污染环境防治措施，并严格贯彻执行，切莫为了一时经济利益，逃避监管排放污染物。

◎法律规定速查

《中华人民共和国民法典》（2020年5月28日）

第二百四十条　所有权人对自己的不动产或者动产，依法享有占有、使用、收益和处分的权利。

第二百八十八条　不动产的相邻权利人应当按照有利生产、方便生活、团结互助、公平合理的原则，正确处理相邻关系。

第二百八十九条　法律、法规对处理相邻关系有规定的，依照其规定；法律、法规没有规定的，可以按照当地习惯。

第二百九十条　不动产权利人应当为相邻权利人用水、排水提供必要的便利。

对自然流水的利用，应当在不动产的相邻权利人之间合理分配。对自然流水的排放，应当尊重自然流向。

第二百九十一条　不动产权利人对相邻权利人因通行等必须利用其土地的，应当提供必要的便利。

第二百九十二条　不动产权利人因建造、修缮建筑物以及铺设电线、电缆、水管、暖气和燃气管线等必须利用相邻土地、建筑物的，该土地、建筑物的权利人应当提供必要的便利。

第二百九十三条　建造建筑物，不得违反国家有关工程建设标准，不得妨碍相邻建筑物的通风、采光和日照。

第一千一百六十五条　行为人因过错侵害他人民事权益造成损害的，应当承担侵权责任。

依照法律规定推定行为人有过错，其不能证明自己没有过错的，应当承担侵权责任。

《中华人民共和国刑法》（2023年12月29日修正）

第三十条　公司、企业、事业单位、机关、团体实施的危害社会的行为，法律规定为单位犯罪的，应当负刑事责任。

第三十一条　单位犯罪的，对单位判处罚金，并对其直接负责的主管人员和其他直接责任人员判处刑罚。本法分则和其他法律另有规定的，依照规定。

第三百三十八条　违反国家规定，排放、倾倒或者处置有放射性的废物、含传染病病原体的废物、有毒物质或者其他有害物质，严重污染环境的，处三年以下有期徒刑或者拘役，并处或者单处罚金；情节严重的，处三年以上七年以下有期徒刑，并处罚金；有下列情形之一的，处七年以上有期徒刑，并处罚金：

（一）在饮用水水源保护区、自然保护地核心保护区等依法确定的重点保护区域排放、倾倒、处置有放射性的废物、含传染病病原体的废物、有毒物质，情节特别严重的；

（二）向国家确定的重要江河、湖泊水域排放、倾倒、处置有放射性的废物、含传染病病原体的废物、有毒物质，情节特别严重的；

（三）致使大量永久基本农田基本功能丧失或者遭受永久性破坏的；

（四）致使多人重伤、严重疾病，或者致人严重残疾、死亡的。

有前款行为，同时构成其他犯罪的，依照处罚较重的规定定罪处罚。

《中华人民共和国行政诉讼法》（2017年6月27日修正）

第六十九条　行政行为证据确凿，适用法律、法规正确，符合法定程序的，或者原告申请被告履行法定职责或者给付义务理由不成立的，人民法院判决驳回原告的诉讼请求。

《中华人民共和国水污染防治法》（2017年6月27日修正）

第二条　本法适用于中华人民共和国领域内的江河、湖泊、运河、渠道、水库等地表水体以及地下水体的污染防治。

海洋污染防治适用《中华人民共和国海洋环境保护法》。

第二十二条 向水体排放污染物的企业事业单位和其他生产经营者，应当按照法律、行政法规和国务院环境保护主管部门的规定设置排污口；在江河、湖泊设置排污口的，还应当遵守国务院水行政主管部门的规定。

第七十八条 企业事业单位发生事故或者其他突发性事件，造成或者可能造成水污染事故的，应当立即启动本单位的应急方案，采取隔离等应急措施，防止水污染物进入水体，并向事故发生地的县级以上地方人民政府或者环境保护主管部门报告。环境保护主管部门接到报告后，应当及时向本级人民政府报告，并抄送有关部门。

造成渔业污染事故或者渔业船舶造成水污染事故的，应当向事故发生地的渔业主管部门报告，接受调查处理。其他船舶造成水污染事故的，应当向事故发生地的海事管理机构报告，接受调查处理；给渔业造成损害的，海事管理机构应当通知渔业主管部门参与调查处理。

《最高人民法院关于适用〈中华人民共和国行政诉讼法〉的解释》（2018年2月6日　法释〔2018〕1号）

第一百四十七条 人民法院在对规范性文件审查过程中，发现规范性文件可能不合法的，应当听取规范性文件制定机关的意见。

制定机关申请出庭陈述意见的，人民法院应当准许。

行政机关未陈述意见或者未提供相关证明材料的，不能阻止人民法院对规范性文件进行审查。

《最高人民法院、最高人民检察院关于办理环境污染刑事案件适用法律若干问题的解释》（2023年8月8日　法释〔2023〕7号）

第一条 实施刑法第三百三十八条规定的行为，具有下列情形之一的，应当认定为"严重污染环境"：

（一）在饮用水水源保护区、自然保护地核心保护区等依法确定的重点保护区域排放、倾倒、处置有放射性的废物、含传染病病原体的废物、有毒物质的；

（二）非法排放、倾倒、处置危险废物三吨以上的；

（三）排放、倾倒、处置含铅、汞、镉、铬、砷、铊、锑的污染物，超过国家或者地方污染物排放标准三倍以上的；

（四）排放、倾倒、处置含镍、铜、锌、银、钒、锰、钴的污染物，超过国家或者地方污染物排放标准十倍以上的；

（五）通过暗管、渗井、渗坑、裂隙、溶洞、灌注、非紧急情况下开启大气应急排放通道等逃避监管的方式排放、倾倒、处置有放射性的废物、含传染病病原体的废物、有毒物质的；

（六）二年内曾因在重污染天气预警期间，违反国家规定，超标排放二氧化硫、氮氧化物等实行排放总量控制的大气污染物受过二次以上行政处罚，又实施此类行为的；

（七）重点排污单位、实行排污许可重点管理的单位篡改、伪造自动监测数据或者干扰自动监测设施，排放化学需氧量、氨氮、二氧化硫、氮氧化物等污染物的；

（八）二年内曾因违反国家规定，排放、倾倒、处置有放射性的废物、含传染病病原体的废物、有毒物质受过二次以上行政处罚，又实施此类行为的；

（九）违法所得或者致使公私财产损失三十万元以上的；

（十）致使乡镇集中式饮用水水源取水中断十二小时以上的；

（十一）其他严重污染环境的情形。

第十条 承担环境影响评价、环境监测、温室气体排放检验检测、排放报告编制或者核查等职责的中介组织的人员故意提供虚假证明文件，具有下列情形之一的，应当认定为刑法第二百二十九条第一款规定的"情节严重"：

（一）违法所得三十万元以上的；

（二）二年内曾因提供虚假证明文件受过二次以上行政处罚，又提供虚假证明文件的；

（三）其他情节严重的情形。

实施前款规定的行为，在涉及公共安全的重大工程、项目中提供虚假的环境影响评价等证明文件，致使公共财产、国家和人民利益遭受特别重大损失的，应当依照刑法第二百二十九条第一款的规定，处五年以上十年以下有期徒刑，并处罚金。

实施前两款规定的行为，同时索取他人财物或者非法收受他人财物构成犯罪的，依照处罚较重的规定定罪处罚。

第五节 海洋污染类案件

问题 1：未纳入环境标准的物质导致损害结果是否应认定为新型污染物及承担相关侵权责任？

【解答】

海洋环境污染损害，是指直接或者间接地把物质或者能量引入海洋环境，产生损害海洋生物资源、危害人体健康、妨害渔业和海上其他合法活动、损害海水使用素质和减损环境质量等有害影响。环境标准并非判断某类物质是否造成损害的唯一依据，只要有证据证明某类物质对环境危害程度较大，且致害人未能举证证明存在法律规定的不承担责任或者减轻责任的情形以及行为与损害之间不存在因果关系的证明责任，就可以确定某类物质与损害结果之间存在因果关系，致害人应承担赔偿责任。

【案例】

吕某某等 79 人诉山海关船舶重工有限责任公司
海上污染损害责任纠纷案[①]

案情： 2010 年 8 月 2 日上午，秦皇岛山海关老龙头东海域海水出现异常。秦皇岛市环境保护局的《监测报告》显示，海水悬浮物含量为 24mg/L、石油类为 0.082mg/L、铁为 13.1mg/L。大连海事大学海事司法鉴定中心出具《鉴定意见》，结论：2010 年 8 月 2 日山海关老龙头海域（靠近山海关船舶重工有限责任公司，以下简称山船重工公司）存在海水异常区；海水水质中污染最严重的因子为铁，对渔业和养殖水域危害程度较大；根据山船重工公司系山海关老龙头附近临海唯一大型企业，修造船舶的刨锈污水中铁含量很高，一旦泄漏将严重污染附近海域，推测出污染海水源地系山船重工公司。吕某某等 79 人系长期在山海关老龙头海域进行扇贝养殖的养殖户，诉请法院判令山船重工公司赔偿养殖损失 20 084 940 元。

分析： 本案争议焦点之一为铁物质不属于评价海水水质的标准，山船重工公

[①] 参见天津市高级人民法院（2014）津高民四终字第 22 号民事判决书。

司排放该物质是否构成环境污染侵权？第一，《海洋环境保护法》第94条第1项明确规定，只要行为人将物质或者能量引入海洋造成损害，即视为污染，故是否存在指标并非污染的认定标准。同时，《侵权责任法》第65条[①]亦并未将环境污染责任限定为排污超过国家标准或者地方标准，故环境标准并非判断某类物质是否造成损害的唯一依据，无论国家或地方标准中是否规定了某类物质的排放控制要求，或排污是否符合国家或地方规定的标准，只要能够确定污染行为造成环境损害，行为人就须承担赔偿责任。第二，环境标准是一种技术规范，应随着经济、社会、科学技术的不断发展以及环境保护目标的不断提高，适时修订和更新。我国现行有效评价海水水质的《渔业水质标准》和《海水水质标准》制定于20世纪80年代，实施后长期未进行修订，其中列举的项目已不足以涵盖当今可能造成污染的全部物质，且上述标准多作为具有环境资源保护职能行政部门的执法依据，产生后果系行政责任。据此，《渔业水质标准》和《海水水质标准》不能作为判断某类物质是否造成污染损害的唯一依据。第三，本案中环境保护行政主管部门秦皇岛市环境保护局在复核意见中表示，因国家对海水中铁物质含量未明确规定污染物排放标准，故是否影响海水养殖需相关部门专家进一步论证。出具《鉴定意见》的鉴定人具备海洋污染鉴定的专业知识，其通过对相关背景资料进行分析判断，作出的涉案海域水质中铁物质对渔业和养殖水域危害程度较大的评价，具有科学性，应当作为认定涉案海域被铁物质所污染的依据。第四，山船重工公司未能举证证明其存在《侵权责任法》第66条[②]规定的不承担责任或者减轻责任的情形以及行为与损害之间不存在因果关系，故应由其承担举证不能的不利法律后果。综上，山船重工公司虽主张不应承担侵权责任，但未能完成相应的举证义务，故其应对吕某某等79人的养殖损失承担赔偿责任。

【风险提示】

近年来，伴随经济社会的快速发展，新型污染物时有出现，由此引发的纠纷日益受到关注。在未纳入环境标准的物质导致损害结果的情况下，致害物质是否属于环境污染责任中的"污染物"以及是否构成环境污染侵权成为法院审理案件的难点。环境污染责任中"污染物"应界定为一切能够造成环境损害的物质，排放未纳入环境标准物质致损亦构成环境污染侵权的裁判规则，依法规范了生产企

---

① 现对应《民法典》第1229条。
② 现对应《民法典》第1230条。

业的行为，对类似案件审理起到了较好的示范作用。

问题 2：在污染来源多样的情况下，侵权责任主体应如何甄别及各主体责任比例应如何判定？

【解答】

《民法典》第 1172 条规定："二人以上分别实施侵权行为造成同一损害，能够确定责任大小的，各自承担相应的责任；难以确定责任大小的，平均承担责任。"如果造成当事人损失的污染物来源有多个，应结合各个污染源与损害结果之间的原因力比例来确定各个污染物应承担的损害赔偿责任比例。

【案例】

邓某某诉广西永凯糖纸有限责任公司等六企业通海水域污染损害责任纠纷案[①]

案情： 2012 年 4 月 29 日至 5 月 25 日，广西横县郁江六景至飞龙河段连续发生多起网箱养殖鱼类死亡事故，邓某某是遭受死鱼事故的养殖户之一。事故河段是横县人民政府为保护重点流域水质和饮用水源安全而划定的禁止网箱养殖水域，邓某某未持有合法有效的《水域滩涂养殖许可证》。死鱼事件发生后，当地渔业管理部门和环境保护主管部门对死鱼原因开展调查，认为溶解氧偏低是主要原因。邓某某认为广西永凯糖纸有限责任公司（以下简称永凯公司）等六企业所在的河岸位置均属其养殖河段的上游，且其排污管都是通向郁江，其排污行为直接造成郁江六景至飞龙河段溶解氧过低，从而导致其网箱鱼大量死亡，诉请法院判令六家企业连带赔偿其经济损失、人工费 114 786 元、饲料鱼苗成本 302 500 元，并共同承担本案的诉讼费用。

分析： 本案争议焦点之一是在污染来源多样的情况下，侵权责任主体应如何甄别及各主体责任比例应如何判定？环境污染侵权适用无过错责任。如果污染者不能举证证明其存在上述法律规定的不承担责任或者减轻责任的情形及其行为与损害之间不存在因果关系，其就应当承担侵权责任。本案中，永凯公司等三家公司正常排放的生产废水为输出耗氧有机物的来源之一，且其未提供证据证明其存

---

① 参见广西壮族自治区高级人民法院（2016）桂民终 193 号民事判决书。

在法律规定的不承担责任或者减轻责任的情形及其行为与损害之间不存在因果关系，故其应对邓某某受法律保护的养殖损失承担赔偿责任。《最高人民法院关于审理环境侵权责任纠纷案件适用法律若干问题的解释》（法释〔2015〕12号）第3条第2款[1]规定，两个以上污染者分别实施污染行为造成同一损害，每一个污染者的污染行为都不足以造成全部损害，被侵权人根据《侵权责任法》第12条[2]规定请求污染者承担责任的，人民法院应予支持。《侵权责任法》第12条规定，二人以上分别实施侵权行为造成同一损害，能够确定责任大小的，各自承担相应的责任；难以确定责任大小的，平均承担赔偿责任。根据南宁市环保局的报告，从造成死鱼河段溶解氧降低的有机污染物的来源构成来看，永凯公司等三家公司正常排放的生产废水为输出耗氧有机物的来源之一，除此之外，还存在另外三方面的污染源即强降雨导致内河积累多时的污水和底泥进入郁江、强降雨导致沿江城镇居民和农村生活污染源进入郁江、强降雨将沿江两岸农业面源携带入郁江，且上述三方面因素是造成流域性溶解氧急剧下降的主要原因。鉴于上述三方面自然因素引发的有机污染物输出对邓某某养殖损失具有大部分原因力，永凯公司、祈顺公司、华鸿公司正常排放的生产废水引发的污染物输出对邓某某养殖损失具有小部分原因力，法院综合全案实际，确定永凯公司、祈顺公司、华鸿公司对邓某某可受法律保护的养殖损失应承担25%的责任比例，有事实和法律依据。

【风险提示】

本案系网箱养殖鱼死亡事件引发的环境污染损害赔偿诉讼。本案被诉排污企业较多，水体污染来源多样，甄别侵权责任主体及判定各主体责任比例是审理的难点。一审、二审法院依法适用环境污染侵权的无过错责任原则，认定被告企业的排污虽未超过国家和地方的污染物排放标准，但并不能直接免除其责任；正确分配举证责任，由原告对存在侵权行为、损害以及侵权行为和损害之间有一定关联性承担举证责任，被告对法律规定的不承担责任或者减轻责任的情形及其行为与损害之间不存在因果关系承担举证责任；准确认定责任比例，在数个企业分别排放污水，造成流域性溶解氧急剧下降的情况下，每个企业的污染行为都不足以

---

[1] 现对应《最高人民法院关于审理生态环境侵权责任纠纷案件适用法律若干问题的解释》（法释〔2023〕5号）第6条第1款规定。该条款规定："两个以上侵权人分别污染环境、破坏生态，每一个侵权人的行为都不足以造成全部损害，被侵权人根据民法典第一千一百七十二条的规定请求侵权人承担责任的，人民法院应予支持。"
[2] 现对应《民法典》第1172条。

造成全部损害，难以确定各自责任大小，判定平均承担赔偿责任。本案原告系无证在政府划定的禁止网箱养殖水域进行生产的养殖户，其主张的损失应否支持是本案审理的另一难点。一审、二审法院正确处理行政管理和保护合法民事权益的关系，对原告的损失进行细化定性，对不正当收益损失部分及其具体实施非法养殖行为所投入的人工费不予支持，对其购买鱼苗、饲料、鱼药等生产成本的损失赔偿请求予以支持。本案审理思路清晰，对水污染案件的审理具有一定示范意义。

◎ 法律规定速查

《中华人民共和国民法典》（2020 年 5 月 28 日）

第一千一百七十二条　二人以上分别实施侵权行为造成同一损害，能够确定责任大小的，各自承担相应的责任；难以确定责任大小的，平均承担责任。

第一千二百二十八条　医疗机构及其医务人员的合法权益受法律保护。

干扰医疗秩序，妨碍医务人员工作、生活，侵害医务人员合法权益的，应当依法承担法律责任。

第一千二百二十九条　因污染环境、破坏生态造成他人损害的，侵权人应当承担侵权责任。

第一千二百三十条　因污染环境、破坏生态发生纠纷，行为人应当就法律规定的不承担责任或者减轻责任的情形及其行为与损害之间不存在因果关系承担举证责任。

《中华人民共和国环境保护法》（2014 年 4 月 24 日修订）

第六十四条　因污染环境和破坏生态造成损害的，应当依照《中华人民共和国侵权责任法》的有关规定承担侵权责任。

《最高人民法院关于审理生态环境侵权责任纠纷案件适用法律若干问题的解释》（2023 年 8 月 14 日　法释〔2023〕5 号）

第六条　两个以上侵权人分别污染环境、破坏生态，每一个侵权人的行为都不足以造成全部损害，被侵权人根据民法典第一千一百七十二条的规定请求侵权人承担责任的，人民法院应予支持。

侵权人主张其污染环境、破坏生态行为不足以造成全部损害的，应当承担相应举证责任。

第六节　物质污染类案件

问题 *1*：在污染环境刑事犯罪中，对于悔罪表现明显，积极挽回、减少损害后果的犯罪嫌疑人是否可从轻处罚？

【解答】

非法倾倒、处置危险废物，严重污染环境的行为构成污染环境罪。但根据《刑法》第67条第1款、第3款规定，犯罪嫌疑人自首的，可以从轻或者减轻处罚。其中犯罪较轻的，可以免除处罚。犯罪嫌疑人如实供述自己罪行的，可以从轻处罚。

【案例】

巴某某等人污染环境案[①]

案情： 2017年年底，被告人胡某1和胡某2、王某某合伙承租武义县桐琴镇江滨工业区武义松庆工贸有限公司二楼喷漆车间，从事保温杯喷涂加工。其中，被告人胡某1负责财务、厂里的废料处置，胡某2负责生产、原材料采购，其他经营活动由王某某负责。

2018年1月30日下午，被告人胡某1看到被告人巴某某等人在永康市芝英二期工业区富蓝工贸运输废油漆桶，遂上前询问，得知巴某某按每个油漆桶收取20元人民币费用后运往山东处置，后告知其武义喷涂车间有废油漆桶需要处置，双方互加微信并留下联系方式。2018年2月，被告人胡某1将其喷涂地址通过微信发给巴某某，叫其前来运走并处置，后被告人巴某某、邓某某赶去同胡某1进行了洽谈。

2018年3月2日上午，被告人巴某某、邓某某雇用被告人郭某、赵某某和罗某某（另案处理）一同到武义松庆工贸有限公司二楼胡某1等人的车间，将保温杯喷涂加工过程中产生的油漆渣、废油漆桶等装车运走。被告人胡某1因家里有事，让股东胡某2垫付给被告人巴某某等人7200元处置费。当晚，被告人巴某

[①] 参见浙江省永康市人民法院（2019）浙0784刑初88号刑事判决书。

某、邓某某、郭某、赵某某将上述油漆渣、废油漆桶倾倒在永康市前舒村小三线生活垃圾站处，经过磅称重共计4.2吨。经武义县环境保护局认定，上述油漆渣、废油漆桶属于危险废物。

2018年4月11日，被告人巴某某雇用杨某某（另案处理）到永康市象珠一村工业区腾飞路68号一家配件加工厂内，将该公司废油漆桶、油漆渣运走后倾倒在永康市方岩镇独松村黄坑口水库坝下松溪旁。上述倾倒的油漆渣、废油漆桶经过磅称重共计1.305吨。经永康市环境保护局认定，上述油漆渣、废油漆桶属于危险废物。

被告人胡某1、郭某、赵某某分别于2018年3月29日、4月28日、5月22日到永康市公安局主动投案，并如实供述了自己的犯罪事实。

永康市人民法院认为，被告人巴某某、邓某某、胡某1、郭某、赵某某违反国家规定，非法倾倒、处置危险废物，严重污染环境，其行为均已构成污染环境罪。被告人巴某某、邓某某归案后能如实供述自己的罪行，被告人胡某1、郭某、赵某某有自首情节，均依法予以从轻处罚。遂以污染环境罪，判处被告人巴某某有期徒刑一年，并处罚金人民币5000元；判处被告人邓某某有期徒刑十个月，缓刑一年，并处罚金人民币5000元；判处被告人胡某1有期徒刑九个月，缓刑一年，并处罚金人民币5000元；判处被告人郭某有期徒刑六个月，缓刑一年，并处罚金人民币2000元；判处被告人赵某某有期徒刑六个月，缓刑一年，并处罚金人民币2000元。

一审宣判后，各被告人在法定期限内均未提起上诉，公诉机关亦未抗诉，该判决已发生法律效力。

分析：本案的重点在于在污染环境刑事犯罪中，对于悔罪表现明显，积极挽回、减少损害后果的犯罪嫌疑人是否可从轻处罚？被告人巴某某系从事废油漆桶回收的人员，其利用工厂业主贪图小便宜的心理，以能将废油漆桶运到外省进行处置为由，低价收购废油漆桶，并在事后将前述油漆渣、废油漆桶进行随意倾倒，对环境造成了严重污染，并留下了很大的生态隐患，故对被告人巴某某予以严惩。工厂业主被告人胡某1主动投案如实供述犯罪事实，并积极地支付了相关处置费用，涉案的危险废物已被转移并进行了无害化处理；被告人邓某某、郭某、赵某某受被告人巴某某临时召集参与到本案中，且在到案后悔罪表现明显，考虑到上述人员的社会危害性较低，对上述被告人均予以从轻处罚，并适用了缓刑。

【风险提示】

鉴于危险废物对土壤、水源及人体存在严重的现实及潜在危害，需要对从事非法倾倒、处置危险废物等相关地下产业的人员予以重点打击。但法院在案件裁判过程中，也要注重宽严相济的政策。

问题 2：污染环境刑事案件中，在当事人承担了环境修复责任的情况下，可否对环境污染者从宽处理？

【解答】

根据《最高人民法院、最高人民检察院关于办理环境污染刑事案件适用法律若干问题的解释》（法释〔2023〕7号）第6条规定，实施《刑法》第338条规定的行为，行为人认罪认罚，积极修复生态环境，有效合规整改的，可以从宽处罚；犯罪情节轻微的，可以不起诉或者免予刑事处罚；情节显著轻微危害不大的，不作为犯罪处理。

【案例】

杭州闻堰钢管有限公司、顾某某等污染环境案[①]

案情： 被告单位杭州闻堰钢管有限公司（以下简称钢管公司）为使企业生产正常进行，由该公司的副总经理被告人张某某建议并经公司法定代表人被告人吴某某同意，在明知被告人贾某某未取得危险废物相关处置资质的情况下，将公司酸洗钢带产生的废酸（经认定为危险废物）以支付60元/吨处置费的方式交由贾某某处置，后贾某某将该废酸运送至被告人顾某某处，并向被告人顾某某收取800元/车的费用。顾某某在无危险废物处置资质情况下，将该废酸非法处理后作为"净水剂"销售给绍兴市上虞区某印染有限公司（以下简称印染公司），致使废酸与印染公司的废水混合后排入环境。经查实，2015年7月至2016年3月，钢管公司经由贾某某提供给顾某某非法处置的废酸约300吨。

浙江省绍兴市上虞区人民法院一审认为，污染环境罪保护的是环境法益，其构罪客观方面是行为人违反国家规定，实施了非法处置行为，造成了严重的环境污染。就本案而言，首先，钢管公司生产过程中产生的废酸作为具有腐蚀性和毒

[①] 参见浙江省绍兴市中级人民法院（2017）浙06刑终312号刑事判决书。

性的危险废物，在该公司仅向质监部门办理企业产品执行标准登记备案，而未改变生产工艺流程并办理其他必要行政许可的情况下，不会改变其危险废物的属性。何况钢管公司也在向有危险废物处置资质的其他公司转移运送废酸，这进一步印证了钢管公司主观上明知废酸属危险废物；其次，被告人顾某某未取得危险废物经营许可证，无处置危险废物资质，而钢管公司的废酸作为危险废物，其仅在废酸中加入过碳酸钠后就作为所谓的"净水剂"提供给印染公司，并结合之前的试验效果，简单认为印染公司的废水与之混合后可以"达标"排放；最后，印染公司处理印染废水的设备显然无法对废酸进行特定污染防治。尽管印染公司经处理后的污水在COD、pH值等监测数据方面也许达到了环保部门纳管排放的要求，但并不符合环境保护的实质要求，下游的环保污水废水处理系统显然对于排污企业以该种方式处理污水始料未及，进而无法采取针对性的污染防治措施对污水进行有效处置，这将导致含有危险废物的污水最终被排入外环境，造成环境污染。综上，被告人顾某某非法处置危险废物的行为，可以认定为具备"违法造成环境污染"的要件，且数量达到三吨以上，严重污染环境，构成污染环境罪；被告人贾某某、被告单位钢管公司分别明知顾某某、贾某某无危险废物经营许可证，仍向其提供危险废物，均应当以污染环境罪共同犯罪论处，对钢管公司直接负责的主管人员被告人吴某某、其他直接责任人员被告人张某某均应当以污染环境罪定罪处罚。被告人顾某某、贾某某均有犯罪前科，可酌情从重处罚；其犯罪后均能自动投案，如实供述自己的罪行，是自首，可依法从轻处罚。遂判决：被告人顾某某犯污染环境罪判处有期徒刑二年五个月，并处罚金人民币15万元；被告人贾某某犯污染环境罪，判处有期徒刑二年二个月，并处罚金人民币5万元；被告单位钢管公司犯污染环境罪，判处罚金人民币30万元；被告人张某某犯污染环境罪，判处有期徒刑二年，并处罚金人民币5万元；被告人吴某某犯污染环境罪，判处有期徒刑二年，并处罚金人民币5万元。

在二审审理期间，四上诉人及原审被告单位均认罪并表示愿意对被损害的环境造成的损失进行赔偿，经绍兴市环保科技服务公司评估，本次环境污染造成的生态环境损害价值量为291934元，经绍兴市环境保护局与四上诉人及原审被告单位磋商，由钢管公司承担91934元，顾某某承担5万元，贾某某承担5万元，张某某承担5万元，吴某某承担5万元。上述费用均已缴入绍兴市生态环境损害赔偿金专用账户。

绍兴市中级人民法院认为，各上诉人及原审被告单位、原审被告人均已构成污染环境罪。原判认定事实清楚，证据确实、充分。鉴于二审期间四上诉人及原审被告单位主动要求承担赔偿义务且已支付赔偿费用，认罪态度均较好，均可予以从轻处罚，结合各上诉人的犯罪主观恶性、共同犯罪中的地位作用及认罪态度，均可依法从轻处罚。绍兴市中级人民法院依法作出判决：一、撤销浙江省绍兴市上虞区人民法院（2016）浙0604刑初1047号刑事判决；二、上诉人顾某某犯污染环境罪，判处有期徒刑一年八个月，并处罚金人民币15万元；三、上诉人贾某某犯污染环境罪，判处有期徒刑一年七个月，并处罚金人民币5万元；四、原审被告单位钢管公司犯污染环境罪，判处罚金人民币30万元；五、上诉人张某某犯污染环境罪，判处有期徒刑七个月，并处罚金人民币5万元；六、上诉人吴某某犯污染环境罪，判处有期徒刑七个月，并处罚金人民币5万元。

分析： 本案系一起典型的污染环境共同犯罪。本案的问题是污染环境刑事案件中，在当事人承担了环境修复责任的情况下，可否对环境污染者从轻或减轻处罚？三方行为人跨区域非法处置危险废物。二审判决在充分肯定一审判决对于三方当事人的污染环境行为从重处罚的理念的基础上，又依法体现了污染环境司法修复的理念。主要表现在如下两个方面：

第一，污染物产生者明知污染物处置者无处置污染物的资质和能力，仍将污染物交由其处置，应认定为主观上的"明知"，污染物处置者在明知污染物中具有危险物质且添加其他物质未能改变危险属性的前提下，作为其他产品出售，最后将污染物排入外环境，应属污染环境的行为。污染物的产生者、运输者、处置者应各自承担相应的刑事责任。一审、二审判决对此作了准确的认定。

第二，在二审审理期间，经当事人申请，由专业环保评估机构对污染修复费用进行评估，并由各行为人按责任比例分别承担修复费用、统一缴入生态环境损害赔偿金专用账户以作修复。二审判决据此作为量刑情节对各行为人作出了酌情从轻处罚，体现了环境司法保护和司法修复并重的审判理念和宽严相济的司法政策。同时，钢管公司是民营企业，对该企业法定代表人从轻判决，使其尽快得到了释放，充分体现了人民法院对民营企业生产经营活动的合法保护。

【风险提示】

为打赢蓝天保卫战和污染防治攻坚战，人民法院在污染环境刑事案件审判中，既要严厉惩治犯罪行为，又要在对行为人处以刑罚的同时，注重对被损害的生态环境的修复。在被告人自愿承担修复或赔偿责任的前提下，法院可对被告人从轻处罚。同时，也要防止以罚代刑。

问题 3：非法排放、倾倒、处置行为应如何认定？

【解答】

准确认定非法排放、倾倒、处置行为是办理环境污染刑事案件中的重点问题。司法实践中认定非法排放、倾倒、处置行为时，应当根据法律和司法解释的有关规定精神，从其行为方式是否违反国家规定或者行业操作规范、污染物是否与外环境接触、是否造成环境污染的危险或者危害等方面进行综合分析判断。对名为运输、贮存、利用而实为排放、倾倒、处置的行为应当认定为非法排放、倾倒、处置行为，依法追究刑事责任。

【案例】

贵州宏泰化工有限责任公司、张某某、
赵某污染环境案 [①]

案情： 被告单位贵州宏泰化工有限责任公司（以下简称宏泰公司）的经营范围为重晶石开采和硫酸钡、碳酸钡、硝酸钡生产销售等。被告人张某某自2014年起任宏泰公司副总经理兼办公室主任，协助总经理处理全厂的日常工作。被告人赵某自2014年起任宏泰公司环保专员，主管环保、消防等工作。

2014年年底，因有资质企业经营不景气，加之新的《环境保护法》即将实施，对危险废物管理更加严格，各企业不再向宏泰公司购买钡渣，导致该公司厂区内大量钡渣留存，无法处置。被告人张某某、赵某在明知钡渣不能随意处置的情况下，通过在车箱底部垫钡渣等方式在氮渣内掺入钡渣倾倒在氮渣堆场，并且借安顺市某环保砖厂名义签署工业废渣综合利用协议，填写虚假的危险废物转移联单，应付环保行政主管部门检查。2015年10月19日至23日，原环境保护部西南督查中心联合贵州省环保厅开展危险废物污染防治专项督查过程中，查获宏泰公司的违法行为。经测绘，宏泰公司废渣堆场堆渣量为72 194立方米，废渣平均密度为1250千克/立方米，堆渣量达90 242.5吨。经对堆场废渣随机抽取的50个样本进行检测，均检出钡离子，其中两个样本检测值超过100mg/L。

本案由贵州省安顺市平坝区人民检察院以被告单位宏泰公司及被告人赵某犯污染环境罪向贵州省安顺市平坝区人民法院提起公诉，后又以被告人张某某犯污

[①] 参见最高人民检察院2019年2月20日发布的5起环境污染刑事案件典型案例。

染环境罪向平坝区人民法院追加起诉。2017年11月23日，贵州省安顺市平坝区人民法院依法作出判决，认定被告单位宏泰公司犯污染环境罪，判处罚金100万元；被告人张某某犯污染环境罪，判处有期徒刑三年，缓刑三年，并处罚金2000元；被告人赵某犯污染环境罪，判处有期徒刑三年，缓刑三年，并处罚金2000元。判决已生效。

分析： 本案的重点是非法排放、倾倒、处置行为应如何认定。被告单位宏泰公司及被告人张某某、赵某在明知危险废物钡渣不能随意处置的情况下，仍在氮渣内掺入钡渣倾倒在氮渣堆场，且借安顺市某环保砖厂名义签署工业废渣综合利用协议，填写虚假的危险废物转移联单，应付环保行政主管部门检查。经对堆场废渣随机抽取的50个样本进行检测，均检出钡离子，其中两个样本检测值超过100mg/L。名为运输、贮存、利用，实为排放、倾倒、处置，放任危险废物流失、泄漏，严重污染环境。

【风险提示】

企业在生产过程中产生的废物、有毒物质或者其他有害物质，应按照国家规定，根据行业操作规范，进行妥善处理。切不可借运输、贮存、利用之名，行排放、倾倒、处置之实。环境行政主管部门在进行检查时，需要对企业从其行为方式是否违反国家规定或者行业操作规范、污染物是否与外环境接触、是否造成环境污染的危险或者危害等方面进行综合分析判断。

问题 4：环境保护部门依职权处置污染物垫付的处置费用能否通过民事诉讼向环境污染者追偿？

【解答】

《行政强制法》第50条规定："行政机关依法作出要求当事人履行排除妨碍、恢复原状等义务的行政决定，当事人逾期不履行，经催告仍不履行，其后果已经或者将危害交通安全、造成环境污染或者破坏自然资源的，行政机关可以代履行，或者委托没有利害关系的第三人代履行。"环保部门查获废化工溶剂并依法处置，系代履行行为，对其垫付的处置费用应由其通过非诉程序向人民法院申请强制执行。

【案例】

台州市环境保护局椒江分局诉王某某
环境污染责任纠纷案[①]

案情： 台州市环境保护局椒江分局（以下简称环保局）于2018年3月5日向台州市椒江区人民起诉，请求判令王某某支付环保局为其支付的污染物处置费用1 444 072.50元，并赔偿上述款项自2017年2月28日起至付清之日止按中国人民银行同期同类贷款利率计算的利息损失。事实与理由：2014年6月12日，环保局与公安机关在台州市椒江区三甲街道开发大道东段南面约500米、东二路东面约200米的场所内查获废化工溶剂584.71吨。环保局将查获的废化工溶剂应急转移至有处置资质的浙江台州市联创环保科技有限公司（以下简称联创公司）以及台州市德长环保有限公司（原名为台州市德力西长江环保有限公司，以下简称德长公司）进行处置，环保局支付处置费1 444 072.50元。经台州市中级人民法院查明，环保局查获的废化工溶剂系王某某所有，并认定王某某犯污染环境罪。前述事实，有已经发生法律效力的台州市中级人民法院于2016年10月13日作出的（2015）浙台刑二终字第361号刑事判决书及相关案卷材料予以证实。因此，王某某应当承担其所有的废化工溶剂的处置费用及由此给环保局造成的利息损失。

台州市椒江区人民法院经审查认为，环保局主张其作为行政机关查处违规场所，并基于环境保护监督管理职责将查获的废化工溶剂委托没有利害关系的联创公司、德长公司处置，现诉请王某某支付其垫付的相应处置费用，则环保局主张的上述行为属于《行政强制法》规定的代履行的范围，其与王某某不是平等主体关系，所诉请不属于民事诉讼受理范围。因此，法院裁定驳回环保局的起诉。

分析： 本案的重点是环境保护部门依职权处置污染物垫付的处置费用能否通过民事诉讼向环境污染者追偿。根据《行政强制法》的规定，行政机关依法作出要求当事人履行排除妨碍、恢复原状等义务的行政决定，当事人逾期不履行，或经催告仍不履行，其后果已经或将危害交通安全、造成环境污染或破坏自然资源的，行政机关代可以代履行。代履行的费用按成本合理确定，原则上由当事人承担。

本案中，环保局基于环境保护监督管理职责，查获王某某所有的废化工溶剂，

[①] 参见浙江省台州市椒江区人民法院（2018）浙1002民初2322号民事裁决书。

并将废化工溶剂转移至有处置资质的联创公司和德长公司进行处置，环保局的该行为即代履行。那么环保局是否可以通过民事诉讼方式追偿垫付的处置费用？本案经审查认为，《民事诉讼法》调整的是平等主体之间的财产关系和人身关系，代履行作为行政强制执行的一种方式，其实施行政强制措施的主体是行政机关，行政机关根据行政职责作出代履行的决定，系行政主体与相对人之间的行政法律关系。因此，环保局与王某某之间并非一般民事侵权责任关系，不能提起民事诉讼。同时，根据《行政强制法》第 53 条规定，环保局可以通过非诉程序向人民法院申请强制执行，在该案中可以就环保局作出的决定是否合法、代履行程序是否正当等进行具体审查。

【风险提示】

企业法人、其他组织或个人造成环境污染的，负有清除污染物的义务。相关义务人在收到行政机关作出排除妨碍等行政决定后，应当主动履行。如果行政机关或第三人代替当事人履行该义务后，相关义务人就有可能被强制履行支付代履行费用。

◎ 法律规定速查

《中华人民共和国刑法》（2023 年 12 月 29 日修正）

第六十七条　犯罪以后自动投案，如实供述自己的罪行的，是自首。对于自首的犯罪分子，可以从轻或者减轻处罚。其中，犯罪较轻的，可以免除处罚。

被采取强制措施的犯罪嫌疑人、被告人和正在服刑的罪犯，如实供述司法机关还未掌握的本人其他罪行的，以自首论。

犯罪嫌疑人虽不具有前两款规定的自首情节，但是如实供述自己罪行的，可以从轻处罚；因其如实供述自己罪行，避免特别严重后果发生的，可以减轻处罚。

第三百三十八条　违反国家规定，排放、倾倒或者处置有放射性的废物、含传染病病原体的废物、有毒物质或者其他有害物质，严重污染环境的，处三年以下有期徒刑或者拘役，并处或者单处罚金；情节严重的，处三年以上七年以下有期徒刑，并处罚金；有下列情形之一的，处七年以上有期徒刑，并处罚金：

（一）在饮用水水源保护区、自然保护地核心保护区等依法确定的重点保护区域排放、倾倒、处置有放射性的废物、含传染病病原体的废物、有毒物质，情节特别严重的；

（二）向国家确定的重要江河、湖泊水域排放、倾倒、处置有放射性的废物、含传染病病原体的废物、有毒物质，情节特别严重的；

（三）致使大量永久基本农田基本功能丧失或者遭受永久性破坏的；

（四）致使多人重伤、严重疾病，或者致人严重残疾、死亡的。

有前款行为，同时构成其他犯罪的，依照处罚较重的规定定罪处罚。

《中华人民共和国行政强制法》（2011年6月30日）

第五十条 行政机关依法作出要求当事人履行排除妨碍、恢复原状等义务的行政决定，当事人逾期不履行，经催告仍不履行，其后果已经或者将危害交通安全、造成环境污染或者破坏自然资源的，行政机关可以代履行，或者委托没有利害关系的第三人代履行。

第五十三条 当事人在法定期限内不申请行政复议或者提起行政诉讼，又不履行行政决定的，没有行政强制执行权的行政机关可以自期限届满之日起三个月内，依照本章规定申请人民法院强制执行。

第七节　能量污染类案件

问题 1：噪声污染责任纠纷案件中，高速公路已经环评验收合格的，管理者是否应承担侵权责任？

【解答】

《民法典》第1230条规定："因污染环境、破坏生态发生纠纷，行为人应当就法律规定的不承担责任或者减轻责任的情形及其行为与损害之间不存在因果关系承担举证责任。"高速公路竣工验收时虽经环评验收合格，但经鉴定构成交通噪声污染的，高速公路管理者仍应对噪声污染承担侵权责任。管理者未能按期将高速公路噪声降至国家规定的声环境限值以下的，当事人如认为受到该噪声污染危害，可就损失赔偿部分收集证据另行主张。

【案例】

莫某诉某交通投资集团有限公司分公司、某交通投资集团有限公司噪声污染责任纠纷案[①]

案情： 莫某系浙江省杭州市余杭区崇贤街道龙旋村村民，申嘉杭高速公路从其住所旁经过。申嘉杭高速公路于2010年2月建成。根据浙江申嘉湖杭高速公路有限公司的委托，交通运输部环境保护中心于2012年7月出具《竣工环境保护验收调查报告》，其中：（1）声环境验收标准。公路两侧红线外35m内村庄、居民区执行《声环境质量标准》（GB 3096—2008）4a类标准（昼间70 dB、夜间55 dB），公路两侧35m外村庄、居民区执行《声环境质量标准》（GB 3096—2008）2类标准。（2）声环境防护措施。项目在营运期的噪声控制主要采取设置声屏障、安装隔声窗、路基两侧植被绿化及设立警示标识牌等措施。同年12月31日，浙江省环境保护厅印发《关于申嘉杭高速公路练市至杭州段工程环境保护设施竣工验收意见的函》（浙环竣验〔2012〕71号），其中"（二）噪声"部分有以下表述："2.在现有车流量和车型分布情况下，距路肩20m距离外地域昼间满足《声环境质量标准》（GB 3096—2008）4a类标准，距路肩120m外地域夜间满足该标准4a类区限值；距路肩40m外地域昼间满足该标准2类区限值，距路肩120m外地域夜间满足该标准2类区限值。""3.在现有车流量和车型分布情况下，声屏障的平均插入损失在1.4～7.9 dB（A）间，声屏障对所保护目标起到一定的降噪作用。"

2017年1月10日，莫某向浙江省杭州市余杭区人民法院提起诉讼，认为随着高速公路建成通车，其及家人正常的生活秩序受到严重影响。故请求：（1）判令某交通投资集团有限公司分公司、某交通投资集团有限公司立即停止侵害，将噪声排放降至国家《声环境质量标准》（GB 3096—2008）以下，并按照原告每月1500元的标准进行赔偿，计算时间从申嘉杭高速通车之日（2010年2月）起至实际噪声降至国家标准之日止，暂算至2017年5月为130 500元；（2）判令某交通投资集团有限公司分公司、某交通投资集团有限公司承担原告因噪声污染导致疾病所产生的各项医药费（因治疗还在进行中，医药费暂无法确定）；（3）判令某交通投资集团有限公司分公司、某交通投资集团有限公司承担本案诉讼费用。庭审中，莫某确认放弃第二项诉讼请求，并增加要求某交通投资集团有限公司分公司、

[①] 参见浙江省杭州市余杭区人民法院（2017）浙0110民初5428号民事判决书。

某交通投资集团有限公司承担鉴定费2000元的诉讼请求。

案件审理过程中，经委托，杭州标质技术检测有限公司于2018年8月13日作出〔2018〕杭标质鉴字第082号质量鉴定报告，鉴定意见为案涉房屋昼间、夜间环境噪声的等效声级、最大声级均不符合国家标准《声环境质量标准》（GB 3096—2008）2类声环境功能区限值要求。

庭审中，某交通投资集团有限公司分公司、某交通投资集团有限公司提出其可根据莫某居住的房屋情况，采用安装隔声窗措施，进一步改善莫某的居住环境，但莫某没有同意。

浙江省杭州市余杭区人民法院经审理认为，案涉争议焦点之一为案涉房屋是否存在噪声污染。杭州标质技术检测有限公司对案涉房屋进行现场勘察、噪声监测，并出具了《质量鉴定报告》，根据该鉴定报告，案涉房屋昼间及夜间噪声等效声级均已超过2类声环境功能区噪声限值。争议焦点之二为某交通投资集团有限公司分公司、某交通投资集团有限公司是否应承担噪声污染侵权责任？案涉高速公路在建设期按地段分别采取了设置声屏障、安装隔声窗、路基两侧植被绿化及设立警示标识牌等声环境防护措施，且在竣工验收时经环评验收合格，但该环评结果仅能代表环评验收时的声环境，某交通投资集团有限公司分公司、某交通投资集团有限公司也未提供证据证明其已采取措施将噪声降至限值以下或噪声污染的结果与其不存在因果关系，故其应对噪声污染承担侵权责任。为此法院判决：某交通投资集团有限公司分公司、某交通投资集团有限公司于判决生效后90日内采取有效措施将杭州市余杭区崇贤街道龙旋村××组××号房屋室外夜间噪声降至《声环境质量标准》（GB 3096—2008）4a类声环境噪声等效声级限值以下；驳回莫某的其他诉讼请求。一审宣判后，双方均未提起上诉，现该判决已生效。

分析： 本案的争议焦点在于某交通投资集团有限公司分公司、某交通投资集团有限公司作为高速公路的管理者，在高速公路已经环评验收合格后造成噪声污染的情况下是否应当承担侵权责任。案涉高速公路在建设期按地段分别采取了设置声屏障、安装隔声窗、路基两侧植被绿化及设立警示标识牌等声环境防护措施，且在竣工验收时经环评验收合格，但该环评结果仅能代表环评验收时的声环境，某交通投资集团有限公司分公司、某交通投资集团有限公司也未提供证据证明其已采取措施将噪声降至限值以下或噪声污染的结果与其不存在因果关系，故其应对噪声污染承担侵权责任。杭州标质技术检测有限公司对案涉房屋进行现场勘察、噪声监测，并出具了《质量鉴定报告》，根据该鉴定报告，案涉房屋昼间及夜间噪声等效声级均已超过 2 类声环境功能区噪声限值。而被告主张免责的，应当就法律规定的不承担责任或者减轻责任的情形及其行为与损害之间不存在因果关系承担举证责任，这也符合环境污染责任纠纷案件的无过错责任归责原则。

【风险提示】

高速公路、城市快速路、城市轨道交通等项目建成通车后，往往会因为车流量增加而不断产生新的交通噪声，而项目验收环评结果也仅能代表验收当时的声环境情况，故项目管理部门应定期对项目沿线声环境情况予以监测，并及时做好防噪降噪工作，以保障沿线居民正常的生活工作环境，并从根本上减少类似侵权责任纠纷案件的发生。

问题 2：公共机电设施的所有权转移后，建设单位是否承担隔音降噪的维护责任？

【解答】

根据《噪声污染防治法》第 2 条第 2 款规定，环境噪声污染是指超过噪声排放标准或者未依法采取防控措施产生噪声，并干扰他人正常生活、工作和学习的现象。因此，是否超过国家规定的环境噪声排放标准，是判断排放行为是否构成噪声污染侵权的依据。本案中，程某某提供的噪声值已超过原环境保护部公布的《社会生活环境噪声排放标准》的 A 类房间排放限值。远洋置业公司系涉案配电设施的建设单位，在物业保修期内理应采取相应措施排除噪声妨碍。

【案例】

程某某诉远洋置业公司噪声污染责任纠纷案[①]

案情： 2013 年 3 月 26 日，程某某与远洋置业公司签订《商品房买卖合同》，购买了远洋置业公司开发的位于千岛湖镇金基观岛庭苑的住房 1 套，双方于 2015 年 3 月 3 日对涉案房屋进行了交接。交接中，程某某对远洋置业公司在其住宅楼下设计建造的小区配电房的噪声问题提出了质疑。其后，程某某等众多业主还分别对房屋的设计安全、施工缺陷等问题提出了意见。远洋置业公司虽出台了《关

---

① 参见浙江省杭州市中级人民法院（2018）浙 01 民终 1154 号民事判决书。

于开展浙江金基置业有限公司项目管理提升及标准化建设活动的通知》,但对业主的质疑问题并未加以改善。同年5月18日,程某某等众多业主通过集体信访方式,对包括配电房噪声问题在内的等多种问题书面予以投诉。在原淳安县城乡建设和城市管理局等多政府部门的协调下,远洋置业公司于2015年6月15日向程某某等业主出具了《关于部分金基观岛业主集体信访问题的答复》,答复认为"已由开发商组织专业公司追加设计并安装吸音吊顶,达到隔音降噪的目的"。但程某某通过专门仪器测得的噪声值为56.9~60.10dB,认为配电房仍存在低频噪声并明显超过国家噪声标准。2017年11月,程某某向浙江省淳安县人民法院提起噪声污染责任纠纷之诉,请求:(1)判令被告立即对原告住宅楼下的小区配电房进行隔音降噪整改,保障原告的人身安全;(2)判令被告赔偿原告精神损害抚慰金20000元;(3)判令被告承担本案诉讼费用。

浙江省淳安县人民法院经审理认为,根据《侵权责任法》(已废止)第66条关于"因污染环境发生纠纷,污染者应当就法律规定的不承担责任或者减轻责任的情形及其行为与损害之间不存在因果关系承担举证责任"[①]的规定,在环境污染纠纷案件中,远洋置业公司应根据"举证倒置"的证明规则完成举证责任。本案中,因远洋置业公司未能完成法定的举证义务,因此,根据程某某提供的初步证据,可以认定双方存在环境噪声污染纠纷的客观事实。住房和城乡建设部发布的《住宅设计规范》(GB 50096—2011)是住房设计的国家标准,远洋置业公司应当根据该规范的第6.10.3条关于"水泵房、冷热源机房、变配电机房等公共机电用房不宜设置在主体建筑内,不宜设置在与住户相邻的楼层内,在无法满足上述要求贴临设置时,应增加隔声减振处理"的规定,对涉案的配电设施进行建造和处理。远洋置业公司是涉案配电设施的建设单位,虽然根据物业管理合同涉案配电设施的所有权已转移给全体业主,但其仍应根据《杭州市物业管理条例》的有关规定履行保修责任。程某某提供的噪声值已超过原环境保护部公布的《社会生活环境噪声排放标准》A类房间排放限值,即昼间40dB、夜间30dB,远洋置业公司理应采取相应措施排除噪声妨碍。程某某主张的精神损害抚慰金,因未能举证证明"严重精神损害"的情形而不予支持。远洋置业公司辩称的主体不适格、不存在担责情形的意见,因理由不充分而不予采纳。遂判决远洋置业公司于判决生效后30日内,对案涉配电设施采取有效的隔音降噪措施,排除对程某某造成的噪声

---

① 现对应《民法典》第1230条。

污染侵害。履行方式：组织专业公司设计并安装吸音吊顶，并邀请程某某进行验收。驳回程某某要求远洋置业公司赔偿精神损害抚慰金2万元的诉讼请求。

一审宣判后，远洋置业公司不服，提出上诉。浙江省杭州市中级人民法院二审经审理后，判决：驳回上诉，维持原判。

分析： 本案的重点在于公共机电设施的所有权转移给全体业主后出现噪声污染侵权，建设单位是否承担隔音降噪的维护责任。住房和城乡建设部发布的《住宅设计规范》（GB 50096—2011）及《物业管理条例》等有关规定，明确公共机电设施不因其所有权的转移而免除建设单位的保修责任，建设单位应当在设施设备的设计、建造、安装及日常运营各个环节做好隔声减振处理，确保公共机电设施符合国家规定的环境噪声排放标准，防止出现干扰他人正常生活、工作和学习的现象。本案中程某某提供的噪声值已超过原环境保护部公布的《社会生活环境噪声排放标准》A类房间排放限值，作为建设单位的远洋置业公司理应采取相应措施排除噪声妨碍。同时，判项中明确了隔音降噪的具体履行方式：组织专业公司设计并安装吸音吊顶。从判理和判项共同推知验收的方式和标准：程某某通过专门仪器检测噪声值达原环境保护部公布的《社会生活环境噪声排放标准》A类房间排放限值，即昼间40dB、夜间30dB。

【风险提示】

建设单位应当自觉关注公共机电设施的噪声是否达标，其保修责任，不因公共机电设施所有权的转移而免除。故建设单位应当在设计、建造、安装的前期过程中做好隔声减震处理，明确验收标准，避免相关诉讼风险。

问题 3：如何认定构成光污染损害赔偿责任？

【解答】

光污染是继废气、废水、废渣和噪声等污染之后的一种新的环境污染源。目前我国法律并没有关于光污染的认定标准，兼之光污染对人身的伤害具有潜在性、隐蔽性和个体差异性等特点，认定光污染损害赔偿责任的存在具有相当大的难度。司法实践中，一般从保护受害人权益角度出发，依据现行《环境保护法》等相关法律法规的规定以及民事侵权责任的基本原理，根据国家标准、地方标准、行业标准，运用日常生活经验法则，结合是否干扰他人正常生活、工作和学习，以及是否超出公众可容忍度等因素进行综合认定。对于公众可容忍度，可以根据周边居民的反映情况、现场的实际感受及专家意见等判断。

【案例】

李某诉华润置地有限公司环境污染责任纠纷案[①]

案情： 李某购买了位于重庆市九龙坡区某小区住宅一套，并从2005年入住至今。华润置地有限公司开发建设的万象城购物中心与李某住宅相隔一条双向六车道的公路。万象城购物中心与李某住宅之间无其他遮挡物。在正对李某住宅的万象城购物中心外墙装有一块LED显示屏用于播放广告等，每天播放宣传资料及视频广告等，产生的强光直射入李某住宅房间，影响了李某的正常生活。2014年5月、9月以及2018年2月，周边小区业主向市政府公开信箱投诉反映：万象城的巨型LED屏幕强光直射进其房间，造成严重的光污染，并且宣传片的音量巨大，严重影响周边小区高层住户。从本案李某提交的证据来看，万象城电子显示屏对其损害客观存在，主要体现为影响其正常休息。

一审生效裁判认为：保护环境是我国的基本国策，一切单位和个人都有保护环境的义务。本案系环境污染责任纠纷，根据《侵权责任法》第65条[②]规定，环境污染侵权责任属特殊侵权责任。一是案涉光污染的行为已构成污染环境的行为。华润置地有限公司作为万象城购物中心的建设方和经营管理方，其在正对李某住宅的购物中心外墙上设置LED显示屏播放广告、宣传资料等，产生的强光直射进入李某住宅居室。所产生的强光已超出了一般公众普遍可容忍的范围，就大众的认知规律和切身感受而言，该强光会严重影响相邻人群的正常工作和学习，干扰周围居民正常生活和休息，已构成由强光引起的光污染。二是华润置地有限公司的光污染行为已致使李某居住的环境权益受损，并导致其身心健康受到损害。三是华润置地有限公司应承担停止侵害、排除妨碍等污染环境的侵权责任。本案中，李某已举证证明华润置地有限公司有污染环境的行为及李某的损害事实。华润置地有限公司需对其在本案中存在法律规定的不承担责任或者减轻责任的情形，或其污染行为与损害之间不存在因果关系承担举证责任，但其并未提交证据对前述情形予以证实，应承担污染环境的侵权责任。因此在环境侵权中，侵权行为人实

---

① 参见重庆市江津区人民法院（2018）渝0116民初6093号民事判决书。
② 现对应《民法典》第1229条。

施了污染环境的行为，即使还未出现可计量的损害后果，即应承担相应的侵权责任。本案中，华润置地有限公司作为万象城购物中心的经营管理者，理应认识到使用LED显示屏产生的强光会对居住在对面以及周围住宅小区的人造成影响，并负有采取必要措施以减少对他人影响的义务。但LED显示屏产生的强光明显超出了一般人可容忍的程度，构成光污染，严重干扰了周边人群的正常生活，对李某环境权益造成损害，进而损害了李某的身心健康。因此即使李某尚未出现明显症状，其生活受到光污染侵扰、环境权益受到损害也是客观存在的事实，故应承担停止侵害、排除妨碍等民事责任。

分析： 本案审理的争议焦点是光污染行为以及相应损害后果事实的认定。光污染是继废气、废水、废渣和噪声等污染之后的一种新的环境污染。我国环境法中对于光污染的概念并无明确规定。日本在其环境法中将光污染界定为"因不当使用人为照明设备造成光的入侵而引起的不良影响及骚扰"。光在什么样的情况下可以认定构成"污染"，需要一个环境标志来衡量，这就是环境标准，也即环境保护标准。光环境标准是判断灯光等设备的光亮是否达到污染程度的技术指标，然国家与重庆地区均无光污染环境监测方面的规范和技术指标，没有光污染环境标准就无法通过技术鉴定来确认光污染的存在，这就使侵权行为事实的认定殊为困难。

此外，证明损害事实亦非易事。光污染造成的损害多表现为非财产损害，且很多是通过人的自我感觉体现的，如头晕、心烦、失眠等症状，或者对人精神状态的影响，然受害人的身心健康的损害往往难以评估，甚至缺乏医学诊断。本案中，李某的损害也是以其自述为主，并与小区居民的投诉相印证。可见，在光污染责任纠纷案件中，因为光污染本身的潜在性、隐蔽性和个体差异性，以及相关法律规定的阙如，受害人要举证证明存在污染行为以及损害事实两个侵权责任构成要件事实仍然非常困难。为更好地保护公民的环境权益，促进绿色发展理念，在审理光污染环境责任纠纷案件中，法官需要依据我国民法典、环境保护法等有关法律的立法目的和价值取向，遵循法官职业道德，充分发挥主观能动性，运用逻辑推理和日常生活经验法则，合理、准确使用自由裁量权，通过判断是否干扰他人正常生活、工作和学习以及是否超出公众可容忍的程度等来认定是否存在光污染以及是否造成相应损害的事实。

【风险提示】

城市的霓虹是城市靓丽的风景，但是任何事物过犹不及，过强的光照可能会入侵周边小区居民生活，对居民的工作、生活造成不良影响，甚至损害居民的身心健康，从而构成光污染。一旦被认定构成光污染，有关灯光设备的所有人或使用人就可能要承担环境污染责任。因此，当我们为城市"增光添彩"时，也需要遵循一定的环境保护技术规范，充分考虑设备灯光对周边小区居民的影响，尊重居民的环境权益，维护美好安宁的居住环境。

问题 4：噪声相关标准的执法适用范围应该如何界定？

【解答】

《声环境质量标准》与《社会生活环境噪声排放标准》是环境检测、执法人员进行噪声监管的重要依据，它们前一项是环境质量标准，适用于声环境质量评价与管理的环境质量标准；后一项是排放标准，适用于对营业性文化娱乐场所、商业经营活动中使用的向环境排放噪声的设备、设施的管理、评价与控制的排放标准，对二者的适用应根据检测对象及目的等因素作出正确选择。本案中凉州区环境保护局适用了正确的标准，检测噪声的方式方法亦符合法律规定，其检测结果合法有效。

【案例】

动感酒吧诉武威市凉州区环境保护局环保行政命令案[①]

案情： 甘肃省武威市凉州区动感酒吧（以下简称动感酒吧）在经营过程中因产生的噪声未采取有效污染防治措施而影响到周边居民正常的生活环境，武威市凉州区环境保护局（以下简称区环保局）接到其辖区陆羽茶楼对动感酒吧环境噪声污染的投诉后，组织环境检查执法人员和环境检测人员先后于 2012 年 11 月 23 日、12 月 20 日和 12 月 22 日 22:05~23:05 对动感酒吧环境噪声及环境噪声污染防治情况实施了现场检查（勘察）和采样检测，其夜间场界 4 个检测点的环境噪声排放值分别达到 58.9dB（A）、55.4dB（A）、52.9dB（A）、56.9dB（A），均超过《社会生活环境噪声排放标准》（GB 22337—2008）规定的环境噪声排放标准。区环保局于 2012 年 12 月 22 日制作了检测报告，认定动感酒吧夜间噪声达 58.9dB，超过国家规定的排放标准，其行为违反了《环境噪声污染防治法》规定，于 2013

---

① 参见甘肃省武威市中级人民法院（2014）武中行终字第 12 号行政判决书。

年1月18日对动感酒吧作出责令改正违法行为决定书，责令其立即停止超标排放环境噪声的违法行为，限于2013年2月28日前，采取隔音降噪措施进行整改，并于2013年2月28日前将改正情况书面报告。

动感酒吧于2013年2月27日向区环保局提交了防噪声处理报告及申请，证明其已整改，同时申请对整改后的噪声再次测试，区环保局未予答复，也未再组织测试。同年4月17日，动感酒吧就区环保局于1月18日作出的上述责令改正违法行为决定书向武威市环保局申请复议，复议机关以逾期为由不予受理。动感酒吧不服，遂以区环保局为被告，向甘肃省武威市凉州区人民法院提起诉讼，诉请法院撤销上述责令改正违法行为决定书。

甘肃省武威市凉州区人民法院经审理认为，被告区环保局接到投诉，对原告动感酒吧环境噪声排放及环境噪声污染防治情况实施现场检查采样检测，其执法主体资格合法。在执法过程中，被告检查（勘验）笔录中表明被告已出示执法证件，是否着装不是执法人员的必备要件，所以被告的执法程序是合法的，被告的检测报告所适用的检测标准与原告所述的检测标准是法律规定的两个不同的标准，被告检测噪声的方式方法并不违背法律规定，其检测结果合法有效，报告是否送达，法律规定并不明确，况且原告已对被告的处理结果表示认可，并采取了相应的整改措施，说明被告已经对检测结果予以认可。原告所述的"责令改正违法行为决定书"属于行政处罚，并不符合法律规定。《环境行政处罚办法》第12条第2款①规定，根据最高人民法院关于行政行为种类和规范行政案件案由的规定，行政命令不属行政处罚，行政命令不适用行政处罚程序的规定。综上所述，被告所作的具体行政行为，执法主体资格合法，认定事实清楚，主要证据充分，执法程序合法，适用法律法规正确，应当依法予以维持。原告所述法律依据不足，不予采纳。依据《行政诉讼法》（1989年）第54条第1款第1项②之规定，判决维持被告凉州区环境保护局作出的责令改正违法行为决定书。一审宣判后，动感酒吧不服，向甘肃省武威市中级人民法院提起上诉，要求撤销甘肃省武威市凉州区人民法院的行政裁定书和被告区环保局的责令改正违法行为决定书。甘肃省武威市

---

① 现对应《生态环境处罚办法》第9条第3款，该条款规定："责令改正或限期改正不适用行政处罚程序的规定。"
② 现对应《行政诉讼法》（2017年修正）第69条，该条规定："行政行为证据确凿，适用法律、法规正确，符合法定程序的，或者原告申请被告履行法定职责或者给付义务理由不成立的，人民法院判决驳回原告的诉讼请求。"

中级人民法院二审判决：驳回上诉，维持原判。

分析：本案的争议焦点在于，被告区环保局的检测报告所适用的检测标准是《社会生活环境噪声排放标准》，该标准适用于对营业性文化娱乐场所、商业经营活动中使用的向环境排放噪声的设备、设施的管理、评价与控制的排放标准，区环保局认为动感酒吧在夜间经营期间环境噪声排放及环境噪声污染噪声已超过《社会生活环境噪声排放标准》的规定限度；原告动感酒吧认为应该适用的检测标准是《声环境质量标准》，该标准适用于声环境质量评价与管理的环境质量标准，据此标准，动感酒吧所产生的噪声并未超标。《声环境质量标准》《社会生活环境噪声排放标准》都是环境检测、执法人员进行噪声监管的重要依据，在适用时容易产生混淆。其实，这两个标准前一项是环境质量标准，后一项是排放标准，它们的适用范围、检测方法及限值等均有不同，应根据检测对象及目的等因素作出正确选择。本案判决对《声环境质量标准》《社会生活环境噪声排放标准》的适用范围作了正确区分，为环保机关正确执法和人民法院审理类似行政案件提供了参考标准。

【风险提示】

对于社会生活中经常发生的噪声扰民现象，环保机关针对群众投诉作出合法适度处理后引发的行政诉讼，人民法院应当依法给予支持。与民事审判处理特定侵权者、受害者之间民事行为及相关赔偿不同，行政审判通过监督环保机关履行保护环境职责，对合法行政行为给予支持，对违法行政行为予以监督纠正，有利于促进人民群众生活环境的改善。

问题 5：高速公路工程产生噪声扰民问题的，该路段环保验收单位是否需要履行监督管理职责？

【解答】

根据《噪声污染防治法》第 8 条、《江苏省环境噪声污染防治条例》第 5 条的规定，地方人民政府生态环境主管部门对本行政区域噪声污染防治实施统一监督管理，督促、指导、协调其他依法行使噪声监督管理权的部门、机构的噪声污染防治监督管理工作。

【案例】

吴某诉江苏省环境保护厅不履行法定职责案[①]

案情: 2015年1月20日,吴某通过"江苏省环境违法行为举报网上受理平台"向江苏省环境保护厅(以下简称省环保厅)投诉,反映其住宅距离沿江高速公路18米,噪声白天达70分贝、夜晚达60分贝以上,其身体健康受到较大损害,要求省环保厅履行对噪声的管理和监督义务。省环保厅收到投诉后,网上转交无锡市环保局办理,该局网上签收又转交江阴市环保局办理。2015年1月,江阴市环保局通过邮局给其寄出《信访事项不予受理告知书》称:"你反映的噪声扰民问题已向江阴市法院提起诉讼,目前针对你的部分诉讼请求江阴市法院已作出予以支持的判决。按照《信访条例》规定,属于不予受理的第二类情况。"吴某不服,诉至法院,请求判令省环保厅履行监督管理法定职责。

南京市中级人民法院一审认为,《环境噪声污染防治法》(1996年)第6条第1款、第2款规定:"国务院环境保护行政主管部门对全国环境噪声污染防治实施统一监督管理。县级以上地方人民政府环境保护行政主管部门对本行政区域内的环境噪声污染防治实施统一监督管理。"[②]《江苏省环境噪声污染防治条例》第5条规定:"县级以上地方人民政府环境保护行政主管部门对本辖区内的环境噪声污染防治实施统一监督管理,督促、指导、协调其他依法行使环境噪声监督管理权的部门、机构的环境噪声污染防治监督管理工作,具体负责工业噪声、建筑施工噪声以及餐饮、娱乐等服务行业噪声的污染防治的监督管理。公安、交通、铁路、民航等主管部门和海事管理机构根据各自职责,对社会生活噪声和交通运输噪声污染防治实施监督管理。"

本案中,沿江高速公路涉案地段环保验收工作系被告省环保厅直接验收并公示的。被告在验收涉案工程时已经检测到该工程在夜间都有不同程度的超标,并称正在实施安装隔声窗等降噪措施,计划于2006年6月完成,故对于该工程所产生的噪声扰民问题负有不可推卸的监督管理职责。被告对于原告吴某提出的履责要求,未采取切实措施,仅作为信访事项转交下级环保部门处理。原告诉请成立,法院予以支持。遂判决确认被告不履行环保行政管理职责行为违法;责令被告于

[①] 参见最高人民法院2016年3月30日发布的环境保护行政案件十大案例(第二批)。
[②] 现对应《噪声污染防治法》第8条第1款、第2款。

判决生效之日起 30 日内针对原告的投诉履行相应法定职责。一审判决后，双方当事人均未上诉。

分析： 本案因江阴市环保局以当事人部分诉讼请求已由江阴市人民法院作出予以支持的判决为由，没有受理当事人的投诉而引发诉讼。法院最终判决确认环保局不履行环保行政管理职责行为违法，责令其履行相应法定职责。

这个案例表明，民事司法救济与行政履责法律属性不同，是否启动民事诉讼程序是当事人的权利，行政机关不能因当事人行使民事权利而拒绝履行法定职责。对持续侵权行为，当事人如果再次投诉，环保部门应予受理。由于当事人投诉引发的行政履责与民事侵权诉讼二者不矛盾，环保部门不应将民事诉讼救济作为拒绝履行或拖延履行职责的理由。对于行政机关以当事人行使民事权利为由拒绝履行职责的案件法院应坚决查处，本案即一个很好的正面案例。

另外，在环境行政诉讼中，环境审判权应当尊重环境行政权。行政诉讼是法院通过对行政权的司法审查来实现对行政权的制约的，实质上为审判权介入行政领域提供了合法性的依据。但是审判权对行政领域介入的深度和广度，直接影响着行政权行使的有效性。因而，行政诉讼中审判权制约行政权的同时还要在一定范围内尊重与礼让行政权，即给行政事项留出一定的空间，尊重行政权的行使。

具体到环境行政领域，环境公益诉讼案件的特殊性要求只有环境审判权与环境行政权实现了有效衔接，才能保证案件审理效果，从而实现绿色司法，实现案件的司法效果和社会效果的统一。毕竟，环境主管部门具有绝对的环境监管职权，通过常态化的环境执法遏制环境侵害类案件的发生是环境主管部门必须承担的责任。本案中，通过环境保护行政主管部门的参与，助力案件的审理，显示了司法部门与环境保护行政主管部门的协调配合对环境公益诉讼案件的推动作用。

【风险提示】

噪声污染是与老百姓日常生活息息相关的民生问题，也是司法关注的焦点。面对噪声污染问题，如何保障居民生活环境是时代之问。一方面，环境行政执法机关应积极采取有力措施依法重点整治，实现行政执法效果与社会效果的良好统一；另一方面，当不同部门职能交叉、界限不清时，应共同协调解决。

问题 6：居民楼电梯噪声致人损害时，可否参照适用《社会生活环境噪声排放标准》作为判断噪声是否超标的评价标准？

【解答】

《噪声污染防治法》第 2 条第 1 款规定，噪声是指在工业生产、建筑施工、交通运输和社会生活中所产生的干扰周围生活环境的声音。在目前国家没有对居民楼内电梯产生噪声明确评价标准的情况下，《社会生活环境噪声排放标准》（GB 22337—2008）针对结构传播固定设备室内噪声产生的低频噪声问题，规定了详细的评定指标，更适合电梯噪声的检测。被侵权人主张参照适用《社会生活环境噪声排放标准》作为判断噪声是否超标的评价标准时，法院应予支持。

【案例】

唐某某诉重庆启昌实业有限公司噪声污染责任纠纷案[①]

案情：唐某某系重庆启昌实业有限公司（以下简称启昌公司）开发建设的商品房的业主。唐某某购买的房屋的次卧和客厅与楼宇电梯间相邻。因电梯运行产生噪声问题，唐某某向相关部门反映后，启昌公司对电梯进行了整改。整改后经唐某某等业主与启昌公司协商，由启昌公司委托重庆市建设工程质量检验测试中心对唐某某房屋的次卧和客厅进行了检测，检测结果如下：客厅的昼间测量值为 38dB、夜间测量值为 36dB；次卧的昼间测量值为 38dB，夜间测量值为 34dB。审理中，双方对前述检测数值均予认可。重庆市江津区人民法院以案涉房屋噪声未超过《民用建筑隔声设计规范》（GB 50118—2010）中规定的标准，判决驳回唐某某的诉讼请求。唐某某不服，提起上诉，重庆市第五中级人民法院判决驳回上诉，维持原判。唐某某向重庆市高级人民法院申请再审。重庆市高级人民法院提审后撤销原一审、二审判决，发回重审。重审期间，法院委托重庆开创环境监测有限公司在案涉房屋的次卧和客厅对电梯噪声进行监测，结论：客厅、卧室点夜间噪声检测结果不满足《社会生活环境噪声排放标准》（GB 22337—2008）表 2（等效声级）、表 3（倍频带声压级）1 类、2 类功能区限值要求。随后，启昌公司再次对电梯进行整改。后启昌公司再次委托监测，结论：客厅、卧室点夜间噪声检测

[①] 参见重庆市江津区人民法院民事判决书（2019）渝 0116 民初 10808 号。

结果满足《社会生活环境噪声排放标准》(GB 22337—2008)表2(等效声级)、表3(倍频带声压级)1类、2类功能区限值要求。唐某某提起诉讼,请求启昌公司排除妨碍,将电梯噪声降至《社会生活环境噪声排放标准》(GB 22337—2008)规定标准以下。后唐某某撤回了要求启昌公司排除妨害、更换电梯和将电梯夜间噪声降至30dB以下的诉讼请求。唐某某在重审中的诉讼请求:(1)赔偿经济损失34 000元(代理费16 200元、交通费1800元、误工费12 000元、鉴定费4000元);(2)赔偿精神损害费6万元;(3)本案案件受理费由启昌公司承担。

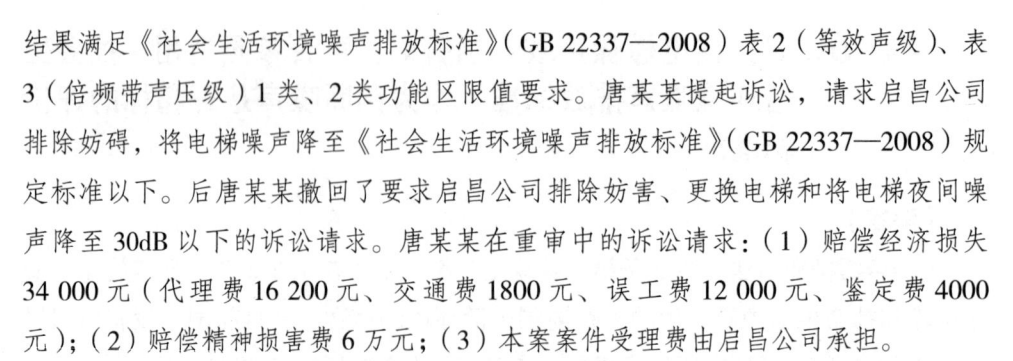

重庆市江津区人民法院于2020年6月12日作出(2019)渝0116民初10808号民事判决,认为:在目前国家没有对居民楼内电梯产生噪声明确评价标准的情况下,《社会生活环境噪声排放标准》(GB 22337—2008)针对结构传播固定设备室内噪声产生的低频噪声问题,规定了详细的评定指标,更适合电梯噪声的检测。而《民用建筑隔声设计规范》(GB 50118—2010)等建筑标准中对于固定结构传声产生的低频噪声污染的相应检测方法和评价限值均未有规定。另外,《社会生活环境噪声排放标准》(GB 22337—2008)对噪声敏感建筑物声环境所处功能区进行了更为详尽的分类,更能体现对合法权利的切实保护。启昌公司作为开发商,对其开发建造的住宅建筑及配套设施负有保障责任,保证其所选定的电梯机房和电梯井位置不对业主产生噪声污染,并承担电梯井产生噪声污染后的隔音降噪义务,且该责任与义务不能简单地通过房屋买卖而转移给业主。唐某某从启昌公司处购买的房屋内电梯噪声不符合《社会生活环境噪声排放标准》的规定,影响了唐某某的正常生活起居,甚至夜间休息,对唐某某造成了实际损害,启昌公司应当承担侵权责任。唐某某从购买房屋实际居住至噪声整改完成已经将近6年,持续的噪声污染给唐某某日常生活所造成的不利影响,造成严重精神损害,侵害了其合法权益。唐某某请求精神损害抚慰金赔偿,符合法律规定。判决:一、启昌公司于本判决生效之日起10日内支付唐某某监测费4000元。二、启昌公司于本判决生效之日起10日内支付唐某某精神损害抚慰金2万元。三、驳回唐某某的其他诉讼请求。宣判后,当事人均未提起上诉,判决已经发生法律效力。

分析: 本案系因居民楼内的社会生活设备引发的噪声污染责任纠纷案。噪声污染具有两个要件:一是超标;二是扰民。在超标的问题上,首先需要确定的问题是适用什么标准来判断?现阶段针对居民楼内的电梯、水泵和变压器等设备产生的环境噪声,缺乏专门的标准予以规范。在审判实践中,主要有两种做法:第一种是适用建筑设计标准,如《住宅设计规范》(GB 50096—2011)、《民用建筑隔声设计规范》（GB 50118—2010）；第二种是适用环保标准，主要包括《社会生活环境噪声排放标准》（GB 22337—2008）、《工业企业厂界环境噪声排放标准》（GB 12348—2008）、《声环境质量标准》（GB 3096—2008）。《社会生活环境噪声排放标准》针对结构传播固定设备室内噪声产生的低频噪声问题，规定了详细的评定指标，弥补了我国低频噪声标准的缺失，更适合电梯噪声的检测，且该标准是目前可以参照的包含低频噪声测量方法和相关限值的国家标准。人民法院从切实依法保护公民环境权益的角度出发，在判断低频噪声是否构成噪声污染侵权时，适用《社会生活环境噪声排放标准》的标准进行衡量更为科学、准确。

对于噪声污染的损害结果，法院着重从以下几个方面进行了考量：第一，启昌公司在本案中具有明显的过错；第二，从污染的时间看，唐某某自2015年入住以来，直至本案重审期间，唐某某每天均要忍受低频噪声的侵害；第三，噪声污染与其他环境污染类似，其后果的显现具有长期性、累积性的特点；第四，在宁静的环境中生活、休息是人民群众美好生活的重要组成部分。人民法院对唐某某要求精神损害的诉讼请求的支持，体现了人民法院在环境司法中以人民为中心的司法理念，积极回应了人民群众对优美生态环境的需求。

【风险提示】

开发商在房屋设计、修建过程中具有噪声污染防治的法定义务，该义务不因房屋买卖发生转移。开发商未履行该义务致人损害的，应当承担损害赔偿责任。开发商应当在设计、建造、安装、维修过程中做好隔声减振处理，及时回应购房者合理诉求，避免相关诉讼风险。

◎法律规定速查

《中华人民共和国民法典》（2020年5月28日）

第一千二百二十九条　因污染环境、破坏生态造成他人损害的，侵权人应当承担侵权责任。

第一千二百三十条　因污染环境、破坏生态发生纠纷，行为人应当就法律规定的不承担责任或者减轻责任的情形及其行为与损害之间不存在因果关系承担举证责任。

《中华人民共和国噪声污染防治法》（2021年12月24日）

第二条　本法所称噪声，是指在工业生产、建筑施工、交通运输和社会生活中产生的干扰周围生活环境的声音。

本法所称噪声污染，是指超过噪声排放标准或者未依法采取防控措施产生噪声，并干扰他人正常生活、工作和学习的现象。

第八条　国务院生态环境主管部门对全国噪声污染防治实施统一监督管理。

地方人民政府生态环境主管部门对本行政区域噪声污染防治实施统一监督管理。

各级住房和城乡建设、公安、交通运输、铁路监督管理、民用航空、海事等部门，在各自职责范围内，对建筑施工、交通运输和社会生活噪声污染防治实施监督管理。

基层群众性自治组织应当协助地方人民政府及其有关部门做好噪声污染防治工作。

第六十一条　文化娱乐、体育、餐饮等场所的经营管理者应当采取有效措施，防止、减轻噪声污染。

第六十四条　禁止在噪声敏感建筑物集中区域使用高音广播喇叭，但紧急情况以及地方人民政府规定的特殊情形除外。

在街道、广场、公园等公共场所组织或者开展娱乐、健身等活动，应当遵守公共场所管理者有关活动区域、时段、音量等规定，采取有效措施，防止噪声污染；不得违反规定使用音响器材产生过大音量。

公共场所管理者应当合理规定娱乐、健身等活动的区域、时段、音量，可以采取设置噪声自动监测和显示设施等措施加强管理。

第八节　环境治理类案件

问题 1：污染企业在不承担刑事责任或者行政责任的情况下是否可以免除民事责任？

【解答】

民事诉讼与刑事诉讼、行政诉讼适用不同的证明标准和责任形式，刑事案件的证明标准和责任标准明显高于民事案件，环境污染犯罪行为造成损害后果的，固然应当承担相应赔偿责任，但未被认定为犯罪的污染行为，不等于不构成民事侵权，最终认定的民事案件事实在不存在矛盾的前提条件下，可以不同于刑事案件和行政案件认定的事实。因此，不承担刑事责任或者行政责任并不意味着不承担民事责任。

【案例】

重庆市人民政府、重庆两江志愿服务发展中心
诉重庆 H 物业管理有限公司、重庆 S 环保科技有限公司
生态环境损害赔偿、环境民事公益诉讼案[①]

案情： 重庆 H 电镀工业园（又称 H 电镀工业中心）位于重庆市江北区港城工业园区内，是该工业园区内唯一的电镀工业园，园区内有若干电镀企业入驻。重庆 H 物业管理有限公司（以下简称 H 公司）为园区入驻企业提供物业管理服务，并负责处理企业产生的废水。H 公司领取了排放污染物许可证，并拥有废水处理的设施设备。2013 年 12 月 5 日，H 公司与重庆 S 环保科技有限公司（以下简称 S 公司）签订了为期 4 年的《电镀废水处理委托运行承包管理运行协议》（以下简称《委托运行协议》），S 公司承接 H 电镀工业中心废水处理项目，该电镀工业中心的废水由 H 公司交给 S 公司，并由 S 公司使用 H 公司所有的废水处理设备进行处理。2016 年 4 月 21 日，重庆市环境监察总队执法人员在对 H 公司的废水处理站进行现场检查时，发现废水处理站中两个总铬反应器和一个综合反应器设施均未运行，生产废水未经处理便排入外环境。2016 年 4 月 22 日至 26 日，经执法人员采样监测分析发现外排废水重金属超标，违法排放废水总铬浓度为 55.5mg/L，总锌浓度为 2.85×10^2 mg/L，总铜浓度为 27.2mg/L，总镍浓度为 41mg/L，分别超过《电镀污染物排放标准》（GB 21900—2008）的规定标准 54.5 倍、189 倍、53.4 倍、81 倍，对生态环境造成严重影响和损害。2016 年 5 月 4 日，执法人员再次进行现场检查，发现 H 公司废水处理站 1 号综合废水调节池的含重金属废水通过池壁上的 120mm 口径管网未经正常处理直接排放至外环境并流入港城园区市政管网再进入长江。经监测，1 号池内渗漏的废水中六价铬浓度为 6.10mg/L，总铬浓度为 10.9mg/L，分别超过国家标准 29.5 倍、9.9 倍。2014 年 9 月 1 日至 2016 年 5 月 5 日违法排放废水量共计 145 624 吨。还查明，2014 年 8 月，H 公司将原废酸收集池改造为 1 号综合废水调节池，传送废水也由地下管网改为高空管网作业。该池

[①] 参见最高人民法院 2019 年 12 月 26 日发布的第 24 批第 130 号指导案例。

的池壁上原有 110mm 和 120mm 口径管网各一根，改造时只封闭了 110mm 口径管网，而未封闭 120mm 口径管网，该未封闭管网系埋于地下的暗管。S 公司自 2014 年 9 月起，在明知池中有一根 120mm 管网可以连通外环境的情况下，仍然一直利用该管网将未经处理的含重金属废水直接排放至外环境。受重庆市人民政府委托，重庆市环境科学研究院对 H 公司和 S 公司违法排放超标废水造成生态环境损害进行鉴定评估，并于 2017 年 4 月出具《鉴定评估报告书》。该评估报告载明：本事件污染行为明确，污染物迁移路径合理，污染源与违法排放至外环境的废水中污染物具有同源性，且污染源具有排他性。污染行为发生持续时间为 2014 年 9 月 1 日至 2016 年 5 月 5 日，违法排放废水共计 145 624 吨，其主要污染因子为六价铬、总铬、总锌、总镍等，对长江水体造成严重损害。《鉴定评估报告书》采用《生态环境损害鉴定评估技术指南 总纲》《环境损害鉴定评估推荐方法（第Ⅱ版）》推荐的虚拟治理成本法对生态环境损害进行量化，按 22 元 / 吨的实际治理费用作为单位虚拟治理成本，再乘以违法排放废水数量，计算出虚拟治理成本为 320.3728 万元。违法排放废水点为长江干流主城区段水域，适用功能类别属Ⅲ类水体，根据虚拟治理成本法的"污染修复费用的确定原则"Ⅲ类水体的倍数范围为虚拟治理成本的 4.5~6 倍，本次评估选取最低倍数 4.5 倍，最终评估出二被告违法排放废水造成的生态环境污染损害量化数额为 1441.6776 万元（320.3728 万元 ×4.5）。重庆市环境科学研究院是《原环境保护部关于印发〈环境损害鉴定评估推荐机构名录（第一批）〉的通知》中确认的鉴定评估机构。2016 年 6 月 30 日，重庆市环境监察总队以 H 公司从 2014 年 9 月 1 日至 2016 年 5 月 5 日通过 1 号综合调节池内的 120mm 口径管网将含重金属废水未经废水处理站总排口便直接排入港城园区市政废水管网进入长江为由，作出行政处罚决定，对 H 公司罚款 580.72 万元。H 公司不服申请行政复议，重庆市环境保护局作出维持行政处罚决定的复议决定。后 H 公司诉至重庆市渝北区人民法院，要求撤销行政处罚决定和行政复议决定。重庆市渝北区人民法院驳回 H 公司的诉讼请求。判决后，H 公司未提起上诉，该判决发生法律效力。

2016 年 11 月 28 日，重庆市渝北区人民检察院向重庆市渝北区人民法院提起公诉，指控 S 公司、程某（S 公司法定代表人）等构成污染环境罪，应依法追究刑事责任。重庆市渝北区人民法院判决 S 公司、程某等人构成污染环境罪。判决后，双方均未提起抗诉或上诉，该判决发生法律效力。

重庆市第一中级人民法院认为，对生效行政判决和刑事判决所认定的 H 公司和 S 公司实施的违法排污事实，予以确认。《鉴定评估报告书》合法有效，予以采信。H 公司和 S 公司共同实施违法排污行为，造成环境污染的损害后果，构成共同侵权，应当承担连带责任。故作出如下判决：一、被告 H 公司和被告 S 公司连带赔偿生态环境修复费用 1441.6776 万元，于本判决生效后 10 日内交付至重庆市财政局专用账户，由原告重庆市人民政府及其指定的部门和原告重庆两江志愿服务发展中心结合本区域生态环境损害情况用于开展替代修复；二、被告 H 公司和被告 S 公司于本判决生效后 10 日内，在省级或以上媒体向社会公开赔礼道歉；三、被告 H 公司和被告 S 公司在本判决生效后 10 日内给付原告重庆市人民政府鉴定费 5 万元，律师费 19.8 万元；四、被告 H 公司和被告 S 公司在本判决生效后 10 日内给付原告重庆两江志愿服务发展中心律师费 8 万元；五、驳回原告重庆市人民政府和原告重庆两江志愿服务发展中心的其他诉讼请求。判决后，各方当事人在法定期限内均未提出上诉，判决发生法律效力。

分析： 本案争议焦点之一是污染企业在不承担刑事责任或者行政责任情况下是否可以免除民事责任。环境污染行为往往具有复合型和长期性。因此，侵权行为人在承担民事侵权责任的同时，还可能承担刑事责任或者行政责任。环境侵权民事案件与刑事犯罪、行政违法案件所要求的证明标准和责任标准存在差异，故最终认定的案件事实在不存在矛盾的情况下可以不同于刑事案件和行政案件所认定的事实。本案中，S 公司排放的污染物中含有总锌、总铜等重金属会造成生态环境的严重破坏，属于民事侵权没有争议，但总锌、总铜是否纳入刑事处罚的范畴没有明确规定，故民事认定事实和刑事认定事实有所区别，本案中依法应承担赔偿责任的环境污染行为包括但不限于此前刑事判决所认定的环境污染犯罪行为。就生效行政判决认定的事实而言，环保部门对环境污染行为进行行政处罚时，依据的主要是国家和地方规定的污染物排放标准，违反了国家和地方的强制性标准，便应当受到相应的行政处罚，而违反强制性标准当然也是污染行为人承担侵权责任的依据。然而，虽然因违反强制性标准而受到行政处罚的污染行为必然属于环境侵权行为，但符合强制性标准的排污行为却不一定不构成民事侵权。《最高人民法院关于审理环境侵权责任纠纷案件适用法律若干问题的解释》（法释〔2015〕12 号）第 1 条第 1 款[①] 规定："因污染环境造成损害，不论污染者有无过错，污染者

[①] 《最高人民法院关于审理生态环境侵权责任纠纷案件适用法律若干问题的解释》（法释〔2023〕5 号）删除了该条，但该解释第 4 条第 1 款亦规定了"污染环境、破坏生态造成他人损害，行为人不论有无过错，都应当承担侵权责任"。

应当承担侵权责任。污染者以排污符合国家或者地方污染物排放标准为由主张不承担责任的，人民法院不予支持。"该条款表明，污染者不得以合乎强制性标准为由抗辩免除民事责任，亦即对环境污染行为承担民事责任的范围可以大于行政处罚的范围。但是本案中，由于原告起诉的事实与生效行政判决确认的事实相同，其并未主张超出行政违法范围的环境侵权行为，故此前作出的行政判决所确认的违法排污事实可以用于认定本案环境侵权事实，只是本案会从环境侵权的角度来对构成要件、责任主体等加以考量。

另外，关于本案的争议焦点 H 公司与 S 公司是否构成共同侵权的问题。我国实行排污许可制，该制度是国家对排污者进行有效管理的手段，取得排污许可证的企业即排污单位，负有依法排污的义务，否则将承担相应法律责任。且排污单位通过民事约定将排污作业转移后仍负有监管责任，要确保排污设施正常运行，排放要符合国家标准，其排污责任不能通过民事合同进行转移。案涉 H 公司作为持有排污许可证的排污单位，具有监督 S 公司日常排污情况的义务。本案中，待处理的废水是由 H 公司提供给 S 公司的，且由 H 公司负责向环保部门缴纳排污费，其也知道合法排放的废水数量，加之作为物业管理部门，其对于园区企业产生的实际用水量亦是清楚的，而这几个数据结合起来，即可确知违法排放行为的存在，因此也可以认定 H 公司知道 S 公司在实施违法排污行为，但其却放任 S 公司违法排放废水，同时还继续将废水交由 S 公司处理，可以视为其与 S 公司形成了默契，具有共同侵权的故意，并共同造成了污染后果。故 H 公司作为排污单位知道或应当知道环境服务机构故意不运行或者不正常运行防治污染设施，造成环境污染的，应与环境服务机构（S 公司）承担连带责任。

【风险提示】

"环境有价、损害担责。"排污单位作为危险源的制造者，有义务采取合理措施管控和避免危险的发生，在将污染物交给环境服务机构进行治理时，其治污义务并未进行转移，排污单位除应遵守法律上明确规定的注意义务外，还应尽到一般注意义务，对环境服务机构进行监管，以确保环境服务机构正常运行防治设施，排放达到国家标准。

问题 2：建设单位在已核准的经营范围内实施建设项目，是否需根据国家环境影响评价分类管理制度办理许可审批手续？

【解答】

《环境影响评价法》（2018年修正）第16条规定："国家根据建设项目对环境的影响程度，对建设项目的环境影响评价实行分类管理。建设单位应当按照下列规定组织编制环境影响报告书、环境影响报告表或者填报环境影响登记表（以下统称环境影响评价文件）：（一）可能造成重大环境影响的，应当编制环境影响报告书，对产生的环境影响进行全面评价；（二）可能造成轻度环境影响的，应当编制环境影响报告表，对产生的环境影响进行分析或者专项评价；（三）对环境影响很小、不需要进行环境影响评价的，应当填报环境影响登记表。建设项目的环境影响评价分类管理名录，由国务院生态环境主管部门制定并公布。"据此，建设单位在已核准登记注册的经营范围内实施具体建设项目前，应对照《建设项目环境影响评价分类管理名录》，结合该建设项目对环境影响的程度进行相应的环境影响评价。未经环评即进行生产经营的，环保部门有权依法对其作出行政处罚。

【案例】

H公司诉原杭州市余杭区环境保护局环保行政处罚及
杭州市余杭区人民政府行政复议决定案[①]

案情： H公司成立于2000年7月17日，其营业执照载明的经营范围：橡胶制品生产、加工；一次性植物纤维、可降解塑料餐饮具制造；水产养殖；经济作物种植；农副产品收购（除棉、麻、粮、茧）、生产、经营；化工产品（除化学危险品及易制毒化学品）经营；一次性植物纤维、可降解塑料餐饮具销售，包装材料研制开发，技术转让。2016年3月，H公司开始实施猪爪加工项目。2017年9月11日，原杭州市余杭区环境保护局（以下简称原余杭区环保局）对H公司涉嫌违反建设项目环境影响评价制度进行立案调查，并制作《现场检查（勘验）笔录》。同日作出余环整改第05429号《环境监察整改通知书》，要求H公司改正未依法备案的行为，H公司拒绝签收。经听证程序后，原余杭区环保局作出被诉

[①] 参见浙江省杭州市中级人民法院（2018）浙01行终805号行政判决书。

《行政处罚决定书》。H公司不服，向杭州市余杭区人民政府（以下简称余杭区政府）申请行政复议。同年2月27日，余杭区政府作出《行政复议决定书》，维持该处罚决定。H公司不服，诉至杭州铁路运输法院，请求判令撤销上述行政处罚决定及复议决定。另查明：截至2017年10月26日前，建设项目环境影响登记表备案系统（浙江省）中并无H公司相关项目的备案信息。

杭州铁路运输法院经审理认为，本案H公司的企业经营范围包括农副产品的收购、生产、经营。根据《建设项目环境影响评价管理名录》项目类别肉禽类加工的环评要求，结合H公司猪爪加工的生产规模，应当填报环境影响登记表并依据《环境影响评价法》（2016年修正）第22条第4款[1]规定进行备案。现经调查核实，H公司未依法填报环境影响登记表而擅自进行猪爪加工项目。故原余杭区环保局作出被诉《行政处罚决定书》，认定事实清楚。H公司认为猪爪加工并非新项目，其已办理了环境评价手续；并且认为猪爪加工项目并非《环境影响评价法》（2016年修正）所规定的"建设项目"，但上述主张均缺乏事实和法律依据，故不予支持。因H公司猪爪加工项目在行政处罚作出前并未停止，故原余杭区环保局依据《环境影响评价法》（2016年修正）进行处罚，并无不当。为此判决：驳回H公司的诉讼请求。

一审宣判后，H公司不服，提出上诉。杭州市中级人民法院二审审理认为，根据《建设项目环境影响评价分类管理名录（2017）》，其项目类别"农副食品加工业"中明确包括"肉禽类加工"建设项目。故案涉猪爪加工项目属于《环境影响评价法》所规制的建设项目。原余杭区环保局作为当地环境保护行政主管部门有职权认定该项目是否属于需办理相关环评手续的建设项目。对于此类建设项目，"年加工2万吨及以上"的，要求建设单位应组织编制"环境影响报告表"；"其他"的，要求建设单位应组织填报"环境影响登记表"。结合H公司猪爪加工项目生产规模，属于应组织填报"环境影响登记表"并进行备案的建设项目。现H公司未依法填报环境影响登记表，擅自进行猪爪加工项目的事实清楚，且该猪爪加工项目在案涉行政处罚作出前仍处于持续经营状态，故余杭区环保局依据《环境影响评价法》（2016年修正）进行处罚，并无不当。遂判决：驳回上诉，维持原判。

分析： 企业必须在工商部门（现市场监督管理部门）核准登记注册的经营范

---

[1] 现对应《环境影响评价法》（2018年修正）第22条第4款。

围内进行生产经营（包括实施相关建设项目）。本案 H 公司成立时，其经核准登记注册的经营范围包括"农副产品生产"，故其从事猪爪加工项目未超出经营范围。但在符合经营范围的前提下，H 公司在实施具体建设项目前，必须按照《环境影响评价法》的要求办理相关环评手续。《建设项目环境影响评价分类管理名录（2017）》在项目类别"农副食品加工业"中明确规定了"肉禽类加工"类建设项目，案涉猪爪加工项目属于受《环境影响评价》规制的建设项目。H 公司关于符合经营范围即无须办理建设项目环评的观点显然系对相关环保法律法规的误读。案涉猪爪加工项目结合其生产规模，属于应组织填报"环境影响登记表"并进行备案的建设项目，H 公司在未办理相关环评手续的情况下于 2016 年 3 月开始实施该猪爪加工项目，且至案涉处罚作出前一直处于持续经营状态，故余杭区环保局依法对其进行行政处罚，并无不当。

【风险提示】

根据"先照后证"的改革要求，目前很多的行政许可审批由前置审批改为后置审批。企业到市场监管部门办理工商登记时，往往可以直接申请相关经营范围登记，办理营业执照。但其在取得营业执照后，在经营范围内实施具体建设项目前，仍须依法办理相应的项目许可（包括环保许可）审批手续，否则就会涉嫌违法，并承担相应的法律风险。

问题 *3*：行政机关作出行政处罚行为时适用"旧"法，是否属于适用法律法规错误？

【解答】

适用法律错误的行政行为，是指行政机关或者行政机关工作人员依据不相适应的法律、法规而实施的具体行政行为。主要情形：(1) 相应的具体行政行为应适用这一法律、法规而行政机关错误地适用了另一法律、法规。(2) 相应的具体行政行为应适用法律、法规的这一条款而行政机关错误地适用了另一条款。(3) 相应的具体行政行为应同时适用两个或几个有关法律、法规，而行政机关仅适用其中某一个法律、法规；或者该行为只应适用某一法律、法规，而行政机关却适用了其他不应适用的法律、法规。(4) 相应的具体行政行为应同时适用法律、法规的两个或几个条款，而行政机关仅适用了其中某一个条款；或者该行为只应适用某一法律、法规的某一条款，而行政机关却适用了其他不应适用的条款。

（5）相应的具体行政行为适用过时的、已被废止、撤销或尚未生效的法律、法规。

行政机关作出适用法律、法规错误的具体行政行为的原因是行政机关对事实的性质认定错误，忽略事实的有关情节，对法律和法规的理解错误，在法律规范冲突时未遵循正确合法的标准选择适用法律规范，对法律和法规不熟识或工作马虎、粗枝大叶等。根据《行政诉讼法》的规定，人民法院对适用法律、法规错误的具体行政行为，应当判决全部撤销或者部分撤销，并可以判决被告重新作出具体行政行为。

【案例】

某市木雕经营部诉某市环境保护局
环境保护行政处罚案[①]

案情：某市木雕经营部成立于2014年，系个体工商户，登记业主为魏某某，经营范围为加工、销售仿古家具、木雕。经营部的主要生产工序是对木材进行白坯加工，然后使用雕花机雕刻后再用硫酸进行仿古，产生的污染物主要是雕花时的噪声和仿古时的冲洗废水。该经营部未作环评手续即从事生产经营。2016年10月19日，被告某市环境保护局对原告某市木雕经营部作出环境违法行为限期改正决定书，要求某市木雕经营部做好污染物的治理工作，做到达标排放；依法办理有关环保审批手续；立即停止违法行为。并告知原告申请复议或提起诉讼的权利。后经听证程序后，被告于2017年3月21日作出嵊环罚字〔2017〕33号行政处罚决定书，查明原告存在未经环保部门审批，擅自开工建设并已投入生产的违法行为，并依据《环境保护法》（2014年修订）第61条、《环境影响评价法》（2016年修正）第31条[②]和《建设项目环境保护管理条例》第28条之规定，作出"责令加工厂停止生产和罚款人民币56 000元"的行政处罚。原告认为该行政处罚违法，遂起诉。请求撤销某市环境保护局嵊环罚字〔2017〕33号行政处罚决定。

绍兴市越城区人民法院经审理认为，原告生产经营范围为加工、销售仿古家具、木雕的事实清楚。根据自2015年6月1日起施行的《建设项目环境影响评

[①] 参见浙江省绍兴市越城区人民法院（2017）浙0602行初119号行政判决书。
[②] 该条中的"环境保护行政主管部门"已于2018年12月29日由《全国人民代表大会常务委员会关于修改〈中华人民共和国劳动法〉等七部法律的决定》（中华人民共和国主席令第二十四号）修改为"生态环境主管部门"。

价管理名录》项目类别109，结合原告生产经营范围，原告应当编制建设项目环境影响报告表；并依据《环境影响评价法》（2016年修正）第22条第1款[①]规定，按照国务院的规定报有审批权的环境保护行政主管部门审批。现经被告现场调查核实，原告未依法报批项目环境影响评价文件而擅自开工建设的事实清楚，故原告存在未依法报批建设项目环境影响评价文件而擅自开工建设的违法行为。除此以外，原告作为建设单位同时存在建设项目需要配套建设的环境保护设施未建成，主体工程正式投入生产、使用的违法行为。根据法律规定，被告作为环境保护行政主管部门应当分别依照《环境影响评价法》（2016年修正）第31条和《建设项目环境保护管理条例》第28条之规定作出相应处罚。然而，关于原告存在的上述"未批先建"违法行为，被告依据已经废止的《建设项目环境影响评价管理名录》（原环境保护部令第2号）认定原告的行为违反项目类别15应当编制环境影响报告书并以已被修正替代的《环境影响评价法》（2002年）作为行政处罚依据，显属适用法律错误。依据法律规定，行政行为存在适用法律、法规错误情形的，人民法院判决撤销或者部分撤销，并可判决被告重新作出行政行为。故原告诉请撤销该部分行政行为，符合法律规定，予以支持。关于被告针对原告存在的"建设项目需要配套建设的环境保护设施未建成，主体工程正式投入生产、使用的违法行为"，依照《建设项目环境保护管理条例》第28条之规定作出"责令原告停止生产"的处罚，证据确凿，适用法律、法规正确，符合法定程序，原告要求撤销，不予支持。因本案原告存在两个违法行为，被告根据《环境影响评价法》（2016年修正）第31条和《建设项目环境保护管理条例》第28条规定均可处以罚款，但本案被告处以罚款的事实依据不明，结合其存在的适用法律错误情形，对该部分行政行为予以撤销。被告在法庭中陈述的其对原告存在的"未批先建"违法行为未进行处罚的意见，与其提交的书面答辩状意见不一，不予采信。对此判决如下：（1）撤销被告某市环境保护局作出的嵊环罚字〔2017〕33号行政处罚决定的第二项，即撤销"罚款人民币56 000元（大写伍万陆仟元整）"；（2）责令被告某市环境保护局于本判决生效之日起30日内重新作出行政行为；（3）驳回原告某市木雕经营部的其他诉讼请求。一审宣判后，某市环境保护局不服，提出上诉。浙江省绍兴市中级人民法院二审经审理后，判决：驳回上诉，维持原判。

[①] 该条款中的"环境保护行政主管部门"已于2018年12月29日由《全国人民代表大会常务委员会关于修改〈中华人民共和国劳动法〉等七部法律的决定》（中华人民共和国主席令第二十四号）修改为"生态环境主管部门"。

分析： 根据《行政诉讼法》第 6 条规定，人民法院审理行政案件，应对行政案件是否合法进行审查。合法性审查原则是行政诉讼法特有的重要基本原则，承担着监督行政机关依法行使职权和保护公民、法人及其他组织合法权益的职能。根据《行政诉讼法》第 69 条和第 70 条规定，合法的行政行为除了满足证据确凿，适用法律、法规正确，符合法定程序三个条件外，行政行为还必须不存在超越职权、滥用职权和明显不当的情形，也不存在应依法作为而不作为的情形。行政行为满足前述条件，人民法院判决驳回原告的诉讼请求；反之，对于违法作为的行政行为，人民法院判决撤销或者部分撤销，并可以判决被告重新作出行政行为，对于违法不作为的则依据《行政诉讼法》第 72 条和第 73 条的规定，判决被告在一定期限内履行或者履行给付义务。人民法院在对行政行为进行合法性审查时，应当受到对象和程度的限制。在司法实践中，法院不能代替行政机关行使行政权通常体现为不直接作出决定，应当尊重行政机关的首次判断权。人民法院对行政行为进行审查后，发现行政行为具有《行政诉讼法》第 70 条规定之一的，应当撤销行政机关作出的行政行为。撤销判决有三种形式：一是判决全部撤销；二是判决部分撤销；三是判决撤销并责成被告重新作出行政行为。本案中，原告诉请被告的行政行为适用的法律条文错误，经法院审查，原告存在两个违法行为，行政机关作出了两项行政处罚措施。针对上述两个违法行为，法律均规定了罚款处罚，但被告在作出行政处罚时适用了已被修正替代了的法律，虽根据两个违法行为和不同的法律条款，被告可以作出罚款和责令加工厂停止生产的处罚，然而根据被告适用的法律条文，却无法得出罚款金额，被告对其作出的两个行政处罚决定中的罚款金额超出法律规定，无法作出合理解释，法院结合被告适用的法律规定已被修正替代的事实，判决撤销该部分行政行为。同时，鉴于原告存在违法行为属实，责令被告重新作出行政行为。如此，既对错误的行政行为进行有效监督，又不放纵已审查确定违法的行为。

【风险提示】

行政机关针对违法行政行为作出行政处罚时，应当查明所适用的法律依据是否有效；特别是在新旧法交替或者旧法被修正替代期，法律法规的适用尤其需要谨慎，并需按照法律规定严格适用，一旦错误地适用过时的法律、法规，又无法作出合理解释的，即属于适用法律、法规错误，在行政相对方提起诉讼要求撤销的情况下，将会被判决撤销或者部分撤销。

问题 4：行政规范性文件的司法审查标准与方式该如何界定？

【解答】

《行政诉讼法》第 53 条第 1 款规定："公民、法人或者其他组织认为行政行为所依据的国务院部门和地方人民政府及其部门制定的规范性文件不合法，在对行政行为提起诉讼时，可以一并请求对该规范性文件进行审查。"该条规定了人民法院对规范性文件审查的条件，但是考虑到审查经验的缺乏以及审查后的处理难度，法律对规范性文件的含义、制发主体、程序、权限以及审查内容、程度、标准等均缺乏明确规定。实践中，应从制定权限、制定内容及制定程序三个方面对规范性文件进行审查。

【案例】

李某某诉绍兴市上虞区环境保护局环保行政处罚案[①]

案情： 2014 年 6 月 9 日，绍兴市上虞区人民政府办公室（以下简称上虞区人民政府办公室）印发《上虞区畜禽养殖禁养区、限养区划分方案的通知》（虞政办发〔2014〕147 号），并于 2014 年 7 月 1 日在绍兴市上虞区人民政府（以下简称上虞区人民政府）门户网站公布。该通知的第四部分"划分区域（一）禁养区区域五"为"省、绍兴市级（上虞段）及区级河道两侧 200 米"。2015 年 8 月 11 日，绍兴市上虞区环境保护局（以下简称上虞区环保局）执法人员经对原告的养殖场进行现场踏勘，认定原告李某某养殖场位于绍兴市上虞区谢塘镇新戴家村，北靠浙东引水工程，从北到南纵深长约 60 米，东西宽约 10 米。2015 年 8 月 12 日，上虞区环保局对李某某作出虞环限改崧字〔2015〕42 号环境违法行为限期改正决定书，认定李某某在禁止养殖区域内从事畜禽养殖活动，其行为违反了《浙江省畜禽养殖污染防治办法》第 9 条第 1 款，依照《行政处罚法》（2009 年修正）第 23 条和《浙江省畜禽养殖污染防治办法》第 20 条第 1 款规定，责令李某某于 2015 年 8 月 21 日前停止养殖行为。2015 年 8 月 25 日，上虞区环保局再次对李某某的养殖场进行检查，李某某仍在原区域从事养殖活动。2015 年 9 月 11 日，上虞区环保局执法人员在谢塘镇新戴家村村委会工作人员陪同下向李某某留置送达虞环罚告〔2015〕67 号行政处罚事先告知书，责令李某某立即停止违法行

[①] 参见浙江省绍兴市中级人民法院（2016）浙 06 行终 00216 号行政判决书。

为，并依照违法情形拟作出罚款人民币 3000 元的行政处罚。2015 年 9 月 29 日，上虞区环保局作出虞环罚字〔2015〕176 号行政处罚决定书。2015 年 10 月 10 日，绍兴市上虞区环境保护局执法人员向李某某留置送达虞环罚字〔2015〕176 号行政处罚决定书。李某某不服，提起行政诉讼。

一审法院查明：绍兴市中级人民法院在原审上诉案件中审理查明上虞区环保局于 2015 年 9 月 11 日送达拟处罚决定书时向李某某宣读了该告知书内容，上虞区环保局在庭审中明确被告在送达拟处罚决定书时不存在程序违法情形。

一审法院为审查案涉规范性文件需要，到绍兴市上虞区人民政府对上虞区人民政府法制办副主任作询问笔录一份。该办副主任陈述虞政办发〔2014〕147 号通知由上虞区人民政府办公室发文，合法性经法制机构审查，并经政府常委会讨论通过后在上虞区人民政府门户网站向社会公开发布。通知制定的书面资料均以书面形式向法庭提交。

绍兴市越城区人民法院经审理认为，针对李某某的诉讼请求，行政规范性文件的司法审查和行政行为的合法性审查是本案审理的重点。遂对李某某提出的规范性文件司法审查是否符合法律规定以及范性文件在制定权限、内容和程序三个方面是否合法进行逐一分析。经分析，在确定规范性文件合法的前提下，从实体和程序两方面对行政处罚行为进行审查后认定行政机关作出的行政处罚行为合法，李某某诉请上虞区环保局的行政行为违法并要求法院予以撤销的理由不成立，对李某某的诉请不予支持。一审宣判后，李某某不服，提出上诉。绍兴市中级人民法院二审经审理后，判决：驳回上诉，维持原判。

分析：《行政诉讼法》第 53 条第 1 款规定了规范性文件的附带审查制度，回应了公众对规范性文件接受司法监督的期待，这将有利于推进行政执法的法治化进程。在审判实务中，如何衡平个案当事人利益与潜在当事人利益或可能的社会公共利益，如何保持审判权与行政权的适度制约与平衡，将是法院面临的最大挑战，也是司法实践中亟待解决的重要问题。然而，在司法实务中，法院如何认定规范性文件、司法审查对象限于行政行为所依据的条款还是及于文件全部内容、合法性审查包含哪些标准、是否需要进行合理性审查以及审查的强度如何把握等均缺乏明确的法律规定等，还有待进一步研究和探讨。本案中，一审法院从规范性文件制定的权限、内容和程序是否合法三个方面，对案涉需审查的规范性文件进行逐一分析：

第一，关于制定权限方面。认为依照《立法法》省、自治区、直辖市的人民代表大会和常务委员会根据本行政区域的具体情况和实际需要，在不同宪法、法律、行政法规相抵触的前提下，可以对城乡建设与管理、环境保护、历史文化等方面的事项制定地方性法规。《浙江省水污染防治条例》属于上述地方性法规，该条例第25条规定，县级以上人民政府应当根据功能区水质保护要求，依法划定畜禽养殖的禁养区和限养区，并向社会公布。依据该条例规定，上虞区人民政府具有划定本区域内畜禽养殖禁养区和限养区的合法权限。

第二，关于制定内容方面。《畜禽规模养殖污染防治条例》第11条规定了几个禁止养殖区域，根据该条例规定，作为地方性法规的《浙江省水污染防治条例》也可以规定禁养区，但该条例中未明确规定禁养区范围，而是通过第25条规定赋予县级以上人民政府划定畜禽养殖禁养区的权限，故上虞区人民政府办公室从防治水污染，保护和改善环境，促进经济可持续发展角度考虑依照法律、法规规定划定的禁止养殖区域符合上位法规定。

第三，关于制定程序方面。一审法院根据到上虞区人民政府办公室调查核实以及被告当庭提交的上虞区人民政府办公室文件签发稿、征求意见函和区长办公室会议纪要等材料，可以认定案涉虞政办发〔2014〕147号通知在起草过程中已公开征求有关基层单位的意见、经上虞区人民政府法制机构合法性审查并经制定机关负责人集体讨论决定，符合《浙江省行政规范性文件管理办法》中关于行政规范性文件制定的程序性要求。综合以上几点，李某某提请审查的规范性文件条款不存在违反法律规定情形，李某某要求确认违法并予以撤销的依据不足。本案的裁判理由充分，裁判结果公正合理，为今后规范性文件司法审查类案件的审理提供了较强的实践参考意义。

【风险提示】

行政诉讼法已将规范性文件纳入行政诉讼审查范围，具有突破性意义，也具有其紧迫性和必要性。因此，规范性文件应由有权机关进行制定、内容不应违反上位法规定、制定程序应当合法到位，否则行政机关依此作出的具体行政行为将会被人民法院撤销。

问题 5：涉众利益行政行为轻微违法的，是否可以确认违法而不予撤销？

【解答】

《行政诉讼法》第 74 条第 1 款规定："行政行为有下列情形之一的，人民法院判决确认违法，但不撤销行政行为：（一）行政行为依法应当撤销，但撤销会给国家利益、社会公共利益造成重大损害的；（二）行政行为程序轻微违法，但对原告权利不产生实际影响的。"司法实践中，被诉行政行为事实清楚、程序违法程度较轻、对行政相对人实体权利无实质影响的，基于法律关系的相对稳定性考量，撤销被诉行政行为已无现实之必要可以确认违法。

【案例】

郑某某诉绍兴市环境保护局环保行政验收纠纷案[①]

案情： 2014 年 9 月 22 日，郑某某与第三人景湖公司签订购买涉案建设项目荣御上府第 × 幢 × 单元 × 号商品房合同一份，景湖公司为该建设项目的建设单位。2014 年 12 月 11 日，绍兴市环境保护局根据景湖公司的申请对涉案建设项目环评报告作出《审查意见》，《审查意见》第 3 点第 3 项明确要求："做好废水污染防治工作。建设雨污分流、清污分流的排水处理系统。粪便污水经标准化粪池处理、地下车库冲洗废水经隔油沉砂池处理后与其他生活废水一并接入城市截污管网，纳入城市污水处理系统……本项目在污水管网贯通前不得交付使用。"2014 年 12 月 23 日，景湖公司提交《审查意见》、环保工作总结、排水合同等材料申请对该建设项目进行竣工环保验收，绍兴市环境保护局越城分局于同日出具《建设项目环保"三同时"监察结果单》，绍兴市环境保护局于当日对拟通过验收意见上网公示。2014 年 12 月 30 日，绍兴市环境保护局作出《验收意见》，原则同意通过项目（一期）竣工环保验收。后郑某某于交房验收时与景湖公司产生纠纷，并向绍兴市越城区人民法院提起民事诉讼，在该案审理过程中景湖公司向郑某娟提供《验收意见》。郑某某认为绍兴市环境保护局作出的《验收意见》违法，遂起诉。另外，绍兴市环境保护局越城分局系由绍兴市机构编制委员会于 2001 年 8 月 23 日批复成立的绍兴市环境保护局的派出机构。2013 年 12 月 31 日，绍兴市环境

[①] 参见浙江省绍兴市中级人民法院（2017）浙 06 行终 38 号行政判决书。

保护局将辖区内的环境污染防治工作监督管理等职权委托绍兴市环境保护局越城分局代为行使，委托期限自2014年1月1日起至2015年1月1日止。绍兴市环境保护局越城分局于2014年12月23日出具的《建设项目环保"三同时"监察结果单》载明"一期项目场内管网已建成，建设单位已提供与排水公司签订的排水合同"。

绍兴市柯桥区人民法院一审判决撤销被诉《验收意见》，责令被告绍兴市环境保护局重新作出行政行为。

绍兴市中级人民法院二审认为，《建设项目环保"三同时"监察结果单》虽系绍兴市环境保护局越城分局出具，但因该分局是绍兴市环境保护局的派出机构，二者存在行政委托关系，因此该监察结果单能够作为绍兴市环境保护局现场检查情况的证据。绍兴市环境保护局在涉案建设项目外围截污管网未全线贯通时作出环保验收原则通过的验收意见及未依照《建设项目竣工环境保护验收管理办法》（原国家环保总局13号令）第15条的规定组成验收组，存在一定不足之处，但鉴于涉案建设项目本身的环保设施已如期建成、后续环保问题已通过变通措施得到保障及城市截污管网已接通等情况，已无撤销被诉《验收意见》并责令其重作之现实必要。如对其予以撤销，势必使得其他众多业主已确定的权利秩序处于不稳定状态，从而可能导致相应行政资源的浪费。二审判决撤销一审判决，确认被诉《验收意见》违法。

分析：一般而言，环保验收的范围仅限于建设项目本身的环保设施，但本案的特别之处在于绍兴市环境保护局在出具被诉《验收意见》时，涉案居民小区外围城市截污管网因一泵站未建成而未正式开通。这就意味着，就环保验收的范围而言，虽然外围城市截污管网建设情况不属此次环保验收范围，但该居民小区环保验收一通过便可以投入使用，而投入使用中的小区生活污水如何对外排放成为现实难题。显然，绍兴市环境保护局注意到了该问题，在原则通过涉案小区时同时强调"注意环保问题"，景湖公司也采取变通措施解决了生活污水的排放问题，未造成任何环境问题。法院在审查该问题时，不能对环保机关过于苛刻。环保机关在面对不是建设公司的原因而造成的相关问题时，如迟迟不予环保验收通过，则对建设公司势必不公。本案中，绍兴市环境保护局比较灵活而有效地处理了该类问题。因此，虽法院对存在的实体问题予以指出，但总体上还是持宽容态度。

按照原国家环保总局的规章《建设项目竣工环境保护验收管理办法》第15条的规定，环保验收机关在进行环保验收时需要成立被验收的建设项目所在地的环保机关、行业主管部门成立验收组。绍兴市环境保护局在验收涉案建设项目时并未成立验收组，显然违反了行政规章的规定。如何评判该违反法定程序的行为是本案的另一争议问题。程序按照对内与对外的标准来划分，可分为外部程序和内部程序。验收组的成立，相对于涉案居民小区的业主而言，更多意义上属内部程序。验收组的成立与否与作为业主的郑某娟并无利害关系，不直接影响其权利，影响业主权利的是建设项目本身环保设施有无建成及相应环保指标有无达标。因此，虽法院确认绍兴市环境保护局未成立验收组程序违法，但客观公允地分析，该程序违法程度属于较轻情形。

《验收意见》不仅涉及景湖公司的权利，也涉及众多业主的权利，现郑某某作为众多业主中的一员对该行为提起行政诉讼。法院在审理该类案件时在判决类型的选择上应更为慎重，鉴于对其他众多业主的既定权利秩序的考量，不宜轻易选择撤销判决，对于被诉行政行为存在不足或轻度违法等情形，尽可能选择确认违法判决。

【风险提示】

本案是确认环保行政行为违法但不予撤销的典型案例。人民法院对行政行为合法性的审查主要涉及对被诉行政行为的事实依据、法律依据、行政程序等事项的审查。虽然本案综合实际情况对该行政行为未予撤销，但行政机关在执法中存在的如下问题仍值得注意：

第一，环保验收过程记录过于简单。涉案居民小区主要环保设施是排污管道，而环保局关于排污管道建设情况的检查，记录得不够详细、明确，以致一审法院对环保局提交的"三同时"监察单的证明力不予确认。所以，建议环保局在日后工作中，对于关键细节应当作出更为详尽的记录，并尽可能地配以图片说明。

第二，环保验收程序不到位。根据《建设项目竣工环境保护验收管理办法》第15条的规定，环境保护行政主管部门在进行建设项目竣工环境保护验收时，应组织建设项目所在地的环境保护行政主管部门和行业主管部门等成立验收组或验收委员会，而环保局没有证据证明成立了验收组或验收委员会，程序不当。建议环保局以后在作出行政行为时应严格遵守法定程序。

第三，应诉时提交的证据不全面。环保局提交的"三同时"监察单系本案关键证据之一，而该监察单系原绍兴市环境保护局越城分局出具。但环保局在应诉时未提交越城分局的单位性质及该单位与环保局之间的关系等证明材料，以致本案二审过程中法院依职权责令环保局提交，才将该问题调查清楚。建议环保局在以后的应诉中，将工作做得更完善、更到位。

问题 6：政府在履职过程中实施的内部行政行为实际影响相对人权利义务，是否具有可诉性？

【解答】

行政主体在内部行政主体管理过程中，所作出的只对行政组织内部产生法律效力的行政行为属于内部行政行为。在实践中，一些行政机关作出的行政行为虽名为内部行政行为，但其效力约束到外部的行政相对人，从而对外部相对人的权益产生了实质影响。在这种情况下，内部行政行为实际上已经变质为外部行政行为。根据《行政复议法》的规定，判断某一行为是否属于行政复议范围，核心在于判断其是否属于影响公民、法人或者其他组织合法权益的具体行政行为。

【案例】

衢州市某钙业有限公司诉衢州市衢江区人民政府
环境保护行政管理案[①]

案情： 原告衢州市某钙业有限公司（以下简称某钙业公司）系衢州市衢江区上方镇从事钙业生产的企业，2001年11月22日，该企业通过了环境保护部门年产3000吨碳酸钙的环境影响测评。2013年，某钙业公司活性轻钙的实际产能为年产2万吨。2014年5月6日，衢州市衢江区人民政府（以下简称衢江区政府）制定了《关于钙产业整治提升工作的意见》，称为深入贯彻落实省、市工作部署，有效遏制钙产业环境污染，推进钙产业转型升级，根据《产业结构调整指导目录（2011年本）》（发展改革委令2011年第9号）、《浙江省淘汰和禁止发展的落后生产能力目录（2010年本）》（浙淘汰办〔2010〕2号）、《环境保护法》（2014年修订）等法律法规和钙产业整治提升列入市级挂牌督办十大环保专项工作的要求，经衢江区政府研究，决定开展钙产业整治提升工作。意见中要求，在2014年4月1日至5月15日：(1)成立组织机构。(2)调查摸底核实。(3)制定实施细则。要求两个专项小组在充分调查研究、分析比较的基础上，分别制定工作实施

[①] 参见浙江省衢州市中级人民法院（2017）浙08行初7号行政判决书。

细则。(4)加强政策宣传。《衢江区灰钙行业环境整治实施方案》(以下简称《实施方案》)出台前,衢江区政府下属单位数次召开相关企业主参加钙产业整治工作座谈会。2015年3月15日,衢江区政府办公室下发《关于印发衢江区灰钙行业环境整治实施方案的通知》(衢江区政办发〔2015〕17号),要求全区各乡镇人民政府、办事处、区政府各部门、各单位执行《实施方案》。《实施方案》的总体目标是到2015年年底前,淘汰灰钙行业不符合国家产业政策和节能减排要求的生产线和生产设备,关停灰钙行业中无证无照"低、小、散"企业。整治后,新建、改建和扩建的灰钙生产企业单条生产线年产能要求在10万吨以上。整治范围为上方镇灰钙行业中所有氧化钙、氢氧化钙生产企业(活性钙、腻子粉和粉磨站生产企业的整治可以参照灰钙行业实施方案实施),整治时间从2015年3月到12月月底。整治步骤分为方案制定和关停协议签订阶段、企业整治实施阶段、检查验收和强制执行阶段,并规定了关停补助政策等。2015年3月30日,某钙业公司向上方镇人民政府提交了《灰钙企业整治申请》,提出申请自行整改,于9月月底前完成,并按时上报验收。逾期未完成整改或未能通过验收,将自行关停并不享受补助政策。2015年11月16日,衢州市环境保护局经告知后作出《衢州市环境保护局环境违法行为限期改正决定书》(衢环江限改〔2015〕1107号),认为某钙业公司存在实际生产活性轻钙2万吨,与环评审批不符,属于批小建大,原年产3000吨的活性轻钙项目未经环保"三同时"验收的行为,违反相关法律规定,责令某钙业公司在2015年11月30日前停止活性轻钙的生产。逾期未停止生产的,将依法予以行政处罚,并报区政府给予停止供水、供电,对直接负责主管人员和责任人员移送公安处以15日以下的行政拘留。2016年4月21日,衢江区政府以衢江区政函〔2016〕4号文件的形式,向国网衢州供电公司作出《衢州市衢江区人民政府关于对我区灰钙行业企业停止供电的函》,其附件《衢江区未关停灰钙行业企业名单》中包括某钙业公司。2016年4月26日,国网衢州供电公司衢江营业部员工贺某某电话通知某钙业公司法定代表人程某某,根据前述停电函,将于次日配合衢江区政府对石灰钙污染企业实行停电关停。次日,某钙业公司企业被停止供电。2017年2月21日,某钙业公司向衢州市中级人民法院(以下简称衢州中院)提起行政诉讼,请求:(1)判令撤销停电函将某钙业公司列入停电企业名单的行为;(2)对《实施方案》的合法性进行附带审查;(3)由衢江区政府承担本案诉讼费用。

衢州中院经审理认为,根据《浙江省水污染防治条例》第51条规定,衢江区政府在原告没有履行衢州市环境保护局作出的《环境违法行为限期改正决定书》的情况下，作出停电函具有职权依据；但衢江区政府作出的停电函存在以下违法情形：一是未依照前述条例规定以决定的形式作出，二是未表述其作出停电函系因原告没有履行环保部门的期限改正决定书的理由，三是没有引用相关法律依据。基于上述问题，衢江区政府作出的涉案停电函违法。原告某钙业公司主张，《实施方案》系内设机构发布，缺乏职权依据和相关法律依据，要求企业或停产重组或年产值达到10万吨以上严重违反法律法规，且在没有听取原告陈述、申辩的情况下作出，违反行政决策程序，不具有合法性。法院认为，人民政府出台的文件由政府办公室通知印发，系一般行政惯例，被告的《实施方案》由其办公室发布，并无不当。被告作为县区级人民政府，治理环境污染，淘汰落后产能，推进产业转型升级，是其法定的职责。原告因批小建大、项目未经环保"三同时"验收的违法行为被责令停产后，被告要求其按当地产业规划整合入园、规范提升，具有上位法和国家宏观政策依据。据庭审查明，被告在制定《实施方案》之前，作了摸底调查，被告下属单位数次召开相关企业主参加钙产业整治工作座谈会，故原告前述主张不能成立。综上，被告作出停电函的行为违法，但由于原告未完全履行环保部门的限期改正违法行为决定，若撤销停电函可能造成原告继续违法生产，其违法排污的行为将给社会公共利益造成重大损害的后果，故对该停电函不宜判决撤销。据此，判决如下：（1）确认被告衢江区政府2016年4月21日作出的衢江区政函〔2016〕4号《衢州市衢江区人民政府关于对我区灰钙行业企业停止供电的函》将原告某钙业公司列入未关停企业名单的行为违法；（2）驳回原告某钙业公司的其他诉讼请求。一审宣判后，某钙业公司不服，提起上诉，浙江省高级人民法院二审后判决：驳回上诉，维持原判。

分析：本案系企业诉人民政府环保其他行政行为案件。本案对于县级以上人民政府是否有权利对违规继续拒绝关停污染企业采取限产停业的措施作出了明确。从本案实际来看，《环境保护法》（2014年修订）第60条"企业事业单位和其他生产经营者超过污染物排放标准或者超过重点污染物排放总量控制指标排放污染物的，县级以上人民政府环境保护主管部门可以责令其采取限制生产、停产整治等措施；情节严重的，报经有批准权的人民政府批准，责令停业、关闭"，《大气污染防治法》（2015年修订）第99条"违反本法规定，有下列行为之一的，由县级以上人民政府环境保护主管部门责令改正或者限制生产、停产整治，并处十万元以上一百万元以下的罚款；情节严重的，报经有批准权的人民政府批准，责令停业、关闭：（一）未依法取得排污许可证排放大气污染物的；（二）超过大气污染物排放标准或者超过重点大气污染物排放总量控制指标排放大气污染物的……"①，《浙江省水污染防治条例》第51条"排污单位拒不履行县级以上人民政府或者环境保护主管部门作出的责令停产、停业、关闭或者停产整顿决定，继续违法生产的，县级以上人民政府可以作出停止或者限制向排污单位供水、供电的决定"，《浙江省大气污染防治条例》（2003年版）第13条第2款"排污单位现有排放量超过核定的主要大气污染物排放总量指标的，由县级以上人民政府责令限期治理。排污单位应当如期完成限期治理任务"及第44条第2款"违反本条例第十三条第二款规定，排污单位未能如期完成限期治理任务的，由县级以上人民政府责令关闭或者停业"等法条均规定了县级人民政府在原告未达排放标准时，可以采取限产、停业的措施，本案中衢江区政府采取停电职权，合法有据。在是否属于行政诉讼受案的范围认定上，被告衢江区政府向国网衢州供电公司作出的停电函，虽在形式上属于衢江区政府向衢州电力局发出的函件，但该函件明确载明"为防止企业违规继续生产，请你公司于2016年4月22日对尚未实施关停的灰钙企业依照程序停止供电"的内容，经实施直接导致原告公司停产的结果，相关职权部门亦未在该函件之外作出其他具有相同内容的行政行为，该行为属于衢江区政府在履行行政职权过程中实施的实际影响原告权利义务的行为，属于行政诉讼受案范围。本案中，衢江区政府虽具有对污染企业采取停电措施的职权，但行使该职权的程序存在三个方面的违法情形，因此，衢江区政府作出停电函的行为违法，但由于原告未完全履行环保部门的限期改正违法行为决定，若撤销停电函可能造成原告继续违法生产，其违法排污的行为将给社会公共利益造成重大损害的后果，故对该停电函不宜判决撤销。本案的判决结果不仅促进了政府依法行政，而且体现了法律对企业违法生产经营破坏环境行为的严格禁止性，还提升了环境、推动了企业进一步转型升级。

【风险提示】

行政机关在作出行政行为时，勿通过形式上的内部行为阻断行政相对人的诉讼路径。对于污染企业采取停止供水、供电等措施以强制企业停产的行为，往往

---

① 该条中的"环境保护主管部门"已于2018年10月26日由《全国人民代表大会常务委员会关于修改〈中华人民共和国野生动物保护法〉等十五部法律的决定》（中华人民共和国主席令第十六号）修改为"生态环境主管部门"。

涉及多家企业，可能引起多家企业群体性诉讼。由于部分企业停产数年，受影响的不仅仅是上述企业主，还涉及企业职工、供应链上下游企业。若整治工作仍不能结束，要及时做好释法析理和沟通工作，防止发生影响稳定事件。

问题 7：排污不达标企业逾期未完成限期治理任务的，行政机关是否可以进行行政处罚？

【解答】

排污不达标企业逾期未完成限期治理任务的，行政机关可以进行行政处罚。《大气污染防治法》第七章详细规定了违反本法规定的法律责任和行政机关的处罚权限。

【案例】

佛山市某精细材料有限公司诉佛山市顺德区人民政府
环保行政处罚案[①]

案情： 2011年12月2日，广东省佛山市顺德区环境运输和城市管理局（以下简称区环运局）以佛山市某精细材料有限公司（以下简称某公司）在生产过程中排放废气的臭气浓度超标为由，对该公司作出《限期治理决定书》，要求其于2012年1月31日前完成排放臭气浓度治理达到《恶臭污染物排放标准》的要求，并经环运局验收合格；逾期未申请验收或未完成限期治理任务，将按规定责令停业、关闭；要求该公司分析臭气浓度超标排放原因，制订限期治理达标计划以及落实各项污染防治措施，确保污染物达标排放。2012年2月9日，某公司向区环运局申请治理验收。顺德区环境保护监测站受区环运局委托，于同年4月26日、6月28日对该公司进行臭气排放监测，两次监测报告均显示臭气浓度未达标。区环运局遂于2012年8月29日组织验收组现场检查并对法定代表人进行调查询问，告知该公司验收结果：存在未提交限期治理方案、废气处理技术不能确保无组织废气达标排放、排放废气的臭气浓度超标、使用的燃油不符合环保要求四个方面的问题，未通过限期治理验收。2013年1月11日，顺德区人民政府作出《行政处罚告知书》，同年3月18日经听证后作出《行政处罚决定书》，决定某公司自收

---

① 参见最高人民法院2014年12月19日公布的人民法院环境保护行政案件十大案例。

到行政处罚决定书之日起停业、关闭。该公司不服提起行政诉讼,请求法院撤销上述《行政处罚决定书》。广东省佛山市中级人民法院一审判决驳回原告诉讼请求,原告上诉后,广东省高级人民法院二审判决:驳回上诉,维持原判。

分析: 行政机关对排污不达标企业提出限期治理要求,仍未达标的,作出责令停产、关闭的处罚,有相应的法律依据。人民法院在审理此类行政案件中,一方面要依法审查行政机关的执法职权、执法依据和执法程序;另一方面对于废气污染物监测报告等专业性判断和专家证据,也要从证据审查角度给予充分尊重,对合法形成的证据予以采信。本案中,某公司对顺德区人民政府作出处罚决定的职权依据、程序没有异议。争议焦点在于监测报告的合法性。受顺德环运局委托,佛山市顺德区环境保护监测站对某公司厂界无组织排放废气进行监测。该监测站具有废气污染物监测的法定资质,两次监测采样点为某公司厂界敏感点,符合《恶臭污染物排放标准》的相关规定。两次监测的采样频率均采用了4次×3点的监测频次,取其中最大测定值,频次间隔不足2小时,两次监测的臭气浓度最大测定值均超过《恶臭污染物排放标准》规定的无组织排放源厂界浓度限值。虽采样频率过短,但在没有其他证据否定监测报告的情况下,该两份监测报告依法可以采信,作为定案依据。某公司未能完成顺德环运局规定的限期治理任务,顺德区人民政府经调查、处罚告知和听证程序后,作出被诉行政处罚决定,事实清楚,程序合法,处罚适当。

【风险提示】

生态文明建设是人类生存和发展的基石,在经济发展的同时,环境污染现象日益严重。而治理污染要从源头抓起,"绿水青山就是金山银山"的理念切切实实落在实处的重要表现就是对污染的限期治理。对于那些限期治理不达标的企业,行政机关可以依法予以处罚,企业不得存在"偷懒"心理。

问题 8:企业可否拒绝或以企业内部管理规定为由对抗行政机关履行执法检查职责?

【解答】

调查权是行政机关实施管理的一项基础性权力。对环保机关而言,只有切实履行法定调查职能,才可能及时发现和处理环境污染问题,也才能切实地履行起法定的行政管理职责。许多环保类法律法规规定了环保机关此项职权,同时明确了被调查对象的协助义务。例如,《水污染防治法》(2017年修订)第30条规定环保部门有权对管辖范围内的排污单位进行现场检查,被检查单位应当如实反映情况,提供必要的资料;第81条规定了具体罚则。作为行政管理的相对人,企业负有接受、配合环保部门依法监督检查的义务,不能拒绝或以企业内部管理规定为由对抗行政机关履行执法检查职责。

【案例】

某钢材加工有限公司诉青岛市环境保护局环保行政处罚案[①]

案情: 2014年10月15日21时,青岛市环境保护局执法人员到某钢材加工有限公司现场检查。执法人员向该公司保安出示执法证件并说明来意后,该公司保安以执法人员未取得公司负责人的同意为由,拒绝执法人员进入厂区检查。执法人员因受阻挠而认为丧失最佳检查时机,未进入现场进行检查,现场制作了现场检查(勘察)笔录并向其送达了《环境违法行为协助调查告知书》,要求单位相关负责人携带工商执照、组织机构代码证复印件和环评审批验收资料到环境保护局协助调查。2014年10月17日,该公司工作人员李某某到环境保护局协助调查,在调查询问笔录中,李某某确认2014年10月15日晚,该公司门卫拒绝执法人员进厂。当日,环境保护局对该公司作出《责令改正违法行为决定书》,责令其立即改正违法行为。2014年10月20日,该公司向环境保护局提交《关于积极配合环保部门监督检查的整改措施》。2014年11月10日,环境保护局对该公司作出《行政处罚事先告知书》,告知拟对其作出罚款1万元的行政处罚,并告知该公司有陈述和申辩的权利。2014年11月13日,该公司向环境保护局提交《申辩意见》,主张其不存在拒绝监督检查的违法行为,并已积极整改,提交了整改措施,请求撤销对其的行政处罚。环境保护局对其申辩意见进行审核后,认为其违法事实清楚,该陈述申辩理由不成立,应维持其告知书内容。2014年12月1日,环境保护局作出《行政处罚决定书》(青环罚字〔2014〕110号),认定该公司的行为违反了《水污染防治法》(2008年修订)第27条[②]的规定,依据《水污染防治法》

[①] 参见最高人民法院2016年3月30日发布的人民法院环境保护行政案件十大案例(第二批)。
[②] 现对应《水污染防治法》(2017年修订)第30条。

（2008年修订）第70条①的规定，决定给予其罚款1万元的行政处罚，并于次日将该决定书送达该公司。该公司不服，向法院提起行政诉讼。一审法院经审理认为，《水污染防治法》（2008年修订）第70条规定："拒绝环境保护主管部门或者其他依照本法规定行使监督管理权的部门的监督检查，或者在接受监督检查时弄虚作假的，由县级以上人民政府环境保护主管部门或者其他依照本法规定行使监督检查管理权的部门责令改正，处一万元以上十万元以下的罚款。"国家环境保护行政机关依法实施环境保护执法检查，是法律赋予执法机关的权力和职责，具有行政强制力，原告公司的内部管理规定不能对抗国家强制性法律规定。根据被告制作的现场检查笔录及对原告工作人员李某某所作的询问笔录可以认定：原告公司保安以须经过公司负责人同意为由，阻碍、拒绝被告执法人员第一时间进厂检查，原告的行为已构成拒绝被告检查。原告主张其保安人员的行为系按照其公司内部规定的正常履职行为，不应被理解为拒绝被告检查，与事实及证据不符，不予采信。在被告的执法检查过程中，被告单位参与执法的工作人员均有山东省人民政府法制办公室颁发的山东省执法证，根据被告作出的检查笔录及拍摄的现场照片，被告执法人员任某某、许某某向原告单位保安出示了执法证件，表明了执法来意，被告的检查程序符合《行政处罚法》第37条对检查程序的规定。综上，被告作出的行政处罚决定书，认定事实清楚，适用法律正确，程序合法，依法应予支持。因此，法院依法判决驳回原告的诉讼请求。

分析： 本案的争议焦点之一是原告的行为是否构成拒绝环保机关执法检查的行为。对此，原告主张其保安人员的行为系按照其公司内部规定的正常履职行为，不应被理解为拒绝被告检查。诚然，从公司的内部管理制度看，作为公司的安保人员，对于要求晚上进厂人员确需按照公司的规章制度进行审查。但是，公司的内部规定仅是就一般情况而言，其并不能对抗法律的规定。首先，从理论上讲，凡是具有行政处罚权的行政机关都应具有相应的调查权，因为任何的行政处罚均依赖于作为手段的调查权。从这个意义上讲，没有调查权便没有处罚权，有处罚权就必然地要有调查权。其次，从法律的规定看，根据《水污染防治法》的规定，环保部门有权对管辖范围内的排污单位进行现场检查，被检查单位应当如实反映情况，提供必要的资料。本案中，被告单位参与执法的工作人员均有山东省人民政府法制办公室颁发的山东省执法证，根据被告作出的检查笔录及拍摄的现场照

---

① 现对应《水污染防治法》（2017年修订）第81条。

片，被告执法人向原告单位保安出示了执法证件，表明了执法来意，被告的检查程序符合《行政处罚法》第37条对检查程序的规定，也足以让行政相对人确认被告执法人员的身份及执法目的。在此情况下，原告公司工作人员再以公司内部管理制度为由拒绝执法人员进入，显然违反了《水污染防治法》的前述规定。

【风险提示】

依法配合生态环境保护行政机关的执法检查，是每个企业的法定义务。当然，严格遵守企业的规章制度，也是每个企业员工的应尽职责。那么，当两者之间出现不一致的时候，不论企业内部具有怎样严格的管理制度，其均不能作为对抗行政机关依法履行检查职责的理由。无论是企业的负责人，还是企业的一般员工，均应牢固树立起这样的法治意识。否则，看似严守企业规章制度的行为，实际上已属拒绝行政机关依法检查的违法行为。

问题 9：在法律规定的行政处罚幅度范围内，行政机关行使自由裁量权时是否完全"自由"？

【解答】

再完善的法律也无法为执法者确定每一个案件的处罚内容。所以，即使在法律规定的处罚幅度范围内，行政机关仍具有根据案件的具体情况合理确定处罚内容的职责。一般而言，在已经制定行政处罚裁量权细化量化标准的情况下，行政机关应遵循细化量化的裁量规则；当然，无论是否有裁量规则，在自由裁量权的行使上，行政机关总体上均应遵循违法程度与处罚幅度相适应的原则。换言之，行政机关行使自由裁量权时并非完全"自由"。

【案例】

刘某某诉胶州市环境保护局环保行政处罚案[①]

案情： 2014年4月，胶州市环境保护局（以下简称市环保局）根据群众反映某村水塘出现死鱼现象，对刘某某建设、经营的冷藏项目进行调查，发现其所建冷库生产面积达200平方米，该项目未经环保部门批准，需要配套建设的环境保

---

① 参见最高人民法院2016年3月30日发布的人民法院环境保护行政案件十大案例（第二批）。

护设施未建成，主体工程未经验收已正式投入生产或使用，违反了《建设项目环境保护管理条例》第16条之规定；同时，经执法人员现场核实，该冷库正在更换制冷剂，处于停产状态，属减轻处罚情节。市环保局遂依据上述条例第28条，并参照《青岛市环境行政处罚裁量权细化量化标准》的相关规定，作出对刘某某罚款3万元的行政处罚决定。刘某某不服，申请行政复议后复议机关维持该处罚决定。刘某某诉至法院，请求撤销市环保局的上述处罚决定。胶州市人民法院一审认为，根据《建设项目环境保护管理条例》第16条、第28条之规定，建设项目需要配套建设的环保设施未建成，主体工程正式投入生产或使用，可由环保主管部门责令停止生产或者使用，处10万元以下罚款。同时，参照《青岛市环境行政处罚裁量权细化量化标准》对违法行为"一般"与"较重"阶次的划分标准，因冷库生产面积达200平方米，系《建设项目环境保护分类管理名录》中应报批报告表类别，且因配套环保设施未建成，属于"较重"阶次，应处6万元罚款；但考虑到冷库正处于停产状态，符合"一般"阶次，故被告市环保局决定对原告刘某某罚款3万元并无不当，遂判决驳回原告诉讼请求。刘某某上诉后，青岛市中级人民法院判决：驳回上诉，维持原判。

分析：本案的争议焦点之一是行政机关行使自由裁量权是否合理。行政裁量事关行政机关在法定幅度、范围内如何正确行使职权，是依法行政的内在要求。随着法治政府建设步伐的加快，对行政裁量权的规制显得日益重要。行政裁量权行使得好，有助于行政执法人员更好地服务群众、优化管理；否则，裁量的随意与任性可能导致职权滥用、引发纠纷和矛盾。近年来，不少行政机关制定了详细的行政裁量标准，执法日趋规范。但是，规定再严密也不可能囊括实践中的所有情形，也离不开执法人员结合具体情节的科学理解与准确适用。本案中，行政处罚内容的确定可以分为以下三个层次：首先，根据《建设项目环境保护管理条例》第16条、第28条之规定，建设项目需要配套建设的环保设施未建成，主体工程正式投入生产或使用，可由环保主管部门责令停止生产或者使用，处10万元以下罚款。其次，在10万元以下罚款的法定幅度之内，应如何确定具体处罚内容？市环保局参照《青岛市环境行政处罚裁量权细化量化标准》对违法行为"一般"与"较重"阶次的划分标准，因冷库生产面积达200平方米，系《建设项目环境保护分类管理名录》中应报批报告表类别，且因配套环保设施未建成，属于"较重"阶次，应处6万元罚款。最后，行政机关考虑到该冷库用于仓储土豆，有季节性因素且调查当时正处于停产状态，故本着违法程度与处罚幅度相适应的原则罚款

3万元，较为合理地行使了行政处罚的裁量权，体现了对行政处罚宽严相济的适当把握，具有一定示范意义。

【风险提示】

作为行政执法机关，在履行行政监管职责、行使行政裁量权的过程中，必须坚持合法性原则，以法律、法规、规章为依据，且符合立法目的；作出行政行为应当符合比例原则，即在作出行政处理时选择对相对人侵害最小的方式来进行，不能超出必要的限度；行使行政权力的过程必须符合法定程序，在行政处罚领域应当严格履行出示证件程序、书面格式程序、告知程序、听证程序等。当然，行政机关在具体执法时也需要注意：虽然行政处罚裁量基准具有细化规则的作用，但其本身也是一种抽象的规则。规则的有限性与社会生活的多样性的矛盾永远存在，不可能通过裁量基准一劳永逸地解决。

问题 *10*：如何认定《行政许可法》第47条规定之"重大利益关系"？

【解答】

《行政许可法》（2019年修正）第47条第1款规定："行政许可直接涉及申请人与他人之间重大利益关系的，行政机关在作出行政许可决定前，应当告知申请人、利害关系人享有要求听证的权利……"听证作为一项法律制度，是现代行政程序法基本制度的核心，是指行政机关在作出影响公民、法人或者其他组织合法权益的决定前，向其告知决定理由和听证权利，公民、法人或者其他组织随之向行政机关表达意见、提供证据、申辩、质证以及行政机关听取意见、接纳其证据的程序。对何为"重大利益关系"，我国现行法律、法规、规章及司法解释虽无具体规定，但涉及民生利益的问题，不应排除在"重大利益关系"之外。

【案例】

夏某某等4人诉东台市环境保护局环评行政许可案[①]

案情：原告夏某某、高某某、包某某、严某某分别系东台市东台镇某村19号

---

① 参见最高人民法院2014年12月19日公布的人民法院环境保护行政案件十大案例。

楼 301 室、302 室、303 室、304 室的住户，其住宅与四季辉煌沐浴广场（以下简称沐浴广场）相邻。沐浴广场为新建洗浴服务项目，承租了位于东台市宁村路某村 17 号楼 2 楼及 19 号楼 1~2 单元 2 楼之间已建营业用房作为经营场地。2013 年 2 月 25 日，沐浴广场就涉案建设项目报东台市东台镇人民政府进行审批。2013 年 3 月 12 日，沐浴广场向被告东台市环境保护局（以下简称市环保局）提交了《建设项目环境影响申报（登记）表》，并根据该局相关意见，委托东台市环境科学研究所编制《东台市东台镇四季辉煌沐浴广场项目环境影响报告表》，内容包括建设项目基本情况、工程内容及规模、建设项目所在地自然环境及社会环境简况、环境质量状况等，其后将该报表送至该局进行审批。

被告市环保局在没有告知四名原告享有听证权利的情况下，于 2013 年 4 月 1 日向沐浴广场作出《关于对东台市东台镇四季辉煌沐浴广场洗浴服务项目环境影响报告表的审批意见》（以下简称《审批意见》），其主要内容：（1）同意沐浴广场在东台市宁树路某村投资 250 万元（其中环保投资 25 万元）新建洗浴服务项目，项目总营业面积约 1200 平方米。（2）该项目在运营过程中产生的洗浴废水及员工生活污水混合后应达东台市污水处理厂接管标准，经东台市污水处理厂集中处理达标后排放。（3）项目在运营过程中须强化管理，合理布局声源，以减轻噪声对邻近声环境质量的影响。（4）项目营业过程中产生的各类固废收集后分类处置，有利用价值的部分收集后出售，无利用价值的部分收集后由环卫部门统一清运处置。（5）项目应认真执行环保"三同时"，切实做好运营期的污染防治工作，确保各类污染物达标排放。项目竣工后三个月内，必须申请市环保局验收，经验收合格方可投入运行。项目建设期间及运行后的现场监督由东台市环境监察局（大队）负责。（6）项目报告表经审批后，如项目性质、规模、地点、拟采用的防治污染及防止生态破坏的措施发生重大变化的须重新报批环境影响评价文件或自审批之日起满 5 年方开工建设的，须报市环保局重新核准。2013 年 4 月 2 日，市环保局书面通知沐浴广场领取上述《审批意见》。夏某某等人不服《审批意见》，向东台市人民法院提起行政诉讼。

东台市人民法院认为,根据《环境影响评价法》(2002年)第22条[①]与江苏省环境保护厅办公室发布的《关于进一步明确环境影响报告表、登记表审批权限的通知》的规定,本案被告作为县级环境保护行政主管部门,具有对本辖区的建设项目的环境影响报告表进行审批的职权。《行政许可法》(2003年)第47条第1款[②]规定:"行政许可直接涉及申请人与他人之间重大利益关系的,行政机关在作出行政许可决定前,应当告知申请人、利害关系人享有要求听证的权利……"本案原告夏某某等4人的住宅与第三人沐浴广场相邻。第三人新建的洗浴项目投入运营后所产生的潮湿及热、噪声污染等,不能排除对四名原告的生活造成重大影响的可能,被告在作出《审批意见》前应当告知四名原告享有听证的权利,其未告知即径行作出被诉《审批意见》,违反了法定程序,依法应予撤销。遂判决撤销被告市环保局作出的《审批意见》。一审宣判后,沐浴广场不服,向盐城市中级人民法院提出上诉,要求撤销一审判决,发回重审或改判维持被诉《审批意见》。盐城市中级人民法院判决:驳回上诉,维持原判。

分析: 本案的争议焦点主要集中在以下几个方面:

第一,公民的环境知情权、陈述权、申辩权和听证权等应得到保障。本案被诉行政行为属于涉及建设项目环境影响评价的行政许可行为,应当按照行政许可法规定的程序进行审批。依据《行政许可法》(2003年)第47条的有关规定,行政许可直接涉及申请人与他人之间重大利益关系的,行政机关应当告知申请人、利害关系人享有要求听证的权利。夏某某等4个家庭作为与本案审批项目直接相邻的利害关系人,应当认定与审批项目存在重大利益关系。环保机关在审查和作出这类事关民生权益的行政许可时,应当告知夏某某等人享有陈述、申辩和听证的权利,并听取其意见,这是法定正当程序,也是行政机关应当履行的基本义务。

第二,司法审查应注重对行政权力尤其是行政审批程序的监督。环评审批作

---

① 该条已于2018年12月29日由《全国人民代表大会常务委员会关于修改〈中华人民共和国劳动法〉等七部法律的决定》(中华人民共和国主席令第二十四号)修改为:"建设项目的环境影响报告书、报告表,由建设单位按照国务院的规定报有审批权的生态环境主管部门审批。海洋工程建设项目的海洋环境影响报告书的审批,依照《中华人民共和国海洋环境保护法》的规定办理。审批部门应当自收到环境影响报告书之日起六十日内、收到环境影响报告表之日起三十日内,分别作出审批决定并书面通知建设单位。国家对环境影响登记表实行备案管理。审核、审批建设项目环境影响报告书、报告表以及备案环境影响登记表,不得收取任何费用。"

② 现对应《行政许可法》(2019年修正)第47条第1款,条文内容未作修改。

为行政机关依法作出的区别于项目许可程序的独立行政行为，其属于司法审查的对象在理论界和实务界已无争议。而其中存在的问题关键是法院如何审查环评审批这一高度科技专业性行政行为，既能严守审判权与行政权的分工，又有效监督行政权依法行使，充分发挥环评审批预防环境污染与生态破坏的功能。本案即提供了一个良好的范例。《环境影响评价法》（2002年）第22条[①]对审批部门行政许可的具体程序没有作出规定，但环评审批有效性、正当性的获取过程对"行政程序"有着严重的依赖，行政许可法对行政许可的设定和实施程序提出明确要求。此时，应当按照《行政许可法》规定的程序进行审批，依法保障行政相对人的听证权。

第三，涉及民生利益不应排除在"重大利益关系"之外。何为重大利益关系？《行政许可法》（2003年）没有界定，立法机关及国务院、最高人民法院和有权机关亦未作出法律解释、司法解释或者明确界定标准，一般认为应由行政机关根据有关技术规范，以可预见可能直接造成严重损害、妨碍等作为标准进行判断，如果存在重大损害或妨碍的情形，就应认定为有重大利益关系。《行政许可法》（2003年）第36条[②]和第46条[③]规定赋予行政机关确定是否涉及重大利益关系的自由裁量权，但需明确的是，行政机关对重大利益关系只享有初步的认定权，司法机关才有最终的确定权。本案中夏某某等人的住宅与第三人沐浴广场相邻，第三人新建的洗浴项目投入运营后所产生的潮湿及热、噪声污染等，不能排除对四名原告的生活造成重大影响的可能，被告在作出《审批意见》前应当告知四名原告享有听证的权利，其未告知即径行作出被诉《审批意见》，违反了法定程序，依法应予撤销。

本案作为一起典型的体现公众参与原则的环保行政许可案件，同时也是一起与群众利益息息相关的民生案件，两审法院以环保机关所审批的洗浴项目与相邻群众存在重大利益关系且未告知陈述、申辩和听证的权利违反法定程序为由，撤销环保机关作出的审批意见，既有力地维护了相邻群众的合法权益，又强化了司法对行政权力的监督，对引导和规范环保机关的同类审批行为，促进公众参与环境行政许可的决策与监督，提高行政审批的程序意识，具有重要意义。

---

① 对应《环境影响评价法》（2018年修正）第22条。
② 对应《行政许可法》（2019年修正）第36条。
③ 对应《行政许可法》（2019年修正）第42条。

【风险提示】

从司法促进环评审批决定的科学正确性和调整多种利益的功能发挥的角度看，法院在对公众参与进行审查时，不应对有关公众参与（尤其是要求告知和听证的权利）的法律条款特别是其中的不确定法律概念（如"重大利益关系"）的解释完全尊重行政机关的理解。司法机关本身可在公众参与方式的选择裁量、公众评论机会的赋予、公众意见处理反馈情况等问题上有更深的介入。

问题 11：环境保护行政机关作出环境影响评价行政许可前未进行听证是否属于没有保障公众参与权？

【解答】

为充分保障公众在环境管理领域的知情权、表达权及根据《环境影响评价法》（2018年修正）和《行政许可法》（2019年修正）的相关规定，环保机关在受理环境影响报告书审批申请后，应依法履行陈述、听证等程序公开该报告书，并在征求公众意见的程序后进行审批。但听证不是保障公众参与的唯一或必要条件，根据《环境影响评价法》（2018年修正）第16条、原环境保护部《建设项目环境影响评价分类管理名录》的规定，对可能造成轻度环境影响的建设项目，听证并非环评许可的法定程序。现行法律、法规、规章未规定作出此类许可前需进行听证。故未进行听证不代表不需加强环境信息公开，行政机关仍要进一步保障社会公众的知情权、表达权。

【案例】

张某某等人诉江苏省环境保护厅环评行政许可案[①]

案情： 镇江供电公司因计划在镇江市建设包括本案所涉的双井变电站在内的10项输变电工程，委托有环境影响评价资质的江苏方天电力技术有限公司以工频电场、工频磁场、噪声及无线电干扰为评价因子，对该批输变电工程编制了《环境影响报告表》。《环境影响报告表》选取了电压等级和主接线形式相同、建设规模和主变容量类似的镇江110千伏五峰变电站等作为类比检测对象，预测该批变电站建成运行后，对周边环境的影响程度能够符合相关标准限值要求。2009年9

---

① 参见最高人民法院2016年3月30日发布的人民法院环境保护行政案件十大案例（第二批）。

月16日，镇江市规划局向镇江供电公司出具《选址意见》，同意项目选址建设。2009年9月27日，镇江供电公司的上级主管部门江苏省电力公司作出预审意见，原则同意《环境影响报告表》中的环评结论，并提出了4项预审意见。2009年10月26日，镇江市环境保护局对《环境影响报告表》预审后同意将报江苏省环保厅（以下简称江苏省环保厅）审批。江苏省环境保护厅经审查，于2009年11月23日作出《环评批复》，同意镇江供电公司建设该批输变电工程，并提出了4项具体审批意见。2012年9月17日，镇江市规划局就建设双井变电站召开规划选址听证会，张某某、陈某某、蔡某某参加了该听证会，并获知江苏省环保厅作出了《环评批复》。2014年8月至9月，张某某、陈某某、蔡某某不服诉至法院，主张所涉区域不宜建设变电站、环评方法不科学，建设项目不符合环评许可条件、环评许可违法，请求撤销省环保厅的上述批复。

一审法院判决驳回张某某等3人的诉讼请求。江苏省高级人民法院二审认为，双井变电站系城市公用配套基础设施，根据《城市电力规划规范》规定，在符合条件的情况下可以在风景名胜区、自然保护区和人口稠密区等敏感区域建设此类项目。涉案工程污染物预测排放量和投入运行后的实际排放量均小于或明显小于排放限值，环评符合法定审批条件。110千伏变电站所产生的是极低频场，按世界卫生组织相关准则，极低频场对环境可能造成轻度环境影响，但影响有限且可控。故二审判决：驳回上诉，维持原判。二审法院同时认为，虽然被诉环评行政许可行为合法适当，但环保部门应采取措施加强信息公开，督促镇江供电公司将相关电磁场监测显示屏置于更加醒目的位置，方便公众及时了解实时数据，保障其环境信息知情权。

分析：在环境保护行政案件中，对公众参与程序的司法审查是重要环节。公众参与是实现人民权利的重要途径，环保机关受理环境影响报告书审批申请后，应依法履行公开该报告书并征求公众意见的程序后才可进行审批。《环境影响评价法》（2002年）第16条[①]根据建设项目对环境影响的程度，将建设项目分为可能造成重大环境影响、可能造成轻度环境影响、对环境影响较小三类，并要求建设单位按照该规定，根据环境影响的大小，分别编制环境影响报告书、环境影响报告表或者环境影响登记表。对于需要编制环境影响报告书的建设项目，建设单位应当在报批建设项目环境影响报告书前，征求有关单位、专家和公众的意见。另

---

① 对应《环境影响评价法》（2018年修正）第16条。

根据《行政许可法》（2013年）第47条[①]关于"行政许可直接涉及申请人与他人之间重大利益关系的，行政机关在作出行政许可决定前，应当告知申请人、利害关系人享有要求听证的权利……"之规定，虽然我国现行法律及司法解释对何为"重大利益关系"无具体明确规定，但法院可通过专业、科学的手段对环境影响报告进行审查，以维护群众的合法权益。在本案审理中，根据专家专业评估确定，案涉双井变电站属于110千伏变电站，所产生的是极低频场。其内部设备在变电站范围之外产生的磁场可以忽略不计；系可能造成轻度环境影响的建设项目。原环境保护部颁布的《建设项目环境影响评价分类管理名录》将500千伏以下的变电工程，或者涉及环境敏感区的330千伏以下的变电工程，确定为编制环境影响报告表的建设项目。案涉变电站建设项目系可能造成轻度环境影响的应当编制环境影响报告表的建设项目。编制环境影响报告表依法不需要组织听证，环保行政机关的行政审批行为合法。虽然听证不是保障信息公开的必要条件，但在审查与群众利益相关的案件时要加强信息沟通，确保公众在环境管理领域的知情权、陈述权、申辩权等权利，对于环评涉及的专业性和技术性问题，通过专业性裁量作出裁量与选择。变电站是现代城市必不可少的基础设施之一。虽然世界卫生组织在《环境健康准则：极低频场》中认为，变电站等建设项目对环境所造成的影响有限且可控。对环境影响较小的建设项目，提出过高的防护要求，不仅不科学，也不经济。但是因为对信息掌握不充分，公众很难准确了解电磁辐射对健康的影响。对未知事物的猜疑容易引发对自身环境安全的顾虑，从而可能对建设项目产生抵触，引发矛盾纠纷。虽然本案被诉行政行为程序并不违法，但仍建议有关行政主管部门在相关行政许可过程中，通过公开、有效的沟通，加强环境信息的公开，让公众充分了解建设项目的环境影响，使所有利益相关者能够实现知情决断。镇江供电公司应当将双井变电站工频电磁场在线监测系统的显示屏置于更加醒目的位置，方便公众及时了解双井变电站边界电磁场的实时数据，更加充分地保障公众对环境信息的知情权，从而更为有效地预防矛盾纠纷。

【风险提示】

与群众利益息息相关、具有公共利益性质的民生项目不仅对整个社会有益，更是备受社会公众关注。因此，环境保护行政机关在审查该类事关民生权益的行政许可时应更加专业和严格，充分保障社会公众的参与权与知情权，在行政程序

[①] 对应《行政许可法》（2019年修正）第47条。

合法范围内尽可能减少公众疑虑,促进公众参与环境行政许可的决策与监督,提高行政审批的程序意识。

问题 12:实施环境评价许可过程中,行政机关应当如何保障公众参与权?

【解答】

随着我国城市化和工业化进程,由邻避设施(建设核电站、化工厂、垃圾处理厂)而引发的"邻避困境"已经成为公共治理的一大难题。平衡个案当事人利益与潜在当事人利益或社会公共利益,保障社会公众对公共项目的监督和信息参与权,是司法实践中亟待解决的问题。对此,行政主管部门要在项目环境评价过程中保障公众参与权,针对项目选址、污染物排放总量平衡等问题履行好审查职责。

【案例】

常州某化学有限公司诉原江苏省环境保护厅、
原中华人民共和国环境保护部及常州某高
新环保能源有限公司环境评价许可案[①]

案情:光大常高新环保能源(常州)有限公司(以下简称光大公司)拟在江苏省常州市投资兴建生活垃圾焚烧发电BOT项目。2014年,光大公司向原江苏省环境保护厅(以下简称江苏省环保厅)报送《环境影响报告书》《技术评估意见》《预审意见》等材料,申请环境评价许可。江苏省环保厅受理后,先后发布受理情况及拟审批公告,并经审查作出同意项目建设的《批复》。常州某化学有限公司(以下简称某公司)作为案涉项目附近经营范围为化妆品添加剂制造的已处于停产状态的企业,不服该批复,向原中华人民共和国环境保护部(以下简称环境保护部)申请行政复议。环境保护部受理后,向江苏省环保厅发送了《行政复议答复通知书》《行政复议申请书》等材料,并向原江苏省常州市环境保护局发送《委托现场勘验函》。环境保护部在收到《行政复议答复书》《现场调查情况报告》后,作出维持《批复》的《行政复议决定书》。江苏省南京市中级人民法院一审认为,某公司位于案涉项目附近,其认为《批复》对生产经营有不利影响,有权提

---

① 参见最高人民法院(2017)最高法行申4795号行政裁定书。

起行政诉讼，具有原告主体资格。案涉项目环评编制单位和技术评估单位均是具有甲级资质的独立法人，在《环境影响报告书》编制期间，充分保障了公众参与权。江苏省环保厅依据光大公司报送的《环境影响报告书》《技术评估意见》《预审意见》等材料，进行公示、发布公告，并根据反馈情况经审查后作出《批复》，并不违反相关规定。环境保护部作出的案涉行政复议行为亦符合《行政复议法》及其实施条例的规定。一审法院判决驳回某公司的诉讼请求。江苏省高级人民法院二审认为，江苏省环保厅在审批《环境影响报告书》时已经履行了对项目选址、环境影响等问题的审查职责，故判决维持一审判决。最高人民法院再审审查认为，某公司并非案涉项目厂界周围的环境敏感保护目标，且当时处于停产状态，没有证据证明某公司与光大公司之间就案涉环境保护行政许可存在重大利益关系。案涉项目环境评价过程中保障了公众参与权，江苏省环保厅在作出环境评价许可过程中履行了对项目选址、污染物排放总量平衡等问题的审查职责，亦未侵犯某公司的权利。江苏省环保厅的环境评价许可行政行为、环境保护部的行政复议行为均符合相关法律、法规的规定。最高人民法院裁定驳回某公司的再审申请。

分析： 本案所涉项目系生活垃圾焚烧发电项目，对社会整体有益，但也可能对周围生态环境造成一定影响。此类项目周边的居民或者企业往往会对项目可能造成的负面影响心存担忧，不希望项目建在其附近，由此形成"邻避困境"。而对于此类具有公共利益性质的建设项目，要明确环境保护行政主管部门作出环境许可行政行为的合法性，包括其审查范围、职责及审查程序，平衡个案当事人利益与潜在当事人利益或社会公共利益，保障社会公众对公共项目的监督和信息参与权。关于案涉环境保护行政主管部门审查权限的问题。案涉建设项目选址是否合法属于规划许可审查事项，规划许可系规划行政主管部门的法定职权。环保行政主管部门只有在规划部门对项目选址进行许可的前提下，才能对环境影响评价报告作出审批。故环保行政主管部门对规划选址的审查权限仅限于该选址是否得到规划行政主管部门的许可。另外，关于环境保护行政主管部门的环境影响评价范围，要区分对规划进行的环境影响评价与对建设项目进行的环境影响评价。根据国务院《规划环境影响评价条例》第17条第1款规定，设区的市级以上人民政府审批的专项规划，在审批前由其环境保护主管部门召集有关部门代表和专家组成审查小组，对环境影响报告书进行审查。根据《环境影响评价法》（2016年修正）的规定，要对建设项目实施后可能造成的环境影响进行分析、预测和评估，并提出相应的环境保护对策及措施，否则不得开工建设。而通过开展环境影响后评价，则可以验证环境影响评价的正确性和环保措施的落实情况，其主要目的是检查、总结项目实施过程中的环境保护工作，可以对建设项目的决策和实施的环境效果进行科学评价。所以对建设项目进行环境影响评价是环境保护事中、事后监管的重要措施，与对规划进行的环境影响评价是属于不同的行政行为，在评价机关、评价程序及评价标准等方面均有差异。在对案涉建设项目进行审查时要进行二者的区别。另对于环境保护行政主管部门在审查是否保障公众参与权方面的问题。根据《环境影响评价法》（2016年修正）第21条①规定，由建设项目的建设单位在报批环境影响报告书之前举行论证会、听证会或者采取其他形式征求有关单位、专家和公众的意见，并在报批的环境影响报告书中附有对有关单位、专家和公众的意见采纳或者不采纳的说明。案涉单位对项目厂界300米范围内的环境敏感保护目标企业进行了逐户调查，并对项目3公里范围内的行政村、学校和卫生院进行了问卷调查以充分保障社会公众的知情权，故环境保护行政主管部门也履行了审查职责。

【风险提示】

具有公共利益性质的建设项目对整个社会有益，但其影响范围要比一般项目更广，对此，建设单位要严格做好环境影响评价工作，履行信息公开义务，尽可能防止或者减轻项目对周围生态环境的影响；政府行政主管部门要加强监管职责，充分保障社会公众及周边企业、单位参与权，当地的公民、法人及其他组织则应依照法律规定行使公众参与权、维护自身合法环境权益，以破解"邻避困境"。

问题 13：行政机关不能提供其作出环保行政批复行为的相关事实证据是否需承担不利后果？

【解答】

我国《行政诉讼法》及司法解释对行政机关举证责任、举证范围、举证时限等作出了明确的限制性规定。《行政诉讼法》第34条规定："被告对作出的行政行为负有举证责任，应当提供作出该行政行为的证据和所依据的规范性文件。被告不提供或者无正当理由逾期提供证据，视为没有相应证据……"该法第36条第1款规定："被告在作出行政行为时已经收集了证据，但因不可抗力等正当事由不能

---

① 现对应《环境影响评价法》（2018年修正）第21条。

提供的，经人民法院准许，可以延期提供。"《最高人民法院关于适用〈中华人民共和国行政诉讼法〉的解释》第 34 条规定："根据行政诉讼法第三十六条第一款的规定，被告申请延期提供证据的，应当在收到起诉状副本之日起十五日内以书面方式向人民法院提出。人民法院准许延期提供的，被告应当在正当事由消除后十五日内提供证据。逾期提供的，视为被诉行政行为没有相应的证据。"上述规定表明，行政机关对被诉行政行为的合法性负有举证责任，应当在法定举证期限或者人民法院准许延期举证的期限内，提供据以作出被诉行政行为的相关事实证据和规范性文件，不提供或者无正当理由逾期提供证据的，视为被诉行政行为没有相应证据，将承担举证不能带来的败诉等风险。

【案例】
罗某某、游某等人诉某县水务局行政批复违法案[①]

案情： 2009 年至 2013 年，经游某申请，某县水务局每年均为游某经营的"游某采砂场"办理了期限为一年的河道采砂许可证。2010 年，罗某某出资与游某合伙经营，并将采砂场名称变更为"某县某沟采砂场"。2014 年，某县水务局收取了罗某某申请办理采砂许可证的费用，但未向其交付 2014 年度的采砂许可证，仅允许其正常经营。2014 年 4 月，该市水利局作出行政处理决定书，认定罗某某的砂石加工场属于在湿地自然保护区范围内违规修建的房屋和砂石加工场，根据该市河道管理条例的规定，要求罗某某限期报送工程建设方案及洪水影响评价报告，补办审批手续。随后，罗某某向某县水务局递交了《某县某沟砂石加工场涉河建设方案及洪水影响评价报告》。2014 年 9 月 3 日，该县水务局作出《关于某县某沟砂石加工场涉河建设方案的批复》，原则同意该砂石加工场建设工程，建议按基本建设程序到相关部门完善相关审批手续。2016 年 2 月，罗某某再次向某县水务局申请办理采砂许可证时，该水务局答复早在 2008 年该县人民政府就已发文将罗某某的经营场所及范围划为湿地自然保护区，禁止采砂，不予办证。罗某某不服，诉至法院，请求确认某县水务局作出的《关于某县某沟砂石加工场涉河建设方案的批复》违法。一审法院审理认为，某县水务局作为县级河道主管机关，具有对所辖行政区域河道管理范围内工程建设方案的审查职权。对于罗某某提交的《某

---

① 参见重庆市涪陵区人民法院（2016）渝 0102 行初 167 号行政判决书。

县某沟砂石加工场涉河建设方案及洪水影响评价报告》，某县水务局依法应按照防洪要求进行审查，并作出批复。根据《行政诉讼法》第34条规定，某县水务局未依法提供证明批复合法的事实证据，其作出的行政批复应视为没有证据，故依法撤销该县水务局作出的《关于某县某沟砂石加工场涉河建设方案的批复》。

分析： 本案是湿地资源开发许可过程中引发的行政案件，涉及对环保行政批复行为合法性的审查认定。一般而言，行政行为的合法性要件包括主体合法、权限法定、内容合法正当等。本案中，水务部门作为湿地保护行政主管机关，具有许可公民申请采砂的行政职权，许可前的批复是针对建设工程是否影响河道行洪作出的行政审查。本案的审查重点是涉案环保行政批复行为作出时是否具有相应的事实和法律依据。从查明的事实来看，该县水务局作出批复时不知道该县人民政府2008年对丰都县林业局作出的《关于同意建立某流域湿地自然保护区的批复》，导致其对湿地自然保护区范围不清楚，而罗某某的砂石加工经营场所及范围就在该湿地自然保护区内。《行政诉讼法》第1条规定了行政诉讼的目的，其本质就在于对行政机关拥有权力的监督，这一立法目的意味着对行政主体的执法行为提出更高要求。具体到举证责任分配，即要求行政主体对作出的行政行为合法性负担举证责任。本案中，因该县水务局未依法提供证明批复合法的事实证据，其作出的行政批复应视为没有证据，依法应予撤销。

【风险提示】

行政机关对其作出的具体行政行为负举证责任，是行政诉讼举证责任的特有原则，体现了"依法行政"要求和对行政相对人的救济倾斜。行政审判实践中，行政机关不能依法提供证明被诉行政行为合法的事实证据的现象仍有发生，既影响人民法院全面查清案件事实，也易使行政相对人对行政行为的公信力产生怀疑，增加行政机关败诉风险。因此，行政机关在作出具体行政行为时，应有充足的事实与法律依据，全面保障行政相对人的合法权益；在行政诉讼中，应当依法、完全、规范提供证据，证明自身行为的合法性。

问题 *14*：如何保护行政相对人的信赖利益？

【解答】

《行政许可法》第8条规定："公民、法人或者其他组织依法取得的行政许可受法律保护，行政机关不得擅自改变已经生效的行政许可。行政许可所依据的法律、法规、规章修改或者废止,或者准予行政许可所依据的客观情况发生重大变化的,为了公共利益的需要,行政机关可以依法变更或者撤回已经生效的行政许可。由此给公民、法人或者其他组织造成财产损失的,行政机关应当依法给予补偿。"行政机关有权根据环境保护的需要划定畜禽禁养区,并要求已有的畜禽养殖场(点)自行搬迁或清理。但行政机关对行政相对人经营的养殖场作出处罚、不予受理年审等行政处理行为,并不能否定行政相对人之前的经营行为系合法经营行为。行政机关应根据《行政许可法》第8条所体现的信赖保护原则精神,对行政许可因环境公共利益需要被变更或撤回而遭受损失的合法养殖户依法给予补偿。

【案例】
苏某某诉广东省博罗县人民政府划定禁养区范围通告案[①]

案情: 2006年12月29日,苏某某承包了益湖养殖场(承包方),并与博罗县农业科技示范场(发包方)签订了《承包土地合同书》,博罗县农业科技示范场依约将三百多亩土地发包给苏某某使用,苏某某在涉案土地上经营益湖养殖场,养殖猪苗。此后,苏某某先后领取了《税务登记证》《排放污染物许可证》《个体工商户营业执照》《组织机构代码》。2012年3月22日,博罗县人民政府(以下简称县政府)作出博府〔2012〕32号《通告》,内容如下:(1)畜禽禁养区划定范围。罗浮山国家级现代农业科技示范园概念性总体规划区并外延500米范围区域。(2)畜禽养殖管理要求。①自本通告发布之日起,在划定的禁养范围内严禁新、改、扩建各类畜禽养殖场,违者将依据有关法律、法规进行处理;②在本通告发布之前禁养区内已有的畜禽养殖场(点),必须于2012年6月30日前自行搬迁或清理,违者将依据有关法律、法规进行处理,直至关闭。(3)职能分工。禁养区的清理工作按属地管理、联合整治的原则分工负责实施。县农业科技示范场、湖镇镇负责本辖区内的清理工作;县畜牧、环境保护行政主管部门负责协调、监督、监测、指导工作;其他有关部门按各自职责配合做好清理工作。(4)本通告自发布之日起执行。

此后,博罗县环境保护局、畜牧局均以《通告》为由不予通过养殖场的排污许可证、动物防疫合格证的年审;县国土资源局以养殖场未按规定申请办理用地

---

① 参见广东省高级人民法院(2013)粤高法行终字第699号行政判决书。

手续、未取得县人民政府批准同意擅自兴建畜禽养殖房为由,要求养殖场自行关闭并拆除畜禽养殖房,恢复土地原状;县住房和城乡建设局对养殖场发出了《行政处罚告知书》,以养殖场的建筑未取得建设工程规划许可证为由,拟给予限期拆除的处罚。苏某某认为其是合法经营者,对县政府作出的上述《通告》不服,遂于2012年9月向广东省惠州市中级人民法院提起诉讼,请求法院依法判决撤销《通告》。广东省惠州市中级人民法院于2012年11月2日作出(2012)惠中法立行初字第3号行政裁定,对苏某某的起诉不予受理。苏某某不服该裁定向广东省高级人民法院提起上诉,广东省高级人民法院撤销了原裁定,指令原审法院对苏某某的起诉立案受理。

广东省惠州市中级人民法院认为,《广东省环境保护条例》(2004年)第35条规定:"县级以上人民政府可以根据环境保护的需要,划定畜禽禁养区。严禁在畜禽禁养区内从事畜禽养殖业。"被告有权根据环境保护的需要将其管辖的罗浮山国家级现代农业科技示范园划定为畜禽禁养区,并且被告县政府已经将《通告》告知并送达给包括原告苏某某在内的其他禁养区范围内的畜牧养殖户,在《通告》上也已明确告知当事人应予履行的义务。因此,被告县政府将罗浮山国家级现代农业科技示范园划定为畜禽禁养区是完全合乎法律规定的。原告苏某某起诉理由不成立,不予采纳。遂判决维持被告县政府作出《通告》的具体行政行为。一审宣判后,苏某某不服,向广东省高级人民法院提出上诉,要求撤销原判,依法改判。广东省高级人民法院判决:驳回上诉,维持原判。

但广东省高级人民法院同时认为,苏某某经营养殖场的行为发生在《通告》作出之前,已经依法领取了《税务登记证》《排放污染物许可证》《个体工商户营业执照》,其合法经营行为应当受到法律保护。根据《行政许可法》第8条的规定,虽然县政府有权根据环境保护这一公共利益的需要划定畜禽禁养区,但亦应当对因此遭受损失的苏某某依法给予补偿。县政府发布《通告》要求养殖场自行搬迁或清理,未涉及对苏某某的任何补偿事宜显然不妥。环保、国土、住建等部门对苏某某及其养殖场作出行政处罚、不予年审等行为的依据均是《通告》,县政府不能以此为由否定苏某某的合法经营行为。苏某某可依照《最高人民法院关于审理行政许可案件若干问题的规定》第14条的规定,另行提出有关行政补偿的申请。

分析:《行政许可法》第8条的规定首次将"撤回"概念引入我国立法,确立了行政许可撤回的基本原则。在一定条件下,行政机关是可以改变已经生效的行政许可的,这一行为应视为行政机关对自始合法且尚在持续状态的行政许可之效力予以终止的决定。但是此时相对人对行政机关合法也是合理的预期,如何保护?相对人又如何信赖行政机关的承诺和行为?基于此,《行政许可法》第8条同时规定:"……由此给公民、法人或者其他组织造成财产损失的,行政机关应当依法给予补偿。"由此可见,行政许可被撤回,被许可人的权益也应当得到维护,即获得相应的补偿。

其实,这涉及的是"信赖利益"问题。所谓信赖利益的保护,是指公民法人或其他组织在通过合法途径取得行政许可之后,行政机关不得随意改变该许可,如果由于特殊情况需要撤回许可,给公民、法人或者其他组织造成财产损失的,行政机关应当依法给予补偿。亦即,行政机关基于环境保护公共利益的需要,有权撤回其已经准予的行政许可,但应当根据《行政许可法》第8条的规定,对因此遭受损失的行政相对人依法给予补偿。毕竟,相对人的合法经营行为应当受到法律保护。具体到本案,县政府主张苏某某系因其自身原因违反国土、规划、环保及工商管理规定的事由而受到相关部门的处罚,苏某某承担因自身行为违法而带来的不利后果,其主张不合情理亦不合法理。被诉《通告》并不涉及对苏某某合法权益的任何补偿事宜显然不妥。

《最高人民法院关于审理行政许可案件若干问题的规定》第14条规定:"行政机关依据行政许可法第八条第二款规定变更或者撤回已经生效的行政许可,公民、法人或者其他组织仅主张行政补偿的,应当先向行政机关提出申请;行政机关在法定期限或者合理期限内不予答复或者对行政机关作出的补偿决定不服的,可以依法提起行政诉讼。"本案中,由于原告苏某某并未提出行政补偿的诉讼请求,二审法院在维持县政府《通告》的同时,明确指出县政府未就补偿事宜作出处理,甚至以"事后"提出的苏某某的行为不合法为由不予补偿的做法明显不当,并告知苏某某可另行提出补偿申请的法律救济途径,处理适当。

在环境行政管理活动中,政府及环保部门需注重公共利益与私人利益的平衡,不能只考虑环境保护的需要,忽视合法经营者的信赖利益。毕竟,合法预期保护、信赖保护都是维护法的安定性、维护法律本质属性之一的"可预期性"所必需的,也是一个国家长治久安所必需的。随着我国法治建设的推进,信赖保护原则功能的发挥也越发引人注目,该原则的确定有助于我国建立诚信政府、维护行政相对人的合法权益以及维护社会安定,从而有利于全面推进依法治国。

【风险提示】

信赖保护原则的核心在于保护方式,是存续保护还是财产保护对于相对人来说直接关系到其利益。从《行政许可法》第 8 条的相关规定中,我们可以了解到行政主体采取的是财产保护方式。但是,保障相对人的程序权利就要赋予其参与权和请求权,而《行政许可法》中没有一套清晰明了的行政程序,难以保证补偿活动的公平、公正和公开,也就难以实现相对人的实体性权利。这也是我国法律中的缺陷,需要我们将这种保护方式做到真正意义上的法律化和制度化。如果可以借鉴德国信赖保护补偿流程的做法——设置听证程序,让相对人有机会表达自己的意志,则可以帮助行政主体在听取和考虑相对人意见后作出合理合法的选择。

问题 15:环境保护主管部门对行为人非法处置的位于其管辖区域内的固体废物负有何种法定职责?

【解答】

环境保护主管部门对其行政区域内行为人非法处置的固体废物负有监督管理的法定职责。在行为人跨行政区域倾倒危险废物被采取刑事强制措施而无法对危险废物予以处置的情况下,环保主管部门以废物源和废物产生单位均不在其辖区为由,对该危险废物拒绝处理或处理不当甚至造成二次污染的,构成行政不作为违法。

【案例】

睢宁县环境保护局不履行环境保护监管职责案[①]

案情: 2017 年 9 月至 10 月,冯某某等人将从浙江省舟山市嘉达清舱有限公司等处接收的四车油泥委托夏某某等人运至江苏省睢宁县岚山镇陈集村羊山砖瓦厂内,交由卢某某等人炼油。卢某某等 3 人经协商后将其中一车油泥倒入其事先挖掘的渗坑中,剩余油泥尚未倾倒即被睢宁县公安机关当场查获。2017 年 10 月,被告睢宁县环境保护局对倾倒油泥进行清理称重,涉案倾倒的油泥及油泥污染物共计 34 余吨,后睢宁县环境保护局与当地镇政府组织人员进行应急处置,清理出油泥污染物 37.22 吨。经江苏省环境科学研究院鉴定,上述油泥系危险废物,危

---

① 参见江苏省徐州铁路运输法院(2019)苏 8601 行初 1207 号行政判决书。

险特性为毒性和易燃性。睢宁县环境保护局后于 2017 年 10 月将上述油泥及其污染物一并转移至睢宁县鸿运危险品运输公司停车场内存放。

2018 年 7 月 26 日，徐州铁路运输检察院就冯某某等人污染环境犯罪向徐州铁路运输法院提起公诉，于同年 11 月 7 日提起刑事附带民事公益诉讼。该案审理过程中，审理法院发现涉案油泥已被长期不规范贮存，为及时处置涉案油泥和避免造成二次污染，审理法院于 2019 年 4 月 17 日至涉案油泥现场进行查看并组织睢宁县人民检察院、睢宁县环境保护局等多部门就涉案油泥处置问题召开协调会，确定由睢宁县环境保护局牵头对涉案油泥及污染物尽快予以处置。后睢宁县人民检察院发现涉案油泥及其污染物现场贮存不规范，未设置危险废物识别标志，未采取防扬散、防流失、防渗漏等污染防范措施，且迟迟未移交有关单位合法处置，已经出现二次污染，于 2019 年 5 月 27 日向睢宁县环境保护局发出检察建议，建议其依法履行环保监管职责，对涉案油泥进行依法规范贮存并及时移交有处置危险废物资质单位合法处置。睢宁县环境保护局于 2019 年 7 月 2 日作出回复，认为其已经履行相关监管职责，没有处置涉案油泥的职责。睢宁县人民检察院于 2019 年 7 月 19 日以该局不履行环保监管职责为由提起本案行政公益诉讼。

2019 年 8 月 9 日，法院再次至涉案现场实地查看，涉案油泥及其污染物仍未处理，车辆上的油泥大量滴落并流淌，地面上部分盛装油泥污染物的塑料桶损坏，部分油泥污染物流向地面并渗漏地下，已对周围环境造成二次污染。为防止污染继续扩大，案件审理期间，审理法院通过不同方式多次对睢宁县环境保护局进行司法督促。

2019 年 10 月，睢宁县环境保护局于案件审理期间将相关油泥及其污染物交由有资质单位进行合法处置，睢宁县人民检察院经审查认为其已履行涉案危险废物代处置职责，遂将诉讼请求变更为"依法确认睢宁县环境保护局对涉案危险废物的贮存不履行监管职责的行为违法"。

法院经审理认为：第一，睢宁县环境保护局对涉案危险废物的贮存、处置具有法定监督管理职责。(1)《环境保护法》(2014 年修订)第 10 条第 1 款规定："……县级以上地方人民政府环境保护主管部门，对本行政区域环境保护工作实施统一监督管理。"《固体废物污染环境防治法》(2016 年修正)第 10 条第 2 款①规定："县级以上人民政府环境保护主管部门对本行政区域内固体废物污染环境的防

---

① 现对应《固体废物污染环境防治法》(2020 年修订)第 9 条第 2 款。

治工作实施统一监督管理……"同时，该法第17条第1款①、第52条②、第55条③对环境保护主管机关就涉案危险废物的贮存和处置所负有的监督管理职责进行了具体明确规定。（2）危险废物具有腐蚀性、毒性、感染性等危害特性，对生态环境和人民群众生命健康、安全威胁极大，贮存和处置不当，可能造成不可估量的危害后果。《固体废物污染环境防治法》（2016年修正）规定，防治固体废物污染环境的根本目的在于保障人体健康，维护生态安全，促进经济社会可持续发展。根据《固体废物污染环境防治法》第55条规定，产生危险废物的单位逾期不处置危险废物或者处置危险废物不符合国家有关规定的，由环保行政主管部门指定单位按照国家有关规定代为处置。该条款规定的目的就在于及时消除污染风险，防止因污染扩散造成新的损害，从而实现保障人体健康、保护生态环境的立法目的。依照该法实施代履行，既是环保行政机关的职权，更是其必须履行的法定职责，环保行政机关理应恪尽职守。本案中，冯某某等人因涉嫌刑事犯罪被公安机关采取强制措施，客观上不具备处置涉案危险废物的条件，睢宁县环境保护局作为当地环保行政主管机关，依法应当履行代处置职责，及时消除环境污染，维护社会公共利益。

第二，睢宁县环境保护局未依法履行相关环保监管职责。（1）睢宁县环境保护局虽在污染环境行为发生后对相关事实进行了调查取证，采取了一定的应急处置措施，但案发之后，其在明知涉案油泥系具有毒性、易燃性的危险废物，需要依法收集、贮存并及时处置的情况下，对涉案危险废物未依法寻找符合条件的场所进行贮存，而是简单堆放于无危险废物贮存管理资质的一危险品运输公司停车场内；在收集、转移、贮存等过程中未采取任何防扬散、防流失、防渗漏等污染防治措施；在涉案油泥的包装物上及存放场所内未设置相关危废识别、警示标志；涉案油泥贮存期间未进行有效的日常管护，在存放容器出现破损以致油泥出现流失、渗漏的情况下亦未及时采取有关污染防治应急处理措施，有悖《环境保护法》《固体废物污染环境防治法》相关规定，明显存在监管缺失。（2）睢宁县环境保护局作为环境保护行政主管机关，具有专业的环境污染风险防控知识和技术，深知涉案危险废物的特性及二次污染的危害，对涉案危险废物本应及时妥善处置，做好污染风险管控，使社会公共利益免受不必要侵害，但睢宁县环境保护局不仅未

---

① 现对应《固体废物污染环境防治法》（2020年修订）第20条第1款。
② 现对应《固体废物污染环境防治法》（2020年修订）第77条。
③ 现对应《固体废物污染环境防治法》（2020年修订）第79条。

依法履职积极作为，在涉案油泥存在滴落、流淌、渗漏已造成新的环境污染后果且经审判机关多次风险提示、检察机关发出检察建议后仍未依法履行法定职责，无视新的污染发生，放任污染后果蔓延，导致社会公共利益持续处于受侵害状态，构成行政不作为违法。遂判决确认睢宁县环境保护局对涉案危险废物的贮存未全面及时履行环境保护行政监管职责的行为违法。

分析： 本案的争议焦点在于睢宁县环境保护局是否对涉案危险废物的贮存、处置具有法定监督管理职责。睢宁县环境保护局作为环境保护行政主管机关，具有专业的环境污染风险防控知识和技术，对涉案危险废物应当承担起自己的责任，及时妥善处置危险废物。但睢宁县环境保护局不仅未依法履职积极作为，而且经审判机关多次风险提示、检察机关发出检察建议后仍未依法履行法定职责，无视并放任污染后果蔓延，导致社会公共利益持续处于受侵害状态，因此睢宁县环境保护局并未承担起监督管理的法定职责。

第一，对"是否存在法定职责"的概念认知不一致。《行政诉讼法》将提起环境行政公益诉讼的条件限定于行政机关"违法行使职权"与"行政不作为"的"不依法履行职责"范畴。因此，对"不依法履行职责"的认定成为环境行政公益诉讼制度运行的关键所在。

行政机关法定职责所依据的"法"，狭义上是指法律、法规和规章，而广义上的"法"还包括三定方案、工作方案、会议纪要等规范性文件。法定职责也可源于行政行为本身，如行政机关指定的规范性文件、行政合同的约定、行政承诺、行政复议决定以及对特定行政行为的执行等。在司法实践中，行政机关与人民法院对法定职责来源的"法"的认知意见大体一致，但具体应承担何种法定职责，则出现了分歧。行政机关对自身法定职责的认知不清、定位不准，认为其在某些事项的处置上并无法定职责。本案即是如此。睢宁县环境保护局认为本案属于跨境倾倒危险废物，产生废物的单位并非在其辖区，因此其只有对相关事实进行调查取证和采取应急处置措施的职责，但并没有对涉案危险废物进行代处置的法定职责。但法院认为睢宁县环境保护局本应对涉案危险废物及时妥善处置，做好污染风险管控，其不作为有悖《环境保护法》《固体废物污染环境防治法》相关规定，明显存在监管缺失。

第二，纠正行政机关的监管缺失。《环境保护法》（2014年修订）第10条第1款，《固体废物污染环境防治法》（2020年修订）第9条第2款、第20条第1款、第77条、第79条等法律规定，针对县级以上地方人民政府环境保护主管部门对其辖区内环境保护以及固体废物污染防治工作中危险废物的收集、运输、贮存、处置等职责均进行了明确。行为人因跨行政区域倾倒危险废物被采取刑事强制措施，客观上无法对危险废物予以处置，而环保行政部门以废物源和废物产生单位均不在其辖区为由对其辖区内危险废物拒绝处置甚至造成二次污染后仍置之不理，表明其对自身法定职责认识不清，管理制度存在疏漏。

危险废物具有腐蚀性、毒性、感染性等危害特性，对生态环境和人民群众生命健康、安全具有极大威胁，贮存或处置不当，均可能造成不可估量和逆转的危害后果。《固体废物污染环境防治法》规定防治固体废物污染环境的根本目的在于保障人体健康，维护生态安全，促进经济社会可持续发展。根据《固体废物污染环境防治法》第79条规定，产生危险废物的单位，应当按照国家有关规定和环境保护标准要求贮存、利用、处置危险废物，不得擅自倾倒、堆放。之所以如此规定，就是为及时消除污染风险，防止因污染扩散造成新的损害，从而实现保障人体健康、保护生态环境的立法目的，故依照该法对跨区域倾倒至本辖区的危险废物实施代履行，既是环保行政机关的职权，更是其必须履行的法定职责，环保行政机关理应恪尽职守。涉案冯某某等人因涉嫌刑事犯罪被公安机关采取强制措施，客观上不具备处置涉案危险废物的条件，此种情况下被告作为当地环保行政主管机关，依法应当履行代处置职责，及时消除环境污染，维护社会公共利益。案发之后，被告睢宁县环境保护局在明知涉案油泥系具有毒性、易燃性的危险废物，需要依法收集、贮存和及时处置的情况下，对涉案危废未依法寻找符合条件的场所进行贮存，而是简单堆放于无危废贮存管理资质的危险品运输公司停车场内；在收集、转移、贮存等过程中未采取任何防扬散、防流失、防渗漏等污染防治措施；在涉案油泥的包装物上及存放场所内亦未设置相关危废识别标志；涉案油泥贮存期间未进行有效的日常管护，在存放容器出现破损以致油泥出现流失、渗漏的情况下亦未及时采取有关污染防治应急处理措施，且在法院风险提示及检察机关发出检察建议后，无视污染风险扩大，放任污染后果蔓延，拒不接受司法机关履职建议，明显构成行政不作为违法。法院在确认环保行政机关不作为违法的同时，指出其监管缺失和制度漏洞，并提出相应规范建议，有利于促进环保行政机关增强履职意识，转变执法理念，规范履职行为。

2020年新修订的《固体废物污染环境防治法》第79条规定："产生危险废物的单位，应当按照国家有关规定和环境保护标准要求贮存、利用、处置危险废物，不得擅自倾倒、堆放。"第113条规定："违反本法规定，危险废物产生者未按照规定处置其产生的危险废物被责令改正后拒不改正的，由生态环境主管部门组织代为处置，处置费用由危险废物产生者承担；拒不承担代为处置费用的，处代为处置费用一倍以上三倍以下的罚款。"应该说，本案的裁判，从立法目的和立法本意出发解读有关法律条款，对于跨行政区域输入的危险废物，在产生危险废物单位逾期不处置或者处置不符合国家有关规定的情况下危险废物所在地环保主管机关负有的监管职责进行了厘定，与新修订《固体废物污染环境防治法》精神相契合，对于正确认识和理解环境保护行政部门的职责范围，促进发挥环境资源行政公益诉讼制度功能，均具有积极意义。

【风险提示】

良好的生态环境是经济社会发展的基础，是人民群众生命安全健康的保证，其没有替代品，用之不觉，失之难存，人人都应形成"像保护眼睛一样保护生态环境，像对待生命一样对待生态环境"的行为自觉，并落实于日常生活点滴。环保行政主管机关更应深刻认识生态环境保护的价值和自身肩负的使命，秉持正确的执法理念和执法态度，做到依法、全面、及时履职，敢于直面问题，突出责任担当，切实维护好辖区环境安全和社会稳定。

问题 16：相邻方环境污染造成侵权的，应当依照什么原则处理？

【解答】

相邻方污染环境造成侵权的，应当遵循相邻关系处理原则停止侵权。《民法典》第 288 条规定："不动产的相邻权利人应当按照有利生产、方便生活、团结互助、公平合理的原则，正确处理相邻关系。"《民法典》第 294 条规定："不动产权利人不得违反国家规定弃置固体废物，排放大气污染物、水污染物、土壤污染物、噪声、光辐射、电磁辐射等有害物质。"这是法律规定的处理相邻关系的原则。相邻方污染环境造成侵权的，当事人应该遵循前述原则，停止侵害、排除妨害、消除危险。

【案例】

闫某某与承德县上谷镇闫杖子村村民委员会排除妨害纠纷案[①]

案情： 闫某某系承德县上谷镇闫杖子村二组村民，其农宅坐落于闫杖子村村民委员会（以下简称闫杖子村委会）北面，与闫杖子村委会相邻。2017年11月23日，闫杖子村委会申请建设村民活动中心和老年活动中心建设项目，建设周期为2018年3月16日至11月16日，建设地点为闫杖子村。后闫杖子村委会投资建设厕所一处，该厕所至本案法庭辩论终结前仍未建成且未投入使用。2019年9月27日，承德县上谷镇人民政府出具证明一份，载明：闫杖子村委会在院内所建的厕所，距离闫某某家5米以外，不属于公共厕所。在建的厕所是双瓮式环保厕所，没有渗漏现象，无异味，厕所在村委会院内，不影响任何人。现闫某某认为案涉厕所系公共厕所，已侵害其相邻权和生命健康权，要求被告停止建设侵害闫某某相邻权和生命健康权的建筑，排除对闫某某生活的妨害并恢复原状。

二审法院认为，闫杖子村委会所投建的厕所，与闫某某家相邻，系供闫杖子村委会两委班子三名成员使用。村民闫某某认为该厕所的修建及使用将会污染自家水源和生活环境，故而起诉请求判令闫杖子村委会停止侵害。法院二审期间，经向闫杖子村委会做调解工作，盼其能够牺牲小我利益，克服自身困难，不再兴建及使用双方诉争的厕所，切实做到让利村民、服务村民。尤其在目前全力抗击疫情的情形下，保持环境卫生、维护生态平衡，更加凸显其重要性。故希望双方达成和解，从而息诉罢讼。但闫杖子村委会坚持自身意见，调解未果。

闫杖子村委会所修建的厕所虽然不是公共厕所，但其修建位置与村民闫某某家相邻且距其家水源地较近，待厕所建成使用后其排泄物势必对周边及地下水环境形成污染，危及、侵害上诉人的合法权益。因此，闫某某要求闫杖子村委会消除危险、排除妨害的上诉请求，有事实和法律依据。虽然闫杖子村委会辩称所建厕所是双瓮式环保厕所，不会对环境产生任何的影响，但其使用后对周边环境的影响，不言自明。闫某某的请求成立，合法有据。遂判决闫杖子村委会不得兴建本案诉争的厕所并于本判决生效后20日内恢复原状。

分析： 本案的典型意义在于对相邻关系的保障。相邻权指不动产的所有人或使用人在处理相邻关系时所享有的权利。具体来说，在相互毗邻的不动产的所

---

① 参见河北省承德市中级人民法院（2020）冀08民终434号民事判决书。

有人或者使用人之间，任何一方为了合理行使其所有权或使用权，享有要求其他相邻方提供便利或是接受一定限制的权利。村民享有在居住地生产生活和依法享有不受他人影响的安全、便利及舒适环境条件或状态的权利。本案系《民法典》2021年1月1日生效以前发生的案件，因此适用的仍是原《物权法》，但两个法律相对应的相关法条内容基本一致。

  本案中，村委会坚持辩称待建厕所不是公共厕所，因而不会污染附近水源。但并不是只有公共厕所才会污染附近水源。厕所由于其功能，必然会造成对临近水源的污染。私用厕所和公共厕所的区别，仅是使用的频率不同，进而导致污染水源的程度不同而已。村民家的水环境和生活环境由于村民建筑房屋的不可移动性而不可更改，而村委会的待建厕所却是可以变换地址的，村委会完全可以选择在不影响村民生活环境的地址上建造厕所。村委会坚持辩称该厕所尚未建成投入使用，未对任何人的任何权利产生任何影响。但环境污染诉讼不仅存在污染发生后的补救性司法救济，也存在污染可能发生但尚未发生时的预防性司法救济。若所有污染都要等到已然发生后才能保障污染受害者的权益，则太过滞后。因此，厕所是否已经建成并投入使用，并不是本案考虑的重要因素，厕所的使用是否遵循了有利生产、方便生活、团结互助、公平合理的原则，是否会造成相邻方的水污染和生活污染才是本案需要考虑和衡量的重要因素。只要厕所的使用可能或一定会给相邻方带来水污染，影响相邻方的正常生活，就应当基于对相邻关系的保障而要求厕所的建造和使用者停止侵权。

  司法实践中应当对相邻关系的不同利益进行权衡，并运用预防性救济手段、防御性请求权和损害补偿请求权等方式实现对相邻关系和环境的周全保护。

【风险提示】

  相邻关系对环境保护的实现具有重要意义，准确处理好相邻主体间的生态环境纠纷，有利于更好地保护社会公众与经济社会的环境权益。为了更好地实现物尽其用原则并兼顾环境利益，实现可持续发展与环境保护的战略目标，国家必须将物权的利用控制在合理范围内。

问题 17：对于有效合规整改的污染环境刑事案件涉案企业以及相关责任人，是否可以从宽处罚？

【解答】

《最高人民法院、最高人民检察院关于办理环境污染刑事案件适用法律若干问题的解释》第6条规定，实施《刑法》第338条规定的行为，行为人认罪认罚，积极修复生态环境，有效合规整改的，可以从宽处罚。人民法院可以综合考量案件具体情况、合规必要性和可行性、审理期限等因素，决定是否同意开展企业合规，及在决定开展企业合规整改时所组织开展的特定工作。已经起诉的涉企刑事案件经审理后，对于合规整改合格的企业以及相关责任人，可以从宽处罚。

【案例】

石某污染环境罪案[①]

案情： 新沂某食品有限公司系徐州市重点排污单位。2021年6月至12月，被告人石某作为该公司安全管理部副经理，全面负责该公司污水处理工作，为了单位利益，在明知自动监测数据多次超标被环保部门短信提醒的情况下，仍授意污水处理厂王某等5名污水操作工采取自制达标液体的方式干扰自动监测设施采样，并排放化学需氧量、氨氮等污染物，共实施替换水样干扰采样行为50余次，逃避环保部门检查，严重污染环境。2021年12月3日，徐州市生态环境局对该食品公司现场检查时发现上述违法行为。

案发后，被告人石某主动投案，归案后如实供述犯罪事实，在审查起诉及法院审理阶段认罪认罚。新沂某食品有限公司缴纳了生态环境损害赔偿金人民币544 136元。

2022年8月16日至12月16日，新沂某食品有限公司主动申请企业合规建设，积极整改落实，且经第三方监督评估小组验收合格。公诉机关认为该公司已完成企业合规不再追究其刑事责任。

为了解涉案企业的合规整改情况，在案件审理阶段，宿城区人民法院按照省法院、省检察院座谈会纪要认真审查，综合考虑被告人及所在企业犯罪的事实、性质、情节、社会危害性及认罪悔罪态度，结合考察验收报告，以及到工商联、

---

① 案例来源：江苏省宿迁市宿城区人民法院。

市场监管局、税务局等部门走访掌握的涉案企业日常经营状况，并会同检察机关、公安机关、新沂市生态环境局、乡镇代表到该公司现场座谈并实地查看，详细了解、掌握该公司合规整改要求执行情况、经营现状等。发现涉案公司已成立合规部，制定企业合规制度，明确合规管理体系及职责，制定企业合规管理办法，更换监测设备维护的第三方运营公司，加强安全防范并主动接受环保部门监管，制作合规文化墙等，公司处于正常经营状态。新沂某食品有限公司承诺在案件宣判后继续接受司法机关对其合规整改的检查及监督。

宿城区人民法院根据新沂某食品有限公司在案发后主动申请企业合规建设，积极整改落实，建立合规机制，完善监测程序，加强安全防范，经第三方监督评估小组验收合格等情况。综合本案案情及企业的生产规模、发展潜力、案发后的补救措施，采纳了公诉机关的量刑建议，遂对石某予以从宽处罚，以污染环境罪判处石某有期徒刑九个月，缓刑一年，并处罚金人民币5万元。同时禁止石某在缓刑考验期内从事排污等相关活动。

分析： 本案中某食品公司作为重点排污单位，违反国家规定，通过干扰自动监测设施的方法排放化学需氧量、氨氮等污染物，严重污染环境，石某作为单位直接责任人员实施上述行为，其行为均已构成污染环境罪。因涉案公司已完成企业合规，公诉机关不再指控其刑事责任，故法院仅判决被告人石某犯污染环境罪。法院最终对石某的从轻处罚，不但是因为其本人具有自首、认罪认罚情节，而且涉案企业案发后缴纳生态损害赔偿金以及企业合规整改合格也是重要原因。

所谓企业合规，主要是指检察机关对于审查起诉阶段办理的涉企刑事案件，在依法作出不批准逮捕、不起诉决定或者根据认罪认罚从宽制度提出轻缓量刑建议等的同时，针对企业涉嫌具体犯罪，结合办案实际，督促涉案企业作出合规承诺并积极整改落实，促进企业合规守法经营，减少和预防企业犯罪，以及在审判阶段对涉案企业主动申请开展合规整改。人民法院经综合考量案件具体情况、合规必要性和可行性、审理期限等因素，决定是否同意开展，及在决定开展企业合规整改时所组织开展的特定工作。已经起诉的涉企刑事案件经审理后，对于合规整改合格的企业以及相关责任人可以从宽处罚。企业合规之所以具有越来越大的生命力，企业之所以愿意积极投入合规管理体系建设之中，主要原因在于法律确立了"刑事合规的激励机制"，即给予涉案企业以合规整改换取宽大刑事处理的机会，使其对开展合规整改产生内在的动力，并在合规整改验收合格后可以获得实际的奖励。根据涉案企业通过合规整改所能获得的利益大小，可以将合规激励分为"合规出罪"和"合规宽大处罚"这两种基本类型。其中,"合规出罪"可以给予涉案企业获得"法律上无罪"的机会,获得无犯罪记录证明,并间接地避免各种市场准入资格的剥夺后果。而"合规宽大处罚"则给予涉案企业的利益不明显,至多是带来降低罚金幅度的后果,但对涉案责任人员则可以带来降低刑事处罚幅度,尤其是判处缓刑或者免予刑事处罚的后果,使其避免被剥夺人身自由,从而可以推动涉案企业尽快恢复生产经营,减少对涉案企业的负面影响。而对社会来说,企业合规整改能够使企业依法依规、遵纪守法,处罚企业并不是判决的唯一目的,让社会和环境变得更好才是判决的最终目标。

开展涉案企业合规改革是推动"治罪"与"治理"并重、促进企业依法守规经营的重要制度创新,是司法机关以自身工作现代化服务中国式现代化的务实举措,对于营造法治化营商环境、服务经济社会高质量发展具有重要意义,也是宽严相济刑事政策的又一具体运用。

【风险提示】

法院最终对涉案企业与其责任人从轻处罚,不仅是因为责任人本人具有自首、认罪认罚情节,涉案企业案发后积极缴纳生态损害赔偿金以及企业合规整改合格也是重要原因。

问题 *18*:如何判断公民获取政府环境信息行为是否构成滥用权利?

【解答】

公民提出的大量环境政府信息公开申请,与其生产、生活等特殊需要无关,信息公开的数量之大也明显超过了正常合理的限度。大量申请信息公开,虽然在形式上、表面上满足了其个人对于政府信息的知情需求,但在实质上已经明显偏离了公民依法、理性、正当行使知情权和监督权的正常轨道,超过了公民依法、正当行使知情权的合理限度。由于行政资源具有公共性、有限性、稀缺性和效率性等特点,个别人对公共行政资源的大量占据并闲置浪费,势必会影响其他公民、法人和组织对于政府公共服务的依法享有和权利的依法行使,从而在实质上会侵犯到其他人的合法权益。

【案例】

杨某某与无锡国家高新技术产业开发区安全生产监督管理和环境保护局、无锡市新吴区人民政府政府信息公开申请案[1]

案情：杨某某于 2013 年 9 月 5 日通过网站向市环保局提出政府信息公开申请，申请获得：（1）新区环境监测人员在韩国海力士无锡工厂现场监测的环境监测结果的报告；（2）2013 年 9 月 4 日 19：45 的监测结果；（3）韩国海力士无锡工厂 2013 年 9 月 4 日前一周内的环境监测报告。同时说明其所居住的小区在火灾事故发生地周围，浓烟导致其感到身体不适，但火灾事故当晚，根据无锡市人民政府新闻办的消息，经当地环境监测部门现场检测，周边空气质量达标，未对环境造成明显影响。所需信息用途：确认无锡国家高新技术产业开发区（以下简称新区）及申请人居住区附近环境是否被污染，能否居住；确认无锡市人民政府新闻办的消息是否真实。要求纸面快递方式答复。同年 9 月 27 日，原新区建设环保局收到市环保局转交的杨某某的政府信息公开申请后，作出如下书面答复：在 9 月 4 日海力士发生火灾事故后，我局安排环境监测人员对周边环境空气质量进行了连续跟踪监测，监测结果均达标。在企业日常监管过程中，根据当时环评批复及监管要求，每季度安排对废气监测一次，监测结果均符合《大气污染物综合排放标准》（GB 16297—1996）相关指标。关于海力士事故环境应急监测数据，提供如下：2013 年 9 月 4 日 19：45 左右，海力士公司附近瑞城国际监测点，TSP 为 0.037mg/Nm3，PM10 为 0.037mg/Nm3，非甲烷总烃为 0.539mg/Nm3，氨气为 0.107mg/Nm3，氯化氢为 0.057mg/Nm3，氯气为 0.0009mg/Nm3，氟化物为 0.971μg/Nm3，监测结果均符合《环境空气质量标准》（GB 3095—2012）二级标准、《大气污染物综合排放标准》（GB 16297—1996）无组织排放监控浓度限值、《恶臭污染物排放标准》（GB 14554—93）表 1 等国际指标。杨某某不服上述答复，提出行政复议申请，新区管委会于 2013 年 11 月 20 日收到该复议申请，因杨某某对上述答复中的数据真实性有异议，在新区管委会的组织下，杨某某与原新区建设环保局于同年 12 月 10 日当面核对监测数据。后杨某某仍坚持复议，新区管委会于同月 12 日决定依法受理，并要求原新区建设环保局及时提供书面答复和证据材料，经审查，新区管委会于 2014 年 1 月 17 日作出了《行政复议决定书》

---

[1] 参见江苏省高级人民法院（2017）苏行再 20 号行政判决书。

（〔2013〕锡新管复008号），维持原新区建设环保局于2013年9月27日作出的《关于申请公开环境监测数据的答复》。杨某某不服，诉至法院。

一审法院认为，原新区建设环保局针对杨某某的政府信息公开申请，已经履行了政府信息公开的职责，杨某某认为原新区建设环保局的答复违法并应当撤销后重新公开其申请信息的主张，依据不足，不予支持。此外，杨某某要求确认新区管委会的行政复议决定违法的主张，依据不足，不予支持。一审法院判决驳回杨某某的诉讼请求。二审法院经审理，依法判决：驳回上诉，维持原判。再审法院经审理，依法判决：驳回杨某某的诉讼请求。

分析：《政府信息公开条例》对公民信息公开申请权利保护必要性设定的标准有二：一是保护公民获取政府信息的正当权利；二是申请不得过分占用司法、行政资源。目前在司法实务中，这一必要性的判断依据主要是行政行为对公民的权利义务是否产生实际影响和公民是否存在主观恶意。

从权利保护必要性的类型看，保护申请人获取政府信息的权利包含有用性标准和正当性标准，即获取政府信息的权利是对民众有意义的，是值得保护的。同时，原告没有放弃该权利，且不具有恶意。只有当事人正当行使权利，才具备权利保护必要性。2017年针对实践中信息公开诉讼原告不当行使诉权的问题，最高人民法院发布了《关于进一步保护和规范当事人依法行使行政诉权的若干意见》（法发〔2017〕25号），明确要"正确引导当事人依法行使诉权，严格规制恶意诉讼和无理缠讼等滥诉行为"。对于诉权行使的正当性，依据当事人理性程度的不同，可以分为理性行使、精明行使、不当行使和恶意行使四种状态。后两者是规制的重点，应当分别予以必要的矫治和严厉制裁。在信息公开行政诉讼中，公民借信息公开制度给行政机关施加压力以达到其他目的的情况并不罕见，实践中法院通常结合当事人相关的申请和诉讼对其主观意图进行判断。

第一，如何判断申请人的主观意图。否定信息公开行政诉讼权利保护必要性的司法裁判路径源于少数原告大量、频繁起诉的行为。因而在部分案件中，法院直接从行政机关所主张的纠缠式申请和诉讼的事实出发，推断公民主观意图，从而否定权利保护的必要性。

一是公民申请和诉讼的数量。这是最直观的数据。法院通过在裁判文书中列举公民提起信息公开申请、复议、诉讼等数量，推定其主观意图。本案中，杨某某在江苏省三级法院提起的行政诉讼案件达500多件，其中涉及政府信息公开诉讼的案件不少于100件，被诉行政机关涉及国家部委、江苏省、市（区）、县各级政府及政府部门不少于70个。这足以认定杨某某主观存在恶意。

二是公民申请或起诉的内容。公民在政府信息公开申请阶段申请公开信息的内容高度概括、不明确或者包罗万象，也有可能被认定为不当行使权利，缺乏权利保护必要性。本案中的当事人杨某某要求信息公开的内容涉及政府部门聘请的律师信息、某地区环境数据等，这些大量政府信息公开申请与其生产、生活等特殊需要并无关联，并且在相关部门已经合理告知的情况下，继续提起行政复议、行政诉讼。杨某某的行为违背了诚信原则，使行政机关疲于告知，造成行政资源浪费，已经构成滥用政府信息公开申请权，不具有权利保护的必要性。

三是在先判决。法院在判断公民主观意图时会十分谨慎，有时会结合其他裁判，综合考虑来判断其主观意图。据不完全统计，2015年1月至2020年6月，杨某某在江苏省三级法院提起的行政诉讼案件达500多件，其中涉及政府信息公开诉讼的案件不少于100件。形式上，杨某某申请次数繁多、内容琐碎；效果上，持续的、大量的政府信息公开申请使行政机关疲于应付，无助于《政府信息公开条例》立法目的的实现。由此可以判断，杨某某申请政府信息公开的行为已经明显超过了正当行使知情权的合理限度，背离了政府信息公开制度设立的初衷与立法宗旨，也使得有限的行政资源被浪费。

第二，行政行为对公民权利义务是否产生实际影响。《最高人民法院关于适用〈中华人民共和国行政诉讼法〉的解释》第69条第1款第8项规定，行政行为对原告的合法权益没有实际影响的，法院应当裁定驳回起诉。该条规定的旨趣即"诉的利益"，指的是并非只要诉具备了法定的形式要件就必然进入实体审理之中，法院还应当考虑当事人的请求是否具有利用国家审判制度加以解决的实际价值和必要性。这条规定考虑到了滥用诉权的现实情况，这样的行为已经开始成为困扰行政执法和行政审判的现实难题。

法院在审判时，需要对权利保护的必要性进行判断，如若该申请的信息对公民的权利义务并无实际影响，则法院一般会否定公民信息公开知情权保护的必要性。

综上，法院在判断是否具有权利保护必要性时，一般采用的是主观和客观相结合的思路。主观上考察公民的起诉意图是否存在权利滥用和恶意，客观上审查行政行为对公民权利义务是否产生实际影响。只有主观、客观两个条件均为肯定时，法院才会认定案件具有权利保护的必要性。本案中，杨某某申请了大量与其自身权利无关的环境信息，要求相关部门予以公开。其信息公开的行为属于不当行使知情权，因此法院没有支持其政府信息知情权保护的请求。

【风险提示】

环境信息公开行政诉讼是提升政府环境信息透明度、推动良好社会治理的重要工具。但公民若提出与其生产、生活等特殊需要无关的大量政府信息公开申请，则会使得政府部门疲于应对，浪费行政资源。此时，公民的行为已经明显偏离了公民依法、理性、正当行使知情权和监督权的正常轨道，超过了公民依法、正当行使知情权的合理限度。法院可以通过对公民主观意图和客观情况的考察，判断公民是否为滥用权利。对公民滥用权利的行为，法院不应支持。

问题 19：侵权人走私固体废物但已被行政执法机关查扣、没收的，相关处置费用应当作为行政执法成本处理还是应当由侵权人承担？

【解答】

侵权人走私固体废物，造成生态环境损害或者具有污染环境、破坏生态重大风险的，应当依法承担生态环境侵权责任。为防止生态环境损害的发生，行为人应当承担为停止侵害、消除危险等采取合理预防、处置措施而发生的费用。在本案中，案涉铜污泥无法退运，为消除环境污染危险，需要委托有关专业单位采取无害化处置，此系必要的、合理的预防处置措施。对非法入境后因客观原因无法退运的固体废物采取无害化处置是防止生态环境损害发生和扩大的必要措施，所支出的合理费用应由侵权人承担，不能以固体废物已被行政执法机关查扣没收、处置费用应纳入行政执法成本作为抗辩理由。

【案例】

上海市人民检察院第三分院诉郎溪华远固体废物处置有限公司、宁波高新区米泰贸易有限公司、黄某某、薛某环境污染民事公益诉讼案[①]

案情： 2015年年初，郎溪华远固体废物处置有限公司（以下简称华远公司）法定代表人联系黄某某，欲购买进口含铜固体废物，黄某某随即联系宁波高

---

① 参见最高人民法院2022年12月30日发布的第37批指导性案例205号。

新区米泰贸易有限公司（以下简称米泰公司）实际经营者陈某某以及薛某，商定分工开展进口含铜固体废物的活动。同年9月，薛某在韩国购买了138.66吨的铜污泥，由米泰公司以铜矿砂品名制作了虚假报关单证，并将进口的货物清单以传真等方式告知华远公司，华远公司根据货物清单上的报价向米泰公司支付了货款458 793.90元，再由黄某某在上海港报关进口。后该票固体废物被海关查获滞留港区，无法退运，危害我国生态环境安全。上海市固体废物管理中心认为，涉案铜污泥中含有大量重金属，应从严管理，委托有危险废物经营许可证单位进行无害化处置。经上海市价格认证中心评估，涉案铜污泥处置费用为1 053 700元。2017年12月25日，上海市人民检察院第三分院就米泰公司、黄某某、薛某共同实施走私国家禁止进口固体废物，向上海市第三中级人民法院提起公诉。上海市第三中级人民法院于2018年9月18日作出（2018）沪03刑初8号刑事判决，判决米泰公司犯走私废物罪，判处罚金20万元；黄某某犯走私废物罪，判处有期徒刑四年，并处罚金30万元；薛某犯走私废物罪，判处有期徒刑二年，并处罚金5万元。该刑事判决已生效。

法院经审理，一审判决被告米泰公司、黄某某、薛某、华远公司连带赔偿非法进口固体废物（铜污泥）的处置费1 053 700元，支付至上海市人民检察院第三分院公益诉讼的专门账户。华远公司不服，提起上诉，法院二审驳回上诉，维持原判。

分析： 行为人未在走私废物犯罪案件中被判处刑事责任，不代表其必然无须在民事公益诉讼中承担民事责任。行为人是否应当承担民事责任，需要依据民事法律规范予以判断，若符合相应民事责任构成要件的，仍应承担民事赔偿责任。本案中，相关证据能够证明华远公司与米泰公司、黄某某、薛某之间就进口铜污泥行为存在共同商议，其属于进口铜污泥行为的需求方和发起者，具有共同的侵权故意，符合共同实施环境民事侵权行为的构成要件。

对于非法入境的国家禁止进口的固体废物，即使因被查扣尚未造成实际的生态环境损害，但对国家生态环境安全存在重大侵害风险的，侵权行为人仍应负有消除危险的民事责任。相关行为人应当首先承担退运固体废物的法律责任，并由其自行负担退运成本，在无法退运的情形下，生态环境安全隐患和影响仍客观存在，行为人不应当因无法退运而免除排除污染风险的法律责任。故在本案中，四被告应当共同承担消除危险的民事责任。针对非法入境而滞留境内的固体废物，无害化处置是消除危险的必要措施，相应的处置费用应由侵权行为人承担。为防止生态环境损害的发生,行为人应当承担为停止侵害、消除危险等采取合理预防、处置措施而发生的费用。案涉铜污泥无法退运,为消除环境污染危险,需要委托有关专业单位采取无害化处置,此系必要的、合理的预防处置措施。相关费用属于因消除污染危险而产生的费用,华远公司与其他各方应承担连带赔偿责任。侵权行为人以固体废物已被行政执法机关查扣没收、处置费用应纳入行政执法成本作为抗辩理由的,不应予以支持。

【风险提示】

企业在创造经济利润的同时,还要积极承担对生态环境和社会的责任,落实好生态环境保护的主体责任。从事产生、贮存、利用、处置固体废物经营活动的企业必须严格遵守相关法律法规的规定,采取相关保护措施,不得擅自转移、倾倒、堆放、丢弃、遗撒固体废物。即使企业的行为尚未造成实际的生态环境损害,但对国家生态环境安全存在重大侵害风险的,侵权行为人也仍应承担相关民事责任。

问题 20:行为人将医疗污水处理设备断电后直接排放医疗污水的,哪些行政部门有权进行处罚?

【解答】

涉案卫生保健中心将其处理排放至市政污水管道的唯一医疗污水处理设备断电后排放医疗污水的行为属于《水污染防治法》第39条所规定的"不正常运行水污染防治设施等逃避监管的方式排放水污染物"的情形;此外,该断电行为属于《医疗废物管理条例》第47条第5项规定的"未按照本条例的规定对污水、传染病病人或者疑似传染病病人的排泄物,进行严格消毒"的行为,环境保护行政主管部门和卫生行政主管部门均有权对该违法行为进行处罚。

【案例】

海关总署（北京）国际旅行卫生保健中心（北京海关口岸门诊部）与北京市海淀区生态环境局等行政处罚纠纷案[①]

案情： 2018年7月11日，北京市海淀区生态环境局（以下简称区环境局）的执法人员到海关总署（北京）国际旅行卫生保健中心（北京海关口岸门诊部）（以下简称国旅卫生保健中心）进行现场检查，发现该单位安装的水污染处理设施处于断电状态，医疗污水未经处理直接排放入市政管道。同年7月12日，区环境局对国旅卫生保健中心的上述违法行为立案调查。2018年7月17日，区环境局对该中心的副主任王某进行了询问，其对于该中心的水污染处理设施在2018年7月11日处于断电状态的事实予以认可。同年9月13日，区环境局对该案进行了听证。同年10月12日，区环境局对该案进行了集体讨论。同日，区环境局作出海环保罚字〔2018〕第295号《行政处罚决定书》（以下简称被诉处罚决定），并于同年10月18日向国旅卫生保健中心进行了直接送达。被诉处罚决定的主要内容：2018年7月11日，区环境局执法人员对国旅卫生保健中心进行了现场检查，发现该单位作为医疗卫生机构按照环境影响评价要求安装有水污染处理设施，但水污染处理设施处于断电状态，医疗污水未经处理直接排放，属于以不正常运行水污染防治设施等逃避监管的方式排放水污染物。该单位的行为违反了《水污染防治法》第39条的规定。依据《水污染防治法》第83条第1款第3项的规定，决定责令改正，处10万元罚款。国旅卫生保健中心不服，向北京市海淀区人民政府（以下简称区政府）提起行政复议。同年10月31日，区政府收到国旅卫生保健中心提交的行政复议申请书并依法予以受理。同年11月14日，区环境局向区政府作出行政复议答复书并提交了相关证据材料。同年12月27日，区政府作出海政复决字〔2018〕314号《行政复议决定书》（以下简称被诉复议决定），维持了被诉处罚决定。另查明，国旅卫生保健中心于2013年2月22日取得区环境局核发的海环保审字〔2013〕0132号《关于对北京国际旅行卫生保健中心建设项目环境影响报告表的批复》，并于2014年3月3日通过建设项目环境保护竣工验收。国旅卫生保健中心不服，诉至法院，请求撤销被诉处罚决定及被诉复议决定。北京市海淀区人民法院作出（2019）京0108行初216号行政判决：驳回原告国旅卫生保

[①] 参见北京市第一中级人民法院（2019）京01行终837号行政判决书。

健中心的诉讼请求。宣判后,国旅卫生保健中心不服,上诉至北京市第一中级人民法院。北京市第一中级人民法院二审判决:驳回上诉,维持原判。

分析: 本案争议的核心问题在于被告区环境局适用《水污染防治法》作出被诉处罚决定的法律依据是否正确。其中涉及《水污染防治法》第39条所规定的"不正常运行水污染防治设施等逃避监管的方式排放水污染物"的情形以及《医疗废物管理条例》第47条第5项规定的"未按照本条例的规定对污水、传染病病人或者疑似传染病病人的排泄物,进行严格消毒"之间的选择适用问题。国旅卫生保健中心对臭氧消毒发生器断电的行为同时违反上述两项规定,区环境局均有权对其进行处罚。在此情况下,根据《环境行政处罚办法》第9条[①]规定,当事人的一个违法行为同时违反两个以上环境法律、法规或者规章条款,应当适用效力等级较高的法律、法规或者规章;效力等级相同的,可以适用处罚较重的条款。区环境局适用法律效力等级更高的《水污染防治法》对国旅卫生保健中心实施行政处罚并无不当。且医疗污水直接排放至市政管道,对水资源的污染后果极其严重,直接涉及民生安全问题,应当予以重罚,这亦是《水污染防治法》修订第39条的应有之义。因此,区环境局依据《水污染防治法》第83条第3项的规定对国旅卫生保健中心进行处罚,事实清楚、证据确实、充分,适用法律正确。

【风险提示】

环境法律规范交叉适用竞合之情形较多,本案的典型意义在于,将医疗污水处理设备处于断电状态直接排放医疗污水时,是适用《水污染防治法》还是《医疗废物管理条例》,两者的处罚幅度不同,适用更重的《水污染防治法》可以对违法企业起到更强的威慑作用,提醒企业切莫心存侥幸,谨防"触雷",亦更有利于保护民生安全。

问题 21:环保部门作出的"责令改正违法行为决定"的性质是行政命令还是行政处罚?

【解答】

根据《生态环境行政处罚办法》第9条"生态环境主管部门实施行政处罚时,应当责令当事人改正或者限期改正违法行为。责令改正违法行为决定可以单独下

---

① 现对应《生态环境行政处罚办法》第7条。

达,也可以与行政处罚决定一并下达。责令改正或者限期改正不适用行政处罚程序的规定"的内容及行政行为作出当时有效的《环境行政处罚办法》第12条规定,本案中,荆门市生态环境局东宝分局对荆门华达鑫电子材料有限公司下达的《责令改正违法行为决定书》是要求其"停止建设,限2019年1月20日前恢复原状",该责令改正决定书不属于行政处罚,不适用行政处罚程序的规定。

【案例】
荆门华达鑫电子材料有限公司诉荆门市生态环境局东宝分局、荆门市东宝区人民政府环境保护行政管理及行政复议案[①]

案情: 2018年3月26日,荆门市东宝区招商局与深圳市华达鑫科技有限公司签订了《智能终端感光材料生产项目投资协议书》。2018年4月25日,原告荆门华达鑫电子材料有限公司(以下简称华达鑫公司)依法成立。2018年5月8日,荆门市东宝区行政审批局对华达鑫公司的项目予以备案,并向华达鑫公司发放了《湖北省固定资产投资项目备案证》,项目名称为电子感光新材料。

2018年11月7日,荆门市生态环境局东宝分局(以下简称东宝区环境局)的执法人员对华达鑫公司进行检查,并对华达鑫公司的总经理刘某某制作了调查询问笔录和现场检查笔录。现场检查情况载明:(1)现场检查发现华达鑫公司有一条油墨生产线环保设施未运行,产生有机废气直排外环境(有现场视频为证),华达鑫公司的环评报告表显示生产项目为电子感光新材料,在实际生产过程中生产的产品为油墨,与环评内容不相符。(2)对厂区所有生产设备、污染防治设施等进行现场取证。在调查笔录中,刘某某对上述检查情况表示:(1)原告主要生产电子感光UV油墨,主要原辅材料有树脂、助剂、钛白粉,电子感光新材料范围比较广泛,其中包含电子感光油墨类。(2)关于生产废气外排的事情不太清楚。刘某某在现场检查笔录的审阅意见栏签署"情况属实",并对现场检查笔录和调查询问笔录进行了签字确认。2018年12月24日,东宝区环境局执法人员再次对华达鑫公司进行检查,并对华达鑫公司的总经理刘某某制作了调查询问笔录和现场检查笔录。现场检查情况和调查情况与2018年11月7日的情况基本相同。刘某某在现场检查笔录的审阅意见栏签署"情况属实",并对现场检查笔录和调查

---

① 参见湖北省荆门市中级人民法院(2020)鄂08行终99号行政判决书。

询问笔录进行了签字确认。2018年12月24日，东宝区环境局对华达鑫公司下达了东环责改字〔2018〕3010号《责令改正违法行为决定书》，认定华达鑫公司存在使用原辅材料及生产产品与环评审批不相符、废气收集处理设施不完善的违法行为，并要求原告停止建设，限2019年1月20日前恢复原状。华达鑫公司对上述决定不服，于2019年2月20日向被告东宝区人民政府申请行政复议。同年4月19日，东宝区人民政府作出东政复决字〔2019〕第01号《行政复议决定书》，认为东宝区环境局作出的《责令改正违法行为决定书》认定事实清楚，证据确实、充分，程序合法，适用法律正确，维持该决定书。华达鑫公司不服，诉至法院，请求：（1）撤销东宝区环境局作出的东环责改字〔2018〕3010号《责令改正违法行为决定书》；（2）撤销东宝区人民政府作出的东政复决字〔2019〕第01号《行政复议决定书》。

一审法院经审理，判决：驳回原告华达鑫公司的诉讼请求。案件受理费50元，由原告华达鑫公司负担。一审宣判后，华达鑫公司不服，提起上诉。二审法院经审理认为，原审认定事实清楚，适用法律正确，程序合法，对其判决结果予以维持，判决：驳回上诉，维持原判。

分析： 本案的焦点是环保部门作出的"责令改正违法行为决定"的性质是行政命令还是行政处罚。环境保护方面的法律、法规、规章众多，但环保部门针对严重污染环境的违法行为，为更好地服务和促进当地生态文明建设，实践中对此类行为进行制裁的最常用手段是行政处罚。环保部门往往会在作出最后的行政处罚决定前，先行作出责令改正违法行为决定书。《生态环境行政处罚办法》第9条规定："生态环境主管部门实施行政处罚时，应当责令当事人改正或者限期改正违法行为。责令改正违法行为决定可以单独下达，也可以与行政处罚决定一并下达。责令改正或者限期改正不适用行政处罚程序的规定。"责令改正决定是为了纠正违法行为，恢复正常行政管理秩序，一般作为行政处罚决定的补充措施而采取。发出责令改正违法行为的命令的目的系要求违法行为人履行法定义务，该命令不具有制裁性。本案中，东宝区环境局作出的《责令改正违法行为决定书》要求华达鑫公司"停止建设，限2019年1月20日前恢复原状"。该决定不具惩罚性和强制性，属于行政命令，不适用行政处罚程序的规定。

【风险提示】

企业应严格根据环评审批要求组织生产，禁止使用与环评审批不相符的原辅材料生产产品，同时应保证生产线的环保设施正常运行，减少环境污染。环保部门在处理行政相对人污染环境的违法行为时，亦应严格适用法律，以保障行政相对人的合法权益，实现服务和促进当地的生态文明建设的最终目标。

问题 22：建设单位施工行为不当，是否会成为评判环评审批行为合法性的标准？

【解答】

环境影响评价是对规划和建设项目实施后可能造成的环境影响进行分析、预测和评估，提出预防或者减轻不良环境影响的对策和措施，并进行跟踪监测的方法与制度。环境保护部门作出环评审批后，建设单位在后续建设过程中应当同时实施环境影响评价文件及环评审批意见中提出的环保对策措施，积极减轻、消除不良环境影响。但建设过程中是否存在违法行为，不应成为评价在先的环评审批行为合法性的依据。确实存在未按规定施工等情况的，可由环境保护部门依法处理或由被侵害人另寻法律途径保护其合法权益。

【案例】

武某某等 30 人诉上海市浦东新区生态环境局环评审批及上海市浦东新区人民政府行政复议决定案[①]

案情： 武某某等 30 名原告系浦东新区昌乐公寓小区业主或实际使用人，该小区西侧临近南六公路。2017 年 12 月 4 日，第三人作为建设单位，向原上海市浦东新区环境保护和市容卫生管理局（以下简称原浦东环卫局）提交了环境影响评价审批申请表、达恩贝拉公司编制的环境影响报告表报批稿、环境影响专项评价等环评审批申请材料。原浦东环卫局收到申请后，于当日出具受理通知书，并自 2017 年 12 月 7 日起在网站进行了受理公示，公示期间未收到反馈意见。原浦东环卫局于 12 月 5 日委托上海环科院对涉案报告表开展技术评估。2017 年 12 月 15 日至 2018 年 1 月 26 日，建设单位提出延期申请。2018 年 1 月 29 日，上海环科院出具技术评估报告，认为报告表质量合格，基本符合环评导则要求，评价结论总体可信，同意报告表中从环境保护角度分析工程建设可行性的结论意见。2018

---

① 参见上海市第三中级人民法院（2021）沪 03 行终 637 号行政判决书。

年 2 月 8 日至 13 日，环评审批单位对涉案工程项目进行建设项目环境影响评价拟审批公示，公示期间无反馈意见。原浦东环卫局对第三人提交的申请材料进行审查，于 2018 年 2 月 22 日作出被诉环评审批意见，并进行审批后公示，次日向第三人送达。原告武某某等 30 人不服，向被告浦东新区人民政府申请行政复议，被告浦东新区人民政府于 2020 年 3 月 11 日作出被诉行政复议决定，并向原告、被告浦东新区生态环境局送达。原告仍不服，提起本案诉讼。另查明，因机构改革，2019 年 2 月，原"上海市浦东新区环境保护和市容卫生管理局"的职责由"上海市浦东新区生态环境局"承担。

上海铁路运输法院经审理，判决驳回原告武某某等 30 人的诉讼请求。原告不服，提起上诉。上海市第三中级人民法院作出（2021）沪 03 行终 637 号行政判决：驳回上诉，维持原判。

分析： 本案反映的几个问题主要集中在以下几个方面：

第一，环境影响评价具有较强预测性、技术性。根据《环境影响评价法》第 2 条规定，环境影响评价是指对规划和建设项目实施后可能造成的环境影响进行分析、预测和评估，提出预防或者减轻不良环境影响的对策和措施，并进行跟踪监测的方法和制度。因此，预防规制是环境影响评价的本质，具体体现在环境影响评价应在建设项目实施之前进行，环评制度的"否决"功能可预先规制对生态环境污染破坏较大的建设项目，建设单位落实审批意见中提出的环境保护措施是减轻不良环境影响的重要一环。同时，科学技术是环境影响评价的手段。分析建设项目对环境的可能污染种类、数量、形态和排放量，并制定出一个合理可靠的防治污染的方案，均离不开各种技术方法、理论方法。

第二，环评审批系对环境影响评价文件的认可。在环境执法实务中，环评审批决定多以"某某建设项目环境影响报告的批复意见"等表现形式存在，其本质上系对环境影响评价文件的认可。基于环评制度具有科学性、预测性等特点，只有高质量的环境影响评价文件，才能确保环境影响分析评价的准确性、相应减缓不良影响的对策措施的可行性，为实现环评制度源头预防环境污染和生态破坏的功能提供条件。围绕环境影响评价文件，环境影响评价程序可以分为两个阶段：一是环境影响评价文件的编制与申报；二是环境影响评价文件的审批。行政主体在审批环境影响评价时往往以环境影响评价文件的质量为核心，组织征求意见、听证论证、技术评估，对于存在《建设项目环境保护管理条例》第 11 条规定的 5 种情形的，则作出不予批准的决定。

第三，事后施工行为当否不是环评审批行为合法性的判断标准。环境影响评价审批程序是一环扣一环的链条式多阶段行为，本质上属于行政许可行为，是一个独立的、可诉的行政行为。法院在对环评审批行为的合法性进行司法审查时仅需对审批权限、审批程序、环境影响评价文件的认定以及适用法律进行评判，事后施工行为当否不是环评审批行为合法性的判断标准。首先，事后施工行为不属于环评审批的对象。环评审批行为发生在建设项目实施之前，审批的对象也是项目实施之前编制的环境影响评价文件，事后施工行为与审批行为在时间上即不具有同一性。其次，出现施工损害与环评审批行为之间不存在直接因果关系。建设项目在施工过程中出现污染环境或是侵犯周边居民权益等损害现象时，若施工行为与损害结果之间具有直接因果关系，建设单位需承担相应的责任。在上述因果关系链条中，并未出现环境影响评价行为，因此，出现施工损害不能反推环评审批不合法。最后，预测与结果并不必然具有同一性。综上，环评影响文件的重点是现状评价和未来风险预测，但预测与结果之间并不必然一致。施工行为造成的损害结果与环评审批行为之间不具有因果关系，事后施工行为当否不是环评审批行为合法性的判断标准。

第四，事后施工不当的法律救济。若建设项目造成了环境污染、生态破坏，损害了公众的人身、财产权益，环境行政主管部门可对建设单位进行相应的行政处罚。此外，当事人还可就违法施工导致的噪声污染、水污染等提起民事侵权之诉，追究建设单位的民事侵权责任，既无须又无必要通过起诉在先环评审批行为予以救济。

【风险提示】

建设单位在编制环境影响评价时应当客观、真实，环境保护部门作出环评审批后，建设单位在后续建设过程中应当同时实施环境影响评价文件及环评审批意见中提出的环保对策措施。若建设过程中存在未按规定施工等情况，应承担相应责任。受施工影响的当事人也应选择合适的救济途径主张权利，不能以施工行为不当否定环评审批行为的合法性。

◎法律规定速查

《中华人民共和国民法典》（2020年5月28日）

第二百八十八条　不动产的相邻权利人应当按照有利生产、方便生活、团结互助、公平合理的原则，正确处理相邻关系。

第二百九十四条 不动产权利人不得违反国家规定弃置固体废物，排放大气污染物、水污染物、土壤污染物、噪声、光辐射、电磁辐射等有害物质。

第一千二百二十九条 因污染环境、破坏生态造成他人损害的，侵权人应当承担侵权责任。

第一千二百三十四条 违反国家规定造成生态环境损害，生态环境能够修复的，国家规定的机关或者法律规定的组织有权请求侵权人在合理期限内承担修复责任。侵权人在期限内未修复的，国家规定的机关或者法律规定的组织可以自行或者委托他人进行修复，所需费用由侵权人负担。

《中华人民共和国行政许可法》（2019年4月23日修正）

第四十七条 行政许可直接涉及申请人与他人之间重大利益关系的，行政机关在作出行政许可决定前，应当告知申请人、利害关系人享有要求听证的权利；申请人、利害关系人在被告知听证权利之日起五日内提出听证申请的，行政机关应当在二十日内组织听证。

申请人、利害关系人不承担行政机关组织听证的费用。

《中华人民共和国环境影响评价法》（2018年12月29日修正）

第十六条 国家根据建设项目对环境的影响程度，对建设项目的环境影响评价实行分类管理。

建设单位应当按照下列规定组织编制环境影响报告书、环境影响报告表或者填报环境影响登记表（以下统称环境影响评价文件）：

（一）可能造成重大环境影响的，应当编制环境影响报告书，对产生的环境影响进行全面评价；

（二）可能造成轻度环境影响的，应当编制环境影响报告表，对产生的环境影响进行分析或者专项评价；

（三）对环境影响很小、不需要进行环境影响评价的，应当填报环境影响登记表。

建设项目的环境影响评价分类管理名录，由国务院生态环境主管部门制定并公布。

《中华人民共和国行政诉讼法》（2017年6月27日修正）

第七十条 行政行为有下列情形之一的，人民法院判决撤销或者部分撤销，并可以判决被告重新作出行政行为：

（一）主要证据不足的；

（二）适用法律、法规错误的；

（三）违反法定程序的；

（四）超越职权的；

（五）滥用职权的；

（六）明显不当的。

第七十四条　行政行为有下列情形之一的，人民法院判决确认违法，但不撤销行政行为：

（一）行政行为依法应当撤销，但撤销会给国家利益、社会公共利益造成重大损害的；

（二）行政行为程序轻微违法，但对原告权利不产生实际影响的。

行政行为有下列情形之一，不需要撤销或者判决履行的，人民法院判决确认违法：

（一）行政行为违法，但不具有可撤销内容的；

（二）被告改变原违法行政行为，原告仍要求确认原行政行为违法的；

（三）被告不履行或者拖延履行法定职责，判决履行没有意义的。

《中华人民共和国水污染防治法》（2017年6月27日修正）

第三十条　环境保护主管部门和其他依照本法规定行使监督管理权的部门，有权对管辖范围内的排污单位进行现场检查，被检查的单位应当如实反映情况，提供必要的资料。检查机关有义务为被检查的单位保守在检查中获取的商业秘密。

第三十九条　禁止利用渗井、渗坑、裂隙、溶洞，私设暗管，篡改、伪造监测数据，或者不正常运行水污染防治设施等逃避监管的方式排放水污染物。

《中华人民共和国固体废物污染环境防治法》（2020年4月29日修订）

第九条　国务院生态环境主管部门对全国固体废物污染环境防治工作实施统一监督管理。国务院发展改革、工业和信息化、自然资源、住房城乡建设、交通运输、农业农村、商务、卫生健康、海关等主管部门在各自职责范围内负责固体废物污染环境防治的监督管理工作。

地方人民政府生态环境主管部门对本行政区域固体废物污染环境防治工作实施统一监督管理。地方人民政府发展改革、工业和信息化、自然资源、住房城乡建设、交通运输、农业农村、商务、卫生健康等主管部门在各自职责范围内负责固体废物污染环境防治的监督管理工作。

第二十条　产生、收集、贮存、运输、利用、处置固体废物的单位和其他生产经营者，应当采取防扬散、防流失、防渗漏或者其他防止污染环境的措施，不得擅自倾倒、堆放、丢弃、遗撒固体废物。

禁止任何单位或者个人向江河、湖泊、运河、渠道、水库及其最高水位线以下的滩地和岸坡以及法律法规规定的其他地点倾倒、堆放、贮存固体废物。

第七十七条　对危险废物的容器和包装物以及收集、贮存、运输、利用、处置危险废物的设施、场所，应当按照规定设置危险废物识别标志。

第七十九条　产生危险废物的单位，应当按照国家有关规定和环境保护标准要求贮存、利用、处置危险废物，不得擅自倾倒、堆放。

第一百一十三条　违反本法规定，危险废物产生者未按照规定处置其产生的危险废物被责令改正后拒不改正的，由生态环境主管部门组织代为处置，处置费用由危险废物产生者承担；拒不承担代为处置费用的，处代为处置费用一倍以上三倍以下的罚款。

《中华人民共和国政府信息公开条例》（2019年4月3日）

第三十六条　对政府信息公开申请，行政机关根据下列情况分别作出答复：

（一）所申请公开信息已经主动公开的，告知申请人获取该政府信息的方式、途径；

（二）所申请公开信息可以公开的，向申请人提供该政府信息，或者告知申请人获取该政府信息的方式、途径和时间；

（三）行政机关依据本条例的规定决定不予公开的，告知申请人不予公开并说明理由；

（四）经检索没有所申请公开信息的，告知申请人该政府信息不存在；

（五）所申请公开信息不属于本行政机关负责公开的，告知申请人并说明理由；能够确定负责公开该政府信息的行政机关的，告知申请人该行政机关的名称、联系方式；

（六）行政机关已就申请人提出的政府信息公开申请作出答复、申请人重复申请公开相同政府信息的，告知申请人不予重复处理；

（七）所申请公开信息属于工商、不动产登记资料等信息，有关法律、行政法规对信息的获取有特别规定的，告知申请人依照有关法律、行政法规的规定办理。

《最高人民法院、最高人民检察院关于办理环境污染刑事案件适用法律若干问题的解释》（2023年8月8日　法释〔2023〕7号）

第六条　实施刑法第三百三十八条规定的行为，行为人认罪认罚，积极修复生态环境，有效合规整改的，可以从宽处罚；犯罪情节轻微的，可以不起诉或者免予刑事处罚；情节显著轻微危害不大的，不作为犯罪处理。

《生态环境行政处罚办法》（2023年5月8日）

第七条　对当事人的同一个违法行为，不得给予两次以上罚款的行政处罚。同一个违法行为违反多个法律规范应当给予罚款处罚的，按照罚款数额高的规定处罚。

实施行政处罚，适用违法行为发生时的法律、法规、规章的规定。但是，作出行政处罚决定时，法律、法规、规章已经被修改或者废止，且新的规定处罚较轻或者不认为是违法的，适用新的规定。

第九条 生态环境主管部门实施行政处罚时,应当责令当事人改正或者限期改正违法行为。

责令改正违法行为决定可以单独下达,也可以与行政处罚决定一并下达。

责令改正或者限期改正不适用行政处罚程序的规定。

第二章
生态保护类案件

第一节 概述

何为"生态环境"？生态环境是"影响人类生存与发展的水资源、土地资源、生物资源以及气候资源数量与质量的总称"，是关系到社会和经济持续发展的复合生态系统。人类从本质上说是地球生态环境发展到一定阶段的产物，人类的生活、生产及一切活动都离不开生态环境。保护生态环境，确保人与自然的和谐，是社会能够得到进一步发展的前提，也是人类文明延续的保证。自20世纪中叶以来，全球的生态环境出现了急剧的恶化，土地沙漠化加速、臭氧层破坏、淡水资源紧缺、温室效应等环境问题的出现使得人类的生存受到了极大的威胁与考验。[1]1962年，生物学家蕾切尔·卡逊的《寂静的春天》是人类对生态环境问题开始关注的标志，引发了一代人对人与自然生态关系的重新审定和思考。[2]

生态问题，关系到人类的前途和命运。人类只有一个地球，人类所拥有的自然资源是有限的，同一份资源要被同时用于两个甚至多个不同的目的，因而纠纷是不可避免的。这种因环境资源的利用而产生的冲突和矛盾就是环境纠纷。当由于环境污染和生态破坏导致居民生活被影响时，自然容易引起环境纠纷，这种环境纠纷的类型就是生态保护类环境纠纷。生态保护类环境纠纷是环境生态问题的产物，它随着生态问题的日益严重而不断增多。本章即介绍了生态环境保护类环境纠纷案件，包括生物多样性保护案件、区域保护案件、气候变化应对案件、能源案件等，是最能体现环境与资源法保护特点的内容。

---

[1] 参见韩德培：《环境保护法教程》，法律出版社2005年版，第292页。
[2] 蕾切尔·卡逊在《寂静的春天》一书中提出，人类应该与其他生物共同分享地球，在人与生物之间建立合理的协调关系，这样才能维持人类的健康。参见杨桂华、钟林生、明庆忠：《生态旅游》，高等教育出版社2010年版，第9页。

第一,生物多样性保护类案件。主要包括以下几种类型:(1)涉及生物遗传资源和相关传统知识的获取与惠益分享、转基因生物安全、基因开发利用等遗传基因多样性保护案件。(2)外来物种入侵与动植物物种安全、物种栖息地保护等物种多样性保护案件。生物多样性是人类生存和发展的必要条件,动植物物种是生物多样性的重要组成部分。没有买卖,就没有杀戮。保护野生动植物是全人类的共同责任。我国作为《濒危野生动植物种国际贸易公约》的缔约国,积极履行公约规定的国际义务,严厉打击对野生动植物的乱捕滥杀、滥采滥挖等违法犯罪行为。(3)森林、草原、湿地、荒漠、冻原、海洋、河流湖泊、农田、城市生态系统损害以及因水土流失、自然灾害等引发的次生生态系统损害等生态系统多样性保护案件。[1] 无论是森林草原还是河流湖泊,各自然体除具有经济价值外,还具有涵养水源、调节气候以及为野生动物提供栖息场所等生态价值。任何组织和个人均有义务保护生态环境安全。

生物多样性是人类生存和发展的必要条件,是指地球上所有生物——动物、植物和微生物及其所构成的综合体。[2] 生物多样性是一项宝贵的自然资源,它为地球上包括人类在内的所有生物提供食物和生态服务,成为生命的支持系统。依靠地球的生物多样性资源,人类社会得以产生、存在和发展,并形成今天这个五彩缤纷的世界。可以说,物种多样性不仅有非常大的经济价值、科学价值,还具有无法用金钱衡量的生态价值。所以,人类要继续生存和发展,必须与多种多样的生物和谐共存。目前,地球上生物多样性正面临严重危机,资源过度利用、工程建设以及气候变化,都会影响物种生存和生物资源的可持续利用,这对人类生存和发展构成非常大的潜在威胁。

第二,区域保护类案件。主要包括涉及国家公园、自然保护区、自然公园等

---

[1] 生态系统保护案件,是指包括因盗伐滥伐森林或者其他林木、非法开垦草原或者破坏草原植被、超载放牧、滥采药材、外来种、杂交种、转基因种引入、违法猎捕野生动物、破坏栖息地、滥采真菌物种、渔业滥捕超捕、矿业开发、非法占用、工程建设、农业围垦、侵占水域岸线、水域拦截、地下水超采等不合理开发利用自然资源行为造成森林、草原、湿地、荒漠、冻原、海洋、河流湖泊等生态系统损害的案件。

[2] 生物多样性是大自然物种拥有程度的笼统术语,通常含有三个不同的层次:基因(或遗传)多样性、物种多样性和生态系统多样性。生态系统的多样性是物种和遗传多样性的基础。物种多样性是基因多样性的载体或体现。生物多样性不仅具有直接使用价值,而且具有更重要的间接使用价值和潜在使用价值。参见周国强、张青主编:《环境保护与可持续发展概论》,中国环境科学出版社2017年版,第76页。

自然保护地案件①，海洋、湖泊、河道等沿岸保护区案件，自然遗迹②案件与人文遗迹③案件。自然保护区是维护生态多样性、构建国家生态安全屏障、建设美丽中国的重要载体。自然保护区内环境保护与经济发展之间的矛盾较为突出，存在资源主管部门与自然保护区管理部门之间的职责衔接问题。现行法律对自然保护区实行最严格的保护措施，人民法院在审理相关案件时，应注意发挥环境资源司法的监督和预防功能，严禁任意改变自然生态空间用途的行为，防止不合理开发利用资源的行为损害生态环境。

第三，气候变化应对类案件。主要包括碳排放权交易、碳汇交易等气候变化减缓案件，还有相关环境影响评价、规划等气候变化适应案件。气候变化是全球性的、长期性的，而且涉及气候、环境、经济、政治、法规制度、社会及技术等诸多复杂问题的相互作用，是独具特色的一个问题。从广泛的社会目标如公正性和可持续发展来看，气候变化问题具有显著的国际和代际间的影响。无论是气候变化减缓案件还是气候变化适应案件都是生态环境纠纷案件的题中应有之义。

第四，能源类案件。主要包括涉及化石能源等传统能源利用案件与涉及风能、太阳能、水能、生物质能、地热能、海洋能、潮汐能、核能等可再生能源利用案件。任何对某一资源或某一区域环境的损坏，都将可能导致对环境整体性的破坏；任何一个污染行为，都将直接或者间接地损害公众的环境利益。保护和改善人类生存环境，事关人类健康幸福和经济社会的持续发展，也是全世界人民的迫切希望和各国政府的责任与共识。

生态系统是一个复杂、和谐而又处于动态进化中的体系。由于其组成的多样

---

① 按照自然生态系统原真性、整体性、系统性及其内在规律，依据管理目标与效能并借鉴国际经验，将自然保护地按生态价值和保护强度高低依次分为国家公园、自然保护区、自然公园三类。
② 根据《保护世界文化和自然遗产公约》规定，自然遗迹包括从审美或科学角度看具有突出的普遍价值的由物质和生物结构或这类结构群组成的自然景观；从科学或保护角度看具有突出的普遍价值的地质和地文结构以及明确划为受到威胁的动物和植物生境区；从科学、保存或自然美角度看具有突出的普遍价值的天然名胜或明确划分的自然区域。其他相关规定有《自然保护区条例》《风景名胜区条例》等。
③ 根据《保护世界文化和自然遗产公约》规定，人文遗迹包括古迹（从历史、艺术或科学角度看具有突出的普遍价值的建筑物、碑雕和碑画，具有考古性质的成分或构造物、铭文、窟洞以及景观的联合体）、建筑群（从历史、艺术或科学角度看在建筑式样、分布均匀或与环境景色结合方面具有突出的普遍价值的单立或连接的建筑群）、遗址（从历史、审美、人种学或人类学角度看具有突出的普遍价值的人类工程或自然与人的联合工程以及包括有考古地址的区域）。其他相关规定有《文物保护法》《风景名胜区条例》等。

性,对外来干扰具有一定的缓冲能力,对局部的破坏也有一定的修复功能。因此,生态系统的破坏是一个渐进的、累积的过程。[①] 在生态系统中每一个环节的问题虽然可能无足轻重,但问题积累到一定程度,生态系统也就必然被破坏,这种现象已被很多观察所证实。也正因如此,对于环境资源审判工作而言,对破坏生态环境的犯罪进行严惩固然重要,更重要的是让犯罪行为实施者受到警示和教育,并责成其通过实际行动将因自己的犯罪行为而对环境资源造成的损害后果降到最低,实现惩治破坏生态环境犯罪与修复被破坏生态的平衡。

生态环境没有替代品,用之不觉,失之难存。良好的生态环境是最重要的公共产品,也是最造福民生的福祉。生态环境若受到了严重的破坏,所引发的后果是不容小觑的,造成的损害会直接波及子孙后代。进入新时代之后,我国社会主要矛盾已经转化为人民日益增长的美好生活需要和不平衡不充分的发展之间的矛盾。从注重温饱逐渐转变为更注重环保,从求生存到求生态,提高环境质量成为广大人民群众的热切期盼。为此,每位公民有责任有义务保护生态环境,为我们赖以生存的家园贡献自身的一份力量。

第二节 生物多样性保护类案件

问题 *1*:生态环境犯罪中修复性司法理念应该如何落实?

【解答】

与传统犯罪相比,环境资源类犯罪具有其特殊性,即生态环境一旦被破坏将不可逆转,若单纯实施刑罚,对后续环境资源的修复和生态环境的保护可能无能为力,难以完全实现刑罚目的。因而,案件审理中应积极贯彻恢复性司法理念,

---

[①] 有人用"铆钉"作比喻,形象地说明了生态系统的破坏过程。当在飞机的机翼上选择适当的位置除掉一个或几个铆钉时,造成的影响可能微不足道,当铆钉一个个地被拔出时,危险性增大,每一个铆钉的拔出都增加了下一个铆钉断裂的可能,当铆钉被拔到一定程度时,飞机的突然解体也就成为必然。

促使受损生态环境尽快得到修复。本案采用"修复环境＋判刑"的修复性司法理念，动员被告人采用合理方式来修复被破坏的生态环境，并将此作为被告人从轻处罚的依据，既有效地打击了破坏环境资源的犯罪，又及时有效地修复了被破坏的环境资源，实现社会效果和法律效果的双赢，对今后审理此类案件具有参考意义。

【案例】

朱某某、杨某某非法捕捞水产品案[①]

案情： 2017年8月29日21时许，被告人杨某某、朱某某结伙至湖州市南浔区湖嘉申复线双林水域进行电力捕鱼，共捕获6公斤左右，获利人民币120元；次日21时至22时15分许，被告人杨某某、朱某某结伙至湖嘉申复线双林水域进行电力捕鱼，捕获草鱼3公斤、鲤鱼2.5公斤（上述鱼已由行政执法部门放入河流内）、白鱼及小杂鱼6.36公斤（被行政执法部门作为证据登记保存），后被湖州市南浔区农林执法大队执法人员当场抓获。上述湖嘉申复线水域属于2017年7月18日湖州市南浔区发布的《湖州市南浔区人民政府关于实施禁渔期制度的通告》中全年禁渔的国有水域。

案发后，湖州市南浔区渔政渔港监督管理站（以下简称南浔区渔政站）将两被告人用于电捕鱼的电瓶3只、热变器1只、电杆1根作为证据登记保存。公诉人认为，被告人杨某某、朱某某违反保护水产资源法规，在禁渔区使用禁用的工具捕捞水产品，情节严重，其行为均已触犯了《刑法》第25条第1款、第340条，犯罪事实清楚，证据确实、充分，应当以非法捕捞水产品罪追究其刑事责任。

本案审理过程中，经法院做工作，被告人杨某某、朱某某自愿购买了15万尾、价值共计人民币3000元的鱼苗在南浔区湖嘉申复线双林水域进行增殖放流，修复生态环境。经查明，被告人杨某某、朱某某在非法捕捞点附近放养鱼苗时还邀请当地人大代表、政协委员到场监督，各村村主任、渔民代表共同放养鱼苗。

一审法院经审理认为，被告人杨某某、朱某某违反保护水产资源法规，在禁渔区使用禁用的工具捕捞水产品，情节严重，其行为均已构成非法捕捞水产品罪，公诉机关指控的罪名成立，依法予以惩处。两被告人到案后均能如实供述罪行，

[①] 参见浙江省湖州市南浔区人民法院（2018）浙0503刑初281号刑事判决书。

系坦白，依法分别从轻处罚。两被告人已购买鱼苗进行增殖放流，实行生态修复，酌情分别从轻处罚。被告人朱某某具有劣迹，酌情从重处罚。为此判决：被告人朱某某犯非法捕捞水产品罪，判处拘役五个月，缓刑九个月；被告人杨某某犯非法捕捞水产品罪，判处拘役四个月，缓刑七个月；南浔区渔政站保存的作案工具电瓶3只、热变器1只、电杆1根以及赃物杂鱼予以没收，由保存部门依法处理。一审宣判后，被告人杨某某、朱某某未提起上诉，一审判决已发生法律效力。

分析：本案对破坏环境资源类案件中如何做到惩治犯罪和保护环境进行了有益探索和实践。判令被告人修复遭受破坏的生态环境，在法律术语上称为环境修复性司法。它是指通过司法裁判，责令损害生态环境的责任人对损害的生态环境进行有效修复，保证生态系统恢复到损害之前水平或者让生态恢复平衡。换言之，生态环境修复性司法是一种在环境损害发生后，能以环境修复性司法进行救济的法律模式。生态环境破坏容易而修复难的显著特点，注定了司法在运用刑罚惩治环境犯罪的过程中，必须通盘考虑被破坏生态环境的修复。可见，充分发挥司法的修复性功能，对丰富生态环境司法手段、助力遭受损害生态环境的修复，都不可或缺。然而，在以往的司法实践中，刑罚对破坏生态环境的犯罪打击有余，而对生态环境的修复重视不够，其结果是虽然惩治了犯罪，但被损害的生态环境却得不到及时有效的修复，致使刑罚保护生态环境的功能难以充分发挥。因此，如何充分运用修复性司法手段，修复遭受损害的生态环境，实现环境生态损害前后平衡的良性循环，也就成了司法必须面对的现实抉择。

本案中，面对破坏环境资源类案件，被告人的行为已然对环境资源产生破坏，单纯追究法律责任，对后续环境资源的修复和生态环境的保护往往无能为力，难以完全实现刑罚目的。本案中，法院在判处刑罚的同时，还判罚行为人需承担其所破坏生态环境和资源的修复责任，这种平衡兼顾破坏生态环境犯罪刑责追究和生态环境修复的司法新举措，无疑为依法惩治破坏生态环境犯罪、助力被损害生态环境的修复提供了可供复制的样本。

具体而言，本案的裁判采用"修复环境+判刑"的修复性司法理念，在审理前积极协调各方从修复生态环境资源角度着手，动员被告人采用购买鱼苗投放捕鱼河道的方式来修复被破坏的河道的环境，并将此作为被告人从轻处罚的依据，实现社会效果和法律效果的双赢。将修复性司法理念贯彻到此类破坏环境资源保护案件中，既能有效打击破坏环境资源的犯罪，又能及时有效修复被破坏的环境资源，最大限度地实现此类案件的社会效果和法律效果，对今后审理此类案件具有参考意义。此外，该案对群众的教育意义亦不容小觑，通过惩处和教育功能的发挥，真正做到了"打击一犯罪，修复一个点，教育一大片"。

【风险提示】

在禁渔区、禁渔期或者使用电瓶电鱼，无论渔获多少，都将破坏河道环境，影响生态，应当追究相应的刑事法律责任。对于破坏环境资源的犯罪惩治而言，严惩固然重要，更重要的是让犯罪行为实施者受到警示和教育，并责成其通过实际行动将因自己的犯罪行为而对环境资源造成的损害后果降到最低，实现惩治破坏环境资源犯罪与修复被破坏环境资源的双效统一。

问题 2：环境资源刑事案件中是否可以适用速裁程序？

【解答】

2018年10月26日修正的《刑事诉讼法》确立了认罪认罚可以依法从宽处理的原则，并增加了速裁程序、值班律师等规定。适用速裁程序审理案件，有利于及时有效惩治犯罪、修复和保护生态环境。此外，法院通过发出《野生动物保护令》等司法令状形式，在各个生态领域探索制度创新，向破坏生态环境的行为人传达了"像对待生命一样对待环境"的司法态度。当法治制度成为刚性的约束和不可触碰的高压线，那么用司法为美丽和谐的自然环境护航就不再是奢望。

【案例】

戴某等4人非法狩猎案[①]

案情： 2018年5~6月，戴某携带气枪，单独或交叉结伙徐某1、毛某、徐某2，先后8次在安吉县域内的不同乡村地点采用枪打的方式打死野鸡2只、野生鸟类59只。2019年4月17日，公诉机关以戴某、徐某1、毛某、徐某2涉嫌非法狩猎罪向安吉县人民法院（以下简称安吉法院）提起公诉并就适用速裁程序和量刑提出建议。戴某、徐某1、毛某、徐某2接受派驻安吉法院的值班律师就刑事案件适用速裁程序方面提供的法律咨询、程序选择、案件处理提出意见等法律帮助。

---

① 参见浙江省安吉县人民法院（2019）浙0523刑初243号刑事判决书。

2019年4月28日，一审法院首次适用速裁程序公开开庭进行了审理，告知戴某、徐某1、毛某、徐某2享有的诉讼权利、如实供述自己罪行可以从宽处理的法律规定和认罪认罚的法律后果，着重对公诉机关提出的戴某、徐某1、毛某、徐某2认罪认罚的自愿性和认罪认罚具结书内容的真实性、合法性进行审查后，采纳了公诉机关的量刑建议，认定戴某、徐某1、毛某、徐某2犯非法狩猎罪，判处有期徒刑二年、一年二个月、八个月及拘役四个月，适用不同的缓刑期。同时，发出《野生动物保护令》，责令其在缓刑考验期内在案发区域附近设立野生动物保护宣传牌，并每月在案发区域附近至少巡逻一次，巡逻时间不少于半小时。

分析： 本案的亮点是一审法院通过创新举措，将速裁程序引入环境资源刑事审判中。破坏生态环境行为人认罪认罚，且对定罪量刑无争议的，尽量简化庭审，缩短审理期限，提高办案效率，以法治保护生态环境。一审法院发出《野生动物保护令》，由社区矫正机构对其缓刑期间进行定位定时考察，未按保护令执行的，视情节轻重，予以警告，直至撤销缓刑执行原判刑罚。通过这样的司法命令引导、督促狩猎者积极修复因其犯罪行为受损的生态环境，建立惩治、修复、联防"三位一体"的生态司法机制，为新时代"两山"试验区建设司法护航。这也是安吉法院向狩猎者适用速裁程序、发出《野生动物保护令》的意义。

全国生态环境保护大会在2018年5月18日召开之后，作为"两山"理念发源地的安吉法院在美丽乡村建设方面积极探索还老百姓绿水青山、鸟语花香的司法保障措施。2018年10月26日修正的《刑事诉讼法》确立了自愿如实认罪、真诚悔罪认罚的犯罪嫌疑人、被告人依法从宽处理的认罪认罚从宽制度，是实体规范和程序保障一体构建的综合性法律制度。从制度定位来讲，这是对坦白从宽刑事政策的制度化和深化发展。一是认罪认罚案件在程序上可以从宽处理，简化了审判程序。对于基层人民法院管辖的认罪认罚案件，可以适用简易程序或者速裁程序进行审判。二是认罪认罚案件在实体上可以依法从宽处罚。犯罪嫌疑人认罪认罚的，公诉机关应当根据犯罪的事实、性质、情节和对社会的危害程度以及认罪认罚情况，依法提出从宽处罚的建议。人民法院作出判决时，一般应当采纳公诉机关指控的罪名和量刑建议。三是诉讼全程规范保障认罪认罚的自愿性。首先，规范权利告知程序。告知犯罪嫌疑人、被告人享有的诉讼权利、如实供述自己罪行可以从宽处理的法律规定和认罪认罚的法律后果。其次，强化认罪认罚自愿性审查。人民法院开庭审理时，应当告知被告人享有的诉讼权利和认罪认罚的法律后果，审查认罪认罚的自愿性和认罪认罚具结书内容的真实性、合法性。最后，强化律师参与和法律帮助。犯罪嫌疑人、被告人签署认罪认罚具结书、接受审判时，应指派值班律师为没有辩护人的犯罪嫌疑人、被告人提供法律帮助，防止无辜者受到错误追究。不可否认的是，这一综合性法律制度为提高生态环境法治水平提供了法律依据。

【风险提示】

山水林湖田草沙是生命共同体，人与动物也是生命共同体，大自然中的生物链，维系着物种间天然的数量平衡。"多样的物种，唯一的星球，共同的未来。"尊重自然才能更好地利用自然和改造自然。安吉县作为"两山"理念的发源地，山川秀美，野生动物资源丰富。虽然生态观念已深入老百姓心中，但还是有少数人贪图舌尖上的美味，非法猎捕野生动物。《野生动物保护令》作为一种刚性的约束和不可触碰的高压线，不仅使得以身试法者变身为"保护者"，以其切身的悔改表现来教育带动身边的人共同呵护野生动物；而且引导群众更好地敬畏自然、尊重自然、顺应自然、保护自然。

问题 3：非法收购、运输、出售珍贵、濒危野生动物的量刑幅度是多少?

【解答】

人与自然和谐相处是人类社会追求的重要目标，野生动物的保护已然成为国际社会共同关心的话题。一直以来，我国对于非法捕杀、出售、运输已列入《濒危野生动植物种国际贸易公约》（CITES 公约）保护的濒危、珍稀野生动物的犯罪行为进行了有效打击。从刑法的规定看，该类犯罪的量刑也是比较重的。然而，由于不法分子的贪欲和趋利，针对野生动物的违法犯罪行为仍时有发生。法院通过严格的定罪量刑，坚决打击非法猎杀、贩卖等破坏野生动物资源的违法犯罪行为，对于形成重视和保护动植物生态资源的社会氛围具有重要推动作用。

【案例】

陈某某等 30 人非法收购、运输、出售珍贵、濒危野生动物及其制品案[①]

案情： 2009 年至 2015 年 7 月，被告人陈某某明知系珍贵、濒危野生动物，未取得野生动物管理部门核发的许可证，伙同被告人羊某某及王某某，向被告人林某某、刘某某及孙某某、余某某等人非法收购穿山甲、巨蜥、熊掌等国家珍贵、濒危野生动物及其制品，并出售给被告人谢某某、张某某、茹某某、周某某等人。其间，被告人王某某、张某某明知系珍贵、濒危野生动物及其制品，仍帮忙运送。其中被告人陈某某共非法买卖一级保护动物巨蜥 80 余只、国家二级保护动物穿山甲 300 余只、猫头鹰 100 余只及熊掌等制品。其余各被告人向陈某某收购不同数量的野生动物。

一审法院经审理认为，陈某某等人违反森林动物保护法规，非法收购、运输、出售国家重点保护的珍贵、濒危野生动物及其制品，其行为已构成非法收购、运输、出售珍贵、濒危野生动物及其制品罪，依法应追究相应刑事责任，遂对陈某某等 30 人判处九个月至十二年的有期徒刑（部分具有自首、立功等从轻、减轻情节的被告人判处缓刑），处罚金人民币 2000 元至 5 万元。二审法院经审理，查证了上诉人沈某某检举他人犯罪构成立功的事实，依法对其在原判基础上从轻处罚并适用缓刑，对一审判决的其余部分予以维持。

分析： 该案是浙江省最大的一起非法收购、运输、出售濒危野生动物案件，涉案人员数量、非法买卖野生动物数量均创浙江省之最。有以下几个问题值得注意：

第一，关于电子数据的提取制作程序是否符合法律规定。本案中相关电子数据的原始存储介质即被告人陈某某的台式电脑主机、硬盘录像机、手机，被告人王某某的手机，被告人刘某某的手机等的扣押过程均有搜查证、搜查笔录、搜查照片、扣押决定书、扣押清单等证据予以证实，且有侦查人员、持有人、见证人签字确认，符合法律程序规定。同时，根据电子数据提取情况说明，电子数据勘查工作记录、电子证据检查工作记录、原始证据使用记录等，相关电子数据提取收集程序均由两名侦查人员进行并签字确认。虽提取过程缺乏见证人签字，但经

[①] 参见浙江省绍兴市中级人民法院（2017）浙 06 刑终 162 号刑事判决书。

法院庭后调查核实，侦查机关已作出合理解释，足以保证电子数据的完整性、真实性，故予以确认。

第二，关于相关珍贵、濒危野生动物的种属认定问题。因本案大部分交易、运输的野生动物已无法查获实物，无法逐一对每一节事实中的野生动物进行鉴定，法院结合被告人供述与辩解、账本、电子账单及已查获、扣押的野生动物及其制品、鉴定意见书等证据，认定相关珍贵、濒危野生动物的种属。根据相关司法解释，"珍贵、濒危野生动物"包括列入国家重点保护野生动物名录的国家一、二级保护野生动物和列入《濒危野生动植物种国际贸易公约》附录一、附录二的野生动物以及驯养繁殖的上述物种。本案中无论是孟加拉巨蜥还是其他种类的巨蜥，均为国家一级保护野生动物，属于珍贵、濒危野生动物。

第三，关于运输珍贵、濒危、野生动物的行为是否被收购、出售行为吸收。司法解释规定："收购"，包括以营利、自用等为目的的购买行为；"运输"，包括采用携带、邮寄、利用他人、使用交通工具等方法进行运送的行为；"出售"，包括出卖和以营利为目的的加工利用行为。法院认为，运输珍贵、濒危野生动物的行为是整个犯罪链中的一环，其构成要件不包括运输的距离与目的，因距离远近本身是相对的概念，短距离运输与长距离运输本身难以界定。且"收购""出售"的定义解释并不包括运送行为，故以收购和出售为目的的运送均应认定为运输。只要被告人实施运送珍贵、濒危野生动物的行为，即构成运输珍贵、濒危野生动物罪。故被告人魏某某、王某某构成运输珍贵、濒危野生动物罪。

【风险提示】

由于人类经济社会的高速发展，物种平衡遭到严重破坏，动植物资源正以前所未有的速度流失。非法收购、运输、出售珍贵、濒危野生动物及其制品，危害了野生动物的生存和繁衍，也严重破坏了生物多样性和生态平衡。法院通过严厉刑罚打击非法买卖野生动物的犯罪行为，会对社会公众形成良好的警醒作用。审判实务中，也有不少餐饮行业人员买卖了数量不多的珍贵、濒危野生动物而被判处了刑罚。没有买卖就没有杀戮！烹饪餐饮行业协会等要加强日常监管、强化行业自律、健全举报制度、加强舆论宣传，更好地保护、拯救珍贵、濒危野生动物。

问题 4：参与收购、运输、出售、杀害珍贵、濒危野生动物是否构成犯罪？

【解答】

在非法收购、运输、出售、杀害珍贵、濒危野生动物刑事案件中，只要被告人达到刑事责任年龄、具有刑事责任能力，主观上具有故意，对珍贵、濒危野生动物实施了非法收购、运输、出售、杀害珍贵、濒危野生动物的行为，即构成犯罪。法院运用严格的司法手段惩治犯罪，不仅有效打击了非法买卖野生动物的犯罪行为，同时也提高了民众的法治意识和环保意识，促进维护生态平衡，保障国家生态稳定与安全。

【案例】

王某某等人非法收购、运输、出售、杀害珍贵、濒危野生动物案[①]

案情： 2018 年 6 月，被告人王某某从他人（身份不明）手中以人民币 5080 元的价格收购了一只穿山甲，之后以人民币 11 025 元的价格出售给被告人黄某乙。被告人黄某乙告知被告人黄某甲有一只穿山甲，二人谈妥价格后，黄某乙于 2018 年 6 月 13 日搭乘被告人冯某驾驶的车辆前往浙江省丽水市提货。被告人铁某某受被告人黄某乙委托，提货后在黄某乙的仓库内以人民币 12 600 元的价格将穿山甲出售给被告人黄某甲。当日下午，被告人冯某开车将穿山甲运送至桐庐县富春江镇俞赵村，并应被告人黄某甲的要求，冒充卖家将穿山甲以人民币 17 800 元的价格出售给被告人徐某某、方某某；被告人徐某某、方某某伙同被告人王某某将该穿山甲杀害。

桐庐县人民检察院认定被告人王某某、黄某甲、黄某乙非法收购、出售国家重点保护的珍贵、濒危野生动物；被告人徐某某、方某某非法收购国家重点保护的珍贵、濒危野生动物；被告人冯某非法运输国家重点保护的珍贵、濒危野生动物；被告人王某某非法杀害国家重点保护的珍贵、濒危野生动物；被告人铁某某非法出售国家重点保护的珍贵、濒危野生动物。应当分别以非法收购、出售珍贵、濒危野生动物罪，非法收购珍贵、濒危野生动物罪，非法运输珍贵、濒危野生动

---

① 参见浙江省桐庐县人民法院（2018）浙 0122 刑初 390 号刑事判决书。

物罪，非法杀害珍贵、濒危野生动物罪，非法出售珍贵、濒危野生动物罪追究其刑事责任，提请桐庐县人民法院依法判处。

一审法院经审理认为，被告人王某某、黄某甲、黄某乙非法收购、出售国家重点保护的珍贵、濒危野生动物，其行为已构成非法收购、出售珍贵、濒危野生动物罪；被告人徐某某、方某某非法收购国家重点保护的珍贵、濒危野生动物，其行为已构成非法收购珍贵、濒危野生动物罪；被告人冯某非法运输国家重点保护的珍贵、濒危野生动物，其行为已构成非法运输珍贵、濒危野生动物罪；被告人王某某非法杀害国家重点保护的珍贵、濒危野生动物，其行为已构成非法杀害珍贵、濒危野生动物罪；被告人铁某某非法出售国家重点保护的珍贵、濒危野生动物，其行为已构成非法出售珍贵、濒危野生动物罪。为此判决王某某等8人拘役四个月至有期徒刑六个月不等（部分有从轻、减轻情节的被告人判处缓刑），并处罚金人民币1000元至6000元不等。

分析：本案依法对非法杀害、非法收购、运输、出售国家重点保护的珍贵、濒危野生动物的犯罪行为进行了打击，对惩治和防范环境资源犯罪中犯罪主体的认定、犯罪行为的认定、刑罚的适用、宽严相济刑事政策的落实等方面进行了实践探索。

一方面，在犯罪主体认定上，非法收购、运输、出售珍贵、濒危野生动物罪和非法杀害珍贵、濒危野生动物罪的犯罪主体为一般主体，即凡是达到刑事责任年龄、具有刑事责任能力的人，均可构成本罪。因而，单位也可成为本罪主体，这是毋庸置疑的。另一方面，非法收购、运输、出售珍贵、濒危野生动物罪和非法杀害珍贵、濒危野生动物罪的认定主观方面应该表现为故意，过失不构成本罪。

本案在认定八名被告人具有主观故意前提下，正确区分各被告人非法收购、运输、出售或者杀害的客观行为，根据主客观相一致原则对八名被告人分别定罪量刑；并贯彻宽严相济的原则，根据八名被告人自首、坦白及认罪认罚等情节，分别予以从轻处罚或者从宽处理；同时根据各被告人的犯罪情节和悔罪态度综合判断其社会危害性依法部分适用缓刑。本案刑罚的适用既体现了从严打击和防范环境资源犯罪的决心，又体现了宽严相济的刑事政策，充分发挥了刑法的威慑和教育功能。

本案的查处，反映当前此类犯罪时有发生的主要原因是不法分子的贪欲和趋利，也反映出公众法律意识的淡薄。本案中，法院依法对涉案被告人处以刑罚，既体现了法律对环境资源犯罪行为的有效惩治，提升了公众保护环境特别是保护野生动物资源的意识,实现了惩罚和预防犯罪的目的,又突出了刑事司法对环境法益进行保护的价值取向,对促进我国环境司法专门化的进一步发展发挥了积极作用。

【风险提示】

保护珍贵、濒危野生动物,不仅维护了自然界生态平衡,也为国家经济建设提供了重要的物质保障。广大人民群众在日常生产、生活中应注重对珍贵、濒危野生动物的保护,相信科学,提升自己的法治意识和环保意识,严格遵守相关环境法律规定,避免被追究刑事责任。若发现非法杀害、收购珍贵、野生动物等行为,也应及时制止并报相关单位处理。

问题 5:非法猎捕、杀害珍贵、濒危野生动物案件中,是否要求行为人在主观层面知道该动物属于国家重点保护的珍贵、濒危野生动物?

【解答】

非法猎捕、杀害珍贵、濒危野生动物罪属于典型的法定犯、行为犯,只要实施了猎捕、杀害行为之一即可构成本罪的既遂,情节是否严重,不是区分罪与非罪的标准,对于构成本罪亦没有时间、地点、方法和数量的限制。但法律及司法解释并未明确非法猎捕、杀害珍贵、濒危野生动物罪的主观明知问题。但从法理上看,其主观明知存在"知道"或"应当知道"两种情形。关于明知的程度,世界上物种繁多,相近似物种间区别较小,囿于认知能力、知识水平、生活环境等因素,一般人难以明确每一物种的具体名称及其所属级别。因此,理论界、实务界均认可,虽然非法猎捕、杀害珍贵、濒危野生动物罪要求行为人主观上明知是国家重点保护的珍贵、濒危野生动物而猎捕、杀害,但并不要求行为人认识到野生动物的级别与具体名称。

【案例】

夏某某等 4 人非法猎捕、杀害珍贵、濒危野生动物罪案[1]

案情: 2017 年 12 月 11 日下午,一头黑色的像"黄麂"的不明野生动物跑进

---

[1] 参见浙江省湖州市中级人民法院(2019)浙 05 刑终 49 号刑事裁定书。

被告人夏某某家后院,被正在院内的被告人夏某某、周某某发现,二人遂叫上被告人谢某某、陈某同去水产养殖社寻找那只野生动物。四被告人一起来到水产养殖社大门口,由被告人谢某某翻围墙打开铁门后其余3人进入水产养殖区域,四被告人在水产养殖区的围墙边找到该野生动物,并从几个方向围赶,当该动物跑向被告人周某某处,被告人周某某持一根木棍击打其头部,该动物当场被打死。

四被告人将该动物运回被告人周某某、陈某租住的院子内,被告人夏某某叫来其兄一起将该动物褪毛并分割给被告人夏某某、周某某、谢某某等人分享食用。其间,被告人夏某某还曾将该动物拍成小视频上传到微信朋友圈,后因被告人谢某某提醒而删除。案发后,经原国家林业局森林公安司法鉴定中心鉴定,该野生动物为"黑麂",系国家一级保护动物。

一审法院认为,被告人夏某某、周某某、谢某某、陈某违反狩猎法规,非法猎捕、杀害珍贵、濒危野生动物,破坏野生动物资源,情节严重,其行为均已构成非法猎捕、杀害珍贵、濒危野生动物罪。在该共同犯罪中,被告人夏某某、周某某积极参与整个犯罪过程,起主要作用,系主犯;被告人谢某某、陈某起辅助作用,系从犯,依法予以减轻处罚。案发后,四被告人能如实供述犯罪事实,庭审中均能自愿认罪,依法从轻处罚。据此,以非法猎捕、杀害珍贵、濒危野生动物罪分别对被告人夏某某等人作出判决。

一审判决后,上诉人夏某某及其辩护人提出:夏某某并不明知所猎捕、杀害的动物是国家重点保护的珍贵、濒危野生动物,其仅认为案涉动物是与黄麂差不多级别的动物,其行为不符合非法猎捕、杀害珍贵、濒危野生动物罪的构成要件,且一审认定夏某某系主犯错误。遂提起上诉,请求改判无罪或发回重审。二审法院经审理裁定:驳回上诉,维持原判。

分析: 本案的争议焦点是夏某某的行为是否构成非法猎捕、杀害珍贵、濒危野生动物罪。对此,有观点认为夏某某无罪,理由如下:夏某某的行为不符合非法猎捕、杀害珍贵、濒危野生动物罪的主观故意这一构成要件,具体则指夏某某在行为时并不知道被追捕、打死的动物是国家一级保护动物黑麂。根据张明楷教授等人的观点,行为人必须明知是国家重点保护的珍贵、濒危野生动物而猎捕、杀害的,才可能构成本罪。而本案中,夏某某等人仅认识到案涉的动物是黄麂或类似黄麂,并不明知是国家重点保护的珍贵、濒危野生动物,所以应认定夏某某等人无罪。

还有观点认为,应当驳回上诉,维持原判。该观点的理由在于,夏某某等人虽然不能明确本案的动物是黑麂，也不知道其属于国家一级保护动物，但仔细审查全案证据材料，可以认定夏某某应当知道猎捕、杀害的是受国家保护的野生动物，即夏某某的主观故意可以认定，其行为构成本罪。该观点也是本案法官所采取的观点，具体分析如下：

非法猎捕、杀害珍贵、濒危野生动物罪的主观明知问题，现行法律及司法解释均未予以明确。《全国人民代表大会常务委员会关于〈中华人民共和国刑法〉第三百四十一条、第三百一十二条的解释》规定："知道或者应当知道是国家重点保护的珍贵、濒危野生动物及其制品，为食用或者其他目的而非法购买的，属于刑法第三百四十一条第一款规定的非法收购国家重点保护的珍贵、濒危野生动物及其制品的行为。"虽然该立法解释针对的是"非法收购珍贵、濒危野生动物及其制品"，但其与本案涉及的"非法猎捕、杀害珍贵、濒危野生动物"均属《刑法》第341条第1款的规定，具有相同的量刑幅度及法定刑升格条件，说明立法上对这两个罪名作了一致性评价。

最高人民检察院公诉厅主编的《公诉案件证据参考标准》一书中对非法猎捕、杀害珍贵、濒危野生动物罪的主观故意方面阐述了具体的参考标准，即通过被告人供述和辩解、证人证言、物证等相关证据证明行为人"知道"或者"应当知道"自己猎捕、杀害的是国家重点保护的珍贵、濒危野生动物，其行为违反了国家法律法规，并且具有希望或者放任危害结果发生的主观心态即可，至于行为人的动机，如出卖、自食自用、馈赠或取乐等，均不影响本罪的成立。

因此，对于本罪的主观明知，也存在"知道"或"应当知道"两种情形："知道"即行为人自己供述明确知道；"应当知道"即推定行为人知道，推定时一般结合行为人的认知能力、职业、经历、生活环境、供述内容及其他证据、逻辑、法定化事由等进行综合认定。推定"应当知道"的情形在司法解释及实务中普遍存在，主要是因为"明知"具有较强的主观性，若行为人极力狡辩，不采用推定的方式就难以对其行为进行认定，因此，该做法也得到了理论界、实务界的普遍认可。

对于明知的程度，客观来说，世界上物种繁多，相近似物种间区别较小，囿于认知能力、知识水平、生活环境等因素，若非专业人士，一般人难以明确每一物种的具体名称及其所属级别。因此，虽然要求行为人主观上明知是国家重点保护的珍贵、濒危野生动物而猎捕、杀害，但并不要求认识到野生动物的级别与具体名称。具体是否属于"珍贵、濒危的野生动物"，则由国家、国际组织实行动态管理，并列入《国家重点保护野生动物名录》及《濒危野生动植物种国际贸易公约》附录Ⅰ、附录Ⅱ中，即被重点保护的野生动物所属级别依照上述名录及公约规定。

因此，本罪所涉动物，首先是野生动物，其次是被保护的野生动物，至于该动物的所属级别、具体名称、是珍贵还是濒危，均不要求行为人存在认知。本案中，夏某某等人是否认识到案涉动物是国家一级保护动物黑麂，并不影响本罪的成立，故二审法院"驳回上诉，维持原判"的判决结果是应予以认可的。

【风险提示】

珍贵、濒危野生动物是国家宝贵的自然资源，具有重要的经济、文化、社会乃至政治价值。由于数量稀少，捕杀任何一只珍贵濒危、野生动物或直接影响该区域内种群的繁衍存续，故应当充分认识保护珍贵、濒危野生动物的重要性。若在野外碰到不明野生动物，即便不清楚其所属级别、具体名称、是珍贵还是濒危，若进行捕杀均有可能触犯非法猎捕、杀害珍贵、濒危野生动物罪，故不应心存任何侥幸。

问题 6：走私《濒危野生动植物种国际贸易公约》附录所列珍贵动物是否属于走私珍贵动物罪？

【解答】

所谓珍贵动物，是指国家重点保护的珍贵稀有的陆生、水生野生动物。珍贵动物不仅包括具有重要观赏价值、科学研究价值、经济价值以及对生态环境具有重大意义的珍贵野生动物，亦包括品种数量稀少、濒危绝迹的濒危野生动物。既可以是我国特产的，亦可以是虽不属于我国特产但已在世界上列为珍稀濒危种类的动物。《刑法》第151条第2款规定的"珍贵动物"，包括列入《国家重点保护野生动物名录》中的国家一级、二级保护野生动物，《濒危野生动植物种国际贸易公约》附录Ⅰ、附录Ⅱ中规定的野生动物，以及驯养繁殖的上述动物。

【案例】

卓某走私珍贵动物案[①]

案情： 2015 年 7 月 8 日，被告人卓某在孟加拉国达卡指使同案人李某携带两个装有乌龟的行李箱入境。当日，李某乘坐 CZ××× 次航班至广州白云机场口岸，其选择无申报通道入境，未向海关申报任何物品。海关关员经查验，从李某携带的行李箱中查获乌龟 259 只。经华南野生动物物种鉴定中心鉴定，上述乌龟分别为地龟科池龟属黑池龟 12 只、地龟科小棱背龟属印度泛棱背龟 247 只，属于受《濒危野生动植物种国际贸易公约》附录Ⅰ保护的珍贵动物，被严格禁止国际贸易，共价值人民币 647.5 万元。

一审法院认为，被告人卓某无视国家法律，逃避海关监管，指使他人走私国家禁止进出口的珍贵动物入境，其行为已构成走私珍贵动物罪，且情节特别严重。一审法院判决卓某犯走私珍贵动物罪，判处有期徒刑十二年，并处没收个人财产 20 万元。

一审宣判后，卓某提出上诉：（1）原判认定其犯走私珍贵动物罪的事实不清、证据不足。（2）另案生效判决未认定同案人李某是从犯。原判错误认定卓某与李某构成共同犯罪且系主犯，与另案生效判决查明的事实相悖。（3）其虽未构成犯罪，但在羁押期间具有检举立功的情节，原判对此未予调查认定。遂向广东省高级人民法院提起上诉，请求撤销原判，改判其无罪。二审法院裁定：驳回上诉，维持原判。

分析： 本案系走私《濒危野生动植物种国际贸易公约》附录Ⅰ中所列珍贵动物的犯罪案件。生物多样性是人类生存和发展的必要条件，野生动植物种是生物多样性的重要组成部分。保护野生动植物是全人类的共同责任。我国作为《濒危野生动植物种国际贸易公约》的缔约国，积极履行公约规定的国际义务，严厉打击濒危物种走私违法犯罪行为。

本案中，被告人卓某违反国家法律及海关法规，逃避海关监管，指使他人非法携带国家禁止进出口的珍贵动物入境。人民法院依法认定其犯罪情节特别严重，判处刑罚，彰显了人民法院依法严厉打击和遏制破坏野生动植物资源犯罪的坚定决心。本案的审理和判决对于教育警示社会公众树立法律意识，自觉保护生态环

[①] 参见广东省高级人民法院（2018）粤刑终 225 号刑事裁定书。

境尤其是野生动植物资源，具有较好的示范作用。

【风险提示】

随着中国经济的快速发展，加之珍贵野生动物非法贸易具有暴利性的属性，近年来中国的珍贵野生动物走私犯罪（野生动物非法贸易）日益增多。珍贵野生动物走私犯罪，作为跨境环境犯罪的重要组成部分，具有严重的社会危害性。公民在出入边境时，一定要仔细核对运输、携带的动物是否属于法定名录中的珍贵动物。同时也要注意，珍贵动物不以野生为前提，走私驯养繁殖的上述珍贵动物亦被禁止。

问题 7：受损生态环境无法修复或直接修复难度较大时，如何确定合理的生态环境损害替代性修复方案?

【解答】

中共中央办公厅、国务院办公厅曾印发《生态环境损害赔偿制度改革方案》，明晰了生态环境损害赔偿责任，重视环境资源生态功能价值，促使赔偿义务人对受损的生态环境进行修复，使环境有价、损害担责的原则得以彰显。受损生态环境无法修复或直接修复难度较大时，因地制宜，根据案件实际情况，选择合理的生态环境损害替代性修复方案，实行间接性替代修复，往往比单纯的赔偿措施效果更好。生态环境损害无法修复的，实施货币赔偿，用于替代修复。此外，赔偿义务人因同一生态环境损害行为需承担行政责任或刑事责任的，不影响其依法承担生态环境损害赔偿责任。

【案例】

沈某非法采伐、毁坏国家重点保护植物罪案[1]

案情：2015 年 12 月至 2017 年 12 月，被告人沈某在其承包的位于长兴县煤山镇一处毛竹山上，用环剥的手段毁坏 24 株树木。司法鉴定机构对被告人沈某承包毛竹山上被毁坏的树木进行鉴定，结论如下：树种为金钱松，株树为 24 株，其中 18 株树木已经死亡，6 株树木尚未枯死。

---

[1] 参见浙江省长兴县人民法院（2018）浙 0522 刑初 700 号刑事判决书。

一审法院经审理认为，被告人沈某违反国家规定，非法采伐、毁坏国家重点保护植物，情节严重，其行为已触犯刑律，构成非法采伐、毁坏国家重点保护植物罪，被告人沈某归案后能如实供述自己的犯罪事实，认罪态度较好，有坦白情节，且被告人在案件审理过程中主动提出以参加公益劳动方式修复其破坏的生态环境，并与其所在村的村民委员会（以下简称村委会）签订了生态环境修复协议，悔罪表现较好，故对于公诉机关建议对其从轻处罚的意见，予以采纳。

根据被告人沈某的犯罪事实、情节和对社会的危害程度以及认罪态度、悔罪表现，一审法院最终判决：被告人沈某犯非法采伐、毁坏国家重点保护植物罪，判处有期徒刑三年，缓刑四年，并处罚金 10 000 元。

分析： 本案是浙江省范围内首次以修复令的形式启动环境修复程序。该案与普通破坏环境犯罪不同，被告人采伐、毁坏的是国家重点保护植物，已经受损的国家重点保护植物难以恢复，补植的可能性不大，另外考虑被告人年纪大、家庭困难等客观因素，而被告人在案件审理过程中又主动向法院申请修复环境并与其所在村的村委会签订生态环境修复协议，一审法院将其修复环境的情节作为量刑参考，对其判处缓刑，并对其发出修复令，要求其在缓刑考验期内参加野生植被养护管理、季节性护林、森林消防宣传、现身说法警示他人等公益劳动，由该村的村委会计时并建立跟踪监督台账，被告人须按修复令要求完成公益劳动，否则将被依法撤销缓刑执行原刑罚。

修复为主是现代环境司法的重要理念。本案体现了保护和修复优先的司法理念，引导被告人通过公益劳动的形式进行生态修复，进一步丰富了生态修复责任承担方式。该案的裁判克服了传统刑事司法重惩罚轻激励、重保护轻修复的弊端，不仅实现了刑罚的惩罚功能，还有利于当事人积极参与修复受损环境，实现了让生态破坏者受到惩罚、生态损害得到修复、社会公众受到警示教育的"一判三赢"的良好效果。

【风险提示】

环境资源刑事案件中，行为人在接受刑事处罚的同时，也应承担受损生态环境的修复责任。法院在日常裁判中应秉持保护与修复优先的司法理念，以一案一修复为目标，将打击违法犯罪与实现生态修复相统一。综合受损生态环境、被告人履行能力等实际情况，确定合理的替代性修复方案，不仅可以拓宽环境保护的路径，也可以增强社会公众对生态保护的获得感，实现环境资源审判法律效果和社会效果的双统一。

问题8：如何认定非法采伐国家重点保护植物罪中的"采伐"？

【解答】

原非法采伐国家重点保护植物罪[1]中的采伐不仅包括砍伐行为，还应当包括采集、采挖、移植等使国家重点保护植物与原适宜生长的生态环境相分离，导致其物质属性和生态功能发生改变、减损甚至消灭的行为方式。

【案例】

唐某非法采伐、毁坏国家重点保护植物罪案[2]

案情： 2016年2月，唐某在重庆市万州区恒合土家族乡七星村三组村民向某的自留山内发现一株红豆杉，在经向某同意后，未办理相关采伐手续，独自采挖该株红豆杉。次日，唐某未经七星村村民蒲某同意，擅自在蒲某的自留山采挖两株红豆杉。为方便运输，唐某将3株红豆杉截断，只保留了大约1.5米的桩头，然后用货车运回万州区恒合土家族乡箱子村，栽种在自家房屋前后。经重庆市林业司法鉴定中心鉴定，唐某移植的3株红豆杉均为野生南方红豆杉，属于国家一级重点保护野生植物。2016年2月，唐某在家中被公安机关抓获归案。

另查明，红豆杉属（所有种）被列入国家一级重点保护野生植物。唐某采伐的3株红豆杉被公安机关扣押后，移栽到万州区珍稀植物园内，现已死亡。

关于唐某移栽红豆杉行为的定性问题。唐某移栽红豆杉的行为应定性为采伐。法院从词义上对采伐进行了解释，"采伐"通常是指有选择性地砍伐、采集林木，从而使行为对象的物质属性和生存状态发生变化，即通过砍伐、采挖、迁移等方式，使林木与原适宜其生长的生态环境相分离，以致最终改变、减损甚至消灭其原有生态属性或者生态功能的活动。本案中，唐某移栽野生红豆杉，虽然有别于一般意义上的砍伐，但该行为仍然改变了涉案红豆杉的生存状态，破坏了其原生长地的生态环境，并且在移栽过程中也一定程度上减损甚至消灭了其生态属性。

---

[1] 根据《最高人民法院、最高人民检察院关于执行〈中华人民共和国刑法〉确定罪名的补充规定（七）》（法释〔2021〕2号）规定，取消"非法采伐国家重点保护植物罪"，新罪名修改为"危害国家重点保护植物罪"。
[2] 参见重庆市第二中级人民法院（2019）渝02刑终31号刑事判决书。

因此，本案移栽红豆杉的行为应当认定为采伐。

量刑问题。唐某非法采伐国家一级保护植物野生红豆杉3株，情节严重，应当判处三年以上七年以下有期徒刑。虽然唐某非法采伐野生红豆杉的行为有别于砍伐等常见的采伐行为，主观恶性和社会危害程度相对较小，但其为方便运输将野生红豆杉主干截断，移栽手段粗暴，较大地减损了3株野生红豆杉原有的生态属性，对3株野生红豆杉的最终死亡负有不可推卸的责任。同时，经核实，唐某有投案自首行为，可以从轻或者减轻处罚，但一审法院在量刑时已经充分考虑被告人唐某到案如实供述犯罪事实、认罪态度较好等情节，二审法院综合考虑被告人唐某的投案自首行为、家庭情况等情节，酌情从轻处罚。一审法院判决唐某犯非法采伐国家重点保护植物罪，判处有期徒刑三年六个月，并处罚金人民币3万元；扣押在案的红豆杉3株，予以没收。宣判后，唐某提起上诉。

二审法院判决唐某犯非法采伐国家重点保护植物罪，判处有期徒刑三年三个月，并处罚金人民币3万元；扣押在案的红豆杉三株，予以没收。

分析：《刑法》关于非法采伐、毁坏珍贵树木罪的现今有效的规定是2002年公布的《刑法修正案（四）》第6条。该条规定："将刑法第三百四十四条修改为：'违反国家规定，非法采伐、毁坏珍贵树木或者国家重点保护的其他植物的，或者非法收购、运输、加工、出售珍贵树木或者国家重点保护的其他植物及其制品的，处三年以下有期徒刑、拘役或者管制，并处罚金；情节严重的，处三年以上七年以下有期徒刑，并处罚金。'"

第一，关于"采伐"含义的解释。本案二审生效裁判是在2019年作出的，此时尚无明确的司法解释来解释刑法中"采伐"的含义。但在2020年，最高人民法院、最高人民检察院出台了《关于适用〈中华人民共和国刑法〉第三百四十四条有关问题的批复》（法释〔2020〕2号）。批复中明确指出，"对于非法移栽珍贵树木或者国家重点保护的其他植物，依法应当追究刑事责任的，依照刑法第三百四十四条的规定，以非法采伐国家重点保护植物罪定罪处罚。鉴于移栽在社会危害程度上与砍伐存在一定差异，对非法移栽珍贵树木或国家重点保护的其他植物的行为，在认定是否构成犯罪以及裁量刑罚时，应当考虑植物的珍贵程度、移栽目的、移栽手段、移栽数量、对生态环境的损害程度等情节，综合评估社会危害性，确保罪责刑相适应"。根据该批复，唐某的移栽行为可以认定为《刑法》第344条的非法采伐行为，但由于移栽和采伐在主观和客观上确实存在差别，因此在量刑上可以有所区分。

第二，与擅自移植国家重点保护植物相关罪名的辨析。《刑法》第 344 条规定的非法采伐、毁坏国家重点保护植物罪（现为危害国家重点保护植物罪）是选择性罪名。采伐和毁坏这两种行为可以单独实施，也可以兼并实施，只要有其中一种行为即可构成本罪。如果单独实施某种行为，则应当按照该犯罪实行行为定罪，或为非法采伐国家重点保护植物罪，或为非法毁坏国家重点保护植物罪；如果两种行为兼而有之，则定非法采伐、毁坏国家重点保护植物罪。否则，有违刑法主客观相一致的定罪原则。

本案中，尽管唐某主观上具有希望被移植（移栽）的植物成活的意愿，但未依法办理"国家重点保护野生植物采集证"和"林木采伐许可证"，脱离了国家监管，移植是否具备相应的技术条件以及操作方式是否规范均得不到保障，很可能导致被移植植物死亡的后果，其擅自移植国家一级重点保护植物野生红豆杉属于《刑法》第 344 条规定的非法采伐行为，构成非法采伐国家重点保护植物罪。

从犯罪结果来看，采伐和毁坏行为都可能造成植物的物质属性和生态属性减损或者灭失。但从主观上看，采伐的目的是获取植物的使用价值或者交换价值，如据为己有、自用或者营利；毁坏则是阻碍植物的正常生长或者追求植物死亡、灭失的后果，并不以获取整株植物或者部分植物为目的，通常采用砍伐、火烧、水淹、剥皮等方式毁坏植物。

本案中，唐某主观上是为了将涉案红豆杉移植到自家园中进行欣赏，客观上实施了斩断树根及部分主干的行为，对树木造成损坏。如前所述，斩除部分树根、旁枝甚至主干等行为系树木采挖后定植前的惯用处理方式，也是为了减少水分的蒸发和营养的流失，以提高移植的成活率，属于移植行为的组成部分，为非法采伐国家重点保护植物罪所吸收。因此，认定唐某犯非法采伐国家重点保护植物罪定性准确。

此外，擅自移植国家重点保护植物存在向他人支付价款购买后采挖的情形，事先的收购行为也没有独立侵害刑法所保护的客体，仅为非法采伐的预备行为，同样为非法采伐国家重点保护植物罪所吸收，不应认定构成非法收购国家重点保护植物罪，而应以非法采伐国家重点保护植物罪定罪。

【风险提示】
非法采伐国家重点保护植物罪（现为危害国家重点保护植物罪）设置的目的

是保障国家重点植物的生长和生存。非法采伐国家重点保护植物罪（现为危害国家重点保护植物罪）中的采伐行为，具体包含砍伐、采集、采挖、移植等行为在内，采伐本质上是使国家重点保护植物与原适宜其生长的生态环境相分离，以致最终改变、减损甚至消灭其原有生态属性或者生态功能的活动。

问题 9：法院是否可以判决被告采取预防性措施，并将对濒危野生植物生存的影响纳入环境影响评价？

【解答】

人民法院审理环境民事公益诉讼案件，应当贯彻绿色发展理念和风险预防原则，根据现有证据和科学技术认为项目建成后可能对案涉地濒危野生植物生存环境造成破坏，存在影响其生存的潜在风险，从而损害生态环境公共利益的，可以判决被告采取预防性措施，将对濒危野生植物生存的影响纳入建设项目的环境影响评价，促进环境保护和经济发展的协调。

【案例】

中国生物多样性保护与绿色发展基金会诉
雅砻江流域水电开发有限公司生态环境保护民事公益诉讼案[①]

案情： 雅砻江上的牙根梯级水电站由雅砻江流域水电开发有限公司（以下简称雅砻江公司）负责建设和管理，现处于项目预可研阶段，水电站及其辅助工程（公路等）尚未开工建设。

2013 年 9 月 2 日发布的中国生物多样性红色名录中五小叶槭被评定为"极危"。2016 年 2 月 9 日，五小叶槭列入《四川省重点保护野生植物名录》。2018 年 8 月 10 日，世界自然保护联盟在其红色名录中将五小叶槭评估为"极度濒危"。当时我国《国家重点保护野生植物名录》中无五小叶槭。2016 年 9 月 26 日，四川省质量技术监督局发布《五小叶槭播种育苗技术规程》。案涉五小叶槭种群位于四川省雅江县麻郎措乡沃洛希村，当地林业部门已在就近的通乡公路堡坎上设立保护牌。

2006 年 6 月，中国水电顾问集团成都勘测设计研究院（以下简称成勘院）完

---

① 参见最高人民法院 2021 年 12 月 1 日发布的第 31 批指导性案例 174 号。

成《四川省雅砻江中游（两河口至卡拉河段）水电规划报告》，报告中将牙根梯级水电站列入规划，该规划报告于2006年8月通过了水电水利规划设计总院会同四川省发展改革委组织的审查。2008年12月，四川省人民政府以川府函〔2008〕368号文批复同意该规划。2010年3月，成勘院根据牙根梯级水库淹没区的最新情况将原规划的牙根梯级调整为牙根一级（正常蓄水位2602米）、牙根二级（正常蓄水位2560米）两级开发，形成《四川省雅砻江两河口至牙根河段水电开发方案研究报告》，该报告于2010年8月经水电水利规划设计总院会同四川省发展改革委审查通过。

2013年1月6日、4月13日国家发展改革委办公厅批复：同意牙根二级水电站、牙根一级水电站开展前期工作。由雅砻江公司负责建设和管理，按照项目核准的有关规定，组织开展水电站的各项前期工作。待有关前期工作落实、具备核准条件后，再分别将牙根梯级水电站项目申请报告上报国家发展改革委。对项目建设的意见，以国家发展改革委对项目申请报告的核准意见为准。未经核准不得开工建设。

中国生物多样性保护与绿色发展基金会（以下简称绿发会）认为，雅江县麻郎措乡沃洛希村附近的五小叶槭种群是当今世界上残存最大的五小叶槭种群，是唯一还有自然繁衍能力的种群。牙根梯级水电站即将修建，根据五小叶槭雅江种群的分布区海拔高度和水电站水位高度对比数值，牙根梯级水电站以及配套的公路建设将直接威胁到五小叶槭的生存，对社会公共利益构成直接威胁，绿发会遂提起本案预防性公益诉讼。

分析： 我国是联合国《生物多样性公约》的缔约国，应该遵守其约定。《生物多样性公约》中规定，我们在注意到生物多样性遭受严重减少或损失的威胁时，不应以缺乏充分的科学定论为理由，而推迟采取旨在避免或尽量减轻此种威胁的措施；各国有责任保护其自己的生物多样性并以可持久的方式使用其自己的生物资源；每一缔约国应尽可能并酌情采取适当程序，要求就其可能对生物多样性产生严重不利影响的拟议项目进行环境影响评估，以期避免或尽量减轻这种影响。因此，我国有保护生物多样性的义务。同时，《生物多样性公约》规定，认识到经济和社会发展以及根除贫困是发展中国家第一和压倒一切的优先事务。按照《节约能源法》第4条关于"节约资源是我国的基本国策。国家实施节约与开发并举、把节约放在首位的能源发展战略"的规定和《可再生能源法》第2条第1款关于"本法所称可再生能源，是指风能、太阳能、水能、生物质能、地热能、海洋能等非化石能源"的规定，可再生能源是我国重要的能源资源，在满足能源要求、改善能源结构、减少环境污染、促进经济发展等方面具有重要作用。而水能资源是最具规模开发效益、技术最成熟的可再生能源。因此开发建设水电站，将水能资源优势转化为经济优势，在国家有关部门的监管下，利用丰富的水能资源，合理开发水电符合我国国情。但是，我国水能资源蕴藏丰富的地区，往往也是自然环境良好、生态功能重要、生物物种丰富和地质条件脆弱的地区。根据《环境保护法》《最高人民法院关于审理环境民事公益诉讼案件适用法律若干问题的解释》的相关规定，环境保护是我国的基本国策，环境保护应当坚持保护优先、预防为主的原则。预防原则要求在环境资源利用行为实施之前和实施之中，采取政治、法律、经济和行政等手段，防止环境利用行为导致环境污染或者生态破坏现象发生。它包括两层含义：一是运用已有的知识和经验，对开发和利用环境行为带来的可能的环境危害采取措施以避免危害的发生；二是在科学技术水平不确定的条件下，基于现实的科学知识评价风险，即对开发和利用环境的行为可能带来的尚未明确或者无法具体确定的环境危害进行事前预测、分析和评价，以促使开发决策避免可能造成的环境危害及其风险出现。因此，环境保护与经济发展的关系并不是完全对立的，而是相辅相成的，正确处理好保护与发展的关系，将生态优先的原则贯穿到水电规划开发的全过程，二者可以相互促进，达到经济和环境的协调发展。利用环境资源的行为如果造成环境污染、生态资源破坏，往往具有不可逆性，被污染的环境、被破坏的生态资源很多时候难以恢复，单纯事后的经济补偿不足以弥补对生态环境造成的损失，故对环境污染、生态破坏行为应注重防患于未然，才能真正实现环境保护的目的。

具体到本案中，鉴于五小叶槭在生物多样性红色名录中的等级及案涉牙根梯级水电站建成后可能存在对案涉地五小叶槭的原生存环境造成破坏、影响其生存的潜在风险，可能损害社会公共利益。根据我国水电项目核准流程的规定，水电项目分为项目规划、项目预可研、项目可研、项目核准四个阶段，考虑到案涉牙根梯级水电站现处在项目预可研阶段，因此责令被告在项目可研阶段，加强对案涉五小叶槭的环境影响评价并履行法定审批手续后才能进行下一步的工作，尽可能避免出现危及野生五小叶槭生存的风险是必要和合理的。故绿发会作为符合条件的社会组织在牙根梯级水电站建设可能存在损害环境公共利益重大风险的情况下，提出"依法判令被告立即采取适当措施，确保不因雅砻江水电梯级开发计划的实施而破坏珍贵濒危野生植物五小叶槭的生存"的诉讼请求，于法有据，人民法院予以支持。

鉴于案涉水电站尚未开工建设，故绿发会提出"依法判令被告在采取的措施不足以消除对五小叶槭的生存威胁之前，暂停牙根梯级水电站及其辅助设施（含配套道路）的一切建设工程"的诉讼请求，无事实基础，人民法院不予支持。

【风险提示】

加强水利水电项目的开发，有助于进一步提高清洁能源的利用效率，但在水利水电资源的开发过程中，应该坚持人与自然和谐相处的理念，实现水利水电资源的开发和生态环保相协调。水利水电工程的建设，需要保证健全的生态环境评估体系，应当对当地的环境和生态发展状况进行详尽的勘察，对生态保护状况进行系统的评估。对于可能存在损害环境公共利益重大风险的开发建设行为，人民法院可以判决被告采取预防性措施。

问题 10：明知所收购的鱼苗系非法捕捞所得仍与非法捕捞者建立固定买卖关系的，如何承担责任？生态资源损失如何确定？

【解答】

1. 当收购者明知其所收购的鱼苗系非法捕捞所得，仍与非法捕捞者建立固定买卖关系，形成完整利益链条，共同损害生态资源的，收购者应当与捕捞者对共同实施侵权行为造成的生态资源损失承担连带赔偿责任。

2. 侵权人使用禁用网具非法捕捞，在造成其捕捞的特定鱼类资源损失的同时，也破坏了相应区域其他水生生物资源，严重损害生物多样性的，应当承担包括特定鱼类资源损失和其他水生生物资源损失在内的生态资源损失赔偿责任。当生态资源损失难以确定时，人民法院应当结合生态破坏的范围和程度、资源的稀缺性、恢复所需费用等因素，充分考量非法行为的方式破坏性、时间敏感性、地点特殊性等特点，参考专家意见，综合作出判断。

【案例】

江苏省泰州市人民检察院诉王某某等 59 人生态破坏
民事公益诉讼案[①]

案情： 长江鳗鱼苗是具有重要经济价值且禁止捕捞的水生动物苗种。2018 年上半年，董某某等 38 人单独或共同在长江干流水域使用禁用渔具非法捕捞长江鳗鱼苗并出售谋利。王某某等 13 人明知长江鳗鱼苗系非法捕捞所得，单独收购或者通过签订合伙协议、共同出资等方式建立收购鳗鱼苗的合伙组织，共同出资收购并统一对外出售，向高某某等 7 人以及董某某等 38 人非法贩卖或捕捞人员收购鳗鱼苗 116 999 条。秦某某在明知王某某等人向其出售的鳗鱼苗系在长江中非法捕捞所得的情况下，仍多次向王某某等人收购鳗鱼苗 40 263 条。

王某某等人非法捕捞水产品罪、掩饰、隐瞒犯罪所得罪已经另案刑事生效判决予以认定。2019 年 7 月 15 日，公益诉讼起诉人江苏省泰州市人民检察院以王某某等 59 人实施非法捕捞、贩卖、收购长江鳗鱼苗行为，破坏长江生态资源，损害社会公共利益为由提起民事公益诉讼。

分析： 第一，非法捕捞造成生态资源严重破坏，当销售是非法捕捞的唯一目的，且收购者与非法捕捞者形成了固定的买卖关系时，收购行为诱发了非法捕捞，共同损害了生态资源，收购者应当与捕捞者对共同实施的生态破坏行为造成的生态资源损失承担连带赔偿责任。

鳗鱼苗于 2014 年被世界自然保护联盟列为濒危物种，也属于江苏省重点保护鱼类。鳗鱼苗特征明显，无法直接食用，针对这一特定物种，没有大规模的收购，捕捞行为毫无价值。收购是非法捕捞鳗鱼苗实现获利的唯一渠道，缺乏收购行为，非法捕捞难以实现经济价值，也就不可能持续反复地实施，巨大的市场需求系引发非法捕捞和层层收购行为的主要原因。案涉收购鳗鱼苗行为具有日常性、经常性，在收购行为中形成高度组织化，每一个捕捞者和收购者对于自身在利益链条中所处的位置、作用以及通过非法捕捞、出售收购、加价出售、养殖出售不同方式获取利益的目的均有明确的认知。捕捞者使用网目极小的张网方式捕捞鳗鱼苗，收购者对于鳗鱼苗的体态特征充分了解，意味着其明知捕捞体态如此细小的鳗鱼苗必然使用有别于自然生态中其他鱼类的捕捞方式，非法捕捞者于长江水生生

[①] 参见最高人民法院 2021 年 12 月 1 日发布的第 31 批指导性案例 175 号。

物资源繁衍生殖的重要时段，尤其是禁渔期内，在长江干流水域采用"绝户网"大规模、多次非法捕捞长江鳗鱼苗，必将造成长江生态资源损失和生物多样性破坏，收购者与捕捞者存在放任长江鳗鱼资源及其他生态资源损害结果出现的故意。非法捕捞与收购已经形成了固定买卖关系和完整利益链条。这一链条中，相邻环节均从非法捕捞行为中获得利益，具有高度协同性，行为与长江生态资源损害结果之间具有法律上的因果关系，共同导致生态资源损害。预防非法捕捞行为，应从源头上彻底切断利益链条，让非法收购、贩卖鳗鱼苗的共同侵权者付出经济代价，与非法捕捞者在各自所涉的生态资源损失范围内对长江生态资源损害后果承担连带赔偿责任。

第二，生态资源损失在无法准确统计时，应结合生态破坏的范围和程度、资源的稀缺性等因素，充分考量非法行为的方式破坏性、时间敏感性和地点特殊性，并参考专家意见，酌情作出判断。

综合考虑非法捕捞鳗鱼苗方式系采用网目极小的张网进行捕捞，加之捕捞时间的敏感性、捕捞频率的高强度性、捕捞地点的特殊性，不仅对鳗鱼种群的稳定造成严重威胁，还必然会对其他渔业生物造成损害，进而破坏了长江生物资源的多样性，给长江生态资源带来极大的损害。依照《最高人民法院关于审理环境民事公益诉讼案件适用法律若干问题的解释》第23条的规定，综合考量非法捕捞鳗鱼苗对生态资源造成的实际损害，酌定以鳗鱼资源损失价值的2.5倍确定生态资源损失。主要依据有以下两点：

一是案涉非法捕捞鳗鱼苗方式的破坏性。捕捞者系采用网目极小的张网捕捞鳗鱼苗，所使用张网的网目尺寸违反了《原农业部关于长江干流实施捕捞准用渔具和过渡渔具最小网目尺寸制度的通告（试行）》中不小于3毫米的规定，属于禁用网具。捕捞时必将对包括其他小型鱼类在内的水生物种造成误捕，严重破坏相应区域的水生生物资源。案涉鳗鱼苗数量达116 999条，捕捞次数多、捕捞网具多、捕捞区域大，必将对长江生态资源产生较大危害。

二是案涉非法捕捞鳗鱼苗的时间敏感性和地点特殊性。案涉的捕捞、收购行为主要发生于长江禁渔期，该时期系包括鳗鱼资源在内的长江水生生物资源繁衍生殖的重要时段。捕捞地点位于长江干流水域，系日本鳗鲡洄游通道，在洄游通道中对幼苗进行捕捞，使其脱离自然水体后被贩卖，不仅妨碍鳗鲡种群繁衍，且同时误捕其他渔获物会导致其他水生生物减少，导致其他鱼类饵料不足，进而造成长江水域食物链相邻环节的破坏，进一步造成生物多样性损害。

考虑到生态资源的保护与被告生存发展权利之间的平衡，在确定生态损害赔偿责任款项时可以考虑被告退缴违法所得的情况，以及在被告确无履行能力的情况下，可以考虑采用劳务代偿的方式，如参加保护长江生态环境等公益性质的活动或者配合参与长江沿岸河道管理、加固和垃圾清理等方面的工作，折抵一定的赔偿数额。

【风险提示】

长江鳗鱼苗是具有重要经济价值且禁止捕捞的水生动物苗种。非法捕捞、贩卖、收购长江鳗鱼苗的行为，会导致长江生态环境资源的破坏。对于明知鳗鱼苗系非法捕捞仍然进行收购，且与非法捕捞者形成固定买卖关系的收购者，主观上存在放任损害结果发生的故意，收购行为与生态资源损害之间具有法律上的因果关系，收购与捕捞、贩卖行为共同造成了生态资源的损害，收购者与非法捕捞者构成共同侵权，对非法捕捞造成的生态资源损害后果应当承担连带赔偿责任。

◎法律规定速查

《中华人民共和国野生动物保护法》（2022年12月30日修订）

第十条第二款 国家对珍贵、濒危的野生动物实行重点保护。国家重点保护的野生动物分为一级保护野生动物和二级保护野生动物。国家重点保护野生动物名录，由国务院野生动物保护主管部门组织科学论证评估后，报国务院批准公布。

第四十八条 违反本法第二十条、第二十一条、第二十三条第一款、第二十四条第一款规定，有下列行为之一的，由县级以上人民政府野生动物保护主管部门、海警机构和有关自然保护地管理机构按照职责分工没收猎获物、猎捕工具和违法所得，吊销特许猎捕证，并处猎获物价值二倍以上二十倍以下罚款；没有猎获物或者猎获物价值不足五千元的，并处一万元以上十万元以下罚款；构成犯罪的，依法追究刑事责任：

（一）在自然保护地、禁猎（渔）区、禁猎（渔）期猎捕国家重点保护野生动物的；

（二）未取得特许猎捕证、未按照特许猎捕证规定猎捕、杀害国家重点保护野生动物的；

（三）使用禁用的工具、方法猎捕国家重点保护野生动物的。

违反本法第二十三条第一款规定，未将猎捕情况向野生动物保护主管部门备案的，由核发特许猎捕证、狩猎证的野生动物保护主管部门责令限期改正；逾期不改正的，处一万元以上十万元以下罚款；情节严重的，吊销特许猎捕证、狩猎证。

《中华人民共和国刑法》（2023 年 12 月 29 日修正）

第二十五条 共同犯罪是指二人以上共同故意犯罪。

二人以上共同过失犯罪，不以共同犯罪论处；应当负刑事责任的，按照他们所犯的罪分别处罚。

第一百五十一条第二款 走私国家禁止出口的文物、黄金、白银和其他贵重金属或者国家禁止进出口的珍贵动物及其制品的，处五年以上十年以下有期徒刑，并处罚金；情节特别严重的，处十年以上有期徒刑或者无期徒刑，并处没收财产；情节较轻的，处五年以下有期徒刑，并处罚金。

第三百四十条 违反保护水产资源法规，在禁渔区、禁渔期或者使用禁用的工具、方法捕捞水产品，情节严重的，处三年以下有期徒刑、拘役、管制或者罚金。

第三百四十一条第一款 非法猎捕、杀害国家重点保护的珍贵、濒危野生动物的，或者非法收购、运输、出售国家重点保护的珍贵、濒危野生动物及其制品的，处五年以下有期徒刑或者拘役，并处罚金；情节严重的，处五年以上十年以下有期徒刑，并处罚金；情节特别严重的，处十年以上有期徒刑，并处罚金或者没收财产。

第三百四十四条 违反国家规定，非法采伐、毁坏珍贵树木或者国家重点保护的其他植物的，或者非法收购、运输、加工、出售珍贵树木或者国家重点保护的其他植物及其制品的，处三年以下有期徒刑、拘役或者管制，并处罚金；情节严重的，处三年以上七年以下有期徒刑，并处罚金。

《中华人民共和国刑事诉讼法》（2018 年 10 月 26 日修正）

第十五条 犯罪嫌疑人、被告人自愿如实供述自己的罪行，承认指控的犯罪事实，愿意接受处罚的，可以依法从宽处理。

第二百二十二条 基层人民法院管辖的可能判处三年有期徒刑以下刑罚的案件，案件事实清楚，证据确实、充分，被告人认罪认罚并同意适用速裁程序的，可以适用速裁程序，由审判员一人独任审判。

人民检察院在提起公诉的时候，可以建议人民法院适用速裁程序。

第二百二十四条 适用速裁程序审理案件，不受本章第一节规定的送达期限的限制，一般不进行法庭调查、法庭辩论，但在判决宣告前应当听取辩护人的意见和被告人的最后陈述意见。

适用速裁程序审理案件，应当当庭宣判。

《全国人民代表大会常务委员会关于〈中华人民共和国刑法〉第三百四十一条、第三百一十二条的解释》（2014 年 4 月 24 日）

全国人民代表大会常务委员会根据司法实践中遇到的情况，讨论了刑法第三百四十一条第一款规定的非法收购国家重点保护的珍贵、濒危野生动物及其制品的含义和收购刑法第三百四十一条第二款规定的非法狩猎的野生动物如何适用刑法有关规定的问题,解释如下:

知道或者应当知道是国家重点保护的珍贵、濒危野生动物及其制品,为食用或者其他目的而非法购买的,属于刑法第三百四十一条第一款规定的非法收购国家重点保护的珍贵、濒危野生动物及其制品的行为。

知道或者应当知道是刑法第三百四十一条第二款规定的非法狩猎的野生动物而购买的,属于刑法第三百一十二条第一款规定的明知是犯罪所得而收购的行为。

现予公告。

《最高人民法院、最高人民检察院关于办理走私刑事案件适用法律若干问题的解释》(2014年8月12日　法释〔2014〕10号)

第十条第一款　刑法第一百五十一条第二款规定的"珍贵动物",包括列入《国家重点保护野生动物名录》中的国家一、二级保护野生动物,《濒危野生动植物种国际贸易公约》附录Ⅰ、附录Ⅱ中的野生动物,以及驯养繁殖的上述动物。

第三章
资源利用类案件

第一节 概述

资源,指一国或一定地区内拥有的物力、财力、人力等各种物质要素的总称。马克思在《资本论》中提出:"劳动和土地,是财富两个原始的形成要素。"恩格斯对"资源"的定义:"其实,劳动和自然界在一起它才是一切财富的源泉,自然界为劳动提供材料,劳动把材料转变为财富。"[①] 马克思、恩格斯对"资源"的定义,既指出了自然资源的客观存在,又把人(包括劳动力和技术)的因素视为财富的另一不可或缺的来源。可见,资源的来源及组成不仅包括自然资源,还包括社会资源。

本章所述资源主要是指自然资源,如土地资源、矿产资源、森林资源、海洋资源、石油资源等。自然资源可从不同的角度进行分类。比如,从再生性角度,资源可划分为再生资源和非再生资源。再生资源即在人类参与下可以重新产生的资源。如农田,如果耕作得当,可以使地力常新,不断为人类提供新的农产品。再生资源有两类:一类是可以循环利用的资源,如太阳能、空气、雨水、风和水能、潮汐能等;另一类是生物资源。非再生资源基本是指矿产资源。

自然资源案件主要包括以下几类:一是涉及水流、森林、山岭、草原、荒地、滩涂等自然生态空间的确权及管理案件。二是自然资源开发利用案件。刑事案由包括非法采矿罪以及破坏性采矿罪。民事案由包括海洋开发利用纠纷、矿业权纠纷、林权纠纷、涉草原、荒地、滩涂纠纷、渔业权纠纷、海域使用权纠纷、取水权纠纷、勘探开发自然资源合同纠纷,等等。行政案由包括以各级人民政府以及

[①] 参见中共中央马克思恩格斯列宁斯大林著作编译局编:《马克思恩格斯选集》(第4卷),人民出版社1995年版,第373页。

自然资源（含林业和草原）、农业农村等行政主管部门为被告，涉及履行或者不履行生态环境资源保护职责的行政案件。

在其他自然资源利用案件中，主要包括文化资源案件、环境容量利用权案件以及绿色金融案件。文化资源案件包括因文化遗产受到损害而引发的案件以及因可移动或不可移动文物等受到损害而引发的案件。环境容量利用权案件包括排污权初始分配、交易案件，垃圾排放权初始分配、交易案件，用能权初始分配、交易案件，用水权初始分配、交易案件。绿色金融[①]案件包括绿色信贷案件、绿色债券案件、绿色发展基金案件、绿色保险案件以及环境权益交易等案件。

第二节　自然资源类案件

问题 1：以营利为目的开采砂石及其他矿产资源但未按规定办理采矿登记手续，是否属于非法采矿行为？

【解答】

依据《矿产资源法》规定，国家对集体矿山企业和个体采矿实行积极扶持、合理规划、正确引导、加强管理的方针，鼓励集体矿山企业开采国家指定范围内的矿产资源，允许个人采挖零星分散资源和只能用作普通建筑材料的砂、石、黏土以及为生活自用采挖少量矿产。但以营利为目的开采砂石及其他矿产资源，任何单位和个人均应按照《矿产资源法》等有关法律法规规定申请办理采矿登记手续，领取采矿许可证，并缴纳矿产资源补偿费。

---

① 《中国人民银行、财政部、发展改革委、原环境保护部、原银监会、证监会、原保监会关于构建绿色金融体系的指导意见》规定：绿色金融是指为支持环境改善、应对气候变化和资源节约高效利用的经济活动，即对环保、节能、清洁能源、绿色交通、绿色建筑等领域的项目投融资、项目运营、风险管理等所提供的金融服务。绿色金融体系是指通过绿色信贷、绿色债券、绿色股票指数和相关产品、绿色发展基金、绿色保险、碳金融等金融工具和相关政策支持经济向绿色化转型的制度安排。

【案例】

俞某1等八人非法采矿案[1]

案情： 2010年8月、2012年7月，宁波天河建设工程有限公司、平湖市水利工程有限公司通过招投标，从新昌县高新园区开发有限公司分别承包了建设工程B段二期3、4标段。后被告人何某某、丁某某从上述公司转包该工程，此后二人又与被告人陈某商定工程由三人合伙，并采挖工程范围内砂石用于出售营利，利润平分。现场施工由何某某负责，陈某、丁某某二人则派代表参与管理与监督。2012年10月至2013年7月，被告人何某某、陈某、丁某某在未办理采砂许可证的情况下，采挖砂石并卖至梅渚沙场、九峰寺沙场等地，收益共计人民币180万余元。

2013年9月20日，浙江广盛建设有限公司、新昌县龙腾建设有限公司通过招投标，从新昌县高新园区开发有限公司分别承包了治理工程。2013年12月10日，被告人何某某以内部承包协议、分包协议的形式，从上述二公司转包得该工程。被告人俞某1与被告人龚某某、姚某某约定开采砂石，龚某某、姚某某二人负责出资，占股70%，俞某1负责工地现场、政策处理，占股30%。2014年9月底，在未办理采砂许可证的情况下，三人开始安排人员在上述地块采挖砂石。后因该地块属于何某某承包的河道治理工程范围，龚某某、姚某某即于2014年10月11日与何某某签订协议，约定采挖的砂石在保证堤坝建设需要以及龚某某投资预留外，其余砂石出售所得龚某某、姚某某一方占55%，何某某占45%。至同年11月月初，所采挖砂石先后出售，收益共计人民币140余万元。

2013年12月22日，新昌县梅渚镇下衣村社长会议决定将村所有的高石滩地块20亩对外出租3年，被告人俞某1与龚某某、姚某某商议后决定承包该地块，采挖地下砂石出售获利。被告人俞某1在收取龚某某、姚某某二人提供的承包款60万元后，于同月30日，违反约定，另安排俞某2（另案处理）出面，以50万元的价格承租得上述地块。2014年年初，俞某1未办理采砂许可证即开始采挖该地块砂石，邀请被告人裘某某、张某某及俞某2每人入股5万元并负责看管工地、数车头等工作，采挖砂石出售给俞某3等人，收益共计人民币78万余元，裘某某、张某某分红各5万元。

---

[1] 参见浙江省新昌县人民法院（2016）浙0624刑初11号刑事判决书。

一审法院认为，被告人俞某1、何某某、陈某、丁某某、龚某某、姚某某、张某某、裘某某违反《矿产资源法》的规定，未取得采矿许可证而擅自采矿，其中俞某1、何某某、陈某、丁某某、龚某某、姚某某属情节特别严重，张某某、裘某某属情节严重，其行为均已构成非法采矿罪。在2013年12月22日发生的犯罪事实中，被告人俞某1起主要作用，是主犯，按照其所参与的全部犯罪处罚；被告人张某某、裘某某在共同犯罪中起次要、辅助作用，是从犯，应当从轻处罚。

至于自首情节，被告人陈某、丁某某虽能自动投案，但归案后未能如实供述自己的罪行，不认定为自首。俞某1系公安民警传唤到案，不认定为自首。被告人龚某某、何某某、裘某某犯罪后能自动投案，如实供述自己的罪行，是自首，均可从轻处罚。被告人俞某1能协助公安机关抓获其他犯罪嫌疑人，具有立功表现，可以从轻处罚。结合本案的犯罪情节、退赃等，可对各被告人适用缓刑。遂判决俞某1等人犯非法采矿罪，判处有期徒刑、罚金不等。陈某、丁某某等人不服一审判决，向中级人民法院提起上诉。二审法院裁定：驳回上诉，维持原判。

分析： 本案的争议焦点主要有以下两个方面：

第一，关于各被告人主观故意的认定。本案的争议焦点之一是各被告人的主观故意究竟如何认定的问题。本案中，各被告人所承包的是河道堤防建设工程，均明知除建设堤坝用砂外不得擅自挖砂牟利，仍借清理河道为名采挖河道内的砂土，并且在国土、水利部门明确告知、阻止后，仍继续挖砂出售。被告人俞某1、龚某某、姚某某熟知涉案河道内的砂石储量，根据姚某某估算价值3000元以上，在缴纳了400万元补偿费后，未办理任何采砂手续，私自采砂出售，虽然客观上相关部门在相应的监管上存在瑕疵，但各被告人主观上非法采砂的故意明确。

第二，关于非法采矿罪的认定。关于非法采矿罪的认定也是案件的核心焦点之一。我国法律规定，河道管理范围内砂石资源属国家所有，不因其依附的土地所有权或使用权的不同而改变。国家允许个人采挖零星分散资源和只能用作普通建筑材料的砂、石、黏土以及为生活自用采挖少量矿产。但以营利为目的开采砂石及其他矿产资源，任何单位和个人均应按照矿产资源法及其配套法规的有关规定办理采矿登记手续，领取采矿许可证，并缴纳矿产资源补偿费。

本案被告人虽取得了河道清淤拓宽工程的施工权后进行清障河道，却没有取得采砂许可证，将河道中的砂石以营利为目的卖给他人，该行为构成非法采矿罪。本案的审判在区域范围内产生了极大的震慑及警示作用，提高了人们对砂石资源的法律认识，规范了采挖行为。

【风险提示】

我国砂石矿产资源丰富，但随着基础设施建设和房地产业开发的高速发展，砂石矿产的需求量不断增加，不少地方违法违规的小采石场、挖砂场"星罗棋布"，严重破坏了耕地、林地、河道、草地等生态环境，给国家矿产资源造成极大破坏。公民应提高对砂石资源的法律认识，规范采挖行为。对于个人为生活自用采挖少量矿产（主要指砂、石、土等），虽然可以不办理采矿登记手续，但必须符合矿产资源规划要求，在当地政府指定的开采地点进行，严格控制开采数量，且不得经营和销售。

问题 *2*：非法采矿案件中，鉴定机构作出的矿产采挖量计算报告及国土资源厅作出的鉴定意见书能否作为定案依据？

【解答】

《最高人民法院、最高人民检察院关于办理非法采矿、破坏性采矿刑事案件适用法律若干问题的解释》第13条规定，非法开采的矿产品价值，根据销赃数额认定；无销赃数额、销赃数额难以查证或者根据销赃数额认定明显不合理的，根据矿产品价格和数量认定。矿产品价值难以确定的，依据价格认证机构，省级以上人民政府国土资源、水行政、海洋等主管部门，国务院水行政主管部门在国家确定的重要江河、湖泊设立的流域管理机构出具的报告，结合其他证据作出认定。因此，当行为人自供的销赃数额与实际情况明显不符时，可以根据资源消耗储量报告、价格鉴定意见等证据，找寻具有专业知识的证人出庭作证，分析判定实际开采方量，进而正确认定行为人非法开采的矿产品价值。

【案例】

梁某甲、梁某乙非法采矿案[①]

案情： 2013年下半年，被告人梁某甲和温岭市箬横镇下山头村村民委员会商量后，决定由梁某甲办理该村杨富庙矿场的边坡治理项目，后分别于2013年11月、2014年9月两次获得审批许可，同意开采建筑用石料共计27.31万吨。被告人梁某乙在该矿负责管理日常事务，受被告人梁某甲指使，将采下的宕碴矿销售

---

① 参见浙江省台州市中级人民法院（2016）浙10刑终674号刑事裁定书。

给温岭市东海塘筑路用。案发后，经浙江省国土资源厅鉴定，被告人在采挖区界内采挖量合计 415 756 吨，界外采挖量合计 829 830 吨，共计 1 245 586 吨。剔除台州市国土资源局审批许可及风化层、土体的数量，二被告人超过审批许可数量非法采矿共计 822 585 吨，价值人民币 13 161 360 元。

一审法院经审理认为，被告人梁某甲、梁某乙结伙，违反《矿产资源法》的规定，未取得采矿许可证擅自采矿，情节特别严重，其行为均已构成非法采矿罪。案件审理过程中，被告人梁某甲的辩护人提出，本案定案的关键证据即关于采矿数量及价值的两份鉴定意见存在瑕疵，应作为非法证据排除。法院经审查认为，《采挖量计算报告》依法应当认定有效。浙江省国土资源厅的《鉴定意见书》上虽无鉴定人员签名但有浙江省国土资源厅的盖章，也应认定为有效。故对辩护人的意见不予采纳。

一审法院判处被告人梁某甲有期徒刑四年六个月，并处罚金人民币 35 万元；判处被告人梁某乙有期徒刑二年，缓刑三年，并处罚金人民币 15 万元；对两被告人犯罪所得人民币 13 161 360 元（其中被告人梁某乙的犯罪所得人民币 160 000 元），予以追缴没收，上缴国库。一审宣判后，梁某甲不服，向中级人民法院提出上诉。二审法院裁定：驳回上诉，维持原判。

分析： 本案审理过程中，关于采矿数量及价值的两份鉴定意见的合法性存有争议，即控辩双方的争议焦点在于"计算报告"中计算采挖量时使用了 1999 年的地形图作为底图的科学依据及"计算报告"中关于治理前存在的弃渣量未明确。庭前会议召开之后，公诉机关发函至"计算报告"出具单位的浙江省水文地质工程地质大队，要求对上述两个争议焦点问题作出解释，后者回函予以说明。法院认为，浙江省水文地质工程地质大队作为有地质勘查资质的机构，其对于本案非法采矿的采挖量作出了计算，且该报告得到了浙江省国土资源厅的确认，其鉴定意见依法应当认定有效。且浙江省水文地质工程地质大队对于控辩双方的争议焦点也作出了解释，故辩护人提出的要求水文地质大队的鉴定人出庭作证的要求不成立，不予支持。

至于浙江省国土资源厅的"鉴定意见书"缺少鉴定人签名的问题，根据《最高人民法院关于适用〈中华人民共和国刑事诉讼法〉的解释》第 85 条第 7 项的规定，该鉴定意见书已有浙江省国土资源厅的盖章，应属有效的鉴定意见，故对于辩护人提出的该意见书没有专家签名应认定无效的意见，法院亦不予采纳。本案的裁判结果既体现了法律对非法采矿行为的有效惩治，又说明了裁判依据的合理、合法性，对今后审理非法采矿案件具有参考意义。

司法实践中，对于被告人非法采矿的数量及价值的认定往往成为案件审理的焦点。本案通过委托有资质的鉴定机构进行鉴定，较为合理地确定了非法采矿的数量及价值，为准确量刑奠定了较好基础。此外，本案在判处主犯有期徒刑四年六个月并处罚金的同时，追缴二被告人的犯罪所得1300余万元，有力地震慑了此类犯罪，维护了国家利益。

【风险提示】

矿产资源是国家自然资源的重要组成部分。因其价值不菲，全国各地滥采、盗采现象较为严重，对此类破坏环境资源的行为必须予以严厉打击。在非法采矿刑事案件的司法实践中，若犯罪人对矿产资源价值提出异议，通过有鉴定资质的专门机构出具相应的鉴定意见，可以有效地解决非法采矿的数量及价值的认定问题。

问题 3：因村集体公益事业承包地被征用，承包人是否可以获得补偿？

【解答】

村集体为进行村庄美化、道路建设而征收、征用土地时，土地使用权人可以依法获得相应的补偿，但是超过法定诉讼时效的不在此列。法律对承包人的承包经营权是予以保护的，但是法律同样对行使该权利在程序上进行了限制，即通过诉讼时效的规定敦促权利人及时行使权力，从而更好地维护自身合法权益，使权利能够及时得到救济。

【案例】

高某某诉遂昌县三仁畲族乡坑口村股份经济合作社
土地承包经营权纠纷案[①]

案情： 2003 年，原告高某某作为时任坑口村村民委员会（以下简称村委会）主任，主持对村道路进行改造。改建道路需要占用部分田地，其中包括原告

---

① 参见浙江省遂昌县人民法院（2018）浙1123民初3584号民事判决书。

名为碾米厂的承包田部分土地。根据新旧两本土地承包经营权证记载，原告的该地块被占用的面积约为110平方米。对于村道改建需要占用农地的，根据原告高某某陈述，村里未召开相关会议亦未制定任何补偿方案。高某某认为，其承包地被占用是客观事实，理应得到相应的补偿。被告遂昌县三仁畲族乡坑口村股份经济合作社（以下简称坑口村合作社）称，原告竞选村主任时承诺，其无偿提供承包地用于村道建设。2018年11月，原告诉至遂昌县人民法院，请求判令被告支付承包田占用补偿款。

此外，原告高某某于2018年10月7日因案涉承包地被占用补偿事宜向遂昌县信访局提出书面报告。2018年10月15日，遂昌县三仁畲族乡人民政府作出处理意见书，称在原告任村主任期间，凡坑口村因公益事业占用的农户田地从未有过补偿，而是由各生产队内部按上交公粮自行调剂。且坑口村在相同时期，很多村庄道路和生产道路建设占用农户土地都没有给予补偿。

人民法院经审理认为，本案的争议焦点有两个：一是原告提供的承包地是否需要补偿；二是本案是否超过诉讼时效。

关于争议焦点一，本案中，依据"谁主张，谁举证"的诉讼规则，被告提出原告提供的承包地系竞选时承诺无偿提供，但被告并未提供有效证据予以证实，故应承担举证不能的不利后果。根据《农村土地承包法》（2009年修正）的规定，承包地被依法征收、征用、占用的，有权依法获得相应的补偿。本案中，因村道路改建，原告提供了部分承包地，故原告有权获得相应的补偿。

关于争议焦点二，被告认为原告的主张已超过三年的诉讼时效，而原告认为其一直在主张权利。法院认为，本案的诉讼时效起算点应从原告提供承包地当日开始计算。根据本案已查明的事实，原告除提供2018年10月7日的信访件外，未提供证据证实在这之前向被告主张过权利。且原告在2005年村委会换届时亦未向村财务或组织提交相关需要支付其承包地补偿款的书面凭证。原告作为时任村委会主任有将该书面凭证交予村财务或相应组织的先天条件和应尽义务，根据现有证据，原告并未这样做。故本案最迟到2006年12月31日已超过诉讼时效。故判决驳回原告高某某的诉讼请求。

分析：在权利主体认定上，根据《农村土地承包法》（2009年修正）第15

条①的规定，家庭承包的承包方是本集体经济组织的农户，故高某某作为该承包户的户主，有权作为原告向法院提起诉讼从而主张权利。这里的高某某并非个人，他是承包户的代表。关于补偿是否有限制条件即道路建设是否可以免除被告的补偿责任。虽然修建村中道路是便利村民的公益事业，但是法律并未规定占用承包地无须补偿。根据《农村土地承包法》（2009年修正）第16条第2项②关于"承包地被依法征收、征用、占用的，有权依法获得相应的补偿"的规定，被告应对原告进行适当的补偿。至于补偿的标准，可以参照同类建设中补偿标准。

关于诉讼时效的问题，原告因承包地被占用而主张赔偿的权利，是否受诉讼时效限制。有意见认为，土地承包经营权是反映我国经济体制改革中农村承包经营关系的新型物权。从实践来看，物权纠纷不适用诉讼时效的规定。我们认为，土地承包经营权在其受到侵害时，如果权利人主张的是排除妨害、消除危险、确认物权、返还原物、恢复原状等物权请求权时，可以不适用诉讼时效的规定。但对于本案中要求赔偿损失的请求权，应该适用诉讼时效的规定。我们认为，赔偿损失的请求权性质是债权的请求权，而债权请求权是受诉讼时效制约的。这样既有利于权利人及时行使权利，也有利于社会的稳定。

【风险提示】

乡村振兴战略的目标之一便是生态宜居，而村庄美化、村道改建正是具体举措。在这个过程中，土地被征收、征用，土地使用权人就面临补偿的问题。对村集体而言，要规范程序使补偿标准公开透明，做好会议记录；对村民而言，要及时沟通、及时确认、及时主张权利。

问题 4：公益林补偿款应该如何分配？

【解答】

依据我国法律规定，村民委员会具备基层群众性自治组织法人资格，可以根据村民居住状况、集体土地所有权关系等分设若干村民小组。村民小组对本小组的土地和林地享有独立的所有权，独立承担民事责任。若因林地补偿款事宜发生

---

① 本条已于2018年12月29日由《全国人民代表大会常务委员会关于修改〈中华人民共和国农村土地承包法〉的决定》（中华人民共和国主席令第十七号）修改为第16条第1款。
② 本项已于2018年12月29日由《全国人民代表大会常务委员会关于修改〈中华人民共和国农村土地承包法〉的决定》（中华人民共和国主席令第十七号）修改为第17条第4项。

法律纠纷,村民小组有权决定本小组集体所有的公益林补偿款的分配事宜。

【案例】
吴某1诉云和县某村村民委员会合同纠纷案[①]

案情:吴某1系浙江省云和县某村第二村民小组成员,其父亲吴某2系该村第三村民小组成员,吴某2在该村第三村民小组享有5亩地名为"门前山"的林地使用权。从2004年开始,因国家相关政策,该村区域内的2878亩生态公益林列入政府补偿范围,可按照相关标准(每年每亩补偿标准不一)享受公益林补偿款,包括其中前述5亩地名为"门前山"的林地。2000年吴某2去世。2006年9月,吴某1将其父亲的5亩地名为"门前山"的林地使用权登记到其名下,并办理了相应的林权证,林权证显示该5亩林地的所有权人为第三村民小组,林地的使用权人为吴某1。

之后,吴某1多次向该村村民委员会要求分配该5亩林地的公益林补偿款,但村民委员会一直未给予发放。2015年8月,吴某1与村民委员会就该5亩林地的公益林补偿事宜进行调解,并约定该林地生态林补偿款从2015年起按相关标准计算,由村民委员会直接发放给吴某1。此后,双方均未按照调解协议内容履行。2018年3月,吴某1向云和县人民法院起诉,要求村民委员会支付生态林补偿款1170元(按照5亩林地面积从2009年起计算至2017年,要求之后每年都按照相关标准计算发放)。

云和县人民法院经审理认为,案涉5亩地名为"门前山"的公益林地的所有权属于该村第三村民小组,该村第三村民小组本身具备独立的诉讼主体资格,且村民委员会已将该案涉的公益林补偿款按政策分配到该第三村民小组,并由村民小组决定分配方案,现吴某1要求村民委员会支付公益林补偿款无事实和法律依据,故判决驳回吴某1的诉讼请求。

分析:近年来,人民法院审理的涉及农村土地、林地承包纠纷案件日益增多,很多群众对于村民委员会、村民小组的性质、职责认识不清,导致在诉讼过程中出现主体错误等问题,进而影响其维护权益。本案中,法院判决驳回原告吴某1的诉讼请求主要有以下几方面考量:

---

① 参见浙江省云和县人民法院(2018)浙1125民初357号民事判决书。

首先，吴某1起诉村民委员会的主体不适格。根据《村民委员会组织法》等相关规定，村民委员会具备基层群众性自治组织法人资格，可以作为特别法人从事为履行职能所需要的民事活动。同时，法律规定村民委员会可以根据村民居住状况、集体土地所有权关系等分设若干村民小组，村民小组对本小组的土地和林地享有独立的所有权，独立承担民事责任。本案中，从2004年开始，该村村民委员会根据其所辖的八个村民小组拥有公益林的亩数，将补偿款按比例分配给各村民小组，其中包括案涉地名为"门前山"的5亩公益林补偿款，即分配给该村第三村民小组，该第三村民小组作为有独立财产的村民小组，本身具备民事诉讼主体资格。

其次，第三村民小组有权决定本小组集体所有的公益林补偿款的分配事宜。根据《村民委员会组织法》的规定，属于村民小组的集体所有的土地、企业和其他财产的经营管理以及公益事项的办理，由村民小组会议依照有关法律的规定讨论决定。本案中案涉地名为"门前山"的5亩林地的所有权人（证载）为该村第三村民小组，第三村民小组经召开村民小组会议进行集体讨论后，作出了包括其中案涉的5亩公益林补偿款分配给第三村民小组各成员的决定，并向小组村民进行了公布，该决定属于第三村民小组自治权利的范畴，合法有效。

最后，村民委员会与吴某1签订的有关补偿款由该村民委员会支付的协议，超出了法律规定的范围。本案中，吴某1系第二村民小组成员，其在第二村民小组也拥有其应得的公益林补偿款，虽然其在父亲吴某2死亡后，将吴某2在第三村民小组5亩林地的使用权变更登记到自己名下，但林权的所有权仍为第三村民小组所有。此后，吴某1因未获得该林地的补偿款而产生纠纷，由该村民委员会与吴某1签订协议，约定该生态公益林补偿款由村民委员会直接发放给吴某1，由于该村民委员会已将上述属于第三村民小组的公益林补偿款按政策实际下发到了第三村民小组，并由第三村民小组进行了分配。因此，该村民委员会作出的由村民委员会进行补偿的协议，内容明显超出了其法律规定的范围，也违反了村财务"专款专用"的原则，属无效协议。

【风险提示】

对于涉及农村土地、林地承包等类型的案件，往往会存在一些历史遗留问题，案件事实及法律关系都较为复杂，当事人在起诉之前一定要紧紧围绕起诉主体、以什么理由起诉等问题，对整个事实情况进行认真梳理，若盲目起诉且又未积极提供相关证据，则必定导致败诉的后果。

问题 5：名为采矿权转让合同实为采矿企业股权转让合同，当事人能否以签订的合同是矿业权转让合同为由主张确认转让合同无效？

【解答】

股权与矿业权是不同的民事权利，矿山企业的股权属社员权，由股东享有，受公司法调整。矿业权转让合同与矿山企业股权转让合同的本质区别在于是否涉及矿业权主体的变更。基于合同约定和履行情况，矿业权主体不发生变更的，合同应定性为矿山企业股权转让，当事人以矿业权转让纠纷为由主张合同无效不应予以支持。

【案例】

李某某等 3 人与浙江钱塘控股集团有限公司、安徽钱塘矿业有限公司股权转让合同纠纷案[①]

案情：诸暨钱塘矿业公司的股东原为浙江钱塘控股集团有限公司（以下简称浙江钱塘公司）和安徽钱塘矿业有限公司（以下简称安徽钱塘公司）。诸暨钱塘矿业公司持有诸暨青顶山铁矿的采矿权和外围探矿权。2011 年 5 月 20 日，浙江钱塘公司、安徽钱塘公司（甲方）与李某某、陈某某、王某某（乙方）签订股份转让协议书一份，约定乙方 3 人出资 12 500 万元收购诸暨钱塘矿业公司的全部股权，协议书还对其他事项作了约定。后乙方 3 人支付了转让款 12 500 万元，双方办理了公司相关文件资料以及资产的移交手续。

2011 年 8 月，诸暨钱塘矿业公司（寿某某）与诸暨钱塘矿业公司（陈某某）签订采矿权转让合同一份，并共同向浙江省国土资源厅提交了一份采矿权转让申请报告，载明"由于采矿权股权转让今要求变更采矿权证法人代表，由原法人代表寿某某变更为陈某某，采矿权人名称不变"，后浙江省国土资源厅对诸暨钱塘矿业公司提交的上述申请批复准许转让。后乙方 3 人诉至法院，认为上述合同实际是矿业权转让合同，违反了矿业权转让的禁止性规定，要求法院确认股份转

---

① 参见浙江省高级人民法院（2017）浙民终 70 号民事判决书。

让协议书和采矿权转让合同无效。

一审法院经审理认为,涉案股权转让之前及之后,矿业权均登记于诸暨钱塘矿业公司名下,矿业权的主体并未随着股权的转让而发生变更。双方虽签订了采矿权转让合同,但该合同的实质内容是对公司法定代表人进行变更,而非采矿权主体的变更,故李某某、陈某某、王某某主张本案实为矿业权转让合同纠纷,并以此为前提主张涉案股权转让协议、采矿权转让合同无效,依据不足,不予采纳,判决驳回李某某、陈某某、王某某的全部诉讼请求。一审判决后,李某甲、陈某某、王某某不服,提出上诉。浙江省高级人民法院二审判决:驳回上诉,维持原判。

分析: 第一,关于矿业权转让合同与矿山企业股权转让合同的区别。所谓矿业权转让合同,是指矿业权人通过签订转让合同将自己所享有的矿业权转让给他人,其外在表现是经有关部门审批后,矿业权人的探矿权证、采矿权证变更至合同相对方名下。两者的区别主要在于如下几个方面:一是交易标的和法律后果的不同。前者的转让标的是转让方持有的探矿权和采矿权,合同生效后矿业权主体发生了变更;而后者的转让标的是股权,合同生效后矿业权主体未发生变更。二是交易主体不同。前者属于受让人与矿业公司之间的交易;后者则是股权受让人与矿业公司原股东之间的交易。三是适用法律不同。前者适用的是《矿产资源法》《探矿权采矿权转让管理办法》等相关法律法规及规章,并要经过国土资源部门审批;后者则适用《公司法》《公司登记管理条例》等公司相关法律法规。四是债权债务承担不同。前者转让前矿山企业的债务,仍由转让后的矿山企业承担;后者除法律另有规定或双方另有约定外,受让人对矿山企业的债务不承担任何责任。

总之,法人企业股东的有限责任、企业的人格独立及企业法人财产权与经营权控制权相分离等现代公司企业制度的基本原则不能随意突破。矿山企业股权转让与矿业权转让相区分更符合现代公司法律制度的基本精神。本案的情况完全符合矿山企业股权转让的条件,探矿权证和采矿权证始终在诸暨钱塘矿业公司名下,不存在矿业权人变更问题,国土资源部门所作的审批也只是法定代表人变更的审批,而非矿业权人变更的审批。因此,双方的纠纷应当确认为股权转让纠纷。

第二,关于双方合同的效力问题。原告还主张双方的合同违反了《矿产资源法》第6条第3款关于"禁止将探矿权、采矿权倒卖牟利"规定及《探矿权采矿权转让管理办法》第6条第1款关于"转让采矿权应当投入采矿生产满一年"的规定,应属无效合同。我们认为,本案系股权转让合同纠纷,故对于合同效力的判定应以《合同法》①《公司法》等相关规定为依据，并不适用矿业权的相关法律法规。矿山企业股东的股权转让行为只要符合《公司法》等法律规定的条件，不存在《合同法》(已废止)第52条②关于合同无效的情形，法院应当充分尊重当事人的意思自治，认定股权转让合同的效力。至于公司与股东出现人格混同的情形，属于另一法律关系，在经依法裁判认定之前，股权转让仍有效。

那么，如果本案系矿业权转让合同纠纷，双方的合同是否应认定无效呢？我们认为仍然不能认定无效。首先，本案的转让行为经过了国土资源部门的审批，其价格也是根据当时的市场价格由双方协商确定，故不存在非法倒卖矿业权的行为。其次，虽然《探矿权采矿权转让管理办法》规定转让采矿权应当投入采矿生产满1年，但该规定是相关行政主管部门对于转让采矿权进行行政管理的依据，并非效力性强制性规范。对于矿业权转让是否符合转让条件的审查是行政机关在作出行政许可时的审查事项，属于行政权的范围，司法权应当尊重行政机关的首次判断权。因此，原告主张转让合同无效的理由不能成立。

第三，裁判理念要体现诚信原则，维护市场交易安全。"合同法的中心是承诺的交换。"③有学者进一步提出："契约神圣应当是契约自由的一个侧面，即如果契约是根据双方当事人的自由意志而订立的，由此产生的权利义务应当是神圣的，应当由法院保证其履行，当事人不得违反。这种神圣性来源于契约自由的反面推导。"④

司法实践中，确实有当事人在合同签订后由于市场环境发生变化⑤，通过主张合同无效来转移市场风险，该行为明显有违诚信原则。如果法院认定合同无效的话，实际上纵容了这种恶意违约行为，对合同另一方也极为不公。本案中，双方股权转让款金额巨大，原告作为买受方，对于铁矿石的市场行情应该已做了充分了解并对于市场风险有相应的心理预期。当合同签订后铁矿石的市场价格持续下跌时（从1300元/吨下降到原告起诉时的400多元/吨），公司开采铁矿石已无利

---

① 现对应《民法典》。
② 本条已对应修改为2020年5月28日公布的《民法典》第144条、第146条第1款、第153条、第154条。
③ [美]罗伯特·考特、[美]托马斯·尤伦：《法和经济学》，张军等译，上海三联书店1994年版，第314页。
④ 李永军：《合同法原理》，中国人民公安大学出版社2000年版，第42页。
⑤ 市场环境发生变化的情形包括矿产资源价格的下降、市场消化量不足、政策紧缩、利润下降等。

可图甚至极有可能亏损。

因此，原告在合同签订 5 年之后再提起合同无效之诉，存在将市场风险的不利后果转嫁给合同相对方的明显企图。若合同相对方在没有过错的情况下即承担不利后果，既有违诚信原则和公平原则，也不利于市场交易安全。基于此种考虑，法院对原告的诉讼请求亦不应予以支持。

【风险提示】

股权与矿业权是不同的民事权利，基于合同约定和履行情况，矿业权主体不发生变更的，合同应定性为矿山企业股权转让，当事人之间签订的股权转让合同不存在违反法律禁止性规定的情形，不应认定无效。当事人在市场交易活动中，应当对市场风险进行慎重的评估并遵循诚信原则，摒弃利用诉讼转嫁市场风险的意识和行为。

问题 6：在自然保护区作业的勘察、开采矿产资源合同是否有效？

【解答】

《自然保护区条例》（2017 年修订）第 26 条规定："禁止在自然保护区内进行砍伐、放牧、狩猎、捕捞、采药、开垦、烧荒、开矿、采石、挖沙等活动……"矿产资源转让协议不经过行政主管单位审批为未生效合同，但这并不意味着经过审批的合同就当然有效，不可直接认定此类合同的效力。当此类纠纷诉诸司法，法院仍应对已得到国土资源主管部门批准在自然保护区作业的勘察、开采矿产资源合同进行特别审查。如果该协议违反了相关法律法规的禁止性规定，对自然环境和生态造成严重破坏，损害环境公共利益，即使已经得到国土资源主管部门批准，也应依法认定无效。

【案例】

新疆临钢资源投资股份有限公司与四川金核矿业有限公司特殊区域合作勘查合同纠纷案[①]

案情： 2011年10月10日，新疆临钢资源投资股份有限公司（以下简称临钢公司）与四川金核矿业有限公司（以下简称金核公司）签订了《合作勘查开发协议》，约定：临钢公司补偿金核公司的3500万元后，双方共同设立项目公司，并在符合条件时将金核公司的探矿权过户至项目公司名下。2011年10月25日，临钢公司向金核公司实际支付3500万元。

2013年11月22日，金核公司以合作勘查作业区位于新疆塔什库尔干野生动物自然保护区为由通知解除合同，金核公司回函拒绝。2014年，金核公司向新疆维吾尔自治区高级人民法院提起诉讼，请求确认临钢公司解除合同行为无效，确认《合作勘查开发协议》有效。临钢公司反诉请求解除《合作勘查开发协议》，金核公司返还合作补偿款3500万元并赔偿损失。

一审新疆维吾尔自治区高级人民法院认为，2011年10月10日，临钢公司与金核公司签订的案涉《合作勘查开发协议》，系双方的真实意思表示，且内容不违反《矿产资源法》等法律法规的强制性、禁止性规定，当属合法有效。虽然案涉矿权位于保护区范围内，但在案涉合同履行两年多的期间，临钢公司未向金核公司提出过异议，亦未提供证据证明其勘查工作受到了影响。由此可见，案涉合同并不存在双方约定的应当终止或解除的情形。遂判决临钢公司解除合同行为无效，双方继续履行《合作勘查开发协议》，驳回临钢公司的反诉请求。临钢公司不服一审判决，向最高人民法院提起上诉。

最高人民法院经审查认为，案涉探矿权位于新疆某动物自然保护区范围内，该自然保护区设立在先，金核公司的探矿权取得在后。基于《合作勘查开发协议》约定，双方当事人均知道或者应当知道在自然保护区内不允许进行矿产资源的勘探和开发。该协议违反了《自然保护区条例》的禁止性规定，如果认定协议有效并继续履行，将对自然环境和生态造成严重破坏，损害环境公共利益。故协议依法应属无效，临钢公司收取的合作补偿款应予返还。金核公司主张的损失，部分由临钢公司折价补偿，部分由金核公司自行承担或者在项目公司清算时另行解决。

[①] 参见最高人民法院（2015）民二终字第167号民事判决书。

遂撤销一审判决，予以改判。

分析：本案的争议焦点之一是两公司签订的《合作勘查开发协议》应否解除，也就是说，对于已经国土资源主管部门批准的特殊区域签订的勘察、开采矿产资源合同，法院是否仍需进行特别审查。本案中《合作勘查开发协议》项下的探矿权位于新疆某野生动物自然保护区范围内，该自然保护区设立在先，金核公司的探矿权取得在后，从协议约定的内容来看，双方当事人均知道或者应当知道在自然保护区内不允许进行矿产资源的勘探和开发。

金核公司主张，案涉矿权虽在自然保护区范围内，但处于实验区和缓冲区，依法允许勘探。依据《自然保护区条例》的相关规定，自然保护区可以分为核心区、缓冲区和实验区。核心区外围划定缓冲区，缓冲区外围划为实验区，可以进入从事科学试验、教学实习、参观考察、旅游以及驯化、繁殖珍稀、濒危野生动植物等活动。金核公司主张探矿属于"等活动"的范围。开矿属于《自然保护区条例》第26条明令禁止的行为，显然不包含在该条例第18条所允许的活动范围内。金核公司的该项主张缺乏法律依据，显然不能成立。

因此，双方签订的《合作勘探开发协议》违反了《自然保护区条例》的禁止性规定，如果认定该协议有效并继续履行，将对自然环境和生态造成严重破坏，损害环境公共利益。根据《民法典》第153条之规定，《合作勘查开发协议》应属无效。一审法院认定该协议有效并判令双方继续履行，适用法律错误，二审法院予以纠正。无效合同不存在解除问题，故对金核公司要求确认临钢公司解除《合作勘查开发协议》的行为无效的本诉请求，以及临钢公司要求判决解除《合作勘查开发协议》的反诉请求，均不予支持。

【风险提示】

人民法院审理、执行相关环境合同纠纷案件，要依据国家和省级国土空间主体功能区规划，充分考虑各类功能区的不同功能定位，确定不同的处理思路。针对上述特殊区域签订的勘查、开采矿产资源合同，即使已经得到国土资源主管部门批准，人民法院仍应对合同效力进行特别审查，若合同违反法律、行政法规的强制性规定，损害环境公共利益的，应依法认定无效。

问题 7：将申请农用地用于其他用途是否属于非法占地？

【解答】

土地使用申请人以农业种植仓储所需为名申请使用设施农用地，实际并未实施农业种植项目，其在批准取得的设施农用地上建造的房屋亦未用于农业管理，而是供家庭生活使用的，其行为属于骗取批准的行为。此时，土地管理部门应当撤销批准文件，并对土地违法行为进行查处。若涉及耕地，应以非法占地、破坏耕地进行处罚。

【案例】

蒋某诉建德市国土资源局土地行政处罚案[①]

案情： 蒋某系建德市寿昌镇陈家村村民。2014年3月，蒋某以种植西红花仓储需要为名，向建德市人民政府申请设施农用地。同年12月，蒋某经审批同意，取得位于寿昌镇陈家村小刺源150平方米设施农用地使用权。2016年年初，有群众向建德国土局举报，称蒋某以种植西红花为名骗取设施农用地，实际用于建造附房。建德市国土资源局（以下简称建德国土局）为此向陈某、方某、周某等人进行调查询问，对现场进行勘察，并委托建德市土地测绘勘察规划设计有限公司出具《违法用地测量报告》，查实蒋某骗取设施农用地用于建造附房的事实。

经建德市人民政府批准，建德国土局于2016年3月向蒋某作出撤销其设施农用地批文的通知。2016年4月12日，建德国土局立案调查，查明蒋某于2014年4月至12月擅自非法占用150平方米土地建造附房，其中101平方米为建设用地、49平方米为耕地。之后，建德国土局向蒋某送达《行政处罚事先告知书》。蒋某在法定期限内未提出陈述、申辩意见，也未要求听证。同年4月28日，建德国土局作出《行政处罚决定书》，责令蒋某退还非法占用的150平方米土地，限期在收到行政处罚决定书之日起15日内自行拆除在非法占用的土地上新建的150平方米附房，恢复原种植条件，并处破坏耕地罚款人民币1960元。蒋某不服，于2016年10月向建德市人民法院提起行政诉讼，要求撤销该行政处罚决定。

法院经审理认为，原告蒋某虽曾以种植西红花仓储需要为名，批准取得150平方米设施农用地使用权，但实际并未实施西红花种植项目，在设施农用地上建

[①] 参见浙江省建德市人民法院（2016）浙0182行初00081号行政判决书。

造的房屋亦是作为附房供家庭生活使用，属于骗取批准设施农用地。建德国土局在撤销设施农用地批准文件后，根据《土地管理法》(2004年修正)的相关规定，以蒋某非法占地、破坏耕地为由，作出行政处罚决定，认定事实清楚，证据确凿，适用法律准确，处罚内容得当，程序合法。遂判决驳回蒋某的诉讼请求。一审宣判后，蒋某未提起上诉。

分析：本案的争议焦点在于蒋某申请审批取得建德市寿昌镇陈家村小刺源150平方米设施农用地的行为是否属于骗取批准？我们从以下三个方面予以分析。

一是根据建德国土局调查可知，蒋某建造案涉附房的时间发生在2014年4月至12月，其取得批准文件的时间为2014年12月，建设行为发生在审批过程中，属于未批先建。

二是蒋某申请使用设施农用地的理由是种植西红花仓储所需，而事实上从蒋某提出用地申请至建德国土局开展调查长达两年多的时间里，其从未实施过西红花种植项目，也未实施过其他农业项目。

三是从房屋用途来看，蒋某建造案涉房屋实际并未用于农业管理，其目的在于与主房使用功能相配套，供家庭生活使用。因此，蒋某的行为属于骗取批准。建德国土局撤销蒋某设施农用地批准文件后，以非法占地、破坏耕地为由，对蒋某进行立案调查，查实蒋某占用包括49平方米耕地在内共计150平方米土地及在非法占用的土地上违法建造了150平方米的附房，责令其退还非法占用的土地、拆除违法建造的房屋，恢复土地原种植条件，并处罚款，该行政处罚决定合情、合理、合法。

设施农用地是直接用于经营性养殖的畜禽舍、工厂化作物栽培或水产养殖的生产设施用地及其相应附属设施用地，其目的是保障农业生产，促进现代化农业健康有序发展。以发展设施农业为名，擅自将设施农用地改变用途建房，是对宝贵的农用地资源的浪费甚至破坏。本案中，原告骗取设施农用地用于建造附房，破坏了土地管理秩序和农用地资源。土地管理部门在查明事实后作出行政处罚，依法追究了原告破坏农用地资源的行政责任，对相关违法行为人敲响了警钟。

【风险提示】

合理利用土地和切实保护耕地是我国的基本国策。因此，使用土地的单位和个人必须严格按照土地利用总体规划确定的用途使用土地。违反相关土地管理法律规定，未经批准建设、未按批准建设或者骗取批准建设的行为，都将受到法律的严惩。

问题 8：如何认定违法用地复耕整改到位？

【解答】

违法用地破坏土地种植条件后，违法行为人采取的复耕措施应保障土地原状的全面恢复，如经采取复耕整改措施后未能全面恢复土地原状，违法行为人应向国土部门证明涉案土地采取复耕整改措施后的种植条件与原种植条件相等同，否则应视为违法行为人未能恢复涉案土地原种植条件，不能认定土地违法行为已整改到位。

【案例】

吴某某等4人诉象山县国土资源局、第三人象山县
丰润农资有限公司不履行查处土地违法行为法定职责案[①]

案情：涉案土地位于象山县丰润农资有限公司（以下简称丰润公司）围墙四周，围墙东首原为耕地，其中包括南北向的一段机耕路，围墙北首原为耕地，并有一抽水泵站，围墙南首原为养鱼塘，围墙西首原为临河田坎。吴某某、邹某某、张某某、谢某某四原告是象山县爵溪街道前岙村村民，是涉案土地的承包权人。2015年6月2日，原象山县国土资源局（以下简称象山国土局）接到原告等村民的举报，称丰润公司围墙外围土地有填渣现象，要求象山国土局查处。象山国土局于2015年6月5日向丰润公司发出《责令改正国土资源违法行为通知书》，要求丰润公司于接到通知书之日起7日内改正违法占用耕地行为。丰润公司于同日收到该通知书，并进行了部分整改。同年6月12日，象山国土局认为丰润公司及时对扩填土地进行了复耕，违法用地行为已经消除，不予立案。

原告吴某某等人认为违法用地行为继续存在，要求象山国土局公开对丰润公司土地违法行为的相关履职情况。2016年3月21日，象山国土局作出公开答复，认为象山国土局对丰润公司下发整改通知书后，丰润公司已进行了有效整改，尚有少部分未整改到位的，在象山国土局的敦促下，已于2016年3月16日进行了复耕整改。

2016年11月18日，吴某某等4人以象山国土局为被告向原奉化市人民法院提起行政诉讼，请求确认象山国土局不履行查处土地违法行为违法，并责令限期

---

① 参见浙江省宁波市中级人民法院（2017）浙02行终234号行政判决书。

履行。因丰润公司与该案具有利害关系，2017年1月4日，奉化法院追加丰润公司为该案的第三人。象山国土局向奉化法院提交了涉案土地属地政府象山县爵溪街道办事处出具的《情况说明》一份，证明围墙东首除原有道路外，土地已复耕可种植，且已种植作物；围墙北首土地已进行过复耕，可用于南瓜、丝瓜等作物的种植；围墙南首经询问原为河塘、西首经询问原为田坎，现围墙边有0.5~0.8米的石渣。

一审法院经审理认为，经过实地勘察及所在村及街道的证明，需整改的部分已完成复耕，目前均已种植农作物；至于围墙东南方向新修的农村道路，根据《浙江省交通运输厅、浙江省国土资源厅关于规范农村道路改造提升用地管理的通知》（浙交〔2016〕64号）的规定，改造提升后的农村道路，其用地性质仍为农用地，不属于土地违法行为；至于围墙西首的少量建筑垃圾，由于此处原为河边田坎，现状及性质并未发生改变，不属于土地违法行为。综上，象山国土局接到群众举报后，向丰润公司下发了整改通知书，并督促丰润公司进行复耕整改，目前已复耕到位。因此，一审法院判决：驳回原告吴某某等4人的诉讼请求。一审宣判后，吴某某等4人不服，向浙江省宁波市中级人民法院提出上诉。

二审法院再次实地勘察，经审理认为，象山国土局仅根据涉案土地所在的村及街道出具的证明，即认定已经整改到位，与现场勘查情况不符；且象山国土局未提供其他证据予以证明涉案土地已恢复适宜的种植条件，故象山国土局关于涉案土地已经整改复耕到位的主张缺乏事实依据。因涉案土地并未复耕到位，在土地违法行为依然存在的情况下，象山国土局未对违法行为进行查处，系不履行法定职责。为此判决撤销原审判决，并责令象山县国土资源局于判决生效之日起60日内履行查处土地违法行为的法定职责。

分析：根据《土地管理法》（2004年修正）的相关规定，占用耕地建窑、建坟或者擅自在耕地上建房、挖砂、采石、采矿、取土等破坏种植条件的由县级以上人民政府土地行政主管部门[①]责令限期改正或者治理。对于违法用地破坏种植条件的，土地主管部门责令违法行为人采取复耕整改措施后，如何认定复耕整改到位，是本案的争议焦点。

涉案土地原状是耕地，而审理时状况为"大约20厘米耕层下为石渣，石渣厚

[①] 此处的"土地行政主管部门"已于2019年8月26日由《全国人民代表大会常务委员会关于修改〈中华人民共和国土地管理法〉、〈中华人民共和国城市房地产管理法〉的决定》（中华人民共和国主席令第三十二号）修改为"自然资源主管部门、农业农村主管部门"。

度约为 80 厘米；西南方向临河处为石渣覆盖，无土壤耕层，未种植农作物"。因此，涉案土地可供种植的状况已发生改变。对于围墙西南方向临河处的土地，仅有石渣，而没有土壤耕作层，象山国土局认定涉案土地已恢复种植条件缺乏事实依据。对于其他土地，在 20 厘米的耕作层下，有 80 厘米左右的石渣，是否属于整改完毕？

本案中，围墙外围的土地原本是耕地，后原告等村民举报涉案土地有填渣现象，即违法行为是"填渣"。而丰润公司收到象山国土局的《责令改正国土资源违法行为通知书》以后，对涉案土地予以整改。根据实地勘察，整改的结果是"在 20 厘米的耕作层下，有 80 厘米左右的石渣"，即违法行为已将原有的耕作土壤破坏，在整改中仅恢复了 20 厘米的耕作层。可见，整改行为仅部分恢复涉案土地的原状，而并未全面恢复涉案土地的原状。在整改行为仅部分恢复涉案土地原状的情况下，是否构成涉案土地种植条件的恢复，则属于象山国土局的举证内容。

象山国土局在一审审理过程中提交了属地政府爵溪街道办事处对该地块复耕情况的意见，爵溪街道办事处认为涉案土地经整改可种植且已种植作物，象山国土局根据该意见认定涉案土地已复耕，违法用地行为已消除。但是，爵溪街道办事处并非农业主管部门，涉案土地是否整改到位应由农林部门出具相关意见，故该街道办事处出具的意见不足以证明涉案土地已整改到位。

本案中，爵溪街道办事处出具的意见仅表明涉案土地整改后位于围墙东首的土地"可以种植农作物"，位于围墙北首的土地"可用于南瓜、丝瓜等作物的种植"。然而，"可以种植作物"及"可用于南瓜、丝瓜等作物的种植"与"恢复种植条件"对土壤肥力的要求是不同的。因不同种类作物的种植条件有所差异，即使是 20 厘米的耕作层，也可以保证涉案土地"可以种植作物"，但"可用于南瓜、丝瓜等作物的种植"并不表明涉案土地还可用于其他种类作物的种植。

因此，对于涉案土地经整改后的种植条件是否能够等同于涉案土地原有的种植条件，象山国土局并未提交证据予以证明，象山国土局认定涉案土地已经复耕整改到位的主张缺乏事实依据，该局未对违法行为进行查处，系不履行法定职责，故法院判决象山国土局于该判决生效之日起 60 日内履行查处土地违法行为的法定职责。

由此可见，对于破坏耕地的土地违法行为，国土局下发《责令改正国土资源违法行为通知书》后，对土地违法行为人的复耕整改行为，应严肃标准，从严治理，对复耕整改不到位的，应坚决执行查处法定职责。本案中，虽然丰润公司在其倾倒于原耕地上的石渣上方铺了一层泥土，表面已恢复耕地状态，但该覆盖的20厘米左右泥土层是否已恢复适宜的种植条件，严格来看，肯定达不到复耕标准，仍存在土地违法行为，国土局理应加大力度督促复耕到位或执行查处土地违法法定职责，切实保护耕地资源。

【风险提示】

土地管理部门对涉耕地违法行为的查处，不仅应当要求违法行为人将涉案耕地整改到"可以种植作物"，而且应当整改到"恢复原种植条件"，消除违法行为造成的不利后果的程度。对于违法行为人在整改时未"全面恢复原状"而是仅"部分恢复原状"的，土地管理部门应当责令违法行为人提交已"恢复原种植条件"的证据，否则应视为违法行为人未能恢复涉案土地原种植条件，不能认定土地违法行为已整改到位，仍应继续整改，从而实现对其辖区范围内耕地更好的保护。

问题 9：土地行政协议中，企业方的损失应当如何认定？

【解答】

行政协议是一种特殊的行政管理活动，既具有行政管理活动"行政性"的一般属性，同时也具有"协议性"的特别属性。行政机关因违约毁约、侵犯行政相对人合法权益的，要承担法律和经济责任。在处理此类纠纷时，一方面应坚持损失填平原则，对于企业方可得利益的损失予以充分保护；另一方面也要坚持损益相抵原则，对企业方在合同履行过程中已经取得的利益予以酌情确定，并与损失进行折抵。

【案例】

临海市康河管业有限公司诉临海市
国土资源局土地行政协议案[1]

案情： 2006年7月14日，临海市康河管业有限公司（以下简称康河管业）与临海市国土资源局（以下简称临海国土局）签订了《国有土地使用权出让合同》，

---

[1] 参见浙江省台州市中级人民法院（2017）浙10行终108号行政判决书。

约定临海国土局出让给康河管业位于临海市古城街道一宗面积为 30 193 平方米的土地，土地出让金总额为 5 555 512 元。双方约定合同签字当日康河管业须向临海国土局缴付 5 555 512 元作为履行合同的定金，抵作土地使用权出让金，并约定了双方当事人支付土地出让金、交付土地等权利义务及未能及时交付所带来的违约责任。康河管业于 2006 年 6 月 28 日、29 日共向临海国土局支付了 5 555 512 元。后康河管业办理了临时国有土地使用权证书，并缴纳了契税 156 997.73 元。

后来，因该宗土地所在地村民的阻挠，临海国土局未能在合同约定的 2006 年 7 月 30 日前将该土地交付给康河管业使用，且至 2015 年 11 月仍未交付。其间，经临海国土局同意康河管业多次延长临时土地证，自 2007 年起至今康河管业以该土地证向银行抵押贷款 1700 万元。另查明，2014 年 10 月，该宗土地规划已调整为商业用地，临海国土局实际已无法交付。后康河管业以临海国土局违反行政协议为由诉至临海市人民法院，要求解除合同并赔偿损失 43 110 348.57 元。

一审法院认为，原、被告签订的《国有土地使用权出让合同》双方意思表示真实，没有违反法律、行政法规规定，应当确认有效。被告在原告履行合同义务后，亦应当按照合同约定履行。但由于村民长期拒绝交出涉诉土地，致被告亦无法按约定向原告交付转让土地，应当承担违约责任。根据合同法律规定，原告有权解除合同。

另外，本案合同总标的为 5 555 512 元，根据担保法律规定，定金的数额由当事人约定，但不得超过主合同标的额的 20%。而该合同将整个转让款约定为定金，抵作转让款，其定金的约定已经超过了该法定上限，超过的部分无效。故该院确定定金有效部分为 1 111 102.4 元。合同解除后，被告由此取得的土地款应当予以返还，并双倍返还定金。鉴于定金已转为土地款返还，故被告还应支付定金 1 111 102.4 元。同时，被告的损失额根据临海市工业用地级别基准地价表计算，但应扣减被告返还的土地款及定金。[①] 一审法院遂判决解除被告临海国土局与原告康河管业签订的《国有土地使用权出让合同》，被告临海国土局须返还原告康河管业支付的土地款人民币 5 555 512 元，并赔偿康河管业损失 14 981 760.73 元。康河管业不服该判决，向中级人民法院提起上诉。

二审法院认为，涉案《国有土地使用权出让合同》合法有效，临海国土局

[①] 定金不足以弥补一方违约造成的损失，对方请求赔偿超过定金部分的损失的，人民法院可以并处，但定金和损失赔偿的数额总和不应高于因违约造成的损失。

未按照合同约定向康河管业交付涉案土地构成违约，应当承担相应的违约责任。原审法院判决解除合同、确认临海国土局应向康河管业支付定金有效部分即1 111 102.4元均无不当。但对于康河管业超过定金部分的损失数额，二审法院认为，因涉案地块规划已调整为商业用地，一审法院以工业用地基准地价为标准计算康河管业的损失不当，应以收储政策土地补偿标准计算康河管业的损失更为合理。根据《临海市人民政府印发关于进一步完善土地收购储备工作的通知》（临政发〔2015〕24号），如收购涉案地块应按现行住宅区片基准地价和工业用地基准地价平均值的50%给予补偿。该补偿金额扣除临海国土局返还的土地使用权出让金应为康河管业所受到损失金额。

同时，临海国土局虽未向康河管业交付涉案土地，但为其办理了临时土地使用权证，且康河管业长期以该土地使用权作抵押担保获得银行贷款1700万元，故康河管业实际已部分行使了土地使用权人的权利并获得了相应的利益，应酌情抵扣其损失。综上，二审法院酌情确定康河管业的损失为2000万元，并判决由临海国土局赔偿康河管业损失2000万元。

分析：本案中，涉案《国有土地使用权出让合同》系康河管业与临海国土局自愿签订，双方当事人的意思表示真实，其内容既不违反法律、行政法规的强制性规定，亦不具有其他应当认定为无效的情形，应属合法有效。作为企业方的康河管业依照协议约定履行了各项义务，不存在任何违约行为。现临海国土局未按照合同约定向康河管业交付涉案土地，构成违约，应当承担相应的违约责任。在协议因一方违约且客观上无法继续履行的情况下，人民法院判决解除协议并要求违约方承担违约责任，符合现代社会契约自由、平等的基本要义。

在界定企业方的损失上，我国法律规定，定金不足以弥补一方违约造成的损失，对方请求赔偿超过定金部分的损失的，人民法院可以并处，但定金和损失赔偿的数额总和不应高于因违约造成的损失。二审法院坚持损失填平原则，认为涉案地块规划已调整为商业用地，一审法院以工业用地基准地价为标准计算上诉人的损失显有不当，而以收储政策土地补偿标准计算上诉人的损失更为合理。诚然，以涉案土地收储价作为基准，对于企业方可得利益的损失予以充分保护。

同时，二审法院认定，临海国土局未按照合同约定向康河管业交付涉案土地，但为其办理了临时土地使用权证，且康河管业长期以该土地使用权作抵押担保并获得大额银行贷款，故康河管业实际已部分行使了土地使用权人的权利并获得了相应的利益，应酌情抵扣其损失。二审法院结合实际情况适用损益相抵原则，对企业方在合同履行过程中已经取得的利益予以酌情确定,并与损失进行折抵。这一处理最大限度地平衡了双方当事人的利益诉求。

【风险提示】

与民事合同主体签订合同是为了自身利益不同,行政主体签订行政合同是实现行政管理目标和维护公共利益。因此,行政主体对行政合同的履行享有民事合同主体不享有的行政优益权。具体体现为行政主体对合同履行的监督权、指挥权、单方变更权和解除权。当然,行政主体只有在合同订立后出现了由于公共利益的需要或法律政策的重大调整,必须变更或解除时,才能行使单方变更、解除权。由此造成相对人合法权益损害的,要予以补偿。

问题 10：行政机关作出的行政许可直接关系到申请人及他人重大利益时,是否应按照法律规定履行相关告知义务？

【解答】

行政许可事项涉及申请人与他人之间重大利益关系时,行政机关作出予以行政许可或不予以行政许可决定前,应当遵循正当程序原则,告知申请人及利害关系人相关情况,说明理由,听取其意见,并告知享有陈述、申辩和听证的权利。申请人、利害关系人进行陈述和申辩的,行政机关应当听取申请人、利害关系人的意见；申请人、利害关系人在被告知听证权利之日起 5 日内提出听证申请的,行政机关应当在 20 日内组织听证。

【案例】

胜天花岗岩矿诉江山市国土资源局地矿行政许可案[①]

案情： 2010 年 1 月,江山市国土资源局发布《江山市张村乡秀峰村建筑用石英正长斑岩采矿权挂牌出让须知》,出让期限为 3 年,并载明"采矿权有效期满或占用的矿产储量开采完毕,采矿权自然收归国有"。胜天花岗岩矿以挂牌方式取得采矿权,并于 2010 年 4 月与江山市国土资源局签订《浙江省采矿权有偿出让合同》,约定出让期限为 2010 年 4 月 8 日至 2013 年 4 月 8 日。出让期限届满后,江

---

① 参见浙江省衢州市中级人民法院（2017）浙 08 行终 116 号行政判决书。

山市国土资源局依胜天花岗岩矿申请分别于 2013 年 4 月、2014 年 10 月为其办理了延续采矿许可，期限延长至 2015 年 10 月。

2015 年 9 月 7 日、2016 年 1 月 21 日，江山市胜天花岗岩矿又两次向江山市国土资源局申请延续采矿许可。因江山市胜天花岗岩矿所在的江山市张村乡人民政府、秀峰村村民委员会反映江山市胜天花岗岩矿在采矿期间存在相关问题，并要求江山市国土资源局不予延续江山市胜天花岗岩矿的采矿期限。

2016 年 7 月 13 日，江山市国土资源局向胜天花岗岩矿发出《整改通知书》，对其存在的污水处理不到位、未落实粉尘防治责任、安全隐患等问题提出整改意见，责令其于 9 月 15 日前完成整改。因胜天花岗岩矿未按要求完成整改，江山市国土资源局于 11 月 21 日作出《关于对胜天花岗岩矿不再办理采矿权延续许可决定》。胜天花岗岩矿不服，向衢州市柯城区人民法院提起诉讼，请求撤销上述决定，并依法责令江山市国土资源局办理采矿权延续许可手续。

一审法院认为，采矿许可的延续登记，需由国土部门依职权对申请材料进行实质审查后，决定是否予以延续以及延续期限。江山市国土资源局根据张村乡人民政府、张村乡秀峰村村民委员会所反映的问题，经调查，向胜天花岗岩矿发出整改通知，责令其限期完成整改。胜天花岗岩矿收到整改通知书后，未在限期内完成整改，亦未提出修复性整改意见，故江山市国土资源局作出不予延续登记决定，符合法律规定，程序也无不当。遂判决驳回胜天花岗岩矿的诉讼请求。一审宣判后，胜天花岗岩矿不服，向衢州市中级人民法院提起上诉。

二审法院经审理认为，江山市国土资源局作出的《关于对胜天花岗岩矿不再办理采矿权延续许可决定》直接关系到胜天花岗岩矿及张村乡秀峰村村民等的重大利益，江山市国土资源局在作出上述决定前，应当遵循正当程序原则，向胜天花岗岩矿及张村乡秀峰村村民告知相关情况，并说明理由，听取其意见，告知其享有陈述、申辩和听证的权利。从查明的事实来看，江山市国土资源局未做到上述要求，故其行政行为不符合法定程序，应予撤销，但胜天花岗岩矿请求责令江山市国土资源局办理采矿权许可延续手续则应由江山市国土资源局根据查明的事实依职权作出决定。据此判决撤销一审行政判决与江山市国土资源局作出的不予延续许可决定，并责令江山市国土资源局在法定期限内重新对胜天花岗岩矿提交的采矿权延续许可申请作出行政行为。

分析： 正当程序原则是指行政机关实施行政行为，可能影响公民、法人或者其他组织合法权益的，应当在作出行政行为之前，向当事人和利害关系人告知事实,并说明理由,听取公民、法人或者其他组织的意见。正当程序原则是依法行政的重要原则之一,它的价值和意义在于有利于充分保障实体公正,促进政府职能转变,推进政务公开,提高公民法律和道德素养。正当程序原则的内容为程序中立性、程序参与性和程序公开性,典型表现为行政机关在作出对行政相对人不利的处理决定前,行政机关应事先告知拟作出处理决定的事实、理由和根据及公民、法人或者其他组织享有的陈述、申辩和听证权利。《行政许可法》《国土资源听证规定》等法律规章中均有相关内容的规定。

本案中,江山市国土资源局根据江山市张村乡人民政府、张村乡秀峰村村民委员会所反映的胜天花岗岩矿的环境污染问题,经调查核实,向其发出《整改通知书》。胜天花岗岩矿未按要求整改到位,据此作出不予办理延续许可决定。江山市国土资源局作为矿产管理职能部门,具有对矿产资源开发利用和自然生态环境治理的监督管理职能,其根据相关规定作出不予办理或予以办理延续许可的决定,在实体上并无不妥。然而,上述行政行为的作出,对于胜天花岗岩矿及张村乡秀峰村村民而言,事关重大,直接关系两方的重大利益。在此情形下,行政机关应当从保护各方利益的角度出发履行相应告知义务。

【风险提示】

正当程序原则是行政行为正当性之源,也是执法活动所应遵循的最低限度的程序标准,其既能够对行政滥用职权起到事前或事中的监督作用,又能够规制行政权力的运行。行政机关实施行政行为前,可能影响公民、法人或者其他组织合法权益的,应当遵守正当程序原则,根据相关法律规定,履行法定告知义务,依法保障各方当事人的合法权益。

问题 11:水资源开发利用权人与流域内水资源的开发规划行为之间是否具有利害关系?

【解答】

水资源是一种流域资源,它具有整体流动的自然属性,以流域为单元,水量水质、地上水地下水相互依存,上下游、左右岸、干支流的开发利用互为影响。司法实务中,要准确把握水资源的流域性实质和特征,对于主体间不存在"财产毗邻"或者"行为之间互动",而是因为水的流动性而形成的"间接法律关系"也应予以确认,进而认定水资源开发利用权人与流域内水资源的开发规划行为之间具有利害关系,合理保障资源开发利用者的合法权益。

【案例】

宜宾县溪鸣河水力发电有限责任公司诉
沐川县人民政府政府信息公开案[①]

案情: 2015年11月17日,龙溪河流域光明电站业主溪鸣河水力发电有限责任公司(以下简称溪鸣河公司)向沐川发改经信局(以下简称发改局)提交《关于要求公开溪鸣、福尔溪、箭板三电站初步设计、核准、施工许可等工程相关文件的申请》。11月25日,溪鸣河公司向发改局提交《关于要求公开溪鸣、福尔溪、箭板三电站设计变更、验收等相关审批文件的申请》。11月29日,溪鸣河公司向发改局提交《政府信息公开申请表》,申请公开溪鸣、福尔溪、箭板电站审批、建设相关信息,包括初步设计报告、初步设计审查意见及批复、报建审查及批复和备案情况等。12月14日,因发改局对信息公开申请未予答复,溪鸣河公司向沐川县人民政府(以下简称县政府)申请行政复议,请求其责令发改局2日内书面答复相关信息。

2015年12月15日,县政府作出行政复议不予受理决定,认为溪鸣河公司的合法权益没有被具体行政行为侵犯,且溪鸣河公司与具体行政行为之间没有法律上的利害关系,不具有行政复议申请人资格。遂决定对溪鸣河公司的复议申请不予受理。溪鸣河公司不服县政府作出的行政复议决定,遂提起本案诉讼。

一审法院经审理认为,被告县政府具有作出本案行政复议决定的法定职权。本案中,溪鸣电站、福尔溪电站、光明电站、箭板电站属于龙溪河流域的开发规划项目,原告主张溪鸣电站、福尔溪电站、箭板电站的水位标高、水资源利用、质量安全等与原告溪鸣河公司所有的光明电站的生产密切相关,其理由成立。从溪鸣河公司向发改局提交的政府信息公开申请材料来看,其申请涉及包含上述三电站的水位标高、水资源利用、质量安全等方面的审批、建设信息,因此原告与发改局的相关政府信息公开行为具有利害关系,也具备对相关行为申请复议的主体资格。

鉴于此,被告县政府以原告溪鸣河公司与发改局的行政行为之间没有法律上

[①] 参见四川省乐山市中级人民法院(2016)川11行初12号行政判决书。

的利害关系，不具有行政复议申请人资格为由，对原告溪鸣河公司的复议申请决定不予受理，属于适用法律、法规错误。由于县政府尚未受理溪鸣河公司的复议申请，其是否应当责令发改局向溪鸣河公司公开相关信息尚需被告进一步处理。综上，一审法院最终判决撤销被告县政府作出的行政复议决定，并驳回原告溪鸣河公司关于判决被告县政府责令发改局依法向原告公开相关资料信息的诉讼请求。一审宣判后，原、被告均未上诉，判决生效。

分析：本案的争议焦点是溪鸣河公司与发改局的政府信息公开行为之间是否具有利害关系。《行政诉讼法》与《行政复议法》均有关于利害关系的规定。只有与行政行为之间存在利害关系的当事人，才有权对该行政行为申请行政复议或提起诉讼。该规定旨在防止部分当事人滥用信息公开申请权，避免行政资源与司法资源的浪费。在司法实践中应如何认定是否具有"利害关系"，可以当事人是否具有法律规范保护的权益，作为判断当事人是否与行政行为有利害关系的重要标准。

就本案而言，判断溪鸣河公司与发改局的行政行为是否具有法律上的利害关系，就要看发改局的行政行为是否影响到溪鸣河公司的相关权益，即溪鸣河公司在该行政行为中是否具有要求行政机关考虑、尊重和保护的权利或法律上的利益。作为龙溪河流域光明电站的业主，溪鸣河公司对于电站流域的水资源具有开发利用权。由于水资源是一种流域资源，它具有整体流动的自然属性。因此，为保障流域内上下游之间不同电站业主的水资源开发利用权，流域内各电站的开发规划应充分统筹考虑各个梯级电站之间水能资源的合理利用。不同梯级间电站的设计、建设，特别是电站的水位标高、水资源利用、质量安全等与流域内电站的生产密切相关。

流域内其他电站的开发规划能与溪鸣河公司的水资源开发利用权益的实现有着密切的联系，故可以认定溪鸣河公司与发改局的政府信息公开行为之间具有利害关系，其具有行政复议申请人的资格。县政府以溪鸣河公司与发改局的行政行为之间没有法律上的利害关系，不具有行政复议申请人资格为由，对溪鸣河公司的复议申请决定不予受理错误。由于县政府尚未受理溪鸣河公司的复议申请，县政府是否应当责令发改局公开相关信息尚需进一步处理，故法院最终判决撤销被告县政府的行政复议决定，并驳回溪鸣河公司关于判决公开相关资料信息的诉讼请求。这也在一定程度上体现了审判权对于行政"初次判断权"的尊重，反映了审判权介入行政权的边界问题。

【风险提示】

流域水资源开发利用权益的保护，与一般的政府信息公开案件相比，具有一定的特殊性。行政机关在受理此类信息公开申请时，应考虑到水资源的流域性实质和特征，不能简单地以主体之间不存在"财产毗邻"或者"行为直接互动"为由，而否认当事人与行政行为之间的利害关系。

问题 12：在无法鉴定的情况下，如何认定破坏自然遗迹和风景名胜造成的生态环境损害？

【解答】

侵权人破坏自然遗迹和风景名胜造成生态环境损害的，应当依法承担修复和赔偿责任。对于破坏自然遗迹和风景名胜造成的损失，在没有法定鉴定机构鉴定的情况下，人民法院可以参考专家采用条件价值法作出的评估意见，综合考虑评估方法的科学性、评估结果的不确定性、自然遗迹的珍稀性、损害的严重性等因素，合理确定生态环境损害赔偿金额。

【案例】

江西省上饶市人民检察院诉张某1、张某2、
毛某某生态破坏民事公益诉讼案[①]

案情： 2017年4月左右，被告张某1、张某2、毛某某三人通过微信联系，约定前往三清山风景名胜区攀爬"巨蟒出山"岩柱体（又称巨蟒峰）。2017年4月15日4时左右，张某1、张某2、毛某某三人携带电钻、岩钉（膨胀螺栓，不锈钢材质）、铁锤、绳索等工具到达巨蟒峰底部。被告张某1首先攀爬，毛某某、张某2在下面拉住绳索保护张某1的安全。在攀爬过程中，张某1在有危险的地方打岩钉，使用电钻在巨蟒峰岩体上钻孔，再用铁锤将岩钉打入孔内，用扳手拧紧，然后在岩钉上布绳索。张某1通过这种方式于6时49分左右攀爬至巨蟒峰顶部。毛某某一直跟在张某1后面为张某1拉绳索做保护，并沿着张某1布好的绳索于7时左右攀爬到巨蟒峰顶部。在张某1、毛某某攀爬开始时，张某2为张某1拉绳索做保护，之后沿着张某1布好的绳索于7时30分左右攀爬至巨蟒峰顶部，在

[①] 参见最高人民法院2022年12月30日发布的第37批指导性案例208号。

顶部使用无人机进行拍摄。在巨蟒峰顶部,张某1将多余的工具给毛某某,毛某某顺着绳索下降,将多余的工具带回宾馆,随后又返回巨蟒峰,攀爬至巨蟒峰10多米处,被三清山管委会工作人员发现后劝下并被民警控制。张某2、张某1在工作人员劝说下,也先后于9时左右、9时40分左右下到巨蟒峰底部并被民警控制。经现场勘查,张某1在巨蟒峰上打入岩钉26个。经专家论证,三被告的行为对巨蟒峰地质遗迹点造成了严重损毁。公益诉讼起诉人上饶市人民检察院诉称:张某1、张某2、毛某某三人以破坏性方式攀爬巨蟒峰,在世界自然遗产地、世界地质公园三清山风景名胜区的核心景区巨蟒峰上打入26个岩钉,造成严重损毁,构成对社会公共利益的严重损害。因此应判决确认三人连带赔偿对巨蟒峰非使用价值造成的损失最低阈值1190万元;在全国性知名媒体公开赔礼道歉;依法连带承担聘请专家所支出的评估费用15万元。被告张某1、张某2、毛某某辩称:本案不属于生态环境公益诉讼,检察院不能提起民事公益诉讼;张某2等人主观上没有过错,也没有造成巨蟒峰的严重损毁,风险不等于实际的损害结果,故不构成侵权;专家组出具的评估报告不能采信。

一审法院经审理判决被告张某1、张某2、毛某某在全国性媒体上刊登公告向社会公众赔礼道歉,连带赔偿环境资源损失计人民币6 000 000元用于公共生态环境保护和修复,赔偿公益诉讼起诉人上饶市人民检察院支出的专家费150 000元。二审法院判决:驳回上诉,维持原判。

分析: 第一,关于人民法院对检察机关提起的本案生态破坏民事公益诉讼可否支持的问题。首先,张某1上诉称其三人的行为仅构成对自然资源的破坏而非对生态环境的破坏,该主张不能成立。《宪法》第26条第1款明确规定:"国家保护和改善生活环境和生态环境,防治污染和其他公害。"该法条将环境分为生活环境和生态环境。生活环境指向与人类活动有关的环境,生态环境指向与自然活动有关的环境。《环境保护法》第2条规定:"本法所称环境,是指影响人类生存和发展的各种天然的和经过人工改造的自然因素的总体,包括大气、水、海洋、土地、矿藏、森林、草原、湿地、野生生物、自然遗迹、人文遗迹、自然保护区、风景名胜区、城市和乡村等。"该法条将环境分为自然环境和人工环境。自然环境指与人类生存和发展有密切关系的自然条件和自然资源,人工环境指经过人类活动改造过的环境。由以上分析可以认定张某1等三人采取打岩钉方式攀爬行为对巨蟒峰自然遗迹的损害构成对自然环境,亦即对生态环境的破坏。其次,张某1等三人采取打岩钉方式攀爬对巨蟒峰的破坏损害了社会公共利益。巨蟒峰作为独一无二的自然遗迹,是不可再生的珍稀自然资源型资产,其所具有的重大科学价值、美学价值和经济价值不仅是当代人的共同财富,也是后代人应当有机会享有的环境资源。本案中,张某1等三人采取打岩钉方式攀爬对巨蟒峰的损害,侵害的是不特定社会公众的环境权益,不特定的多数人享有的利益正是社会公共利益的内涵。人们享有的环境权益不仅包含清新的空气、洁净的水源等人们生存发展所必不可少的环境基本要素,也包含基于环境而产生的可以满足人们更高层次需求的生态环境资源,如优美的风景、具有重大科研价值的濒危动物以及具有生态保护意义的稀缺植物或稀缺自然资源等。对这些资源的损害,直接损害了人们可以感受到的生态环境的自然性、多样性,甚至产生人们短时间内无法感受到的生态风险。综上,张某1等三人的行为对巨蟒峰自然遗迹的损害,属于生态环境资源保护领域损害社会公共利益的行为,检察机关请求本案三被告依法承担破坏自然遗迹和风景名胜造成的生态环境损害赔偿责任,人民法院应予支持。

第二,关于赔偿数额如何确定的问题。本案三行为人对巨蟒峰造成的损失量化问题,目前全国难以找到鉴定机构进行鉴定。依据《最高人民法院关于审理环境民事公益诉讼案件适用法律若干问题的解释》第23条规定,法院可以结合破坏生态的范围和程度、生态环境的稀缺性、生态环境恢复的难易程度以及被告的过错程度等因素,参考相关部门意见、专家意见合理确定生态环境损害赔偿金额。2018年3月28日,上饶市人民检察院委托江西财经大学专家组就本案所涉巨蟒峰损失进行价值评估。江西财经大学专家组于2018年5月3日作出《三清山巨蟒峰受损价值评估报告》。该专家组成员具有环境经济、旅游管理、生态学方面的专业知识,采用国际上通行的条件价值法对本案所涉价值进行了评估,专家组成员均出庭对《评估报告》进行了说明并接受了各方当事人的质证。《评估报告》符合《最高人民法院关于审理环境民事公益诉讼案件适用法律若干问题的解释》第15条规定的"专家意见",依法可作为本案认定事实的参考依据。《评估报告》采用的条件价值法属于原环境保护部下发的《环境损害鉴定评估推荐方法(第Ⅱ版)》确定的评估方法之一。虽然该方法存在一定的不确定性,但其科学性在世界范围内得到认可,且目前就本案情形没有更合适的评估方法。故根据以上意见,参考《评估报告》结论"'巨蟒峰案的价值损失评估值'不应低于该事件对巨蟒峰非使用价值造成的损失最低阈值,即1190万元",综合考虑本案的法律、社会、经济因素,具体结合了三被告已被追究刑事责任的情形、本案查明的事实、当事人的过错程度、当事人的履行能力、江西的经济发展水平等,酌定赔偿金额为600

万元。

【风险提示】

生态环境是人类生存和发展的根基，对自然资源的破坏就是对生态环境的破坏。我国法律明确将自然遗迹、风景名胜区作为环境要素加以保护，规定一切单位和个人都有保护环境的义务，因破坏生态环境造成损害的，应当承担侵权责任。在推进生态文明建设的进程中，只有实行最严格的制度、最严密的法治，才能更好地保护生态环境。判决三人承担环境侵权赔偿责任，旨在引导社会公众树立正确的生态文明观，珍惜和善待人类赖以生存和发展的生态环境。

问题 13：对于非法采砂违法犯罪，如何认定生态环境损害范围和损失？

【解答】

人民法院审理环境民事公益诉讼案件，应当贯彻损害担责、全面赔偿原则，对于破坏生态的违法犯罪行为不仅要依法追究刑事责任，还要依法追究生态环境损害民事责任。认定非法采砂行为所导致的生态环境损害范围和损失时，应当根据水环境质量、河床结构、水源涵养、水生生物资源等方面的受损情况进行全面评估、合理认定。

【案例】

湖南省益阳市人民检察院诉夏某某等 15 人生态破坏民事公益诉讼案[①]

案情： 2016 年 6 月至 11 月，夏某某等人为牟取非法利益，分别驾驶 3 条采砂船至洞庭湖下塞湖区域非规划区非法采砂，非法获利 2243.333 万元。夏某某等人的非法采砂行为构成非法采矿罪，被相关刑事生效判决予以认定。2019 年 7 月，湖南省益阳市人民检察院提起民事公益诉讼，请求判令夏某某等人对其非法采砂行为所造成的生态环境损害承担连带赔偿责任，并赔礼道歉。经湖南省环境保护科学研究院生态环境损害司法鉴定中心鉴定，夏某某等 15 人非法采砂行为对非法采砂区域的生态环境造成的影响分为水环境质量受损、河床结构受损、水源涵养

---

① 参见最高人民法院 2021 年 12 月 1 日发布的第 31 批指导性案例 176 号。

受损和水生生物资源受损,所造成生态环境影响的空间范围共计约9.9万平方米,其中造成的水生生物资源损失为2.653万元,修复水生生物资源受损和河床结构与水源涵养受损所需的费用分别为7.969万元和865.61万元,合计873.579万元。

分析: 根据我国相关矿产资源法律法规的规定,开采矿产资源必须依法申请许可证,取得采矿权。夏某某等15人在下塞湖区域挖取的砂石系国家矿产资源。根据沅江市砂石资源开采管理领导小组办公室证明、益阳市水务局的《情况说明》、湘阴县河道砂石综合执法局证明、岳阳市河道砂石服务中心证明,并结合另案生效判决认定的事实及各被告当庭陈述,可证明被告未依法获得许可,私自开采国家矿产资源,应认定为非法采砂。

非法采砂行为不仅造成国家资源损失,还对生态环境造成损害,致使国家利益和社会公共利益遭受损失。矿产资源兼具经济属性和生态属性,不能仅重视对矿产资源的经济价值的保护,而忽视矿产资源的生态价值救济。非法采砂违法犯罪行为不仅需要依法承担刑事责任,还要依法承担生态环境损害赔偿民事责任。应当按照谁污染谁治理、谁破坏谁担责的原则,依法追究非法采砂行为人的刑事、民事法律责任。

本案中,夏某某等15人的非法采砂生态破坏行为,造成了洞庭湖生态系统的损害(具体包括丰富的鱼类、虾蟹类和螺蚌等软体动物生物资源的损失),并严重威胁洞庭湖河床的稳定性及防洪安全,破坏水生生物资源繁衍生存环境。为确保生态环境损害数额认定的科学性、全面性和合理性,人民法院委托具备资格的机构进行司法鉴定,通过对生态环境损害鉴定意见的司法审查,合理确定生态破坏行为所导致的生态环境损害的赔偿数额。本案中,人民法院指导鉴定专家按照全面赔偿原则,对非法采砂行为所导致的采砂区域河床、水源涵养、生物栖息地、鱼虾生物资源、水环境质量等遭受的破坏进行全方位的鉴定,根据抽取砂土总量、膨胀系数、水中松散沙土的密度、含水比例,以及洞庭湖平均鱼类资源产量等指标量化了各类损失程度。被告虽主张公共利益受损与其无关联,但本案各被告当庭陈述均认可实施了采砂行为,根据另案生效判决认定的事实及审理查明的事实,各被告实施的采砂行为非法,且鉴定意见书明确了采砂行为造成生态环境受损,故认定被告的采砂行为破坏了生态环境资源。各被告未提交反驳证据推翻案涉鉴定意见,经审查,对鉴定意见载明的各项损失及修复费用予以确认。

根据《环境保护法》第64条规定,因污染环境和破坏生态造成损害的,应当依照《侵权责任法》的有关规定承担侵权责任。根据《侵权责任法》第 8 条[①]规定，二人以上共同实施侵权行为，造成他人损害的，应当承担连带责任。根据《最高人民法院关于审理环境民事公益诉讼案件适用法律若干问题的解释》第 20 条第 2 款规定，人民法院可以在判决被告修复生态环境的同时，确定被告不履行修复义务时应承担的生态环境修复费用；也可以直接判决被告承担生态环境修复费用。根据审理查明的事实并依据上述法律规定，夏某某等 15 人在各自参与非法采砂数量范围内构成共同侵权，应在各自参与非法采砂数量范围内承担连带赔偿生态环境修复费用的民事责任。

【风险提示】

矿产资源是国家自然资源的重要组成部分，是国家经济与社会发展的支撑，也是国家安全的重要保障。开采矿产资源必须依法申请许可证，取得采矿权。非法采砂行为不仅妨害了矿产资源的合理利用，还会对生态环境造成严重破坏，致使国家利益和社会公共利益遭受损失。矿产资源兼具经济属性和生态属性，不能仅重视矿产资源的经济价值保护，而忽视矿产资源的生态价值救济。对于实施非法采砂违法犯罪的行为人，不仅需要依法承担刑事责任，还要依法承担生态环境损害赔偿民事责任。

问题 14：对于非法运输列入《濒危野生动植物种国际贸易公约》附录Ⅰ、附录Ⅱ的物种的行为，行政机关是否应作出行政处罚？

【解答】

我国为《濒危野生动植物种国际贸易公约》缔约国，对于列入该公约附录Ⅰ、附录Ⅱ中的珊瑚、砗磲的所有种，无论活体、死体，还是相关制品，均应依法给予保护。行为人非法运输该公约附录Ⅰ、附录Ⅱ中的珊瑚、砗磲，行政机关依照《野生动物保护法》等有关规定作出行政处罚的，人民法院应予支持。

---

① 现对应《民法典》第 1168 条。

【案例】
海南临高盈海船务有限公司诉三沙市渔政支队行政处罚案[①]

案情： 砗磲是一种主要生活在热带海域的珍贵贝类，在我国及世界范围内均为重点保护的水生野生动物。砗磲全部 9 个种均为《濒危野生动植物种国际贸易公约》附录Ⅱ物种，其中的大砗磲（又名库氏砗磲）为国家一级保护动物。2014 年 8 月 21 日，海南省公安边防总队海警第三支队在三沙海域开展巡逻管控过程中，发现原告海南临高盈海船务有限公司（以下简称盈海公司）所属的"椰丰 616"号船违法装载大量砗磲贝壳，遂将其查获，并将该案交由三沙市综合执法局先行查处。后因该案属于被告三沙市渔政支队的职权范围，三沙市综合执法局将该案转交被告具体办理。经查实，原告未持有《水生野生动物特许运输许可证》，涉案船舶共装载砗磲贝壳 250 吨，经专业机构鉴定和评估，该 250 吨砗磲贝壳中 98% 为大砗磲，属国家一级保护动物，2% 为砗蚝（属于砗磲科），属《濒危野生动植物种国际贸易公约》附录Ⅱ物种，涉案砗磲贝壳总价值为 373 500 元。据此，被告作出琼三沙渔政罚字〔2018〕01 号《行政处罚决定书》，以原告的"椰丰 616"号船未持有《水生野生动物特许运输许可证》擅自运输砗磲贝壳的行为违反《野生动物保护法》等法律规定，对原告处以没收砗磲贝壳 250 吨及按照实物价值 3 倍罚款人民币 1 120 500 元的行政处罚。原告不服，向海口海事法院提起行政诉讼，请求撤销该行政处罚决定。

分析： 第一，我国作为《濒危野生动植物种国际贸易公约》缔约国，应当严格、全面履行公约义务，对已列入该公约附录Ⅰ、附录Ⅱ中的珊瑚、砗磲的所有种，无论活体、死体，还是相关制品，均应依法给予保护。砗磲属受保护的珍贵、濒危水生野生动物，砗磲贝壳为受我国法律保护的水生野生动物产品。根据《最高人民法院关于审理发生在我国管辖海域相关案件若干问题的规定（二）》第 7 条第 3 款及《水生野生动物保护实施条例》第 2 条的规定，列入《国家重点保护野生动物名录》中国家一、二级保护的，以及列入《濒危野生动植物种国际贸易公约》附录Ⅰ、附录Ⅱ中所有水生野生动物物种，无论属于活体、死体，还是相关制品（水生野生动物的任何部分及其衍生品），均受到法律保护。案涉大砗磲属《国家重点保护野生动物名录》中的国家一级保护动物，砗蚝属《濒危野生动植物

[①] 参见最高人民法院 2021 年 12 月 1 日发布的第 31 批指导性案例 177 号。

种国际贸易公约》附录Ⅱ的物种，二者均受法律保护。盈海公司运输行为的客体虽然是砗磲贝壳，但作为双壳纲动物，砗磲的贝壳属于其作为动物的一部分，因此，应当将砗磲贝壳认定为《水生野生动物保护实施条例》第2条规定的应受保护的水生野生动物产品；盈海公司关于其运输的砗磲为死体，不违反法律、行政法规的抗辩不能成立。

第二，非法开发利用野生动物资源"产业链"中所涉及的非法采捕、收购、运输、加工、销售珍贵、濒危野生动物及其制品等行为均构成违法并应承担相应的法律责任。非法运输珍贵、濒危野生动物及其产品的行为是非法开发利用野生动物资源"产业链"的重要一环，应承担相应的法律后果和责任。根据案发时生效的《野生动物保护法》（2009年8月27日修订）第23条、《水生野生动物保护实施条例》第20条及《水生野生动物利用特许办法》第29条的规定，运输、携带国家重点保护野生动物或者其产品出县境的，必须经省、自治区、直辖市政府野生动物行政主管部门或者其授权的单位批准并取得相应许可证明。本案中，盈海公司未经批准并取得相关许可证明，就将案涉砗磲贝壳从三沙市向海南岛运输，已构成违法，故三沙市渔政支队对其处以罚款具有法律、行政法规依据。

【风险提示】

我国是《濒危野生动植物种国际贸易公约》缔约国，应当严格依照公约内容保护濒危野生动植物种。对于纳入《国家重点保护野生动物名录》中国家一、二级保护的，以及列入《濒危野生动植物种国际贸易公约》附录Ⅰ、附录Ⅱ的野生动物物种，无论活体、死体，还是相关制品，均受到法律保护。非法采捕、收购、运输、加工、销售珍贵、濒危野生动物及其制品等行为均构成违法并应承担相应的法律责任。行政主管部门对于非法运输珍贵、濒危野生动物及其制品的行为，有权依照《野生动物保护法》等有关规定作出行政处罚。

问题15：行政机关对于非法占用海域的行为是否可以进行行政处罚？对于同一海域内先后存在两个以上相互独立的非法围海、填海行为，行为人应如何承担行政法律责任？

【解答】

1.行为人未依法取得海域使用权，在海岸线向海一侧以平整场地及围堰护岸等方式，实施筑堤围割海域，将海域填成土地并形成有效岸线，改变海域自然属性的用海活动可以认定为构成非法围海、填海。

2.同一海域内，行为人在无共同违法意思联络的情形下，先后各自以其独立的行为进行围海、填海，并造成不同损害后果的，不属于共同违法的情形。行政机关认定各行为人的上述行为已构成独立的行政违法行为，并对各行为人进行相互独立的行政处罚，人民法院应予支持。对于同一海域内先后存在两个以上相互独立的非法围海、填海行为，行为人应各自承担相应的行政法律责任，在后的违法行为不因在先的违法行为而适用从轻或者减轻行政处罚的有关规定。

【案例】
北海市乃志海洋科技有限公司诉北海市海洋与渔业局行政处罚案[①]

案情： 北海市乃志海洋科技有限公司（以下简称乃志公司）诉称：其未实施围海、填海行为，实施该行为的主体是北海市渔沣海水养殖有限公司（以下简称渔沣公司）。即使认定其存在非法围海、填海行为，因其与渔沣公司在同一海域内实施了占用海域行为，应由所有实施违法行为的主体共同承担责任，对其从轻或减轻处罚。北海市海洋与渔业局（以下简称海洋渔业局）以乃志公司非法占用并实施围海、填海0.38公顷海域，作出缴纳海域使用金15倍罚款的行政处罚，缺乏事实和法律依据，属于从重处罚，请求撤销该行政处罚决定。

海洋渔业局辩称：现场调查笔录及照片等证据证实乃志公司实施了围海造地的行为，其分别对乃志公司和渔沣公司的违法行为进行了查处，确定乃志公司缴纳罚款数额符合法律规定。

法院经审理查明：2013年6月1日，渔沣公司与北海市铁山港区兴港镇石头埠村小组签订《农村土地租赁合同》，约定石头埠村小组将位于石头埠村海边的空地租给渔沣公司管理使用，该地块位于石头埠村海边左邻避风港右靠北林码头，与海堤公路平齐，沿街边100米，沿海上进深145米，共21.78亩，作为海产品冷冻场地。合同涉及租用的海边空地实际位置在海岸线之外。同年7月至9月，渔沣公司雇请他人抽取海沙填到涉案海域，形成沙堆。2016年5月12日，乃志公司与渔沣公司签订《土地承包合同转让协议》，乃志公司取得渔沣公司在原合同

---

① 参见最高人民法院2021年12月21日发布的第31批指导性案例178号。

中的权利。同年7月至9月，乃志公司在未依法取得海域使用权的情况下，对其租赁的海边空地（实为海滩涂）利用机械和车辆从外面运来泥土、建筑废料进行场地平整，建设临时码头，形成陆域，准备建设冷冻厂。

2017年10月，海洋渔业局对该围海、填海施工行为进行立案查处，测定乃志公司填占海域面积为0.38公顷。经听取乃志公司陈述申辩意见，召开听证会，并经两次会审，海洋渔业局作出北海渔处罚〔2017〕09号《行政处罚决定书》，对乃志公司作出行政处罚：责令退还非法占用海域，恢复海域原状，并处非法占用海域期间内该海域面积应缴纳海域使用金15倍计人民币256.77万元的罚款。乃志公司不服，提起行政诉讼，请求撤销该行政处罚决定。

分析： 乃志公司占用的海边空地在海岸线（天然岸线）之外向海一侧，实为海滩涂。其公司使用自有铲车、钩机等机械，从外面运来泥土和建筑废料对渔沣公司吹填形成的沙堆进行平整、充实，形成临时码头，并在临时码头西南面新填了部分海域，建造了临时码头北面靠海一侧的沙袋围堰和护岸设施。上述平整填充场地以及围堰护岸等行为，导致海域自然属性改变，形成有效岸线，属于围海、填海行为。乃志公司未取得案涉0.38公顷海域的合法使用权，在该区域内进行围海、填海，构成非法围海、填海。

渔沣公司与乃志公司均在案涉海域进行了一定的围海、填海活动，但二者的违法行为具有可分性和独立性，并非共同违法行为。首先，渔沣公司与乃志公司既无共同违法的意思联络，亦非共同实施违法行为。从时间上分析，渔沣公司系于2013年7月至9月雇请他人抽取海沙填到涉案海域，形成沙堆。而乃志公司系于2016年5月12日通过签订转让协议的方式取得渔沣公司在原合同中的权利，并于2016年7月至9月对涉案海域进行场地平整，建设临时码头，形成陆域。二者进行围海、填海活动的时间间隔较远，相互独立，并无彼此配合的情形。其次，渔沣公司与乃志公司的违法性质不同。渔沣公司仅是抽取海沙填入涉案海域，形成沙堆，其行为违法程度较轻。而乃志公司已对涉案海域进行了围堰和场地平整，并建设临时码头，形成了陆域，其行为的违法情节更严重、性质更为恶劣。最后，渔沣公司与乃志公司的行为所造成的损害后果不同。渔沣公司的行为尚未完全改变涉案海域的海洋环境，而乃志公司对涉案海域进行围堰及场地平整，设立临时码头，形成了陆域，其行为已完全改变了涉案海域的海洋生态环境，构成了非法围海、填海，损害后果更为严重。海洋渔业局认定乃志公司与渔沣公司的违法行为相互独立并分别立案查处，有事实及法律依据，并无不当。乃志公司主张海洋渔业局存在选择性执法，以及渔洋公司应当与其共同承担责任的抗辩意见不能成立。

乃志公司被查处后并未主动采取措施减轻或消除其围海、填海造地的危害后果，不存在从轻或减轻处罚的情形，故乃志公司主张从轻或减轻行政处罚，缺乏法律依据。乃志公司平整和围填涉案海域，占填海域面积为 0.38 公顷，其行为改变了该海域的自然属性，形成陆域，对近海生态造成不利的影响。海洋渔业局依据《海域使用管理法》第 42 条规定的"处非法占用海域期间内该海域面积应缴纳的海域使用金十倍以上二十倍以下的罚款"，决定按 15 倍处罚，未违反行政处罚法关于行政处罚适用的相关规定，符合《中国海监总队关于进一步规范海洋行政处罚裁量权行使的若干意见》对于行政处罚幅度中的一般处罚，并非从重处罚，作出罚款人民币 256.77 万元的处罚决定，认定事实清楚，适用法律并无不当。

【风险提示】

海洋对人类生存和发展具有重要意义，是野生动植物生存环境重要系统之一，为生物多样性提供基础环境，应得到全方位的保护。乱占海域、乱围乱垦海域，造成海域资源衰退、海洋环境恶化，影响海域资源的合理开发和可持续利用。在未取得海域使用权之前，任何人不得非法占用，不得实施任何围海、填海的行为。对于非法占用海域的行为，海洋与渔业局等相关管理部门有权对行为人处以行政处罚。

问题 *16*：公司探矿权取得在先，人民政府基于饮用水水源地保护需要不再申报延续登记，是否符合环境公共利益？

【解答】

饮用水安全与人民群众生命健康息息相关。2017 年修订的《水污染防治法》重申了饮用水水源保护区制度，云南得翔矿业有限责任公司（以下简称得翔公司）的探矿权虽取得在先，但其有效期届满后，镇康县人民政府基于饮用水水源地保护需要不再申报延续登记，符合环境公共利益。人民法院依法支持行政机关不再延续探矿权期限决定，同时判令对得翔公司实际损失予以合理补偿，实现了保护人民群众公共饮水安全和探矿权人财产权益之间的平衡。

【案例】

得翔公司诉镇康县人民政府地矿行政补偿案[①]

案情： 原告得翔公司系"镇康县麦地河铅锌矿详查"的探矿权人，该探矿权从 2004 年 8 月 3 日首次获得后历经数次延续，最后一次延续的有效期为 2010 年 6 月 28 日至 2012 年 6 月 28 日；2011 年 8 月 29 日，云南省发展和改革委员会批复"同意新建镇康县中山河水库工程"。2012 年 3 月 30 日、8 月 27 日，因"镇康县麦地河铅锌矿详查"项目位于镇康县中山河水库水源保护区范围，被告镇康县人民政府先后以镇政办函字〔2012〕7 号、镇政函字〔2012〕34 号函告原告，经县人民政府研究，决定取消影响中山河水库建设及水库水源保护区范围内所有矿业权，并通知勘察许可证到期后，不再申报延续登记，请原告在指定时间到镇康县协商解决。2014 年 6 月 3 日，原告、被告及云南矿协司法鉴定所对"镇康县麦地河铅锌矿详查探矿权"的价值进行评估，鉴定工作经费为 10 万元。2014 年 10 月 14 日，云南矿协司法鉴定所作出鉴定意见书，确定"镇康县麦地河铅锌矿详查探矿权价值为 3053.18 万元"。原、被告双方一直未能就相关事宜达成协议。原告多次要求被告给予补偿无果，故起诉请求：被告镇康县人民政府应补偿原告探矿权经济损失人民币 3053.18 万元、2012 年至 2017 年 11 月支出的员工工资 86.05 万元、鉴定费 10 万元、勘探支出本息 1363.422 165 万元。

云南省临沧市中级人民法院于 2019 年 6 月 18 日作出（2018）云 09 行初 133 号行政判决：一、由镇康县人民政府在本判决发生法律效力后 10 日内，补偿得翔公司损失 214.6 万元；二、驳回得翔公司的其他诉讼请求。

一审宣判后，得翔公司、镇康县人民政府均提出上诉。云南省高级人民法院于 2019 年 11 月 11 日作出（2019）云行终 817 号行政判决：驳回上诉，维持原判。

分析： 水源地保护与饮用水安全、与人民群众生命健康息息相关，关系到环境公共利益问题。行政机关因国家利益、公共利益或者其他法定事由需要撤回或者变更行政决定的，应当依照法定权限和程序进行，并对行政管理相对人因此而受到的财产损失依法予以补偿。本案中，探矿权人得翔公司享有探矿权的项目位于水源地保护区范围内。镇康县人民政府基于饮用水水源地保护需要而不再申报延续登记，法院依法支持行政机关不再延续探矿权期限决定，符合环境公共利益

[①] 参见云南省高级人民法院（2019）云行终 817 号行政判决书。

保护的要求；在该探矿权有效期截止之日前，镇康县人民政府已先后两次函告得翔公司，勘察许可证到期后不再申报延续登记，并告知其在适当时候协商解决相关事宜，符合依法行政的要求。对于得翔公司因其探矿权不能再延续，而对其权利义务产生的实际影响，法律、法规、规章或者规范性文件对此未规定补偿标准，故补偿应在实际损失范围内确定。本案中，在镇康县人民政府两次函告得翔公司其探矿权到期后不再申报延续登记时，得翔公司尚未取得采矿许可证，故其主张的探矿权实现后的预期收益，不属于实际损失，人民法院不予支持；但为勘探支付的勘探成本及利息、人工工资等，属于实际损失的范畴，人民法院结合实际情况，酌情支持。本案处理，实现了保护人民群众公共饮水安全和探矿权人财产权益之间的平衡，达到了一判多赢的效果。

【风险提示】

生态环境的保护和资源开发利用，往往涉及私权和公共利益的交织。行政机关因国家利益、公共利益或者其他法定事由需要撤回或者变更行政决定的，应当依照法定权限和程序进行，并对行政管理相对人因此而受到的财产损失依法予以补偿。行政机关应在保护公益利益的同时，及时补偿行政管理相对人的合理损失，防止成讼。

问题17：未办理合法用地手续，违法改变耕地用途造成基本农田大量毁坏难以恢复原状的行为，如何定性？

【解答】

未办理合法用地手续，村民小组长随意变更土地性质、用途将基本农田违法发包，承包人违反土地性质使用土地，造成基本农田的耕作层、灌溉设施被完全毁坏，面积超过刑事追责标准的，应当共同承担非法占用农用地的刑事法律责任。

【案例】

梁某东等人非法占用农用地案[①]

案情： 2016年年初，被告人梁某友、梁某斌、梁某明在分别担任或代理广东

---

① 参见2024年1月10日最高人民法院发布的人民法院依法保护农用地典型案例。

省肇庆市鼎湖区某村委会1、2、3队村民小组组长期间，为增加村集体收入，经村民会议讨论决定，将村属耕地通过公开招投标方式发包出去挖塘养鱼。被告人梁某东中标后，上述三名被告人代表各村民小组作为发包方分别与梁某东签订了《鱼塘承包合同》。合同签订后，在没有办理合法用地相关手续，且缺少相应职能部门统一监管的情况下，被告人梁某东在承包的耕地上挖掘鱼塘、搭建猪舍。经勘测和鉴定，涉案的54.53亩耕地规划用途为基本农田保护区，毁坏前地类为水田；非法占用的耕地耕作层、灌溉设施被完全毁坏，难以恢复。2017年12月，被告人梁某东等4人先后主动到公安机关投案，如实交代了本案犯罪事实。

广东省肇庆市鼎湖区人民法院认为：被告人梁某友、梁某斌、梁某明作为鼎湖区某村委会1、2、3队村民小组的组长，违反土地管理法规，代表村集体将村数量较大的耕地非法发包，致被告人梁某东违反土地管理法规，在没有办理合法用地相关手续及缺乏统一监管的情况下，在承包的耕地上挖掘鱼塘，搭建猪舍，非法占用耕地54.53亩，改变被占用土地用途，数量较大，造成农用地大量毁坏。被告人梁某东、梁某明、梁某友、梁某斌的行为均已构成非法占用农用地罪。鉴于四名被告人主动投案，如实供述本案犯罪事实，系自首，且均认罪、悔罪，可依法予以从轻处罚。以非法占用农用地罪分别判处梁某东、梁某明、梁某友、梁某斌有期徒刑十个月至八个月，并处罚金人民币50 000元，并依法对梁某友、梁某斌适用缓刑。宣判后，梁某明、梁某东提出上诉。梁某明在二审阶段撤回上诉。广东省肇庆市中级人民法院裁定准许梁某明撤回上诉，驳回上诉人梁某东的上诉，维持原判。

分析：本案是人民法院依法惩处村民小组组长在土地发包过程中，违反土地管理法规变更土地用途、毁坏耕地的典型案例。在发展农村经济中，发包土地、收取土地承包金是提高村集体收入，发展农村经济最常见的方式之一。但由于法律意识不强，一些村集体不按照土地管理法规的规定进行土地发包，随意变更土地用途、毁坏耕地等现象时有发生，导致在承包土地过程中非法占用农用地的问题比较突出。即使是为了村集体的利益，村集体也无权擅自改变土地性质和用途。本案某村委会的3个村民小组随意变更土地性质、用途将土地发包，承包人梁某东也以为按合同约定使用土地不是违法犯罪行为，致使梁某东违反土地性质使用土地，造成约55亩基本农田的耕作层、灌溉设施被完全毁坏。梁某东应承担相应的法律责任，梁某友、梁某斌、梁某明是村民小组组长，作为直接负责的主管人员，对此亦应承担相应的法律责任。人民法院充分发挥审判职能作用，依法对本案四名被告人予以刑事处罚，对于教育和警示村民委员会、村民小组等基层组织应当依法依规发包土地，村民委员会主任、村民小组组长应当忠诚履职尽责、充分发挥耕地保护的先锋表率作用具有重要意义。

【风险提示】

习近平总书记深刻指出，"高水平保护是高质量发展的重要支撑，生态优先、绿色低碳的高质量发展只有依靠高水平保护才能实现"。[1] 法院坚持绿色发展理念，依法统筹把握高质量发展和高水平保护，在农用地案件裁判中，全面落实保护生态环境就是保护生产力、改善生态环境就是发展生产力的理念，形成鲜明的司法引领示范作用。村民小组组长为增加集体收入，违法将耕地发包挖塘养鱼，破坏基本农田约55亩，毁坏全部农业设施，被依法判处刑罚，对村民委员会、村民小组等基层组织及其负责人具有很强的教育和警示意义。

问题 *18*：违反土地管理法规，违法改变耕地用途造成耕地、山林大量毁坏的行为，如何定性？

【解答】

违反土地管理法规，非法占用农用地，改变被占用土地用途，数量较大，造成耕地、林地等农用地大量毁坏，面积超过刑事追责标准的，应当承担非法占用农用地的刑事法律责任。

【案例】

程某科非法占用农用地案[2]

案情： 从 2004 年开始，以被告人程某科为首的犯罪组织称霸一方，欺压残害群众，先后实施违法犯罪活动 20 余起，造成 10 余人重伤、轻伤及轻微伤，破坏了江西省浮梁县域周边经济社会生活秩序，造成了恶劣的社会影响。其间，程某科利用黑社会性质组织影响，先后从浮梁县兴田乡村民处"强买" 1700 余亩山林，并于 2015 年前后私建黄沙坑山庄建筑、硬化水泥道路、开挖水塘及其附属设

---

[1] 习近平：《推进生态文明建设需要处理好几个重大关系》，载《求是》2023 年第 22 期。
[2] 参见 2024 年 1 月 10 日最高人民法院发布的人民法院依法保护农用地典型案例。

施，违法改变土地用途。经鉴定，浮梁县兴田乡黄沙坑山庄违法占用农用地面积达 34.53 亩，其中耕地约为 12.84 亩（含基本农田为 1.09 亩）、毁林面积为 21.09 亩，沟渠面积为 0.6 亩，被毁坏的农用地复垦费用为 347 256 元，制定生态修复方案费用 5800 元。

江西省乐平市人民法院认为，被告人程某科违反土地管理法规，非法占用农用地，改变被占用土地用途，数量较大，造成耕地、林地等农用地大量毁坏，其行为已构成非法占用农用地罪。程某科非法占用农用地的行为导致原有土地失去耕种条件，破坏了土地资源，损害了社会公共利益，应承担恢复土地复垦条件的民事责任。综合考虑被告人坦白、认罪认罚及累犯等情节，以非法占用农用地罪，判处程某科有期徒刑一年三个月，并处罚金人民币 5 万元，与认定的其他犯罪数罪并罚，决定执行有期徒刑二十五年，并处没收个人全部财产，剥夺政治权利五年。同时，判决程某科按照江西景德镇司法鉴定中心作出的生态修复方案交纳恢复复垦条件费用 347 256 元，同时承担制定生态修复方案的费用 5800 元。江西省景德镇市中级人民法院二审维持原判。

分析： 本案是人民法院依法严惩与涉黑涉恶等其他犯罪相互交织的非法占用农用地犯罪的典型案例。司法实践中，因非法占用农用地犯罪牵涉利益巨大，往往与非法采矿、盗伐林木、滥伐林木等其他犯罪交织，特别是很多案件还具有涉黑涉恶因素，人民群众反映强烈，综合治理难度较大。本案村民迫于被告人程某科黑社会性质组织影响，不得已将名下山林转给程某科。程某科私自改变占用农用地用途，造成 35 亩农用地毁坏，依法应追究程某科刑事责任并由其承担恢复耕地、林地复垦条件及制定生态修复方案等费用。该案体现了依法严厉打击土地资源领域涉黑涉恶犯罪，斩断伸向土地资源领域的"黑手"，全面保障土地资源可持续利用和农业可持续发展的决心与成效。

【风险提示】

法院统筹协调行政处罚、刑事制裁和民事赔偿等多种法律责任形式，坚持对农用地进行"全环节、全要素、全链条"保护，依法惩治非法占用农用地犯罪的同时，积极引导被告人修复受损土地，避免简单地一判了之、一罚了之。既要实现对犯罪的惩罚和预防，又要实现对土地的保护和修复。行为人非法占用农用地大搞违法建设，可能既要被依法追究非法占用农用地的刑事责任，又要承担恢复耕地、林地复垦条件的全部费用等民事责任。因此，本案具有很强的教育和警示意义。

问题 19：非法占用农用地罪从重处罚的具体情形有哪些?

【解答】

在主观方面，违法行为人多次骗取承包地，或在被行政机关给予行政处罚并责令改正后仍继续实施非法占用农用地行为的，属于主观恶性较大，可以从重处罚。在客观方面，违法行为人存在实施采砂取土等对农用地造成永久性破坏行为、毁坏基本农田、在占用土地过程中伴随其他破坏生态环境行为、获利巨大等情形的，属于损害后果严重，可以从重处罚。人民法院在对此类案件量刑时，应当综合考虑违法行为人的行为样态以及损害后果，重点关注受损范围、毁坏程度、修复难度等问题，对非法占用农地行为进行严厉打击。

【案例】

季某辉、李某非法占用农用地案[①]

案情： 2011 年，季某辉、李某以修建大棚、发展农业养殖为名，从村民手中承包、置换了位于辽宁省大连市普兰店区城子坦街道某村的部分土地，购置了铲车、洗砂船等设备，组织人员挖土洗砂并对外销售。同年 11 月，季某辉被原辽宁省普兰店市国土资源局处以责令限期将被毁坏耕地复种及罚款 900 310 元的行政处罚。被行政处罚后，季某辉、李某仍继续从村民手中承包、置换土地并取土对外销售，造成农用地严重破坏。经鉴定，2011 年至 2014 年，季某辉、李某以取土形式破坏耕地 63.72 亩，其中，永久基本农田为 54.25 亩，挖掘深度达 0.54 米，原种植层已被破坏。季某辉、李某非法获利共计人民币 664 500 元。

辽宁省大连市沙河口区人民法院认为：季某辉、李某违反土地管理法规，明知是耕地而进行非法取土，造成耕地被大量毁坏，构成非法占用农用地罪。判处季某辉有期徒刑三年六个月，并处罚金人民币 50 000 元；判处李某有期徒刑一年六个月，并处罚金人民币 50 000 元；追缴季某辉、李某的违法所得，上缴国库。

辽宁省大连市中级人民法院二审维持原判。

分析： 本案是人民法院依法从严惩处利用承包合同方式流转土地后，非法取土挖砂毁坏耕地的典型案例。季某辉、李某以修建大棚、发展农业养殖为名，从农民手中承包、置换大量土地，非法破坏土壤种植层，取土洗砂销售，造成 54.25

[①] 参见 2024 年 1 月 10 日最高人民法院发布的人民法院依法保护农用地典型案例。

亩永久基本农田被毁坏，并获得巨额利润，既严重破坏农用地资源影响粮食生产，又因洗砂活动危害生态安全。人民法院针对本案特点，充分考虑案件在当地的严重负面影响，依法从重对被告人季某辉、李某判处自由刑和财产刑。该案体现了人民法院对非法占用农用地、破坏基本农田犯罪行为决不手软，坚决依法予以严厉惩处的信念和决心，对进一步规范农村土地承包经营活动也起到了良好的警示教育作用。

【风险提示】

当前实践中频繁出现不法分子以承包、置换为名欺骗农民流转土地，而后非法占用、毁坏农用地以获取巨额不法利益的情况。对此，广大农民要提高风险防范意识，警惕土地流转中可能存在的骗局。农村集体经济组织要切实肩负起监管职责，在审批、检查等各个环节为土地承包流转牢牢把关，强化对基本农田的保护意识，坚决制止非法占用农用地的行为。自然资源主管部门要落实土地督察制度，对违法违规行为做到及时发现、及时治理。公安、检察、法院要加强协作配合，以"零容忍"态度加大对违法违规占用和破坏耕地行为的打击力度。

问题20：土地承包人未尽监管和保护义务，致使土地生态受到严重破坏的，人民法院能否判决解除承包合同？

【解答】

《农村土地承包法》第18条规定，土地承包方负有依法保护和合理利用土地，不得给土地造成永久性损害的义务。2023年5月1日起施行的《农村土地承包合同管理办法》第4条亦规定："农村土地承包合同管理应当遵守法律、法规，保护土地资源的合理开发和可持续利用，依法落实耕地利用优先序。发包方和承包方应当依法履行保护农村土地的义务。"土地承包人长期撂荒土地，未对土地进行管理，致使土地遭受不法分子破坏的，属于《民法典》第563条规定的当事人可以解除合同的情形，土地发包方向人民法院起诉解除合同的，人民法院应予支持。此外，根据《农村土地承包法》第56条的规定，承包人的上述行为属于未履行合同义务的情形，应当承担违约责任。

【案例】

陕西省西安市鄠邑区渭丰街道某村民委员会与冯某汉土地租赁合同纠纷案[①]

案情： 1998年3月20日，西安某实业有限责任公司与户县渭丰乡某村民委员会签订《土地承包合同》，约定租赁该村132亩土地，用于经营种植或养殖业，租赁期限为25年，即自1998年3月11日至2024年3月10日。2008年4月30日，双方签订《土地承包合同补充协议》，约定将租赁期限延长5年至2029年3月11日。被告冯某汉系西安某实业有限责任公司的法定代表人，2011年5月26日，冯某汉与户县渭丰乡某村民委员会签订《协议书》，约定将西安某实业有限责任公司的土地租赁合同及补充协议约定承租方的权利和义务由冯某汉全部享有和承担。冯某汉在租赁土地期间，案涉土地上被多次倾倒大量建筑渣土和垃圾，因被盗挖砂石，在案涉土地区域西南角形成28亩砂坑和西北角形成5亩砂坑各一个，并且东南角土地堆附大量建筑垃圾，土地遭到严重破坏。当地公安机关对有关人员进行了处罚。2018年5月，户县渭丰乡某村民委员会撤村合并为陕西省西安市鄠邑区渭丰街道某村民委员会，2021年7月6日，该村民委员会起诉请求解除《土地承包合同》。

陕西省西安市鄠邑区人民法院一审认为：冯某汉在租赁土地期间，涉案土地被长期撂荒，2018年至2021年该土地被长期非法采挖砂石，承包地内形成多个大型砂坑，区域内土地被大量废弃砖块和黄土组成的废弃建筑混合物堆积，部分砂坑被盗挖后用建筑渣土和垃圾进行了填埋，土地自然生态遭到严重破坏。本案所涉农业用地长期、反复地遭到不法人员掠夺性的破坏，与冯某汉长期看管不力、未采用有效管控措施之间存在因果关系，村委会提出解除土地租赁合同等诉讼请求符合法律规定，应予支持。遂作出解除案涉合同、冯某汉向原告返还132亩土地、原告向冯某汉返还土地承包费94 453元的判决。一审法院作出判决后，向有关责任主体发出司法建议：一是加强土地保护的力度。建议通过安排人员值守或不定期巡查、鼓励群众举报等多种举措，加强对所辖土地的看护、监管。二是加大对土地资源保护的宣传力度。通过悬挂宣传标语等方式，营造保护土地资源的良好社会氛围。三是及时对遭受破坏的土地进行复耕复种。开展全面排查，是否

[①] 参见2024年1月10日最高人民法院发布的人民法院依法保护农用地典型案例。

仍有类似情况，加大与环境保护部门的协作联动力度，开展对砂坑联合复耕复种行动，力争做到合理利用土地资源。

陕西省西安市中级人民法院二审判决：驳回上诉，维持原判。

分析： 本案是因土地承包人未尽监管和保护义务致使土地生态遭受严重破坏，人民法院依法判决解除土地承包合同的典型案例。《农村土地承包法》第18条规定了承包方应当承担"依法保护和合理利用土地，不得给土地造成永久性损害"的义务。本案中，冯某汉怠于履行保护土地义务，导致案涉土地遭到严重破坏。人民法院依法判决解除合同，使承包方承担了违约责任的同时，认真落实能动司法理念，积极延伸司法职能，主动发出司法建议，有力推动有关部门做好百亩土地的复耕保护工作，取得了良好效果。本案的正确处理，对于引导教育广大人民群众和基层组织树牢"耕地保护、人人有责"观念，严守土地保护义务，坚持节约集约利用土地，不断增强土地保护工作的自觉性、积极性和主动性具有重要意义。

【风险提示】

土地承包制度是国家推进农业产业化、现代化，实现乡村振兴的重要举措，其旨在通过集约化经营的方式，提高农业生产效率，增加农民收入，并有效解决农村土地撂荒问题。因此，在该制度运行的过程中，包括自然资源主管部门、集体经济组织、承包人在内的各方应当高度重视承包地的经营、利用、管理、保护问题，确保土地不撂荒、不受损。土地承包过程中发生违法犯罪行为的，公安机关、检察机关与人民法院要及时介入。同时，法官在办理此类案件时，要充分调查案情，了解事实情况，善于运用司法建议，做实能动司法，力求达到"办理一案，治理一片"的良好效果。

问题 21：对于发生时间很早但一直持续的非法占地行为，如何理解与适用行政处罚追诉时效？

【解答】

根据《最高人民法院行政审判庭关于如何计算土地违法行为追诉时效的答复》的规定，对非法占用土地的违法行为，在未恢复原状之前，应视为具有继续状态，其行政处罚的追诉时效，应从违法行为终了之日起计算。破坏耕地的违法行为是否具有连续或继续状态，应根据案件的具体情况区别对待。换言之，土地行政主管部门无论何时发现非法占用农用地的行为，只要违法事实依旧存在，均应依法作出处罚。对于行政机关依法查处违法占用土地的行为，人民法院应予支持。

【案例】

江苏省盐城市自然资源和规划局与盐城市某建材有限公司国土资源非诉执行案[①]

案情： 2020年9月7日，江苏省盐城市自然资源和规划局（以下简称盐城市自规局）发现盐城市某建材有限公司未经批准在南洋镇某村二组境内占用土地8538平方米（12.81亩）堆放砂石及硬化水泥场地、新建办公房。经勘测定界，其中占用耕地3139平方米，占用园地2242平方米，占用其他农用地3149平方米，占用交通运输用地8平方米。盐城市自规局于2021年11月25日作出盐亭国土资罚〔2020〕40号《行政处罚决定书》，责令盐城市某建材有限公司15日内将非法占用的土地退还，并自行拆除土地上新建的建筑物和其他设施。2022年2月14日，盐城市自规局向盐城市某建材有限公司邮寄送达《履行行政处罚决定催告书》，但盐城市某建材有限公司未履行上述义务，故盐城市自规局于2022年3月1日向江苏省东台市人民法院申请强制执行。该案审查过程中，盐城市某建材有限公司辩称案涉建筑于2009年之初即修建完成，案涉行政处罚已过处罚期限。

江苏省东台市人民法院经审查认为，案涉盐亭国土资罚〔2020〕40号《行政处罚决定书》，认定事实清楚，主要证据充分，处罚程序合法，适用法律、法规正确。关于盐城市某建材有限公司辩称的案涉行政处罚已过处罚期限的问题。案涉查处行为发生在2020年9月7日，根据《行政处罚法》第29条第1款规定，违法行为在2年内未被发现的，不再给予行政处罚。法律另有规定的除外。该款规定的期限，系从违法行为发生之日起计算，但违法行为有连续或者持续状态的，从行为终了之日起计算。即便案涉建筑于2009年之初即修建完成，但该违法行为处于持续状态，故盐城市自规局作出的行政处罚未过处罚期限。裁定：盐亭国土资罚〔2020〕40号《行政处罚决定书》中的行政处罚，准予强制执行。

分析： 本案是人民法院对虽发生时间很早但一直持续的非法占地行为，依法支持行政机关收回农用地的行政处罚的典型案例。案涉被占土地含有大量耕地，且非法占用时间较长。根据《最高人民法院行政审判庭关于如何计算土地违法行为追诉时效的答复》的规定，不法状态被恢复原样之前，该非法占用行为处于继续状态。同理，非法占用土地建造建筑亦是如此。本案裁判表明土地行政主管部门无论何时

[①] 参见2024年1月10日最高人民法院发布的人民法院依法保护农用地典型案例。

发现非法占用农用地的行为，只要违法事实依旧存在，均应依法作出处罚。人民法院通过准予强制执行裁判有力支持了行政机关依法查处违法占用土地行为，对乱占耕地行为坚持"零容忍"的态度和立场，依法保障土地资源合理有效利用。

【风险提示】

建立行政违法行为追诉时效制度的价值标准，在于寻求提高行政效率与维持社会稳定之间的平衡，通过给予违法者自我纠错的时间（经过法定的时间，不再实施违法行为，即不再追究），敦促行政机关即时履行行政执法权，防止权利和权力的"沉睡"。对于未经批准非法占用耕地的行为，行政机关一定会依法查处、严厉打击，坚决遏制耕地"非农化"，严守耕地保护红线。严格保护耕地是每个公民的法定义务，广大群众要切实增强耕地、林地、草地等自然资源保护意识，遵守相关法律法规。

问题 22：生猪养殖户在未办理用地手续的情况下破坏农用地的，人民法院应如何区分并作区别处理？

【解答】

人民法院在处理因生猪养殖破坏农用地的违法犯罪行为时，既要保证生猪养殖的合法用地需求，也要避免因为"一刀切"执法损害产业的健康发展。具体而言，要根据有关审批规定作区别处理：对于非法占用永久基本农田建设养殖设施的，应当拆除并复垦；对于占用设施农用地建设养殖设施且能够与永久基本农田上的养殖设施区分使用的，可不予拆除、复垦；对于占用其他农用地建设养殖设施，并不破坏耕地及农地周边资源环境的，且可以通过一定程序依法建设养殖设施的，由当事人或者有关主管机关依法处理。

【案例】

江苏省镇江市金山地区人民检察院诉
马某华刑事附带民事公益诉讼案[①]

案情：2013 年 5 月，马某华租赁江苏省镇江市丹徒区上党镇某村民小组的农

[①] 参见 2024 年 1 月 10 日最高人民法院发布的人民法院依法保护农用地典型案例。

用地33.98亩，在未办理用地手续的情况下擅自在该地块建设猪舍、道路等设施从事养殖业，造成土地毁坏。经鉴定评估，马某华已固化占地面积10 925平方米（16.39亩），其中包括永久基本农田7108平方米（合10.66亩），耕作条件已被破坏。

为维护社会公共利益，江苏省镇江市金山地区人民检察院向江苏省镇江市京口区人民法院提起刑事附带民事公益诉讼，请求：（1）判令马某华修复被破坏的耕地16.39亩，如不能自行修复，承担耕地修复费用31.96万元；（2）判令马某华在市级媒体公开赔礼道歉。

江苏省镇江市京口区人民法院认为：马某华违反土地管理法规，破坏土地资源，应当承担土地修复责任。判决：一、马某华在判决生效后6个月内自行修复被破坏的土地16.39亩；如不能自行修复，应承担破坏土地的修复费用31.96万元。二、马某华在判决生效后1个月内在市级媒体上公开赔礼道歉。马某华不服，提起上诉。

江苏省镇江市中级人民法院认为：马某华非法占用永久基本农田10.66亩建设养殖设施，应当拆除有关永久基本农田上的违法建设并依法复垦，如果马某华不能自行实施，则应当承担相应的拆除和修复费用共计207 891元。对马某华占用设施农用地、园地、沟渠、田坎共计5.73亩建设养殖设施、道路，由于相关土地并非耕地，不属于破坏耕地的情形，原审判决认定的部分事实不清，应予部分改判：马某华在判决生效后6个月内自行修复被破坏的永久基本农田10.66亩；如不能自行修复，应承担破坏永久基本农田的修复费用人民币207 891元；马某华在判决生效后1个月内在市级媒体上公开赔礼道歉。此外，对马某华非法占用基本农田10.66亩的行为，另案刑事判决被告人马某华犯非法占用农用地罪，判处有期徒刑一年四个月，并处罚金人民币2万元。

分析： 人民法院在本案中正确区分了占用的不同农用地性质并作区别处理，既坚决守住耕地红线，又依法保障养殖户合法用地需求，是统筹保护与发展关系的典型案例。因生猪养殖破坏农用地的违法犯罪案件，是基层执法、司法的难点之一，此类案件的审理既要依法保护耕地红线，也要实事求是地保障生猪养殖的合法用地需求，避免因"一刀切"的执法损害生猪养殖产业的健康发展。本案中，人民法院遵循"以事实为根据，以法律为准绳"原则，根据有关审批规定作区别处理：对于非法占用永久基本农田建设养殖设施的，应当拆除并复垦；对于占用设施农用地建设养殖设施的，如果能够与永久基本农田上的养殖设施区分使用，可不予拆除、复垦；对于占用其他农用地建设养殖设施，并不破坏耕地及农地周边资源环境的，且可以通过一定程序依法建设养殖设施的，由当事人或者有关主管机关依法处理。人民法院坚持把握好高质量发展和高水平保护的辩证统一关系，在严格依法捍卫生态红线的同时，积极贯彻国家支持设施农业的政策，不遗余力地保民生、保发展，通过精细化的裁判，践行《环境保护法》第1条所规定的推进生态文明建设与促进经济社会可持续发展的双重立法目的。

【风险提示】

生猪养殖是老百姓致富增收的重要渠道，也是政府大力扶持的产业之一。生猪养殖离不开猪场设施的完善，对于一些没有触碰耕地红线的、合法的用地需求，人民法院会依法保护，最大程度维护相关产业的正常发展。但是，生猪养殖户擅自建设猪舍、道路，固化土地面积的，可能会导致耕地被占用，导致土地资源流失，必须拆除并复垦。无论是个人还是企业，在从事生产经营活动时，都应当注重保护耕地，不触碰法律的高压线。

◎法律规定速查

《中华人民共和国民法典》（2020年5月28日）

第一百八十八条　向人民法院请求保护民事权利的诉讼时效期间为三年。法律另有规定的，依照其规定。

诉讼时效期间自权利人知道或者应当知道权利受到损害以及义务人之日起计算。法律另有规定的，依照其规定。但是，自权利受到损害之日起超过二十年的，人民法院不予保护，有特殊情况的，人民法院可以根据权利人的申请决定延长。

第五百六十三条　有下列情形之一的，当事人可以解除合同：

（一）因不可抗力致使不能实现合同目的；

（二）在履行期限届满前，当事人一方明确表示或者以自己的行为表明不履行主要债务；

（三）当事人一方迟延履行主要债务，经催告后在合理期限内仍未履行；

（四）当事人一方迟延履行债务或者有其他违约行为致使不能实现合同目的；

（五）法律规定的其他情形。

以持续履行的债务为内容的不定期合同，当事人可以随时解除合同，但是应当在合理期限之前通知对方。

第一千一百六十八条　二人以上共同实施侵权行为，造成他人损害的，应当承担连带责任。

《中华人民共和国刑法》（2023年12月29日修正）

第三百四十三条第一款　违反矿产资源法的规定，未取得采矿许可证擅自采矿，擅自进入国家规划矿区、对国民经济具有重要价值的矿区和他人矿区范围采矿，或者擅自开采国家规定实行保护性开采的特定矿种，情节严重的，处三年以下有期徒刑、拘役或者管制，并处或者单处罚金；情节特别严重的，处三年以上七年以下有期徒刑，并处罚金。

《中华人民共和国土地管理法》（2019年8月26日修正）

第七十五条　违反本法规定，占用耕地建窑、建坟或者擅自在耕地上建房、挖砂、采石、采矿、取土等，破坏种植条件的，或者因开发土地造成土地荒漠化、盐渍化的，由县级以上人民政府自然资源主管部门、农业农村主管部门等按照职责责令限期改正或者治理，可以并处罚款；构成犯罪的，依法追究刑事责任。

第七十八条　农村村民未经批准或者采取欺骗手段骗取批准，非法占用土地建住宅的，由县级以上人民政府农业农村主管部门责令退还非法占用的土地，限期拆除在非法占用的土地上新建的房屋。

超过省、自治区、直辖市规定的标准，多占的土地以非法占用土地论处。

《中华人民共和国行政许可法》（2019年4月23日修正）

第三十六条　行政机关对行政许可申请进行审查时，发现行政许可事项直接关系他人重大利益的，应当告知该利害关系人。申请人、利害关系人有权进行陈述和申辩。行政机关应当听取申请人、利害关系人的意见。

第四十七条第一款　行政许可直接涉及申请人与他人之间重大利益关系的，行政机关在作出行政许可决定前，应当告知申请人、利害关系人享有要求听证的权利；申请人、利害关系人在被告知听证权利之日起五日内提出听证申请的，行政机关应当在二十日内组织听证。

《中华人民共和国农村土地承包法》（2018年12月29日修正）

第十七条　承包方享有下列权利：

（一）依法享有承包地使用、收益的权利，有权自主组织生产经营和处置产品；

（二）依法互换、转让土地承包经营权；

（三）依法流转土地经营权；

（四）承包地被依法征收、征用、占用的，有权依法获得相应的补偿；

（五）法律、行政法规规定的其他权利。

第十八条　承包方承担下列义务：

（一）维持土地的农业用途，未经依法批准不得用于非农建设；

（二）依法保护和合理利用土地，不得给土地造成永久性损害；

（三）法律、行政法规规定的其他义务。

第五十六条 任何组织和个人侵害土地承包经营权、土地经营权的，应当承担民事责任。

《中华人民共和国村民委员会组织法》（2018年12月29日修正）

第八条第二款 村民委员会依照法律规定，管理本村属于村农民集体所有的土地和其他财产，引导村民合理利用自然资源，保护和改善生态环境。

第二十八条 召开村民小组会议，应当有本村民小组十八周岁以上的村民三分之二以上，或者本村民小组三分之二以上的户的代表参加，所作决定应当经到会人员的过半数同意。

村民小组组长由村民小组会议推选。村民小组组长任期与村民委员会的任期相同，可以连选连任。

属于村民小组的集体所有的土地、企业和其他财产的经营管理以及公益事项的办理，由村民小组会议依照有关法律的规定讨论决定，所作决定及实施情况应当及时向本村民小组的村民公布。

《中华人民共和国环境保护法》（2014年4月24日修订）

第二条 本法所称环境，是指影响人类生存和发展的各种天然的和经过人工改造的自然因素的总体，包括大气、水、海洋、土地、矿藏、森林、草原、湿地、野生生物、自然遗迹、人文遗迹、自然保护区、风景名胜区、城市和乡村等。

第六十四条 因污染环境和破坏生态造成损害的，应当依照《中华人民共和国侵权责任法》的有关规定承担侵权责任。

《中华人民共和国行政复议法》（2023年9月1日修订）

第十六条 申请人以外的同被申请行政复议的行政行为或者行政复议案件处理结果有利害关系的公民、法人或者其他组织，可以作为第三人申请参加行政复议，或者由行政复议机构通知其作为第三人参加行政复议。

第三人不参加行政复议，不影响行政复议案件的审理。

《中华人民共和国行政诉讼法》（2017年6月27日修正）

第二十五条第一款 行政行为的相对人以及其他与行政行为有利害关系的公民、法人或者其他组织，有权提起诉讼。

《中华人民共和国矿产资源法》（2009年8月27日修正）

第三条 矿产资源属于国家所有，由国务院行使国家对矿产资源的所有权。地表或者地下的矿产资源的国家所有权，不因其所依附的土地的所有权或者使用权的不同而改变。

国家保障矿产资源的合理开发利用。禁止任何组织或者个人用任何手段侵占或者破坏矿产资源。各级人民政府必须加强矿产资源的保护工作。

勘查、开采矿产资源，必须依法分别申请、经批准取得探矿权、采矿权，并办理登记；但是，已经依法申请取得采矿权的矿山企业在划定的矿区范围内为本企业的生产而进行的勘查除外。国家保护探矿权和采矿权不受侵犯，保障矿区和勘查作业区的生产秩序、工作秩序不受影响和破坏。

从事矿产资源勘查和开采的，必须符合规定的资质条件。

第六条 除按下列规定可以转让外，探矿权、采矿权不得转让：

（一）探矿权人有权在划定的勘查作业区内进行规定的勘查作业，有权优先取得勘查作业区内矿产资源的采矿权。探矿权人在完成规定的最低勘查投入后，经依法批准，可以将探矿权转让他人。

（二）已取得采矿权的矿山企业，因企业合并、分立，与他人合资、合作经营，或者因企业资产出售以及有其他变更企业资产产权的情形而需要变更采矿权主体的，经依法批准可以将采矿权转让他人采矿。

前款规定的具体办法和实施步骤由国务院规定。

禁止将探矿权、采矿权倒卖牟利。

第三十五条 国家对集体矿山企业和个体采矿实行积极扶持、合理规划、正确引导、加强管理的方针，鼓励集体矿山企业开采国家指定范围内的矿产资源，允许个人采挖零星分散资源和只能用作普通建筑材料的砂、石、粘土以及为生活自用采挖少量矿产。

矿产储量规模适宜由矿山企业开采的矿产资源、国家规定实行保护性开采的特定矿种和国家规定禁止个人开采的其他矿产资源，个人不得开采。

国家指导、帮助集体矿山企业和个体采矿不断提高技术水平、资源利用率和经济效益。

地质矿产主管部门、地质工作单位和国有矿山企业应当按照积极支持、有偿互惠的原则向集体矿山企业和个体采矿提供地质资料和技术服务。

《中华人民共和国自然保护区条例》（2017年10月7日修订）

第十八条 自然保护区可以分为核心区、缓冲区和实验区。

自然保护区内保存完好的天然状态的生态系统以及珍稀、濒危动植物的集中分布地，应当划为核心区，禁止任何单位和个人进入；除依照本条例第二十七条的规定经批准外，也不允许进入从事科学研究活动。

核心区外围可以划定一定面积的缓冲区，只准进入从事科学研究观测活动。

缓冲区外围划为实验区，可以进入从事科学试验、教学实习、参观考察、旅游以及驯化、繁殖珍稀、濒危野生动植物等活动。

原批准建立自然保护区的人民政府认为必要时，可以在自然保护区的外围划定一定面积的外围保护地带。

第二十六条 禁止在自然保护区内进行砍伐、放牧、狩猎、捕捞、采药、开垦、烧荒、开矿、采石、挖沙等活动；但是，法律、行政法规另有规定的除外。

《探矿权采矿权转让管理办法》（2014年7月29日修订）

第五条 转让探矿权，应当具备下列条件：

（一）自颁发勘查许可证之日起满2年，或者在勘查作业区内发现可供进一步勘查或者开采的矿产资源；

（二）完成规定的最低勘查投入；

（三）探矿权属无争议；

（四）按照国家有关规定已经缴纳探矿权使用费、探矿权价款；

（五）国务院地质矿产主管部门规定的其他条件。

《最高人民法院、最高人民检察院关于办理非法采矿、破坏性采矿刑事案件适用法律问题的若干解释》（2016年11月28日　法释〔2016〕25号）

第十三条 非法开采的矿产品价值，根据销赃数额认定；无销赃数额、销赃数额难以查证，或者根据销赃数额认定明显不合理的，根据矿产品价格和数量认定。

矿产品价值难以确定的，依据下列机构出具的报告，结合其他证据作出认定：

（一）价格认证机构出具的报告；

（二）省级以上人民政府国土资源、水行政、海洋等主管部门出具的报告；

（三）国务院水行政主管部门在国家确定的重要江河、湖泊设立的流域管理机构出具的报告。

《最高人民法院关于审理环境民事公益诉讼案件适用法律若干问题的解释》（2020年12月29日）

第二十条 原告请求修复生态环境的，人民法院可以依法判决被告将生态环境修复到损害发生之前的状态和功能。无法完全修复的，可以准许采用替代性修复方式。

人民法院可以在判决被告修复生态环境的同时，确定被告不履行修复义务时应承担的生态环境修复费用；也可以直接判决被告承担生态环境修复费用。

生态环境修复费用包括制定、实施修复方案的费用，修复期间的监测、监管费用，以及修复完成后的验收费用、修复效果后评估费用等。

第二十三条 生态环境修复费用难以确定或者确定具体数额所需鉴定费用明显过高的，人民法院可以结合污染环境、破坏生态的范围和程度，生态环境的稀缺性，生态环境恢复的难易程度，防治污染设备的运行成本，被告因侵害行为所获得的利益以及过错程度等因素，并可以参考负有环境资源保护监督管理职责的部门的意见、专家意见等，予以合理确定。

第四章
环境公益诉讼与生态环境损害赔偿诉讼类案件

第一节 概述

一、环境公益诉讼解读

自 2015 年以来，随着《民事诉讼法》《环境保护法》等法律的修改，特别是《最高人民法院关于审理环境民事公益诉讼案件适用法律若干问题的解释》《最高人民法院、最高人民检察院关于检察公益诉讼案件适用法律若干问题的解释》等司法解释陆续出台，全国各级法院陆续开始办理环境公益诉讼案件，逐步树立打击犯罪与保护生态环境并行的司法理念，由单纯的刑事打击逐步向兼顾修复环境、保护生态方向转变。

《最高人民法院关于审理环境民事公益诉讼案件适用法律若干问题的解释》《最高人民法院、最高人民检察院关于检察公益诉讼案件适用法律若干问题的解释》就环境公益诉讼的原告的主体资格条件、被告的责任承担形式、公益诉讼与行政执法的衔接、公益诉讼与私益诉讼的协调等问题均作了规定，具体内容如下：

1. 关于社会组织的原告资格。《环境保护法》第 58 条对"社会组织"进行了规定：依法在设区的市级以上人民政府民政部门登记；专门从事环境保护公益活动连续 5 年以上且无违法记录。具体来说：

（1）关于社会组织的类型。根据《社会团体登记管理条例》《民办非企业单位登记管理暂行条例》《基金会管理条例》的规定，在民政部门登记的非营利性社会组织目前只有社会团体、民办非企业单位及基金会三种类型，三类组织均有资格提起环境民事公益诉讼。需要注意的是，根据《基金会管理条例》规定，在民政部登记的境外基金会代表机构仅依据境外基金会的授权开展活动，不具有法人资格，且不得在中国境内组织募捐、接受捐赠，因此不具备提起环境民事公益诉讼的原告资格。同时，有权提起公益诉讼的社会组织并不限定在上述三种类型之内，而是保持了一定的开放性，今后如有新的行政法规或地方性法规拓展了社会组织的范围，这些社会组织也可以依法提起环境民事公益诉讼。

（2）关于"设区的市级以上人民政府民政部门"的范围。《环境保护法》使用的是"设区的市级"而非"设区的市"，因此，只要在行政区划的等级上与设区的市相当，即符合法定要求。具体而言，"设区的市级以上人民政府民政部门"包括民政部，省、自治区、直辖市的民政部门，四个直辖市的区民政部门，设区的市的民政部门，自治州、盟、地区的民政部门，以及不设区的地级市的民政部门。

（3）关于"专门从事环境保护公益活动连续五年以上"的界定。只要社会组织的宗旨和主要业务范围是维护社会公共利益，且起诉前5年内实际从事过环境保护公益活动的，就可以认定为"专门从事环境保护公益活动连续五年以上"。同时，社会组织提起的环境民事公益诉讼所涉及的环境公共利益，应与其宗旨、业务范围具有一定的关联性，但对社会组织提起诉讼的地域范围则未予限制。

（4）关于"无违法记录"。应限定为社会组织未因从事业务活动违反法律、法规的规定受过行政、刑事处罚，不包括情节轻微的违规行为，也不包括社会组织成员以及法定代表人个人的违法行为，同时，还将违法行为发生的时间限定在提起诉讼前的5年内。这里要注意区分社会组织"在诉讼前有违法记录"及"诉讼过程中存在通过诉讼违法收受财物等谋取经济利益的行为"两种情形：社会组织提起环境民事公益诉讼时，如有证据表明其存在违法记录，则人民法院应裁定不予受理或驳回起诉；对于诉讼过程中发现社会组织有通过该案牟取经济利益行为的，人民法院可以根据情节轻重采取收缴违法所得、罚款、移送有关机关处理等措施，但案件原则上仍应继续审理并依法作出判决，不能一概裁定驳回起诉。

此外，社会组织在起诉时应提交证明其具有原告资格的材料。具体包括：第一，登记证书。第二，社会组织的章程。第三，起诉前连续5年的年度工作报告书或者年检报告书。随着行政审批制度的改革，有些省份如海南省的某些社会组织已经取消了年检制度，但仍需要向民政部门提交年度工作报告书进行备案，故《最高人民法院关于审理环境民事公益诉讼案件适用法律若干问题的解释》规定社会组织应向法院提交年度工作报告书或者年检报告书。第四，无违法记录的声明。对于无违法记录的证明，可以采取由社会组织"自证清白"的方式，即由其出具法定代表人或负责人签字并加盖公章的无违法记录的声明。如果被告举证证明该社会组织存在违法记录，法院经审查属实，可裁定不予受理或驳回起诉。

2.关于被告承担责任的形式。环境民事公益诉讼原告可以请求被告承担的侵权责任方式有停止侵害、排除妨碍、消除危险、恢复原状、赔偿损失、赔礼道歉六种形式。

（1）停止侵害、排除妨碍、消除危险等预防性责任方式被列为首选的责任方式，目的在于贯彻《环境保护法》规定的预防原则，避免生态环境损害的发生和扩大。在适用预防性责任方式时，应注意生态环境的保护与经济社会的可持续发展之间的协调，结合被告是否合规排污、损害后果的严重程度等因素确定合理的预防措施。比如，对于生产经营者超标排放可能导致损害社会公共利益的，可以判令其减排到排污许可证规定的范围以内，不宜判令停止排污，尤其对于停止生产这一类措施更应慎重适用。

（2）在生态环境已经遭受实质性损害的情况下，则要重视恢复原状这一责任方式的运用。适用恢复原状这一责任方式应遵循以下原则：一是生态环境损害发生后，被告首先应当采取有效措施将生态环境修复到损害发生之前的状态和功能。比如，在植被破坏地按照受损植被的种类、数量进行补种复绿。二是出现部分或全部无法原地原样恢复情形的，可以准许采用替代性修复方式。比如，因采矿遭受破坏的山体植被无法原地恢复的，可以在异地按照相同种类、数量进行补种复绿。

为确保恢复原状责任方式的执行效果，公益诉讼有以下创新：一是修复主体多元化。人民法院可以在判决被告修复生态环境的同时，确定被告不履行修复义务时应承担的生态环境修复费用，也可以直接判决被告承担生态环境修复费用。实践中，人民法院可以通过招标等市场方式委托第三方治理机构修复生态环境；人民法院认为必要的，还可以商请负有监督管理职责的环境保护主管部门与上述修复主体共同组织修复生态环境。二是建立对生态环境修复结果的监督机制。对于生态环境修复结果，人民法院可以委托具有环境损害评估等相关资质的鉴定机关进行鉴定，必要时还可以商请负有监督管理职责的环境保护主管部门协助审查。

此外，对于环境修复资金和服务功能损失等款项的使用应当专门用于修复被损害的生态环境，而不能由原告直接领取，以防止出现挪作他用的情形。目前，无锡、昆明、贵阳等地采取的是将环境修复资金和服务功能损失等款项缴入专户或基金的方式管理使用。考虑到这项制度目前尚处于探索之中，设立专户或基金的还仅是少数地方，且设立事宜还涉及与当地财政部门、环境保护主管部门等的协调问题，因此《最高人民法院关于审理环境民事公益诉讼案件适用法律若干问题的解释》对此暂不作规定，待时机成熟时再加以规范。对于目前尚未设立专项基金或专户的地方，可以采取适合于当地情况且有利于执行的支付方式。

（3）根据环境保护法规定的损害担责原则，《最高人民法院关于审理环境民事公益诉讼案件适用法律若干问题的解释》规定被告应当对生态环境在修复期间服务功能的损失承担赔偿责任。所谓服务功能损失，依据原环境保护部制定的《环境损害鉴定评估推荐办法》，是指受损害的生态环境服务于人类或者服务于其他生态环境的功能损失，即环境使用价值的损失。比如，湖泊被污染后，人们无法在湖边散步享受自然美景的损失；又如，湖泊被污染后，候鸟无法在此停留所可能遭受的损失等。

（4）环境民事公益诉讼中虽然不存在针对特定受害人赔礼道歉的问题，但是污染环境、破坏生态的行为可能导致社会公众享有美好生态环境的精神利益遭受损失，因此，将赔礼道歉纳入环境民事公益诉讼的责任方式并不存在法理障碍。赔礼道歉这一责任方式的适用对象原则上应限于违法排放的生产经营者，如果生产经营者不存在违法排放或者系因第三人导致环境污染，虽然其应当承担恢复原状、赔偿损失的民事责任，但其道德上并无可谴责之处，无须赔礼道歉。

3. 关于公益诉讼和环境行政执法的衔接。环境保护是一项系统工程，需要各级党委、人大、政协、政府、司法机关以及社会各界的共同参与。负有环境保护监督管理职责的部门在专业技术、设备、执法手段等方面都具有优势，是保护环境公共利益的主要力量。《最高人民法院关于审理环境民事公益诉讼案件适用法律若干问题的解释》规定，人民法院受理环境民事公益诉讼后，应当在10日内告知对被告行为负有环境保护监督管理职责的部门；对于因相关部门依法履行监管职责而使原告诉讼请求全部实现的，原告可以申请撤诉。此处"原告诉讼请求全部实现"的判断标准：一是被告配合负有环境保护监督管理职责的部门履行监管职责，对受到损害的生态环境已经进行了有效的治理和修复；二是原告为停止侵害、排除妨碍、消除危险采取合理预防、处置措施而发生的费用，以及为诉讼支出的检验鉴定费用、合理的律师费、其他合理费用等获得赔偿。

为进一步落实协调机制，最高人民法院还与民政部、原环境保护部联合下发《关于贯彻实施环境民事公益诉讼制度的通知》，对查询社会组织基本信息、调取证据资料以及组织修复生态环境等需要部门间协调配合的内容提出了明确的要求。三部门联合通知规定的环境资源执法协调机制主要包括以下两个方面的内容：一是人民法院和民政部门之间的协调、配合。人民法院可以根据案件需要向民政部门查询或核实社会组织的基本信息,发现社会组织存在通过诉讼牟取经济利益情形的,还应向民政部门发送司法建议,民政部门则应及时反馈或通报处理结果。二是人民法院和环境保护主管部门之间的协调、配合。人民法院应向环境保护主管部门告知案件受理情况以及调解协议、和解协议的内容,相关部门则应及时向人民法院通报处理结果或提出意见、建议;人民法院向环境保护主管部门调取环境影响评价文件以及批复等证据材料的,相关部门应及时提交;此外,人民法院还可以商请环境保护主管部门共同组织修复生态环境以及商请环境保护主管部门协助对修复结果进行审查。

4. 关于公益诉讼和私益诉讼的协调。因同一污染环境、破坏生态行为提起的环境民事公益诉讼与私益诉讼,既在诉讼目的、诉讼请求上存在区别,又在审理对象、案件事实认定等方面存在紧密联系,因此,如何协调环境民事公益诉讼和私益诉讼的关系,是需要考虑的一个重要问题。

(1)环境民事公益诉讼和私益诉讼属于相互独立的诉。提起环境民事公益诉讼不影响公民、法人和其他组织依法提起私益诉讼,从而避免出现以涉及公益为名将私益诉讼拒之门外的现象。同时,鉴于合并审理不仅不能提高诉讼效率,还会使诉讼过分拖延,故环境民事公益诉讼和私益诉讼不能合并审理,如公民、法人和其他组织以人身、财产受到损害为由申请参加环境民事公益诉讼的,人民法院应告知其另行起诉。

(2)为了防止人民法院作出相互矛盾的裁判以及提高私益诉讼的效率,《最高人民法院关于审理环境民事公益诉讼案件适用法律若干问题的解释》从以下两个方面对环境民事公益诉讼生效裁判的效力作了规定:一是环境民事公益诉讼生效裁判认定的事实对于私益诉讼的原、被告均具有免予举证的效力,但私益诉讼的原告对该事实有异议并有相反证据足以推翻的除外。考虑到私益诉讼的被告参加过环境民事公益诉讼案件的审理,已经充分行使了举证辩论等权利,故不应允许其在私益诉讼中对于环境民事公益诉讼生效裁判认定的事实再作相反主张,这个权利仅赋予私益诉讼原告。二是私益诉讼原告有"搭便车"的权利,即如果环境民事公益诉讼生效裁判就被告是否存在法律规定的不承担责任或者减轻责任的情形、行为与损害之间是否存在因果关系以及被告承担责任的大小等作出对私益诉讼原告有利的认定,其可以在私益诉讼中主张适用,但被告有相反的证据予以推翻的除外。而如果被告主张直接适用对其有利的认定,人民法院则不应予以支持,被告仍应举证证明。

（3）私益诉讼原告的受偿顺位优先。当被告因污染环境、破坏生态在环境民事公益诉讼和私益诉讼中均被判决承担责任，其财产不足以履行判决确定的全部义务的情况下，应当先履行私益诉讼判决所确定的义务，以体现法律的人文关怀精神。但对于船舶油污损害赔偿纠纷案件，《国际油污损害民事责任公约》以及《最高人民法院关于审理船舶油污损害赔偿纠纷案件若干问题的规定》采取按比例受偿的原则，这属于例外情形。

二、生态环境损害赔偿诉讼解读

生态环境损害赔偿制度是生态文明制度体系的重要组成部分，该制度缘起于党的十八届三中全会明确提出的对造成生态环境损害的责任者严格实行赔偿制度。2015年年底，中共中央办公厅、国务院办公厅出台《生态环境损害赔偿制度改革试点方案》，在吉林、山东、江苏、湖南、贵州、云南、重庆七省市试点省级政府作为权利人提起生态环境损害赔偿诉讼。2017年12月，中共中央办公厅、国务院办公厅出台《生态环境损害赔偿制度改革方案》（以下简称《改革方案》），正式在全国范围内试行生态环境损害赔偿制度。生态环境损害赔偿制度的核心在于赋予特定主体代表公共环境利益进行索赔的权利，即赋予具有公共环境管理职能的省市级政府及环保部门等行政主体，在生态环境损害发生后主导开展生态环境损害赔偿的协商、赔偿诉讼等程序进行责任追究的权利。生态环境损害赔偿制度包括损害赔偿内容与范围、索赔权利主体、赔偿磋商程序和诉讼程序等本体制度和损害评估、资金保障和公众参与等配套措施。我们认为，生态环境损害赔偿诉讼是一种特殊类型的环境民事诉讼类型，其主要特征如下：（1）原告主体系经授权的省级、地市级人民政府及其指定的职能部门（主要为环保行政主管部门），实践中参与磋商或诉讼过程中的有属地基层政府或行政主管部门，仍应以经授权的主体作为索赔主体；（2）权源基础不仅在于自然资源的国家所有权，更在于我国宪法层面规定的国家环境保护义务；（3）诉讼目的在于填补生态环境损害及维护环境公共利益，恢复原状与金钱赔偿是最主要的责任承担形式，其中恢复原状是生态环境损害救济的核心，金钱赔偿的目的在于治理和改善环境、恢复生态功能；（4）生态环境损害系独立于人身损害与财产损害之外的第三种损害形式，包括清除污染费用、生态环境修复费用、生态环境修复期间服务功能的损失、生态环境功能永久性损害造成的损失以及生态环境损害赔偿调查、鉴定评估等损害费用，属于传统侵权法不予认可的赔偿范畴。

2019年6月，最高人民法院专门出台《关于审理生态环境损害赔偿案件的若干规定（试行）》（以下简称《若干规定》）。《若干规定》以严格保护生态环境，依法追究损害生态环境责任者的修复和赔偿责任为目标，认真贯彻《改革方案》确定的"依法推进，鼓励创新""环境有价，损害担责""主动磋商，司法保障""信息共享，公众监督"的工作原则，在总结改革试点及全面试行情况基础上，适应生态环境损害赔偿相关法律制度有待完善、审判实践经验尚不够丰富的实际情况，以"试行"的方式，对于司法实践中亟待明确的生态环境损害赔偿诉讼受理条件、证据规则、责任范围、诉讼衔接、赔偿协议司法确认、强制执行等问题予以规定。主要内容如下：

第一，关于原告范围。依据《改革方案》关于赔偿权利人以及起诉主体的规定，《若干规定》明确省级、市地级人民政府及其指定的相关部门、机构或者受国务院委托行使全民所有自然资源资产所有权的部门可以作为原告提起诉讼。同时，明确"市地级人民政府"包括设区的市，自治州、盟、地区，不设区的地级市，直辖市的区、县人民政府。

第二，关于可以提起生态环境损害赔偿诉讼的具体情形。依据《改革方案》关于生态环境损害赔偿适用范围的规定，《若干规定》明确了可以提起诉讼的三种具体情形，包括发生较大、重大、特别重大突发环境事件的，在国家和省级主体功能区规划中划定的重点生态功能区、禁止开发区发生环境污染、生态破坏事件的，以及发生其他严重影响生态环境后果的情形。

第三，关于开展磋商是提起诉讼的前置程序。《若干规定》明确原告在与损害生态环境的责任者经磋商未达成一致或者无法进行磋商的，可以提起生态环境损害赔偿诉讼，将磋商确定为提起诉讼的前置程序，为充分发挥磋商在生态环境损害索赔工作中的积极作用提供了制度依据。

第四，关于管辖法院和审理机构。由于生态环境损害赔偿诉讼案件系新类型案件，事关国家利益和人民群众环境权益，社会影响较为重大。《若干规定》第3条规定，第一审生态环境损害赔偿诉讼案件由生态环境损害行为实施地、损害结果发生地或者被告住所地的中级以上人民法院管辖，并根据生态环境损害跨地域、跨流域特点，就跨行政区划集中管辖作出明确规定。同时，根据《改革方案》要求，为统一审判理念和裁判尺度，提高审判专业化水平，《若干规定》明确生态环境损害赔偿案件由人民法院环境资源审判庭或者指定的专门法庭审理。

第五，关于审判组织。生态环境损害赔偿诉讼的目的是保护国家利益和人民群众环境权益。为保证司法公开公正，主动接受人民监督，《若干规定》明确人民法院审理第一审生态环境损害赔偿诉讼案件，应当由法官和人民陪审员组成合议庭进行。

第六，关于原告的举证责任。《若干规定》依据原《侵权责任法》和相关司法解释规定，结合生态环境损害赔偿诉讼原告掌握行政执法阶段证据，举证能力较强的特点，明确原告应当就被告实施了污染环境、破坏生态行为或者具有其他应当依法承担责任的情形，生态环境受到损害以及所需修复费用、损害赔偿等具体数额，以及被告污染环境、破坏生态行为与生态环境损害之间具有关联性，承担相应举证责任。

第七，关于证据审查判断规则。《若干规定》根据生态环境损害赔偿诉讼案件中各类证据的特点，分别就生效刑事裁判涉及的相关事实、行政执法过程中形成的事故调查报告等证据、当事人诉前委托作出的鉴定评估报告等证据的审查判断规则作出明确规定，为准确查明损害生态环境相关事实提供了规范依据。

第八，关于生态环境损害赔偿责任承担。一是创新责任承担方式，突出了修复生态环境的诉讼目的，首次将"修复生态环境"作为承担生态环境损害赔偿责任的方式。二是创新责任承担方式的顺位，突出修复生态环境和赔偿生态环境的服务功能损失在责任体系中的重要意义。三是完善了责任承担范围，根据生态环境是否能够修复对损害赔偿责任的范围进行分类规定，在受损生态环境能够修复的情况下，被告应承担修复责任，人民法院可以同时确定被告不履行修复义务时应承担的生态环境修复费用。原告请求被告赔偿生态环境受到损害至修复完成期间服务功能损失并有足够事实根据的，人民法院依法予以支持。在受损生态环境无法修复或者无法完全修复的情况下，被告应就生态环境功能永久性损害造成的损失承担赔偿责任。在受损生态环境无法完全修复的情况下，即受损生态环境部分可以修复，部分不能修复，赔偿义务人需要同时承担可修复部分的修复义务以及支付可修复部分在修复期间的生态环境服务功能损失，不可修复部分，则需支付永久性损害造成的损失赔偿资金。此外，首次将修复效果后评估费用纳入修复费用范围。四是与《土壤污染防治法》关于建立土壤污染防治基金等规定相衔接，规定赔偿资金应当按照法律法规、规章予以缴纳、管理和使用，明确了赔偿资金的管理使用依据。需要说明的是，如果本地区有生态环境损害赔偿诉讼或者环境公益诉讼专项资金账户，可以将上述资金或者费用交纳至该账户，专项用于案涉生态环境修复工作。

第九，关于生态环境损害赔偿制度与环境民事公益诉讼之间衔接等问题。《若干规定》在总结实践经验的基础上，就两类诉讼的衔接作出了相应规范。一是明确受理阶段两类案件分别立案后由同一审判组织审理。为保障环境民事公益诉讼原告的诉权，节约审判资源，避免裁判矛盾，《若干规定》第16条规定，在生态环境损害赔偿诉讼案件审理过程中，同一损害生态环境行为又被提起民事公益诉讼，符合起诉条件的，应当由受理生态环境损害赔偿诉讼案件的人民法院受理并由同一审判组织审理。二是明确审理阶段两类案件的审理顺序。鉴于生态环境损害赔偿诉讼案件的原告具有较强专业性和组织修复生态环境的能力，为促进受损生态环境的及时有效修复，《若干规定》第17条明确，人民法院受理因同一损害生态环境行为提起的生态环境损害赔偿诉讼案件和民事公益诉讼案件，应先中止民事公益诉讼案件的审理，待生态环境损害赔偿诉讼案件审理完毕后，就民事公益诉讼案件未被涵盖的诉讼请求依法作出裁判。三是明确裁判生效后两类案件的衔接规则。为避免相关民事主体因同一损害生态环境行为被重复追责，妥善协调发展经济与保护生态环境的关系，《若干规定》第18条明确，生态环境损害赔偿诉讼案件的裁判生效后，有权提起民事公益诉讼的机关或者社会组织就同一损害生态环境行为有证据证明存在前案审理时未发现的损害，并提起民事公益诉讼的，人民法院应予受理。明确对于同一损害生态环境行为，除非有证据证明存在前案审理时未发现的损害，原则上只能提起一次生态环境损害赔偿诉讼或者环境民事公益诉讼。四是明确实际支出应急处置费用的机关提起的追偿诉讼和生态环境损害赔偿诉讼的关系。为全面保护国家利益，《若干规定》第19条明确，在生态环境损害赔偿诉讼原告未主张应急处置费用时，实际支出该费用的行政机关提起诉讼予以主张的，人民法院应予受理并由同一审判组织审理。

第十，关于磋商达成赔偿协议的司法确认程序。一是明确赔偿协议司法确认的公告制度。在生态环境损害赔偿制度改革试点后，全国首例由省级人民政府提出申请的生态环境损害赔偿协议司法确认案件中，清镇市人民法院受理司法确认申请后，在贵州省法院门户网站将各方达成的《生态环境损害赔偿协议》、修复方案等内容进行了为期15日的公告，有效保障公众的知情权、参与权和监督权。二是明确了法院的审查义务。法院在受理生态环境损害赔偿协议司法确认案件后，依法就协议的内容是否违反法律法规强制性规定，是否损害国家利益、社会公共利益进行司法审查并依法作出裁定。此外，为了加大生态环境案件的公众参与，监督生态环境损害赔偿磋商协议的落实情况，明确了确认生态环境损害赔偿协议效力的裁定书应当载明案件基本事实和协议内容等，进一步规范裁定书的体例和制作要求。三是规范生态环境损害赔偿协议司法确认的效力和规则。人民法院通过对生态环境损害赔偿协议的司法确认，赋予赔偿协议强制执行效力，对拒绝履行、未全部履行经司法确认的生态环境损害赔偿协议的，当事人可以向人民法院申请强制执行，保障了赔偿协议的有效履行和生态环境修复工作的切实开展。

第十一，关于如何加强环境司法和生态环境行政执法的有效衔接配合。《若干规定》对于在生态环境损害赔偿案件中构建生态环境行政执法和环境资源审判有效衔接机制进行了创新和探索，主要表现在三个方面：一是构建了生态环境行政执法过程中产生的证据材料如何在诉讼过程中进行审查认定的机制。生态环境主管部门或者其委托的机构在行政执法中形成的事件调查报告、检验报告、检测报告、评估报告、监测数据等，作为行政执法过程中形成的第一手资料，具有专业性和及时性。根据《若干规定》第9条规定，上述证据材料经当事人质证并符合证据标准的，可以作为认定案件事实的根据，准确界定了行政执法材料在生态环境损害赔偿案件中的证据效力。二是构建了诉前磋商程序和诉讼程序的有效衔接机制。根据《若干规定》第20条规定，经磋商达成生态环境损害赔偿协议的，当事人可以向人民法院申请司法确认。同时对司法确认的公告程序、赔偿协议的审查规则以及司法确认裁定书的内容等进行了具体规定，为实现行政机关开展磋商达成的成果提供了司法保障。此外，对诉前阶段当事人委托具备环境司法鉴定资质的鉴定机构出具的鉴定意见，以及委托国务院环境资源保护监督管理相关主管部门推荐机构出具的检验报告等证据材料，《若干规定》第10条明确了其证据效力和审查认定标准，有效解决了诉前磋商证据材料在诉讼中的适用问题。

第二节 环境公益诉讼类案件

问题 1：环境刑事附带民事公益诉讼中被告人民事赔偿责任应如何确定？

【解答】

在涉及生态环境破坏的案件当中,一直存在鉴定难的情况。行为人对自然保护区的生态环境造成破坏需追究法律责任时,法院通常难以对生态破坏的具体程度作出鉴定,相应地也就无法确认行为人应承担的民事赔偿责任。在此种情形下,可以探索通过专家证人出庭作证的方式来解决破坏生态环境的结果认定以及修复方案的专业性问题。专家证人可以当庭对案件中涉及的专业问题作出专业解读,经过评估后还可以制定专业的修复方案,一举多得。本案采取了申请有专门知识的人出庭作证的方式,以此来解决环境类案件鉴定难的问题,对审理环境损害类案件中损害后果及责任承担确认具有参考意义。

【案例】

卢某某滥伐林木刑事附带民事公益诉讼案[①]

案情： 2017年1月,被告人卢某某在未经林业主管部门审批和办理采伐许可证的情况下,在清凉峰国家级自然保护区范围内的山黄岭梨树岗水沟前、杨柳山芦柴塘内湾、杨柳山荒田后三处山上,使用油锯砍伐杉木82株,共计立木材积21.07立方米。被告人卢某某的滥伐林木行为,给清凉峰国家级自然保护区的生态造成破坏。经勘测,被告人卢某某砍伐杉木,涉及破坏面积约1396平方米。为补偿滥伐林木所造成的生态破坏,恢复原生态功能,经评估,需在保护区范围内的生物防火林带上补种223株树木。

为维护社会公共利益,杭州市临安区人民检察院向临安区人民法院提起附带民事公益诉讼,请求判令被告人卢某某在清凉峰国家级自然保护区范围内的生物防火林带上补种防火树种223株。

---

① 参见浙江省杭州市临安区人民法院（2018）浙0185刑初44号刑事判决书。

一审法院经审理认为，公诉机关指控的相关事实清楚，证据确实、充分，被告人卢某某及辩护人对公诉机关提出的刑事量刑建议和民事诉讼请求均无异议，因此以滥伐林木罪判决被告人卢某某拘役四个月，缓刑十个月，并处罚金人民币1000元；同时判令被告人卢某某在清凉峰国家级自然保护区千顷塘至三转洞防火线上，按行间距2.5米×2.5米的密度补种红花油茶223株。一审宣判后，被告人卢某某当庭表示服从判决，并在判决确定的时间内及时履行了补种苗木的义务。

分析： 本案系浙江省首例刑事附带民事公益诉讼案件，系法检两家试水推进刑事附带民事公益诉讼的有益之举。长期以来，环境资源犯罪中的生态修复多由被告人自愿完成，缺乏科学规划和有力措施。2018年3月，"刑事附带民事公益诉讼"程序正式写入最高人民法院、最高人民检察院的相关司法解释，这也标志着生态修复请求有了司法的刚性保护。

本案中，由于被告人滥伐的树木生长地处于清凉峰国家级自然保护区内，其行为对林木资源和保护区的生态环境造成了破坏，故案件审理法官选择在植树节前夕至清凉峰自然保护区巡回法庭开庭，并邀请代表委员和当地群众旁听庭审，通过法庭审理最后当庭判决被告人承担刑事责任的同时承担补植复绿的民事责任，取得了较好的法治宣传效果和警示教育作用。

此外，为证明被告人的犯罪行为对自然环境产生的具体影响，以及被告人该承担怎样的修复责任，本案采取了申请有专门知识的人出庭作证的方式，以此来解决环境类案件鉴定难的问题，为办理此类案件提供了可资借鉴的思路。

【风险提示】

随着党的十九大对生态文明建设作出重要部署，人民群众对生态环境日益重视，我国的相关法律法规制度也日趋完善，必然对破坏生态环境类的行为加大打击力度。在涉及破坏生态环境资源类的案件中，人民检察院会更加积极地以公益诉讼起诉人的身份向法院提起诉讼，企业及个人应提高环保意识，避免被追究环境侵权责任。

问题 2：刑事附带民事公益诉讼中，在被告人已经被判处没收违法所得的情况下，是否还需要用自身合法财产承担民事责任？

【解答】

依据《民法典》的相关规定，刑事责任与民事侵权责任并不矛盾。司法实践中，在对被告人判处没收违法所得的情况下，法院亦不能免除其作为侵权责任主体的民事侵权责任。本案的裁判结果既体现了对被告人犯罪行为的严惩，又实现了对环境污染行为的有效惩治，对今后审理刑事附带民事公益诉讼案件具有参考意义。

【案例】

管某某等 4 人非法捕捞水产品刑事附带民事公益诉讼案[①]

案情： 2017 年 7 月 9 日，被告人管某某（系 A 船船长）、李某某（系 B 船船长）雇用王某某、瞿某某、陈某某、陆某某等船员，分别驾驶 A 船、B 船，从福建宁德三沙港出发，至 203 号、236 号、237 号等海区，使用禁用网具进行双拖网捕捞作业，后于 2017 年 7 月 25 日 5 时许被中国海监渔政宁波支队执法人员查获。其间，被告人管某某、李某某共捕得渔获 5000 余箱，并将其中 4000 余箱销赃得款人民币 90 800 元，将其中约 1000 箱卖给被告人梁某某（系 C 船船长）。

2017 年 7 月 20 日至 23 日，被告人梁某某驾驶 C 船至 228 号、236 号、220 号等海区，先后收购两对福建双拖船及被告人管某某、李某某在禁渔期非法捕捞水产品犯罪所得的渔获物共计约 4000 箱，经整理分箱后为 6085 箱，重 98 577 公斤，经鉴定价值人民币 276 016 元。宁波市北仑区人民检察院以被告人管某某、李某某犯非法捕捞水产品罪，被告人梁某某犯掩饰、隐瞒犯罪所得罪提起公诉，同时提起附带民事公益诉讼。

一审法院认为，被告人管某某、李某某违反保护水产资源法规，结伙在禁渔期内用禁用的工具捕捞水产品，情节严重，其行为均已构成非法捕捞水产品罪，且系共同犯罪；被告人梁某某明知是犯罪所得而予以收购，其行为已构成掩饰、隐瞒犯罪所得罪，依法均应予惩处。公诉机关指控的罪名成立。被告人管某某、

---

① 参见浙江省宁波市北仑区人民法院（2018）浙 0206 刑初 402 号刑事判决书。

梁某某到案后如实供述自己的罪行，依法从轻处罚。被告人李某某犯罪后自动投案，如实供述自己的罪行，系自首，依法从轻处罚。被告人管某某已退缴共同违法所得，对被告人管某某、李某某均酌情从轻处罚。根据被告人管某某、李某某、梁某某的犯罪事实、性质、情节和对于社会的危害程度及悔罪表现，结合司法行政机关的社区矫正调查评估意见，对三被告人宣告缓刑。扣押在案的作案工具及违法所得，予以没收。因被告人管某某、李某某的犯罪行为破坏海洋生态环境，损害社会公共利益，依法应共同承担民事侵权责任。附带民事公益诉讼起诉人要求被告人管某某、李某某承担海洋生态环境修复费用人民币 26 634 元，合法有据，予以支持。据此，一审法院对被告人管某某等 3 人所犯罪刑作出判决，没收全部违法所得，并责令管某某、李某某共同承担海洋生态环境修复费用人民币 26 634 元，限于判决生效之日起 10 日内支付。一审宣判后，管某某等 3 人均服从判决。

分析： 本案属于一审法院受理的首例由检察院提起的刑事附带民事公益诉讼案件。该案在掩饰、隐瞒犯罪所得罪的认定、刑事附带民事公益诉讼的程序、被告人应承担的民事责任等方面进行了有益的探索。

第一，在掩饰、隐瞒犯罪所得罪的认定上，掩饰、隐瞒犯罪所得罪中所收购的必须是犯罪所得，即要求上游行为必须构成犯罪，而不能仅是行政违法行为。而本案上游行为是何人所为及具体情况无法查清。具体而言，被告人梁某某在禁渔期共收购渔获物 4000 箱，共计重约 98 吨，其中 1000 箱为被告人管某某、李某某非法捕捞犯罪所得，另外 3000 箱从福建捕捞船处收购，而福建捕捞渔船并未到案，且难以明确具体的行为人。

根据《最高人民法院关于审理发生在我国管辖海域相关案件若干问题的规定（二）》第 4 条规定，"非法捕捞水产品一万公斤以上"可认定为"情节严重"，构成非法捕捞水产品罪。本案中，被告人梁某某收购的渔获物均被渔政部门查获，共计重约 98 吨，能够证实上述具体来源的仅有被告人梁某某的供述，其供述称两对福建双拖船分别收购 1500 箱（按比例折算分别为 1500÷4000×98=36.75 吨，达到构罪标准），向 A 船、B 船共收购约 1000 箱（按比例折算为 1000÷4000×98=24.5 吨，达到构罪标准），均超过司法解释规定单一非法捕捞情节构罪的重量标准起点，故推定上游犯罪事实成立。

此外，本案被告人梁某某收购犯罪所得价值 27 万余元，达到《最高人民法院关于审理掩饰、隐瞒犯罪所得、犯罪所得收益刑事案件适用法律若干问题的解释》

规定的该罪"情节严重"的标准（10万元）。由于上游犯罪非法捕捞水产品罪的法定最高刑为有期徒刑三年，将下游犯罪判处三年以上有期徒刑会导致罪刑失衡。

最高人民法院该司法解释起草小组成员在《人民司法》2015年第17期刊登的《〈关于审理掩饰、隐瞒犯罪所得、犯罪所得收益刑事案件适用法律若干问题的解释〉的理解与适用》一文中指出，以购买非法狩猎的野生动物行为举例，明确提出"非法狩猎罪最高刑期为三年，作为加入犯的掩饰、隐瞒犯罪所得罪的刑期不能高于本犯。即下游犯罪的刑期，在一般情况下应低于上游犯罪的刑期"。因此，购买非法狩猎的野生动物行为构成犯罪的，不宜适用《刑法》第312条第1款的情节严重的条款，即不论购买多少野生动物，都只能在三年有期徒刑以下处罚，而不能在三年以上七年以下有期徒刑的幅度内处罚。

收购非法捕捞的水产品行为与购买非法狩猎的野生动物行为具有相似性，同理也不宜适用掩饰、隐瞒犯罪所得罪关于"情节严重"的条款。《浙江省高级人民法院〈关于常见犯罪的量刑指导意见〉实施细则》中也明确指出，"掩饰、隐瞒犯罪所得、犯罪所得收益情节严重的，增加刑罚量要与上游犯罪所判处的刑罚相平衡，不得重于上游犯罪"。

第二，在刑事附带民事公益诉讼的程序方面，检察机关提起刑事附带民事公益诉讼无须经督促、公告的诉前程序。《最高人民法院关于适用〈中华人民共和国刑事诉讼法〉的解释》第179条第1款规定，"国家财产、集体财产遭受损失，受损失的单位未提起附带民事诉讼，人民检察院在提起公诉时提起附带民事诉讼的，人民法院应当受理"，并没有设置督促、公告等前置程序。附带民事公益诉讼应属于附带民事诉讼的一种，在法律没有明确规定的情况下，按照《刑事诉讼法》规定提起刑事附带民事公益诉讼，不以公告、督促程序为必须。

第三，在被告人应承担的民事责任方面，被告人管某某、李某某实施非法捕捞水产品的行为严重破坏了海洋生态环境，损害了社会公共利益，其行为违反了《环境保护法》第6条、《渔业法》第30条的规定。根据《最高人民法院关于审理环境民事公益诉讼案件适用法律若干问题的解释》第18条的规定，对污染环境、破坏生态，已经损害社会公共利益或者具有损害社会公共利益重大风险的行为，原告可以要求被告承担消除危险、恢复原状、赔偿损失等民事责任。根据《环境保护法》第64条，原《侵权责任法》第4条、第6条第1款、第8条、第15条的规定，被告管某某、李某某应当共同承担相应的民事责任。

因此，被告人管某某、李某某应对非法捕捞所造成的海洋生态破坏进行修复，以恢复原有的生态环境。经评估认定,管某某、李某某伏休期间非法捕捞海产品经济价值 159 804 元,作为资源增殖修复的补偿总金额。经宁波市海洋与渔业研究院专家评估,需投放价值 26 634 元的大黄鱼鱼种,以修复被破坏的海洋生态环境。法院对管某某、李某某判处没收违法所得,针对的对象并非被告人个人所有的合法财产,而是法律禁止个人所持有的犯罪所得,属于依法追缴的范畴,不能免除其作为侵权责任主体的民事侵权责任,故法院判决被告人管某某、李某某共同承担海洋生态环境修复费用人民币 26 634 元。

本案的裁判结果既体现了对被告人犯罪行为的严惩,又实现了对环境污染行为的有效惩治,对今后审理刑事附带民事公益诉讼案件具有参考意义。

【风险提示】

随着科学和技术的发展,人类对海洋的依赖程度越来越高,海洋环境与人类之间的相互影响也日益增大,尤其是海洋环境越来越受到人类的破坏和污染,因此,保护和改善海洋环境必然是海洋环境保护的首要任务。广大渔民及相关人员应当严格执行禁渔伏休制度,若违反海洋伏季休渔规定,破坏海洋渔业资源,破坏海洋生态环境,必将受到法律的追究。

问题 3:检察机关在环境公益诉讼中有哪些权利、义务?

【解答】

我国法律规定,检察机关在刑事案件中可以提起刑事附带民事公益诉讼,诉讼地位是"公益诉讼起诉人"。检察机关提起刑事附带民事公益诉讼,主要包括检察机关在办理刑事案件中发现的破坏生态环境和资源保护、食品药品安全领域侵害众多消费者合法权益等损害社会公共利益的案件。本案的裁判结果既体现了从刑罚上惩治破坏野生动物资源的犯罪行为,又对遭受破坏的野生动物资源从经济上予以修复,实现了社会对保护野生动物资源的期待。

【案例】
周某某、余某非法狩猎刑事附带民事公益诉讼案[①]

案情： 2018年1月5日上午，被告人周某某、余某驾驶车辆至慈溪市新浦镇高桥村等地，沿路使用气枪射击的方式，捕捉野生鸟类。同日11时许，二被告人被民警抓获，并当场查获气枪1把及野生鸟类8只。经鉴定，其中野生鸟类1只为鸽形目鸠鸽科珠颈斑鸠，野生鸟类7只为雀形目椋鸟科八哥，均属国家保护的有益的或者有重要经济、科学研究价值的陆生野生动物。经宁波市公安司法鉴定中心鉴定，上述气枪是以压缩气体为动力发射弹丸的枪支，具有致伤力。慈溪市林业局出具《关于周某某、余某非法狩猎案涉案鸟类价值意见》，确定涉案鸟类的整体价值为人民币2400元。

公诉机关认为，被告人周某某、余某违反狩猎法规，在禁猎区、禁猎期使用禁用的工具进行狩猎，破坏野生动物资源，情节严重，其行为已构成非法狩猎罪。被告人周某某、余某非法猎捕国家保护的野生动物，破坏野生动物资源及生物多样性，损害社会公共利益，公诉机关遂依照法律规定提起附带民事公益诉讼，请求判令：被告人周某某、余某共同赔偿涉案鸟类的整体价值人民币2400元。

一审法院经审理认为，被告人周某某、余某违反狩猎法规，在禁猎区、禁猎期使用禁用的工具进行狩猎，破坏野生动物资源，情节严重，其行为均已构成非法狩猎罪，公诉机关指控的罪名成立。被告人周某某、余某除负刑事责任外，对其犯罪行为造成的损失，依法应负民事赔偿责任。公益诉讼起诉人要求被告人周某某、余某共同赔偿涉案鸟类的整体价值人民币2400元，合法有据，予以支持。遂判决被告人周某某与余某犯非法狩猎罪，依法没收犯罪工具，二人需共同赔偿涉案鸟类的整体价值人民币2400元。

分析： 本案系《最高人民法院、最高人民检察院关于检察公益诉讼案件适用法律若干问题的解释》于2018年3月2日实施以后，宁波市中级人民法院立案受理的首例检察机关提起的刑事附带民事公益诉讼案件。本案对检察机关提起刑事附带民事诉讼中诉讼地位、享有的权利、承担的义务依据法律进行分析。

首先，在诉讼地位的认定上，慈溪市人民检察院就刑事部分向人民法院提起公诉，属于公诉机关，就附带民事诉讼部分，慈溪市人民检察院系公益诉讼起诉

[①] 参见浙江省宁波市中级人民法院（2018）浙0282刑初713号刑事判决书。

人。上述诉讼地位的认定，符合《最高人民法院、最高人民检察院关于检察公益诉讼案件适用法律若干问题的解释》的规定，也符合《浙江省高级人民法院环境资源审判庭专业法官会议关于检察机关提起环境公益诉讼若干程序问题的纪要》的规定。

其次，检察机关作为公益诉讼起诉人提起刑事附带民事诉讼，仍属于民事诉讼的范畴，应当依照《民事诉讼法》及《刑事诉讼法》关于刑事附带民事诉讼的规定承担享有权利、承担义务。检察机关就民事诉讼部分提出诉请，理应提交证据，但检察机关就损害社会公共利益的行为提起刑事附带民事诉讼时是否需要公告，是一个有争议的问题。

检察机关认为，在公安机关移送审查起诉之后，审查起诉的期限通常为一个月，而公告期限按照法律规定需要30日，出于刑事案件与公益诉讼案件衔接处理的考虑，不需要公告。审判机关则认为，检察机关并不天然具备提起附带民事公益诉讼的主体资格，根据上述司法解释的规定，公告期满，法律规定的机关和有关组织不提起诉讼的，人民检察院可以向人民法院提起诉讼，故检察机关在刑事附带民事公益诉讼中，仍应当遵循法律规定的公告程序。检察机关在公益诉讼中享有相应的权利，而权利部分通常被忽视。本案在审理过程中，充分保障了公益诉讼起诉人作为独立一方当事人的申请回避、法庭辩论、调解、最后陈述等法定权利。

最后，需要注意的是，检察机关提起刑事附带民事公益诉讼，对人民法院尚未生效的判决、裁定不服的，到底是具有上诉权还是抗诉权，存在一定的争议。《人民检察院提起公益诉讼试点工作实施办法》规定，地方各级人民检察院认为同级人民法院未生效的第一审判决、裁定确有错误，应当向上一级人民法院提出抗诉。检察机关作为公益诉讼起诉人对人民法院尚未生效的刑事附带民事判决，对附带民事部分仅有上诉权。主要理由是，根据《刑事诉讼法》《民事诉讼法》及上述司法解释的规定，公益诉讼起诉人均仅有上诉权，而不是抗诉权。从刑事附带民事诉讼的基本架构看，公益诉讼起诉人作为民事部分的一方当事人，检察机关也不宜以公诉机关的法律地位对一审尚未生效的刑事附带民事判决行使抗诉权。

【风险提示】

"绿水青山就是金山银山"，可持续发展也是我们一直坚持的发展理念，鸟类等野生动物资源构成生态环境中的重要一员。我们应当坚守保护环境的发展理念，与鸟类等野生动物资源和谐共处,珍惜每一个生命。唯有此,我们才能在每一个清晨,都能听到清脆的鸟鸣声,在每一个傍晚,都能看到倦鸟归巢。对于破坏野生动物资源的行为,行为人不但要受到刑事处罚,也要承担从经济上对生态环境进行修复的社会责任。

问题 4：环境功能损失的诉请是否应得到支持?

【解答】

《最高人民法院关于审理环境民事公益诉讼案件适用法律若干问题的解释》规定,原告请求被告赔偿生态环境受到损害至恢复原状期间服务功能损失的,人民法院可以依法予以支持。一旦污染环境的行为对生态环境的供给服务、支持服务功能造成损害,而且降低了所在区域的良好生态环境存在价值,该损失便应当予以赔偿。法院可以将鉴定意见作为服务功能损失的重要参考,并综合考虑环境污染情节、范围和程度以及环境污染发生后的整改行为,酌情确定生态环境的服务功能损失。

【案例】

田某某污染环境刑事附带民事公益诉讼案[①]

案情: 自 2016 年 3 月起,被告人田某某在绍兴市柯桥区湖塘街道宾舍村幸来奶牛养殖场内,租厂房开设加工厂进行铜门加工,所产生的加工废水通过车间墙脚处墙洞流经厂外污水排放沟,然后排入厂外东首的池塘内。厂外污水排放沟和厂外东首池塘均未经过防渗漏处理,污染厂外周边土壤及厂外东首池塘水、土壤生态环境。2017 年 8 月 30 日,绍兴市环境保护局柯桥区分局对该加工厂进行执法检查,经检测,废水中铜浓度超过国家污染物排放一级标准 73.8 倍。2018 年 1 月,绍兴市柯桥区环境保护监测站对该加工厂外污水排放沟的土壤进行采样,经检测发现污水排放沟土壤中铜浓度超过国家污染物排放标准 107 倍。

同时查明,被告人田某某等人的铜门加工行为所产生的废水对厂外周边土壤及厂外东首池塘水、土壤生态环境造成损害,经鉴定评估,生态功能损失费为 93 148.75 元,鉴定评估费用为 30 000 元。2017 年 9 月 4 日,被告人田某某主动向

---

① 参见浙江省绍兴市柯桥区人民法院(2018)浙 0603 刑初 417 号刑事判决书。

绍兴市公安局柯桥区分局湖塘派出所投案,如实供述上述事实。绍兴市柯桥区人民检察院认为被告人田某某实施污染环境的违法行为严重破坏生态环境,损害社会公共利益,依法提起附带民事公益诉讼。

一审法院认为,被告人田某某违反国家规定,利用渗坑排放有毒物质,严重污染环境,其行为已构成污染环境罪。案发后,被告人田某某能自动投案并如实供述自己的罪行,属自首,依法予以从轻处罚;能自愿认罪,且预缴赔偿款、积极对渗坑的污泥进行处置,酌情予以从轻处罚。根据被告人田某某的犯罪情节及认罪悔罪表现,予以宣告缓刑。

此外,被告人田某某除负刑事责任外,对其犯罪行为造成的损失,依法应负民事赔偿责任。附带民事公益诉讼起诉人要求被告人田某某赔偿生态环境受到损害至恢复期间的服务功能损失费、承担鉴定评估费用,合法有据,应当予以支持。被告人田某某预缴的13万元款项,可用于抵扣涉案赔偿款等,剩余部分予以退还。一审法院遂判决被告人田某某犯污染环境罪,应赔偿生态环境受到损害至恢复期间的服务功能损失费及鉴定评估费。一审判决宣告后,被告人田某某未提起上诉。

分析: 本案的典型意义在于抓住了环境资源保护的法益特征,在环资案件的刑事附带民事诉讼案件处理中,将被告人自行修复与货币赔偿相结合,不仅落实了具体管控标准,也拓宽了切实保护环境资源的路径。生态修复治理是环境公益诉讼的最终目的与结果,作为环境公益诉讼成果的最终实现环节,其必要性和重要性不言而喻。本案诉讼就统筹考虑了修复方案的技术可行性、成本效益最优化、被告人赔偿能力等情况,在委托第三方修复成本高昂、被告人又有能力组织开展修复工作的具体案件中,法院支持被告人积极组织自行修复,且对自行修复的效果,由有资质的机构鉴定评估予以保障。同时,确定了赔偿权利人前期开展生态环境损害调查、鉴定评估、修复效果后评估等费用由赔偿义务人承担的责任划分规则,并将修复效果的鉴定评估意见作为生态环境赔偿的量刑情节在刑事案件中予以考量。

本案案件处理效果良好,取得了很好的社会反响。附带民事公益诉讼起诉人要求被告人赔偿生态环境受到损害至恢复期间的功能损失费、承担鉴定评估费用,合法有据。被告人对受污染土壤积极处置、回填,并预交赔偿款,最终达到了生态恢复的预设目标。判决后,被告人也当庭表示服判息诉,该案件被当地媒体报道,反映良好。

【风险提示】

自然环境是人类生存的基本条件，是发展生产、繁荣经济的物质源泉。维护生态平衡、保护环境是关系人类生存和社会发展的根本性问题。当前的司法实践中，为了更好地保护环境，法院按照环境损害全面修复原则，以地区生态环境统筹治理为目标，综合考虑污染物的性质及恢复难易程度，并以鉴定意见为基础酌情考量生态功能损失费用的情形已经越来越常见，基于此，相信所有污染环境、破坏生态环境的行为都将会付出沉重的代价。

问题 5：环境民事公益诉讼案件是否适用调解，需要哪些程序？

【解答】

若生态环境损害事实清楚，当事人也自愿履行因环境受到损害而发生的相关费用并承担相应法律责任，那么在各方当事人充分协商的基础上，以调解方式处理环境民事公益诉讼案件是十分可行的。通过调解的方式来解纠纷、促化解，不仅有利于高效解决环境污染问题，还有利于营造良好的营商环境。调解协议达成之后应依法进行公告，在公告期间，法院未收到就该协议提出的异议或意见，且经审查调解协议的内容符合法律规定，不损害社会公共利益的，可以依法予以确认。

【案例】

绍兴市生态文明促进会与吕某某、新昌县天和医药胶囊有限公司、天擎轴承有限公司水污染责任纠纷环境公益诉讼案[①]

案情： 2016 年 3 月，新昌县天和医药胶囊有限公司（以下简称天和公司）将造桥工程发包给吕某某进行施工作业。吕某某在挖桥墩基础坑时造成污水管道断裂，含油废水进入拔茅大坑内桥墩基础坑中。天和公司和吕某某均未采取有效措施，仍用抽水泵继续工作，导致含油废水汇入新昌江，造成拔茅大坑河道和新昌江局部受到污染。而上述含油废水系新昌县天擎轴承有限公司（以下简称天擎公司）将废淬火油偷倒进入污水管网中，与污水井内污水混合而成。

[①] 参见浙江省绍兴市中级人民法院（2016）浙 06 民初 774 号民事判决书。

经鉴定，该事件造成拔茅大坑管道破裂处到新昌江城北大桥河段的水生态环境严重受损，且无法通过现场修复工程达到完全恢复。绍兴市生态文明促进会符合上述法律规定的公益诉讼主体资格，依法向绍兴市中级人民法院提起诉讼，要求吕某某、天擎公司、天和公司赔偿因含油废水泄漏造成新昌江局部污染的生态环境修复费用、鉴定评估费等共计 80 750 元。绍兴市人民检察院作为支持起诉机关派员出庭支持起诉。

一审法院在开庭审理之后主持双方进行了调解，并达成了调解协议：吕某某、天擎公司、天和公司赔偿生态环境修复费用、支付鉴定评估费、律师费等合计 80 750 元，并承担本案的诉讼费用。上述调解协议达成之后依法进行了公告。在公告期间，一审法院未收到就该协议提出的异议或意见。一审法院经审查认为，上述协议的内容符合法律规定，不损害社会公共利益，故予以确认。

分析： 本案是 2014 年修订的《环境保护法》实施后，浙江省审结的首例环境民事公益诉讼案，也是全省首例由检察机关支持起诉的环境公益诉讼案件。在以往的法律规定中，让污染环境、破坏生态的人直接承担民事赔偿责任的依据并不充分。为应对我国生态环境损害救济不力和影响经济、社会与环境可持续发展的问题，2014 年修订的《环境保护法》确定了损害担责原则，并明确符合条件的环保组织可以作为环境民事公益诉讼主体，为环境公益诉讼的发展打开了大门。

另外，生态环境损害赔偿制度改革试点工作是浙江省全面深化改革领导小组确定的 2016 年全省重点突破改革项目，绍兴市是唯一的试点城市，该案也是全国首例在推进生态环境损害赔偿制度改革试点工作中所引发的环境公益诉讼案件，是对生态环境损害赔偿磋商与环境公益诉讼衔接的有益探索，极具实践意义。该案在《人民法院报》、新华网、《浙江日报》等新闻媒体上进行了广泛宣传报道，对于鼓励环保公益组织提起环境公益诉讼、提升公众的环保意识都产生了积极影响。

【风险提示】

2014 年《环境保护法》修订之后，伴随各项制度的完善，对于违法的企业和个人来说，除可能要承担行政处罚责任和刑事责任外，还有可能被提起环境公益诉讼而承担民事赔偿责任。因此，相关企业和个人应引以为戒，增强环保意识，严格依法依规经营，避免环境违法行为的发生。

问题 6：刑事附带民事公益诉讼中生态环境修复费用应如何认定？

【解答】

在刑事附带民事公益诉讼案件中，当起诉人对污染企业造成的生态环境修复费用难以鉴定时，人民法院可以依据具有相应资质的专业机构出具的参考意见，并结合案件的实际情况、污染环境的范围和程度、生态环境的稀缺性、生态环境恢复的难易程度、防治污染设备的运行成本等认定污染企业应承担的生态环境修复费用。本案的裁判结果体现了法律在对环境污染行为进行严厉打击的同时，也注重对生态环境修复的保护力度，同时兼顾司法效率，对今后审理类似的环境污染刑事附带民事公益诉讼案件具有参考意义。

【案例】

何某某污染环境刑事附带民事公益诉讼案 [1]

案情： 诸暨市兴元塑料厂系被告人何某某在诸暨市大唐镇毛阳村投资设立的个人独资企业，主要从事塑料配件加工生产项目。2017年4月至12月，该厂在未重新报批环境影响评价文件的情况下，擅自改变生产工艺进行锌合金配件加工项目建设并投入生产，且配套建设的环保处理设施未经验收，产生的废水等污染物直接排入自然环境。2017年12月13日被诸暨市环保局大唐环保所查获。经计算，该厂共产生废水19.8吨，满溢外排废水10.11吨。经诸暨市环境监测站检测，废水中的锌含量为最高允许排放浓度的14.95倍。经绍兴市环保科技服务中心核算，诸暨市兴元塑料厂污染环境造成的生态环境损害额为26 253.55元。2018年1月12日，被告人何某某主动到公安机关投案，并如实供述了主要犯罪事实。

2018年8月28日，浙江省诸暨市人民检察院指控被告人何某某犯污染环境罪，向浙江省诸暨市人民法院提起公诉。案件审理中，浙江省诸暨市人民检察院以诸暨市兴元塑料厂及被告人何某某违法排放有毒物质，严重污染环境，损害了社会公共利益等合法权益为由，向诸暨市人民法院提起附带民事公益诉讼。另查明，诸暨市兴元塑料厂所产生的废水已委托诸暨市东大次坞污水处理有限公司处理，经诸暨市大唐镇环境保护所现场检查，废水已清理完毕。被告人何某某向法院预

---

[1] 参见浙江省诸暨市人民法院（2018）浙0681刑初866号刑事判决书。

缴赔偿费用人民币 27 253.55 元。

一审法院经审理认为，被告人何某某违反国家规定，排放有害物质，严重污染环境，其行为已构成污染环境罪，应依法追究刑事责任。鉴于被告人何某某具有自首情节，且已预缴生态环境修复费用及公告费用，故对其予以从轻处罚并适用缓刑。被告人何某某的行为同时损害了社会公共利益，除应受到刑事处罚外，还应承担相应的民事侵权责任。鉴于此，浙江省诸暨市人民检察院依法提起附带民事公益诉讼，是依法维护社会公共利益的一种方式，主体适格，程序合法；对其要求附带民事公益诉讼被告支付生态环境损害费用 26 253.55 元、公告费用 1000 元的诉讼请求，理由正当，予以支持；对其要求附带民事公益诉讼被告依法及时处置污水收集池中的废水的诉讼请求，现因附带民事公益诉讼被告已履行完毕，故不再予以处理。最终，一审法院依法对被告人何某某判处刑罚，同时责令附带民事公益诉讼被告诸暨市兴元塑料厂向诸暨市财政局指定账户支付赔偿款、公告费等。

分析： 本案的典型意义在于探索刑事附带民事公益诉讼如何解决生态环境修复的问题。在对相关的责任人判处刑罚的同时要求其支付生态环境修复费用，能有效解决遭受损害的生态环境如何进行修复的问题。同时，在刑事与民事的合并审理过程中，在提高审判效率的同时，亦增强了环境民事公益诉讼制度的威慑力和执行力，起到了更好的警示教育作用。

本案中，结合涉案企业的污水排放时间、日排放量及污水的超标情况，可判断其所造成的生态环境损害数额并不大，而委托鉴定机构出具生态环境损害鉴定评估意见书耗时长、费用较高。在本案中，通过委托具有资质的专业机构结合案件情况，计算生态环境被污染后需治理的虚拟成本，进而作为生态环境损害赔偿的依据，具有一定合理性，能有效地节约司法成本，提高司法效率。毕竟，环境公益诉讼的目的不仅在于追究污染企业的刑事及民事责任，更重要的是恢复生态环境的原有状态和功能。被告人何某某在本案审理期间主动承担社会责任，积极采取措施防止污染的持续和扩大，值得肯定。

本案是非法处置、排放废水引发环境污染的典型刑事案件。被告人何某某系个人独资企业的投资人，其开办的企业可能会影响到生态环境。在经营过程中，何某某已经注意到从事的工作可能对生态环境造成损害，但仍抱着侥幸心理在未取得相关行政主管部门审批的情况下，擅自增加项目并投入生产，结果因配套设施未能及时跟进而造成对生态环境的严重污染，其不仅被依法追究刑事责任，而且要承担相关生态环境的损害赔偿费用,其教训是深刻的。

【风险提示】

"天育物有时,地生财有限。"生态环境没有替代品,用之不觉,失之难存。要坚持人与自然和谐共生,像保护眼睛一样保护生态环境,像对待生命一样对待生态环境。任何人、任何企业都不能小觑人民法院在打击污染环境犯罪中助力打赢"绿水青山"保卫战的态度和决心。因此,存在排放物污染可能的企业要时刻敲响警钟,在日常的生产经营中一定要严格依法依规办理审批手续,否则可能因为急功近利而铸成大错。

问题 7:集体企业改制后环境污染责任主体、修复方案及修复费用如何确定?

【解答】

集体企业的公司改制后,存续的企业法人需承担改制前企业实施的环境污染侵权责任;二企业共同实施污染环境行为,并放任环境污染损害结果进一步扩大的,构成共同侵权,应当承担连带责任;环境修复方案及修复费用的确定应综合考虑环境修复效果、修复成本、历史原因等多重因素;在土地用途改变之后至完全修复期间的损失,属于公益诉讼的范畴,人民法院可酌情确定赔偿标准。本案系 2012 年《民事诉讼法》确立公益诉讼制度以来,浙江省法院立案受理的首例社会组织提起的环境公益诉讼案件,对环境公益诉讼中侵权主体的认定、责任承担方式、修复性司法理念的落实等诸多问题进行了实践探索。

【案例】

中国生物多样性与绿色发展基金会、杭州市生态文化协会诉
浙江富邦集团有限公司、浙江富邦皮革有限公司
环境污染责任公益诉讼案[①]

案情:原海宁市上林制革厂(以下简称上林制革厂)系海宁市周王庙镇上林村村办集体企业,主要从事猪皮、绵羊皮鞣制和整理生产,生产过程中主要排放

---

① 参见浙江省高级人民法院(2018)浙民终 1015 号民事判决书。

废水及处理废水产生的污泥等污染物。1991年上林制革厂先后向上林村租用三处集体土地约30亩，用于该厂前述工业固废集中填埋。1993年4月，上林制革厂以生产设备、部分厂房等出资，与香港富春公司设立浙江富邦皮革有限公司（以下简称富邦皮革公司）。富邦皮革公司成立之后，继续使用上述土地填埋制革污泥，填埋行为至1997年全部结束。1996年8月，经浙江省计划与经济委员会、浙江省经济体制改革委员会批复同意，由上林村所属上林制革厂整体改组和上林制革厂职工劳动保障基金协会共同出资，设立具有独立法人资格的浙江富邦集团有限公司（以下简称富邦集团公司）。

1996年12月，上林制革厂注销工商登记，注销登记注册书中载明相关债权债务等划转给新设立的富邦集团公司。2000年6月，经海宁市农村经济委员会批复同意，富邦集团公司的集体资产以股权转让的方式转让给富邦集团公司的法定代表人许某某，上林经济合作社、上林制革厂职工劳动保障基金协会与富邦集团公司签订的《关于债权、债务及损益移交协议》中也约定"改制前的债权、债务及损益由改制后的公司延续承担和处理"。

2015年10月，中国生物多样性与绿色发展基金会（以下简称中国绿发会）提起环境民事公益诉讼，请求：判决富邦集团公司停止侵害，即对其违法填埋的制革污泥进行无害化处理，停止对生态环境的持续性污染危害；判决富邦集团公司恢复原状、消除危险，即对其填埋污泥造成的周边污染土壤进行生态修复，消除污染地下水的重大危险；判决富邦集团公司承担因本案诉讼发生的合理费用；富邦皮革公司对上述诉请承担连带责任。杭州市生态文化协会（以下简称杭州市生态协会）申请参加一审诉讼后，增加一项诉讼请求：判令富邦集团公司、富邦皮革公司赔偿生态环境受到损害至恢复原状期间的服务功能损失。

一审审理过程中，经委托浙江大学进行详细调查、检测，上林制革厂、富邦皮革公司的工业固废填埋行为已使三处填埋场地内土壤受到严重的重金属污染，且污染逐渐扩大，可能危害公共健康，具有破坏生态环境和损害社会公共利益的重大风险。浙江大学出具《海宁市周王庙镇上林村三处制革污泥堆场污染场地修复及风险管控实施方案》及《补充说明》，对本案土壤修复提出了两种方案：一是公园绿地情景下污染管控方案，即对场地内污染土壤采取阻隔墙技术以控制污染物的扩散，附以土壤表面种植绿色景观植物，作为绿地公园用途使用；对于场地地下水污染采用监测自然衰减技术修复。二是农业用地背景下土壤修复方案，即对场地内被污染土壤采取物理和化学措施进行稳定和固化处理后就地回填。浙江大学在报告中建议采用第一种方案——公园绿地情景下的污染管控方案。经属地政府行政主管部门工作，已经委托有资质的第三方公司对案涉三处填埋场，按照浙江大学建议的污染管控方案进行了工程建设。二审经现场踏勘，本案修复工程已经施工完毕，等待竣工验收并交付运行。

一审法院经审理认为，上林制革厂、富邦皮革公司在1991年至1997年填埋制革污泥的行为，已使三处填埋场地内土壤受到严重的重金属污染，具有破坏生态环境和损害社会公共利益的重大风险。富邦集团公司作为原上林制革厂改制后存续的法人主体，应当对外承担原上林制革厂的环境侵权责任。由于上林制革厂、富邦皮革公司二者在污泥填埋主体和实施填埋行为上具有关联性和延续性，对使用涉案三处土地填埋制革污泥具有共同的认识，因而中国绿发会、杭州市生态协会关于二者承担连带责任的诉讼请求，应当予以支持。

综上，一审法院判决富邦集团公司、富邦皮革公司于判决生效之日起30日内支付环境修复相关费用29 985 193元（款项专用于本案三处污泥填埋场地的环境修复），赔偿生态环境服务功能损失594 270元（款项专用于生态环境保护），支付中国绿发会为本案支出的费用209 521元及杭州市生态协会为本案支出的律师代理费50 000元，并判决驳回中国绿发会、杭州市生态协会的其他诉讼请求。

一审宣判后，中国绿发会、富邦集团公司均不服，提出上诉。二审法院经审理判决：驳回上诉，维持原判。

分析： 本案系2012年《民事诉讼法》确立公益诉讼制度以来，浙江省法院立案受理的首例社会组织提起的环境公益诉讼案件。本案对环境公益诉讼中侵权主体的认定、责任承担方式、修复性司法理念的落实等诸多问题进行了实践探索。具体分析如下：

第一，富邦集团公司是否应承继上林制革厂的环境侵权责任。本案侵权行为发生在20世纪90年代，并由上林制革厂与富邦皮革公司共同实施，其中上林制革厂已经于1996年12月登记注销。判断富邦集团公司是否应当承继上林制革厂的环境侵权责任，关键在于富邦集团公司与上林制革厂之间是否具有继承关系。

首先，从主体变更情况看，上林制革厂原为集体企业，1996年整体改组为富邦集团公司，2000年又进行企业产权制度改革，通过资产转让的方式由集体企业转变为私营企业。无论是1996年的公司制改造还是2000年的产权改造，仅是企业法人在名称、投资人、组织形式、企业性质等方面发生了变更，上林制革厂的法人主体资格一直延续至今。其次，从改制过程看，1996年成立富邦集团公司之后，上林制革厂才注销登记，即实施了整体改制，全部资产转移到了富邦集团公司。根据"债务随资产走"的基本原则，改制后存续的富邦集团公司当然承继了改制上林制革厂的权利义务。最后，从法律及司法解释的规定看，《最高人民法院关于审理与企业改制相关的民事纠纷案件若干问题的规定》第 5 条规定："企业通过增资扩股或者转让部分产权，实现他人对企业的参股，将企业整体改造为有限责任公司或者股份有限公司的，原企业债务由改造后的新设公司承担。"第 9 条规定："企业向其职工转让部分产权，由企业与职工共同组建股份合作制企业的，原企业的债务由改造后的股份合作制企业承担。"《固体废物污染环境防治法》（2016年修正）第 35 条第 2 款[①]亦规定："产生工业固体废物的单位发生变更的，变更后的单位应当按照国家有关环境保护的规定对未处置的工业固体废物及其贮存、处置的设施、场所进行安全处置或者采取措施保证该设施、场所安全运行。变更前当事人对工业固体废物及其贮存、处置的设施、场所的污染防治责任另有约定的，从其约定；但是，不得免除当事人的污染防治义务。"综上，富邦集团公司作为上林制革厂改制后存续的法人主体，应当对外承担上林制革厂的环境侵权责任。

第二，富邦集团公司与富邦皮革公司之间是否应承担连带责任。根据《侵权责任法》第 8 条规定[②]，二人以上共同实施侵权行为，造成他人损害的，应当承担连带责任。即因共同故意或共同过失侵权行为造成损害的，应承担连带责任。

首先，富邦集团公司在一审诉讼中自行提交的证据即海宁市环境保护局 2015年 11 月 5 日编发的《环保要情》载明："从 1986 年起，上林制革厂先后通过上林村委会向该村 5 组、6 组、10 组租用集体土地共约 30 亩，用于工业固废填埋，至1998 年全部结束。"富邦集团公司主张只承租了一处场地且只在该场地实施填埋行为，但未提交充分证据，故该主张不能成立。在上林制革厂与富邦皮革公司并无证据证明二者各自填埋制革污泥的具体数量和填埋范围，难以查明二者各自造成环境污染损害，特别是地下水污染损害的具体份额或比例，应当认定二者填埋制革污泥的行为相互结合造成了同一损害。根据《最高人民法院关于审理环境侵权责任纠纷案件适用法律若干问题的解释》的规定，上林制革厂与富邦皮革公司应承担连带责任。

其次，从主体上看，上林制革厂与富邦皮革公司虽是两个法人，但存在关联

---

① 该条款于 2020 年 4 月 29 日由中华人民共和国第十三届全国人民代表大会常务委员会第十七次会议修订为第 41 条第 2 款。

② 对应《民法典》第 1168 条。

性。上林制革厂原系富邦皮革公司股东。富邦皮革公司使用上林制革厂的厂房设备继续生产，继续利用原租用的土地填埋污泥，二者在主体和填埋行为上具有延续性。而作为土地出租方的上林合作社也主张富邦集团公司与富邦皮革公司存在混同，对二者实施的填埋行为无法明确区分。

最后，退一步讲，即使上林制革厂只在案涉一处场地实施污泥填埋行为，其作为案涉三处土地的承租方，明知富邦皮革公司将其承租的全部土地用于填埋污泥且未采取任何防护措施，故应当认定二者对于实施本案填埋污泥污染环境的行为，并放任污染环境的损害结果进一步扩大，具有主观上的共同认识。因此，法院判令二者承担连带责任具有事实和法律依据。

第三，案涉环境修复方案的选定及修复费用的确定。环境公益诉讼区别于传统侵权诉讼的主要特点之一在于贯彻落实修复性司法理念，即生态环境被损害之后，责任人首先应当积极修复生态环境，使生态环境恢复到损害未发生时的状态和功能。环境修复是指生态环境损害发生后，为防止污染物扩散迁移、降低环境中污染物浓度，将环境污染导致的人体健康风险或生态风险降至可接受风险水平而开展的必要的、合理的行动或措施。① 本案专门委托浙江大学调查制作了环境修复方案，浙江大学出具报告提出了两种修复方案，即公园绿地情景下的污染管控方案和农业用地背景下的土壤修复方案，并建议将污染管控方案作为本案的环境治理方案。本案主要考虑以下几方面问题：

（1）本案环境污染问题的根源是填埋制革污泥导致的土壤重金属污染。防止土壤中的重金属特别是铬的迁移转化，切实隔断污染土壤对周边耕地、水体的污染，防范对人体健康造成危害，是本案迫切需要解决的问题。管控方案能够实现上述目的。

（2）土壤修复周期长、成本高、难度大，完全清除土壤中的重金属污染物，在当前技术条件下十分困难，且成本极高。这从修复方案高达1.6亿元和管控方案不到3000万元的费用对比中可以体现。即使按照修复方案施工后，被污染土地仅是重金属污染物得到控制，仍不能恢复为农田使用。因此，风险管控方案更加经济、可行、有效。

（3）修复方案的确定还应当考虑污染企业的经济能力、主观过错及应承担的法律责任。在案证据表明上林制革厂和富邦皮革公司在1988年起不断投入建设改

---

① 参见原环境保护部发布的《环境损害鉴定评估推荐方法（第Ⅱ版）》。

造污水处理设施，减少和回收污染物。二企业在 20 世纪 90 年代初填埋制革污泥的行为虽应承担法律责任，但考虑当时的经济社会情况和认知水平，上林制革厂和富邦皮革公司关于污染环境的主观过错较为轻微。

（4）污染管控方案也考虑了地下水的修复问题，即对场地污染土壤采取阻隔墙技术管控方案，对于场地地下水污染选用监测自然衰减技术修复。由于本案属于中央环保督察组重点关注案件，属地政府已经组织对填埋场进行了阻隔墙工程施工，工程已经完工等待验收，相关费用仍应由污染企业负担。综合考虑污染源的控制、经济可行性以及公益诉讼目的的实现等因素，法院判决支持将污染管控方案作为本案的修复方案，并据此确定本案的修复费用。

第四，如何确定本案的生态环境服务功能损失。何为生态服务功能损失？"受到损害至恢复原状期间服务功能损失"即期间损失，2014 年原环境保护部规划院修订出台的《环境损害鉴定评估推荐方法（第Ⅱ版）》指出，期间损害指生态环境损害发生至生态环境恢复到基线状态期间，生态环境因其物理、化学或生物特性改变而导致向公众或其他生态系统提供服务的丧失或减少，即受损生态环境从损害发生到其恢复至基线状态期间提供生态系统服务的损失量；永久性损害指受损生态环境及其服务难以恢复，其向公众或其他生态系统提供服务能力的完全丧失。生态环境的服务功能主要包括供给服务（如提供粮食和水）、调节服务（如调节气候、控制洪水和疾病等）、支持服务（如维持地球生命生存环境的养分循环）、文化服务（如精神、娱乐、文化收益等）和存在价值（指人们仅仅从知道这个资产存在的满意中获得价值，尽管并没有要使用它的意愿）等。①

因此，当前的生态服务功能损失是一个抽象的法律概念，内涵和外延均不十分确定。本案主要为土壤污染，场地内的地下水虽然也有一定污染，但根据浙江大学的调查报告，场地内地下水污染物无暴露途径，且场地周边仅个别点位污染物质超标。故本案主要考虑赔偿土壤污染造成的服务功能损失。案涉土地用作填埋场之前均为农用土地，农用土地最主要和最直接的服务功能是通过种植农作物，为人类提供农产品，同时在气候调节、水土涵养等方面发挥作用。因农田受人类活动的影响大，相较于其主要功能，土壤本身对生态系统的调节服务并不明显，且难以量化，难以单独计算。

---

① 参见最高人民法院环境资源审判庭编著：《最高人民法院关于环境民事公益诉讼司法解释理解与适用》，人民法院出版社 2015 年版，第 305 页。

基于本案选定的环境修复方案，三块填埋场的农业用地用途因污染而改变，从而事实上丧失了农用耕地服务功能，由此产生的损失属于生态服务功能损失范畴，该损失主要以耕地年产值的数据进行计算衡量。涉案三块土地仍属上林村相关村民小组所有，在其农用耕地用途强制改变前所涉及土地收益减损等损失属于私益范围，不属于本案公益诉讼处理范畴。

因此，本案服务功能损失可以从强制改变其农用耕地用途时开始计算，在属地政府现尚未对涉案土地规划用途作出实际调整的情况下，法院参考案涉三块场地的修复及维护运行时间，确定本案公益诉讼中的生态服务功能损失期间，并参照耕地年产值标准，酌定本案服务功能损失，属于行使自由裁量行为。

第五，如何确定中国绿发会为本案支出的律师费。根据《最高人民法院关于审理环境民事公益诉讼案件适用法律若干问题的解释》第 22 条的规定，环境民事公益诉讼原告主张的律师费应以合理为限。中国绿发会一审仅提供了上海市律师收费标准和律师工作量清单，主张律师费为 68 万余元，并无其他客观证据。本案综合考虑中国绿发会在诉讼中发挥的作用，参考杭州市生态协会的律师费，最终酌定中国绿发会的律师费为 20 万元，较为合理，亦符合环境民事公益诉讼的案件性质。

本案系 2012 年《民事诉讼法》确立公益诉讼制度以来，浙江省法院立案受理的首例社会组织提起的环境公益诉讼案件，是一个颇具环资特征的典型案件。本案探索了环境公益诉讼中侵权主体的认定、责任承担方式、修复性司法理念的落实等问题，明确了集体企业的公司制改造或者产权改造，仅是企业法人在名称、投资人、组织形式、企业性质等方面发生了变更，原企业的法人主体资格一直延续，改制后存续的企业法人需承担改制前企业实施的环境污染侵权责任。若二企业共同实施污染环境行为，并放任环境污染损害结果进一步扩大的，构成共同侵权，应当承担连带责任。

此外，本案明确了环境公益诉讼的目的不仅在于追究污染企业的民事侵权责任，更重要的是恢复生态环境的状态和功能。本案在依法判决违法企业承担侵权责任的同时，合理确定了环境修复方案、修复费用及生态服务功能损失，并明确将款项用于受损的生态环境修复，充分落实了修复性司法理念。现污染场地的环境修复工程已由当地政府委托有资质的第三方企业基本施工完毕，有效遏制了环境污染行为，实现了环境公益诉讼的功能和目的，对今后审理环境污染公益诉讼案件具有参考意义。

【风险提示】

无论是集体企业的公司制改造或者产权改造，还是企业共同实施环境侵权行为，抑或受损生态环境的修复问题，这些司法审判中遇到的"疑难杂症"，无一不在考验着司法这一公平正义的最后防线对于复杂法律问题的处理能力。法院在审理此类案件时既要发挥法律对环境污染行为的有效惩治作用，又要确保判决内容具有实际可执行性。公众及政府也应对污染环境的危害与严重后果予以高度重视，不要挑战司法权威和法治底线。

问题 8：无法鉴定或鉴定成本过高的情况下，如何确定生态环境的损失数额？

【解答】

《最高人民法院关于审理环境民事公益诉讼案件适用法律若干问题的解释》第15条规定："当事人申请通知有专门知识的人出庭，就鉴定人作出的鉴定意见或者就因果关系、生态环境修复方式、生态环境修复费用以及生态环境受到损害至修复完成期间服务功能丧失导致的损失等专门性问题提出意见的，人民法院可以准许。前款规定的专家意见经质证，可以作为认定事实的根据。"故在环境污染行为造成损失难以鉴定或鉴定费用过高时，经聘请环境影响评价工程师组成专家组对生态环境损失进行鉴定，且鉴定人出庭接受询问及质证，可将鉴定意见中的估算数额认定为生态环境损失数额。

【案例】

某金属公司、高某、王某某污染环境
刑事附带民事公益诉讼案[①]

案情： 被告单位某金属公司成立于2014年8月18日，主要从事钢材的喷塑加工、销售，法定代表人为被告人高某。2017年12月至2018年1月11日，被告单位某公司在生产过程中，被告人高某以污水处理设施故障无法使用为由，指使时任生产厂长的被告人王某某，使用水泵及软管将生产废水从污水收集池直接排向厂区东南侧的市政污水井。2018年1月15日，经德清县环境保护监测站

---

① 参见浙江省德清县人民法院（2019）浙0521刑初161号刑事判决书。

检测，厂区污水收集池东南侧污水井中总锌含量为 2400 mg/L，通往污水井的水泵软管出水口总锌含量为 182 mg/L，均超过《污水综合排放标准》（GB 8978—1996）规定的三级标准限值（5mg/L）。杭州市环境保护科学研究院、煤科集团杭州环保研究院有限公司、浙江清雨环保工程有限公司三名环境影响评价工程师组成专家组，出具环境污染损害评估意见：本案的环境损害费用适用虚拟成本法进行估算，环境损害赔偿额为 38 975.4 元至 51 967.2 元。2019 年 4 月 11 日，德清县人民检察院向德清县人民法院提起公诉，在案件审理过程中，德清县人民检察院向德清县人民法院提起刑事附带民事公益诉讼，请求依法判令被告某金属公司赔偿因非法排污造成的生态环境损害费用 38 975.4 元。2019 年 5 月 27 日，被告单位某金属公司向湖州市慈善总会预交了环境损害赔偿金 39 000 元。德清县人民法院经审理认为，被告单位某金属公司、被告人高某、王某某违反国家规定，排放含重金属锌的污水，超过国家排放标准 10 倍，严重污染环境，侵犯了国家对危险废物的安全管理制度，其行为均已构成污染环境罪。被告人高某身为被告单位法定代表人，被告人王某某作为被告单位直接责任人员，授意或实施排放超标污水，严重污染环境，亦应当以污染环境罪追究刑事责任。综合考虑被告单位及二被告人犯罪情节、悔罪表现作出判决：被告单位某金属公司犯污染环境罪，判处罚金150 000 元；被告人高某、王某某犯污染环境罪，分别判处不同有期徒刑及罚金；禁止被告人高某、王某某在缓刑考验期间从事与排污有关的职业及经营活动。对于刑事附带民事公益诉讼部分，被告单位某金属公司非法排放污水，破坏了生态环境，损害了社会公共利益，依法应承担相应的民事责任。因涉案污水已经排放至阜溪等开放水域，以当前情势无法回收处理，但污水致使阜溪水体污染，造成了生态环境风险及损失，被告单位某金属公司应依法承担赔偿责任，故判决被告单位某金属公司赔偿生态环境损失人民币 38 975.4 元。一审宣判后，被告单位某金属公司、被告人高某及王某某均未提出上诉，判决已经发生法律效力。

分析： 本案对环境公益诉讼中生态环境损失数额的确定、责任承担方式、修复性司法理念的落实等诸多问题进行了实践探索。尤其是专家组对生态环境损失的鉴定评估，有意见认为，有专门知识的人提出的意见不属于任何一种法定证据形式，根据《最高人民法院关于适用〈中华人民共和国民事诉讼法〉的解释》第 122 条规定，应视为当事人陈述，不能作为证据对待，更不能作为定案的根据。本案仅凭三名环境影响评价工程师出具的评估意见，即便其中一名环境影响评价工程师到庭提出意见并接受询问，也不能据此得出要求被告某金属公司赔偿环境污染损害 38 975.4 元的判决。法院认为，从现有法定证据形式来看，虽然专家意见不属于法定证据种类，但并不能据此否认专家意见在法院裁判中的辅助作用，特别是在对法院证据认定、自由裁量等方面，具有重要的参考价值。《最高人民法院关于审理环境民事公益诉讼案件适用法律若干问题的解释》第 15 条规定："当事人申请通知有专门知识的人出庭，就鉴定人作出的鉴定意见或者就因果关系、生态环境修复方式、生态环境修复费用以及生态环境受到损害至修复完成期间服务功能丧失导致的损失等专门性问题提出意见的，人民法院可以准许。前款规定的专家意见经质证，可以作为认定事实的根据。"该规定为本案以专家意见为根据，进而判令被告某金属公司承担相应的环境损害赔偿责任提供了明确的依据。本案被告某金属公司将污水排入阜溪开放性水域，客观上对阜溪水体环境造成损害及生态风险，本案三名环境影响评价工程师接受委托，通过实地走访及调查论证，并根据环境影响评价的相关规定，采用虚拟成本治理法，结合损害地的环境状况，给出了应赔偿的数额区间，并当庭提出意见且作了详细说明。根据上述意见，德清县人民检察院选择损害赔偿区间的最低值作为诉讼主张，经被告某金属公司及其委托代理人质证无异议，并当庭表示愿意赔偿。上述专家意见科学公正，可以作为损害赔偿数额确定的根据，为法院运用自由裁量权作出裁判提供了重要参照。

【风险提示】

为贯彻落实"环境有价，损害担责"的保护理念，在对损害后果无法或难以修复，以及鉴定评估困难或费用较高时，可以合理适用有关司法解释规定，根据有专门知识的人出具的意见，经过正当的诉讼程序，酌情确定损害赔偿数额。不过需要注意的是，对有专门知识的人提出的意见进行认证，要严格参照法定证据形式的认证程序，必须经当事人充分质证，确保只有科学的、客观的、严谨的专家意见才能作为认定案件事实的根据。

问题 9：如何适用劳务代偿等创新性的生态环境修复责任方式？

【解答】

环境资源审判不仅在于解决当事人之间的民事权益争议，更重要的是恢复生态环境的状态和功能。本着维护社会公共利益的原则，兼顾司法人文关怀理念，可创新性地将劳务代偿引入公益诉讼领域，将当事人要承担的赔偿野生动物资源修复费用变更为公益劳动，弥补受损害的生态环境，对公益诉讼中生态环境损害赔偿的履行方式进行了创新性探索。

【案例】
被告人朱某某非法猎捕、杀害珍贵、濒危野生动物案[1]

案情： 被告人朱某某在位于衢州市衢江区举村乡"下柏祥""和尚殿""荒葱"山场上的猕猴桃林、板栗林附近，放置了11个铁夹用于猎捕野生动物。2017年10月至11月，朱某某放置在"荒葱"山场上的铁夹先后夹住野生鸟类2只，朱某某将该2只鸟清理后放入冰箱。经原国家林业局森林公安司法鉴定中心鉴定，该动物为国家二级保护野生动物白鹇。

衢州市衢江区人民检察院指控被告人朱某某构成非法猎捕、杀害珍贵、濒危野生动物罪，同时提起附带民事公益诉讼，请求判令被告人朱某某赔偿2只白鹇的整体价值10 000元。

被告人朱某某及其辩护人对公诉机关指控的罪名及事实均没有异议，同时提出被告人朱某某系自首、初犯、主观恶性较小，希望法庭考虑其家庭实际情况等，对其从轻处罚并适用缓刑，对于民事公益诉讼赔偿部分，被告人因经济困难无法立即支付赔偿款，希望能够通过公益劳动的方式替代弥补。

法院经审理认为，被告人朱某某非法猎捕、杀害国家重点保护的珍贵、濒危野生动物，其行为已构成非法猎捕、杀害珍贵、濒危野生动物罪。公诉机关指控的事实和罪名成立。被告人朱某某在犯罪事实尚未被司法机关掌握时，即向公安机关如实供述自己的罪行，是自首，依法可从轻处罚。被告人朱某某无犯罪前科，在法庭上自愿认罪，可对其酌情从轻处罚。根据其犯罪情节、悔罪表现等，对辩护人提出对被告人朱某某从轻处罚并适用缓刑的辩护意见予以采纳。被告人朱某某的犯罪行为对国家野生动物资源造成破坏，除应负刑事责任外，对其犯罪行为造成的损失，依法应承担民事赔偿责任。公益诉讼起诉人要求被告人朱某某赔偿2只白鹇的整体价值10 000元的诉讼请求于法有据，被告人朱某某亦无异议，应予以支持。为此判决：一、被告人朱某某犯非法猎捕、杀害珍贵、濒危野生动物罪，判处有期徒刑一年，缓刑一年六个月，并处罚金1000元。二、扣押的作

---

[1] 参见浙江省衢州市衢江区人民法院（2018）浙0803刑初108号刑事判决书。

案工具铁夹 11 只予以没收。三、被告人朱某某赔偿因本案犯罪行为造成的损失 10 000 元。

本案判决生效后,刑事附带民事公益诉讼判决进入执行阶段。鉴于被告人的实际经济状况,无法及时将相应的生态环境损害赔偿金一次性履行完毕,衢江区人民法院协同公益诉讼起诉人衢江区人民检察院、衢江区林业局及被告人所在乡、村干部共同商议,最终确定在案件的民事部分执行时,被告人以巡山、收回山中捕兽夹、环保宣传等多种公益劳动的方式折抵赔偿金,由乡、村干部进行监督管理,同时邀请人大代表对执行情况进行监督,被告人表示会积极保质保量完成公益劳动。

分析: 本案在民事判决的执行方式上进行了创新探索,被告人和公益诉讼起诉人达成执行和解协议,由被告人通过公益劳动的方式折抵民事赔偿金,并在检察院、乡镇、林业部门、公安部门的协作之下得以执行,具有实践指导意义。

第一,契合了环境公益诉讼的立法精神。公益诉讼是为了保护公共利益,既包括社会公共利益,也包括国家利益。具体到本案,被告人朱某某猎捕了国家二级保护野生动物,导致国家珍稀资源的损失。这一损失已无法通过修复的方式恢复资源,故只能通过替代性修复的方式予以弥补,本案在判决时根据起诉方的诉请,判令被告人赔偿 2 只白鹇的整体价值 10 000 元。本案被告人所在村地处山区,自然环境资源较为丰富,野生动物出没频繁,经常会破坏村民耕种的庄稼,甚至有野猪等大型野生动物曾出现在村民活动区域,威胁到村民安全。村民为了保护庄稼收成,在庄稼地附近放置捕猎夹的现象时有发生。村民对于国家保护野生动物的类型普遍不了解,对于捕猎野生动物是违法甚至会构罪的情况也普遍不清楚。在执行中发挥被告人熟悉村里民情及山上环境的优势,允许被告人通过巡山、收回山上的捕猎夹、环保宣传等公益劳动来折抵民事赔偿金,既能消除对野生动物的现实危险,又能对当地村民起到普法教育作用,切实形成审理一案、教育一片、影响一方的良好效果,符合公益诉讼案件最大化保护公共利益的立法精神。

第二,创新了环境公益诉讼案件的责任承担方式。党中央、国务院高度重视生态环境损害赔偿工作,党的十八届三中全会明确提出对造成生态环境损害的责任者严格实行赔偿制度。中共中央办公厅、国务院办公厅印发了《生态环境损害赔偿制度改革方案》,自 2018 年 1 月 1 日起,在全国实行生态环境损害赔偿制度。到 2020 年力争在全国范围内初步构建起责任明确、途径畅通、技术规范、保障有力、赔偿到位、修复有效的生态环境损害赔偿制度。在审判实践中需要严格在法律法规的范围内，立足地方实际，由易到难，稳妥有序地开展工作。本案中判决的赔偿资金应该向谁履行，由谁管理，是否可以成立生态修复专项基金，资金如何投入生态修复，生态修复技术的可行性如何，基金及修复活动由谁监管等问题，都是目前生态环境损害赔偿制度尚未规定的范围。故衢江区人民法院在执行阶段避开该赔偿资金的收缴，协同公诉人，被告人，林业部门，被告人所在村的村干部、村民代表、人大代表开展赔偿磋商，根据损害事实和程度，统筹考虑修复方案技术可行性、成本效益最优化、被告人赔偿能力、第三方治理可行性等情况，就损害事实和程度、修复启动时间和期限、赔偿的责任承担方式和期限等具体问题达成以公益劳动替代缴纳赔偿金的赔偿和解协议。具体履行情况需接受被告人所在村的村民委员会及村民监督，需定期向衢江区人民法院执行部门汇报履行情况。以劳务代偿的替代性修复方式是对环境公益诉讼案件责任承担方式的一次创新尝试，为构建统一、规范的生态环境损害赔偿制度提供一种现实样本。

第三，实现了法理和情理的有效统一。本案被告人朱某某依靠种植猕猴桃、在周围村庄打零工的方式维持生计，且需要负担有精神疾病需常年吃药的妻子、正在上初中的儿子、年迈的母亲，家庭条件极为艰苦。承办法官实地走访被告人所在村落，走访发现被告人甚至没有完整的居住场所，但被告人在村里的风评较好，勤劳朴实，其所放置的捕猎夹也是为了保护其耕种的农作物，而且选在人较少出入的地方，因此，很多村民对于被告人的行为构成犯罪表示遗憾和理解。同时，村干部表示通过此次法律教育，被告人再犯罪的可能性较低，而其又是家庭的支柱，建议法院对其从轻处罚，村里愿意协助对其缓刑的帮教，愿意监管其以劳代偿的落实工作，也相信其会按规定服从监管。通过实地走访和座谈，合议庭一致认为本案的判决从法理的角度，因被告人的行为确实违反了《刑法》的禁止性规定，应该给予刑事处罚。但从情理的角度，被告人的行为系因法律知识薄弱、环保意识不强而起，被告人主观恶性相对较小、犯罪情节相对轻微、危害性不大，在量刑上可以予以法定、酌定的从宽处罚，并适用缓刑。在执行阶段，同意被告人以公益劳动的方式替代缴纳公益环境损害赔偿金，也是正确把握了宽严相济的刑事政策，实现了法律效果和社会效果的有机统一。

【风险提示】

执行"以劳代偿"的协议，被告人无须再履行缴纳公益环境损害赔偿金的判决义务，但其公益劳动仍要接受严格的监督。为此，法院在判决前即与当地乡镇、村民委员会联系落实监督，移送执行后执行部门与监督部门做好对接，确定由被告人所在的村民委员会承担主要监督责任，以月报的形式向法院执行部门报告被告人的履行情况，执行部门制作台账存档，同时不定期前往实地检查，考察被告人公益劳动的出勤情况及效果，确保公益劳动履行到位、产生实效。

问题 10：被告人因利用职业便利实施污染环境犯罪，或者实施违背职业要求的特定义务的犯罪被判处刑罚的，可否禁止其今后从事相关职业？

【解答】

《刑法》第 37 条之一规定："因利用职业便利实施犯罪，或者实施违背职业要求的特定义务的犯罪被判处刑罚的，人民法院可以根据犯罪情况和预防再犯罪的需要，禁止其自刑罚执行完毕之日或者假释之日起从事相关职业，期限为三年至五年。被禁止从事相关职业的人违反人民法院依照前款规定作出的决定的，由公安机关依法给予处罚；情节严重的，依照本法第三百一十三条的规定定罪处罚。其他法律、行政法规对其从事相关职业另有禁止或者限制性规定的，从其规定。"被告人在被判处有期徒刑刑罚的情况下，因考虑到其犯罪情况及预防再犯罪的需要，仍需禁止其在一定时间内从事相关行业。

【案例】

湖州市病死害动物处置中心有限公司、施某、许某、俞某、傅某某、浙江悟能环保科技发展有限公司污染环境刑事附带民事公益诉讼案[①]

案情：被告单位湖州市病死害动物处置中心有限公司系湖州市工业和医疗废物处置中心有限公司的全资子公司，具有病死害动物无害化处理资质，在实际经营中，两公司共用一套人员。2013 年 6 月至 2014 年 4 月，因焚烧炭化设备产能不足，无法及时处理病死猪尸体，造成病死猪尸体积压冷库，时任病死害处置中心法定代表人的被告人施某与被告人许某、俞某、傅某某违反国家对于病死害动物

---

① 参见浙江省湖州市吴兴区人民法院（2018）浙 0502 刑初 469 号刑事判决书。

无害化处理的相关规定，擅自将病死猪尸体运至湖州市开发区大银山山腰空地、山顶平台掩埋处理，对周边生态环境造成损害。其中，被告人施某、许某、傅某某参与非法掩埋病死猪尸体468余吨，致使公私财产损失人民币149万余元，被告人俞某参与非法掩埋病死猪尸体418余吨，致使公私财产损失人民币133万余元。案发后，经湖州市环境保护监测中心站监测、江苏康达检测技术股份有限公司调查、绍兴环保科技服务中心评估鉴定，掩埋的病死害动物尸体产生的渗滤液中化学需氧量、粪大肠菌群、总磷浓度、总氮浓度等指标严重超标，对周围地表水、地下水及土壤生态系统造成严重损害，为及时清理掩埋的病死害动物尸体，防止污染进一步扩大，政府组织对掩埋地点进行应急处理，其间产生应急处置费用，生态环境遭受损害价值量（其间生态服务功能损失）共计人民币446万元。

法院经审理认为，被告单位湖州市病死害动物处置中心有限公司违反国家规定，非法处置有害物质，严重污染环境，后果特别严重，其行为已构成污染环境罪，被告人施某作为被告单位直接负责的主管人员，被告人许某、俞某、傅某某作为被告单位其他直接责任人员，亦应以污染环境罪定罪处罚。公诉机关指控的罪名成立，依法应予分别惩处。被告人施某曾因犯行贿罪、污染环境罪被判刑，在判决宣告以后，刑罚执行完毕以前，发现被告人施某在判决宣告以前还有其他罪没有判决，应当对新发现的罪作出判决，把前后两个判决所判处的刑罚，依照《刑法》第69条的规定，决定执行的刑罚。在污染环境共同犯罪中，被告人施某起主要作用，是主犯，依法应当按其所参与的全部犯罪处罚，被告人许某、俞某、傅某某起次要或辅助作用，是从犯，依法应当从轻或减轻处罚。被告人俞某、傅某某到案后能如实供述犯罪事实，且能当庭认罪，依法可以从轻处罚。被告人许某当庭自愿认罪，酌情从轻处罚。被告单位湖州市病死害动物处置中心有限公司、附带民事被告浙江悟能环保科技发展有限公司非法掩埋病死害动物尸体，污染环境，损害社会公共利益，应当承担侵权民事责任，公益诉讼起诉人要求其赔偿生态环境受到损害期间的服务功能损失、因污染造成的处置修复费用、监测费用和鉴定评估费用，合法有据。遂以污染环境罪判处被告单位湖州市病死害动物处置中心有限公司罚金人民币50万元；被告人施某、许某、俞某、傅某某一年至六年有期徒刑不等。同时禁止被告人施某自刑罚执行完毕之日或者假释之日起五年内从事病死害动物无害化处置及相关经营性活动；禁止被告人许某、俞某、傅某某自刑罚执行完毕之日或者假释之日起三年内从事病死害动物无害化处置及相关经营性活动。在民事方面，被告单位湖州市病死害动物处置中心有限公司赔偿生态环境受到损害期间的服务功能损失、因污染造成的处置修复费用共计446万元，被告浙江悟能环保科技发展有限公司承担相应的连带责任。

分析： 所谓资格刑，是以特定人的犯罪行为为前提，以将来具有可能再犯同一罪行的危险为依据，在不限定资格便有反复同样的罪行之虞，可以对罪犯的资格进行限制。从业禁止是根据犯罪性质和预防再犯罪的需要，旨在预防犯罪分子利用职业便利或者职业要求的特定义务再犯罪，性质应当定位为刑法辅助性措施，与训诫、具结悔过，赔礼道歉等非刑罚方法并列，是《刑法》第37条规定的一种新增的非刑罚方法。若违背从业禁止，将遭受行政或刑事处罚，类似于刑罚理论中的资格刑。

本案系典型的实施违背职业要求的特定义务的污染环境犯罪，也是湖州市第一起判决从业禁止的环境资源案件。被告单位湖州市病死害动物处置中心有限公司系湖州市工业和医疗废物处置中心有限公司的全资子公司，虽具有病死害动物无害化处理资质，但在实际经营中，两公司共用一套人员。2013年6月至2014年4月，因焚烧炭化设备产能不足，无法及时处理病死猪尸体，造成病死猪尸体积压冷库，时任病死害处置中心法定代表人的被告人施某与被告人许某、俞某、傅某某违反国家对于病死害动物无害化处理的相关规定，擅自将病死猪尸体运至湖州市开发区大银山山腰空地、山顶平台掩埋处理，对周边生态环境造成损害。而施某、许某、俞某、傅某某因将医疗危险废物交由没有处置危险废物资质的单位及人员处置，从而被以污染环境罪分别判处有期徒刑一年至六年不等。鉴于上述被告人屡次实施违背职业要求的特定义务的污染环境犯罪，故法院判处其在一定时期内禁止从事病死害动物无害化处置及相关经营性活动。

【风险提示】

在涉及环境保护的各类行业中，公司法人及相关人员虽获得相关资质，许可进入特定行业，但仍应恪守职业道德，严守法律底线，依法依规进行行业生产处置活动。否则，除将承担相应法律责任外，还将被禁止从事相关行业。

问题 *11*：如何认定具有损害社会公共利益重大风险的污染环境、破坏生态的行为？

【解答】

对于企业事业单位和其生产经营者多次超过污染物排放标准或者重点污染物

排放总量控制指标排放污染物，经环境保护行政部门行政处罚后仍不改正的，可以视为具有损害社会公共利益重大风险的行为，法律规定的机关和有关组织依据《民事诉讼法》第55条、《环境保护法》第58条等法律的规定提起环境公益诉讼的，人民法院应予受理。

【案例】

中华环保联合会诉德州J公司大气污染
责任民事公益诉讼案[1]

案情： J公司600T/D优质超厚玻璃项目于2002年12月通过环境影响评价审批，于2003年11月通过"三同时"验收；该公司高档优质汽车原片项目于2007年11月通过环境影响评价审批，于2009年2月通过"三同时"验收。根据德州市环境保护监测中心站的监测，2012年3月、5月、8月、12月，2013年1月、5月、8月，J公司废气排放均能达标。2013年11月，2014年1月、5月、6月、11月及2015年2月，J公司的二氧化硫、氮氧化物及烟粉尘存在超标排放情况。德州市环境保护局分别于2013年12月、2014年9月、2014年11月、2015年2月对J公司进行行政处罚，处罚数额均为10万元。2014年12月，山东省环境保护厅对其进行行政处罚，处罚数额10万元。2015年3月23日，德州市环境保护局责令J公司立即停产整治，2015年4月1日之前全部停产，停止超标排放废气污染物。后中华环保联合会起诉J公司。为证明J公司超标排放造成的损失，该案审理过程中，中华环保联合会与原环境保护部环境规划院订立技术咨询合同，委托其对J公司排放大气污染物致使公私财产遭受损失的数额，包括污染行为直接造成的财产损坏、减少的实际价值，以及为防止污染扩大、消除污染而采取必要合理措施所产生的费用进行鉴定。后原环境保护部环境规划院环境风险与损害鉴定评估研究中心根据已经双方质证的人民法院调取的证据作出评估意见，就污染物性质、污染物超标排放时段、污染物排放量、单位污染物处理成本、虚拟治理成本等进行鉴定并得出结论。一审法院判决：一、被告J公司于本判决生效之日起30日内赔偿因超标排放污染物造成的损失2198.36万元，支付至德州市专项基金账户，用于德州市大气环境质量修复；二、被告J公司在省级以上媒体向社

---

[1] 参见最高人民法院2017年3月7日发布的十起环境公益诉讼典型案例。

会公开赔礼道歉；三、被告 J 公司于本判决生效之日起 10 日内支付原告中华环保联合会所支出的评估费 10 万元；四、驳回原告中华环保联合会的其他诉讼请求。上述判决已经发生法律效力。

分析：针对污染环境、破坏生态的行为，直接请求保护个体的人身、财产权益的，不属于公益诉讼的范围，而属于普通民事诉讼即私益诉讼。社会公共利益的核心在于公共性，涉及不特定多数人的利益。根据通常的理解，所谓公共利益应该是指国家利益和社会不特定多数人的利益。但是公共利益是否可以等同于国家利益，二者的外延和内涵是否一致，存在很大争议。国家利益、集体利益并不能等同于社会公共利益，正如《民法典》第 153 条、第 154 条分别将"违反社会公共利益"与"损害国家、集体利益"作为两种不同的无效民事行为予以规定。目前，在现行立法中，无论是《宪法》还是其他民事法律法规，尚无对"社会公共利益"这一概念的正面界定。鉴于是否应正面界定以及能否正面界定"公共利益"是学界讨论的热点与难点问题，故《最高人民法院关于审理环境民事公益诉讼案件适用法律若干问题的解释》未对社会公共利益进行明确界定。另外，还有意见认为社会公共利益的概念过于宽泛，建议使用"生态环境利益"或者"环境公共利益"的概念，但考虑到《民事诉讼法》和《环境保护法》用的是"社会公共利益"的概念，《最高人民法院关于审理环境民事公益诉讼案件适用法律若干问题的解释》最终还是按照法律规定使用了"社会公共利益"。

本案是新《环境保护法》实施后人民法院受理的首例针对京津冀及其周边地区大气污染提起的环境民事公益诉讼。该案在审理过程中，法院根据调取的监测数据及行政处罚决定书，认定 J 公司自 2013 年 11 月起，多次向大气超标排放二氧化硫、氮氧化物及烟粉尘。在损害结果方面，由于大气污染一般由多个污染源引起，并对被污染地区的许多人造成损害，污染后果通常是经过了长时间的积累，并且会对周围的环境产生长期危害，而且大气污染导致人、财、物被害程度受气候、地理位置、季节、气象条件影响较大，判断污染路径和范围也比较困难，甚至某些大气污染造成的疾病具有非特殊性，在短时间内难以显现，故法院并没有探究 J 公司超标排污对人、财、物造成的具体损害后果，而是根据法院向相关部门调取的证据以及中华环保联合会出具的评估认定书以及专家辅助人的意见，认定了 J 公司超量排放的二氧化硫、氮氧化物、烟粉尘会影响大气的服务价值功能。其中，二氧化硫、氮氧化物是酸雨的前导物，超量排放可引起酸雨从而造成财产及人身损害，烟粉尘的超量排放将影响大气能见度及清洁度，亦会造成财产及人身损害。超过污染物排放标准或者重点污染物排放总量控制指标排放污染物的行为可以视为是具有损害社会公共利益重大风险的行为。在大气污染诉讼中,最大的争议焦点是排出废气的企业、单位及个人的加害行为是否与被害人的受损之间存在因果关系。环境污染和生态破坏具有不可逆性,事后的补救往往耗资巨大甚至无法挽救,基于预防原则,环境民事公益诉讼针对的既可以是违法行为已经造成的现实的损害,也可以是尚未造成现实的损害但有损害发生的可能。只要行为人有违法行为,相关主体就可以对其进行诉讼,要求其承担相应的法律责任,而不论其是否已经带来实际的损失。根据此种法律设置,我国对环境民事公益诉讼中因果关系的认定仍主要采取高度盖然性学说,原告在污染损害发生的情况仅需要证明被告的行为造成其损害的可能性极大即可,被告则需要充分举证证明原告所诉之损害与己无关。法院采纳"高度盖然性学说",认为J公司长期多次超标向大气排放污染物的行为是具有损害社会公共利益重大风险的行为,从而认定了J公司的超标排放与大气污染之间具有因果关系。在损害赔偿数额上,生态环境被污染或破坏后,对于社会公共利益而言,恢复原状是最重要的诉求,对受害人权利的救济最终都是受害人的权利恢复到应有状态,除此之外,对生态环境受到损害至恢复原状期间服务功能损失,亦应当赔偿。中华环保联合会提出对J公司排放大气污染物致使公私财产遭受损失的数额,包括污染行为直接造成的财产损失、减少的实际价值以及为防止污染扩大、消除污染而采取必要合理措施所产生的费用自行鉴定,鉴定结果为2746万元。德州市中级人民法院根据《环境空气质量标准》(GB 3095—2012)、《环境损害鉴定评估推荐方法(第Ⅱ版)》和《突发环境事件应急处置阶段环境损害评估推荐方法》的规定,认为利用虚拟治理成本法计算得到的环境损害可以作为生态环境损害赔偿的依据,最终认定按虚拟治理成本的4倍计算生态损害数额。

【风险提示】

法律规定的机关及社会组织可以提起公益诉讼的行为,除了行为人污染环境的行为造成实际损害结果之外,行为人的行为具有损害社会公共利益重大风险的,也属于人民法院环境民事公益诉讼的受案范围。大气具有一定的自净能力,且大气污染导致人、财、物被害的程度受气候、地理位置、季节、气象条件影响较大,判断污染路径和范围也比较困难,甚至某些大气污染造成的疾病具有非特殊性,在短时间内难以显现。只要法院向相关部门调取的证据以及评估认定书、专家辅助人的意见等能够认定超标排污，具有损害社会公共利益重大风险的，就不能免除污染者应当承担的环境修复责任。

问题 *12*：哪些因素可减轻污染者的赔偿责任？

【解答】

环境民事公益诉讼中的污染者免责或者减轻责任的事由主要是不可抗力，实践中为体现《环境保护法》第 5 条规定的"保护优先、预防为主"的立法意图，以及环境民事公益诉讼风险预防功能，在环境民事公益诉讼期间，污染者主动改进环保设施，有效降低环境风险的，人民法院可以综合考虑超标排污行为的违法性、过错程度、治理污染设施的运行成本以及防污采取的有效措施等因素，适当减轻污染者的赔偿责任。

【案例】

中国生物多样性保护与绿色发展基金会诉某包装玻璃公司
大气污染责任民事公益诉讼案①

案情：某包装玻璃公司因超标排污被某区环保局多次作出行政处罚。2015 年 2 月 12 日，某包装玻璃公司与某科技公司签订《玻璃窑炉脱硝脱硫除尘总承包合同》，对某包装玻璃公司的四座窑炉进行脱硝脱硫除尘改造，合同总金额为 3617 万元。某包装玻璃公司于 2015 年 3 月 18 日缴纳行政罚款 8 万元，在中国生物多样性保护与绿色发展基金会（以下简称中国绿发会）提起公益诉讼后，某包装玻璃公司自 2016 年 4 月 13 日起至 11 月 23 日止又分 24 次缴纳行政罚款共计 1281 万元。2016 年，中国绿发会对某包装玻璃公司提起环境公益诉讼，某包装玻璃公司加快了脱硝脱硫除尘改造提升进程。2016 年 6 月 15 日，某包装玻璃公司通过了某区环保局的环保验收。2016 年 7 月 22 日，中国绿发会组织相关专家对某包装玻璃公司脱硝脱硫除尘设备的运行状况进行了考察，并提出相关建议。2016 年 6 月 17 日、2017 年 6 月 17 日，环保部门为某包装玻璃公司颁发该省《河排放污染物许可证》。2016 年 12 月 2 日，某包装玻璃公司再次投入 1965 万元，为四座窑炉增设脱硝脱硫除尘备用设备一套。2017 年 7 月 25 日，中国绿发会向法院提

---

① 参见最高人民法院 2019 年 12 月 26 日发布的第 24 批指导性案例 132 号。

交《关于诉讼请求及证据说明》,确认某包装玻璃公司非法排放大气污染物而对环境造成的损害期间从行政处罚认定发生损害时起至环保部门验收合格为止。法院委托原环境保护部环境规划院环境风险与损害鉴定评估研究中心对2015年10月28日(行政处罚认定损害发生日)至2016年6月15日(环保达标日)某包装玻璃公司因排放大气污染物对环境造成的损害数额及采取替代修复措施修复被污染的大气环境所需费用进行鉴定。2017年11月,鉴定机构作出鉴定意见,按照虚拟成本法并取3倍计算对大气环境造成损害数额共计154.96万元。

一审法院判决:一、某包装玻璃公司赔偿因超标排放大气污染物造成的损失154.96万元,上述费用分3期支付至该市专项资金账户(每期51.65万元,第一期于判决生效之日起7日内支付,第二期、第三期分别于判决生效后第二年、第三年的12月31日前支付),用于该地区的环境修复。二、某包装玻璃公司于判决生效后30日内在全国性媒体上刊登因污染大气环境行为的致歉声明(内容须经一审法院审核后发布)。如某包装玻璃公司未履行上述义务,河北省秦皇岛市中级人民法院将本判决书内容在全国性的媒体公布,相关费用由某包装玻璃公司承担。三、某包装玻璃公司于判决生效后15日内支付中国绿发会因本案支出的合理费用3万元。四、驳回中国绿发会的其他诉讼请求。案件受理费80元由某包装玻璃公司负担;鉴定费用15万元也由某包装玻璃公司负担(已支付)。宣判后,中国绿发会提出上诉。二审法院维持原判。

分析: 原《侵权责任法》第66条规定[①]:"因污染环境发生纠纷,污染者应当就法律规定的不承担责任或者减轻责任的情形及其行为与损害之间不存在因果关系承担举证责任。"由此可见,因环境污染引起的人身损害赔偿诉讼中,当事人应各自承担相应的举证责任。作为污染者的被告,应当就法律规定的不承担责任或减轻责任的情形以及其污染行为与损害之间不存在因果关系承担举证责任。《最高人民法院关于审理环境民事公益诉讼案件适用法律若干问题的解释》第23条规定,生态环境修复费用难以确定的,人民法院可以结合污染环境、破坏生态的范围和程度、防治污染设备的运行成本、污染企业因侵权行为所得的利益以及过错程度等因素予以合理确定。本案中,某包装玻璃公司于2015年2月与某科技有限公司签订《玻璃窑炉脱硝脱硫除尘总承包合同》,对其四座窑炉配备的环保设施进

---

① 本条对应修改为《民法典》第1230条,该条规定:"因污染环境、破坏生态发生纠纷,行为人应当就法律规定的不承担责任或者减轻责任的情形及其行为与损害之间不存在因果关系承担举证责任。"

行升级改造，合同总金额为 3617 万元，体现了企业防污整改的守法意识。某包装玻璃公司在环保设施升级改造过程中出现超标排污行为，虽然该行为具有违法性，但在超标排污受到行政处罚后，某包装玻璃公司积极缴纳行政罚款共计 1280 余万元，其超标排污行为受到行政制裁。在提起本案公益诉讼后，某包装玻璃公司加快了环保设施的升级改造，并在环保设施验收合格后，再次投资 1965 万元建造一套备用排污设备，是该企业所在地区首家实现大气污染治理环保设备开二备一的企业。

《环境保护法》（2014 年修订）第 1 条、第 4 条规定了保护环境、防止污染，促进经济可持续发展的立法目的，体现了保护与发展并重原则。环境公益诉讼在强调环境损害救济的同时，亦应兼顾预防原则。本案诉讼过程中，某包装玻璃公司加快环保设施的整改进度，积极承担行政责任，并在其安装的环保设施验收合格后，出资近 2000 万元再行配备一套环保设施，以确保生产过程中环保设施的稳定运行，大大降低了再次造成环境污染的风险与可能性。某包装玻璃公司自愿投入巨资进行污染防治，是在中国绿发会一审提出"环境损害赔偿与环境修复费用"的诉讼请求之外实施的维护公益行为，实现了《环境保护法》（2014 年修订）第 5 条规定的"保护优先、预防为主"的立法意图，以及环境民事公益诉讼风险预防功能，具有良好的社会导向作用。法院综合考虑某包装玻璃公司在企业生产过程中超标排污行为的违法性、过错程度、治理污染的运行成本以及防污采取的积极措施等因素，对于某包装玻璃公司在一审鉴定环境损害时间段之前的超标排污造成的损害予以折抵，实现了环境民事公益诉讼的预防和修复功能，对企业积极投入，加快治理污染设备的更新改造也有积极的促进作用。

【风险提示】

根据法律规定，污染者应就存在减轻污染者赔偿责任的情形承担举证责任。如法院作出判决前，污染者未能提供证据或者证据不足以证明其事实主张的，将承担减轻赔偿责任证明不能的法律后果。即使污染者积极投入，加快治理污染设备的更新改造，并及时停止排污行为，有效阻止污染的继续扩大，但由于前期排污行为影响群众日常生活，对群众造成了一定的精神损害，污染者仍应承担赔礼道歉的民事责任。

问题 13：污染经环境自净后是否可免除污染者的环境修复责任？

【解答】

法律并未将生态环境的自净功能作为污染者的免除事由。环境污染案件中，生产者对其主营产品及副产品必须具有较高的注意义务，必须全面了解其主营产品和主营产品生产过程中产生的副产品是否具有高度危险性，是否会造成环境污染；必须使其主营产品的生产、出售、运输、储存和处置符合相关法律规定，并使其副产品的生产、出售、运输、储存和处置符合相关法律规定，避免对生态环境造成损害或者产生造成生态环境损害的重大风险。污染者违反国家规定排污造成生态环境损害，以生态环境有自净功能、生态环境得到恢复为由主张免除或者减轻生态环境修复责任的，人民法院不予支持。

【案例】

山东省烟台市人民检察院诉王某某、马某某
环境民事公益诉讼案①

案情： 2014年2月至4月，王某某、马某某在没有办理任何注册、安检、环评等手续的情况下，在山东省莱州市柞村镇消水庄村从事盐酸清洗长石颗粒项目。作业过程中产生的60吨废酸液发生渗漏。渗漏废酸液对酸洗池周边土壤和地下水造成污染，又通过排水沟对消水河水体造成污染。2014年年底，王某某、马某某盐酸清洗长石颗粒作业被莱州市公安局查获关停后，王某某用沙土将20吨废酸液填埋于酸洗池内。经鉴定，王某某、马某某的行为对附近的地下水、土壤和消水河水体造成污染，案涉酸洗池内受污染沙土属于危险废物，因污染造成的生态环境损失共计77.6万元。2016年6月1日，王某某、马某某因犯污染环境罪被追究刑事责任。2017年1月3日，莱州市人民检察院向莱州市中级人民法院提起环境民事公益诉讼，请求判令王某某、马某某消除危险，治理酸洗池内受污染沙土，对污染区域周边地下水、土壤和消水河内水体的污染部分恢复原状；如不能恢复原状、消除危险，则赔偿酸洗池内受污染沙土的处置费用及生态损害修复费用共计77.6万元。一审法院认为，王某某、马某某用来填埋废酸液的沙土吸附酸洗池

---

① 参见最高人民法院2019年12月26日发布的第24批指导性案例133号。

中的废酸液，成为含有或沾染具有腐蚀性的毒性危险废物。鉴定机构出具的环境损害检验报告将酸洗池内受污染沙土总量223吨作为危险废物量，单位治理成本为每吨250元至800元。该市环境监测站监测报告显示，酸洗池内残留废水属于强酸性废水。王某某、马某某通过酸洗池、排水沟排放的酸洗废水系危险废物，导致部分居民家中水井无法饮用。储存于酸洗池期间渗漏的废水渗透至周边土壤和地下水，排水沟内的废水流入消水河。涉案污染区域周边没有其他类似污染源，可以确定受污染地下水系王某某、马某某实施的环境污染行为造成。根据专家意见，在消除污染源阻断污染因子进入地下水环境的情况下，原污染区可能达到水质标准，但并不意味着地区生态环境好转或已修复。王某某、马某某仍应当承担污染区域的生态环境损害修复责任，不能自行修复的，应当承担修复费用。一审法院根据鉴定机构出具的检验报告，取虚拟治理成本的6倍，按照已生效的刑事判决认定的偷排酸洗废水60吨计算，认定生态环境损害修复费用为72万元。一审法院判决：王某某、马某某在环境保护主管部门的监督下按照危险废物的处置要求将酸洗池内受污染的223吨沙土进行处置消除危险，如不能自行处置，则赔偿处置费用5.6万元，由环境保护主管部门委托第三方进行处置；对污染区域周边地下水、土壤和消水河内水体的污染治理制定修复方案并进行修复，逾期不履行修复义务或者修复未达到标准的，赔偿生态损害修复费用72万元，支付至烟台市环境公益诉讼基金账户。一审判决已发生法律效力。

分析： 根据原《侵权责任法》第65条、第66条的规定[①]，因污染环境造成损害的，污染者应当承担侵权责任并就法律规定的不承担责任或者减轻责任的情形及其行为与损害之间不存在因果关系承担举证责任。案涉生效刑事判决认定王某某、马某某实施的环境污染行为与所造成的环境污染损害后果之间存在因果关系，王某某、马某某对此没有异议，并且已经发生法律效力，二人应当对其污染环境造成社会公共利益受到损害的行为承担侵权责任。本案审理过程中检测机构出具的检测报告指出涉案酸洗反应南池 -0.4 米、-0.7 米及 -1.2 米深度的 pH 值均在正常值范围内；北池 -1.2 米的 pH 值小于 2 属于危险废物。涉案酸洗池的北池内原为王某某、马某某使用盐酸进行长石颗粒清洗产生的废酸液，后其用沙土进行了填埋，现整个池中填埋的沙土吸附池中的废酸液，成为含有或沾染腐蚀性毒性的

---

① 根据《民法典》第1229条、第1230条的规定，因污染环境造成损害的，侵权人应当承担侵权责任并就法律规定的不承担责任或者减轻责任的情形及其行为与损害之间不存在因果关系承担举证责任。

危险废物。该市环境监测站监测报告显示，废水池内残留废水的 pH 值小于 2，属于强酸性废水。王某某、马某某通过废水池、排水沟排放的酸洗废水系危险废物亦为有毒物质污染环境，致部分居民家中水井颜色变黄，味道呛人，无法饮用。监测发现部分居民家中井水的 pH 值低于背景值，氯化物、总硬度远高于背景值，且明显超标。储存于废水池期间渗漏的废水渗透至周边土壤和地下水，排入沟内的废水流入消水河。涉案污染区域周边没有其他类似污染源，可以确定受污染地下水系黄色、具有刺鼻气味，且氯化物浓度较高的污染物，即王某某、马某某实施的环境污染行为造成。水质监测报告显示，在原水质监测范围内的部分监测点位，水质监测结果达标。根据地质环境监测专家出具的意见，可知在消除污染源阻断污染因子进入地下水环境的情况下，随着上游地下水径流和污染区地下水径流扩大区域的地下水稀释及含水层岩土的吸附作用，污染水域的地下水浓度将逐渐降低，水质逐渐好转。地下水污染区域将随着时间的推移，在地下水径流水动力的作用下，整个污染区将逐渐向下游移动扩大。经过一定时间，原污染区可能达到有关水质要求标准，但这并不意味着地区生态环境好转或已修复。向水体倾倒危险废物的行为直接造成了区域生态环境功能和自然资源的破坏，无论是对生态环境资源造成的损害进行修复，还是将污染引发的风险降至可接受水平的人工干预措施所需费用，均将远远超过污染物直接处理的费用；由于河水的流动和自我净化，即使倾倒点的水质得到恢复，也不能因此否认对水生态环境造成的损害。因此王某某、马某某仍应当承担其污染区域的环境生态损害修复责任。在二人不能自行修复的情况下，根据《环境污染损害数额计算推荐方法》和《突发环境事件应急处置阶段环境损害评估推荐方法》的规定，采用虚拟治理成本法估算王某某、马某某偷排废水造成的生态损害修复费用。

【风险提示】

虽然生态环境具有一定的自净能力，但是环境容量是有限的，大量排放高危化学物，必然对生态环境造成严重破坏，如不及时修复，污染的累积必然会超出环境承载能力，最终造成不可逆转的环境损害。因此，不能以部分水域的水质得到恢复为由免除污染者应当承担的环境修复责任。污染者违反国家规定排污造成生态环境损害，以生态环境有自净功能、生态环境得到恢复为由主张免除或者减轻生态环境修复责任的，法院不予支持，不能免除污染者应当承担的法律责任。

问题 14：判令污染者停止侵害后，污染者恢复生产的前提条件是什么？

【解答】

环境民事公益诉讼中，人民法院判令污染者停止侵害的，可以责令其重新进行环境影响评价，在环境影响评价文件经审查批准及配套建设的环境保护设施经验收合格之前，污染者不得恢复生产。易言之，环境影响评价合格是污染者恢复生产的前提条件。

【案例】

重庆市绿色志愿者联合会诉恩施自治州建始
磺厂坪矿业有限责任公司水污染责任民事公益诉讼案[①]

案情： 原告重庆市绿色志愿者联合会（以下简称重庆绿联会）对被告恩施自治州建始磺厂坪矿业有限责任公司（以下简称建始磺厂坪矿业公司）提起环境民事公益诉讼，诉请判令被告停止侵害，承担生态环境修复责任。重庆市人民检察院第二分院支持起诉。法院经审理查明，千丈岩水库位于重庆市巫山县、奉节县和湖北省建始县交界地带。水库设计库容405万立方米，2008年开始建设，2013年12月6日被重庆市人民政府确认为集中式饮用水源保护区，供应周边5万余人的生活饮用和生产用水。湖北省建始县毗邻重庆市巫山县，被告建始磺厂坪矿业公司选矿厂位于建始县业州镇郭家淌国有高岩子林场，距离巫山县千丈岩水库直线距离约2.6公里，该地区属喀斯特地貌的山区，地下裂缝纵横，暗河较多。建始磺厂坪矿业公司硫铁矿选矿项目于2009年编制可行性研究报告，2010年4月23日取得恩施土家族苗族自治州发展和改革委员会批复。2010年7月开展环境影响评价工作，2011年5月16日取得恩施土家族苗族自治州环境保护局环境影响评价批复。2012年开工建设，2014年6月基本完成，但水污染防治设施等未建成。建始磺厂坪矿业公司选矿厂硫铁矿生产中因有废水和尾矿排放，属于排放污染物的建设项目。其项目建设可行性报告中明确指出尾矿库库区为自然成库的岩溶洼地，库区岩溶表现为岩溶裂隙和溶洞。同时，尾矿库工程安全预评价报告载明："建议评价报告做下列修改和补充：（1）对库区渗漏分单元进行评价，提

[①] 参见最高人民法院2019年12月26日发布的第24批指导性案例134号。

出对策措施;(2)对尾矿库运行后可能存在的排洪排水问题进行补充评价。"但建始磺厂坪矿业公司实际并未履行修改和补充措施。2014年8月10日,建始磺厂坪矿业公司选矿厂使用硫铁矿原矿约500吨、乙基钠黄药、2号油进行违法生产,产生的废水、尾矿未经处理就排入临近有溶洞漏斗发育的自然洼地。2014年8月12日,巫山县红椿乡村民反映千丈岩水库饮用水源取水口水质出现异常,巫山县启动重大突发环境事件应急预案。应急监测结果表明,被污染水体无重金属毒性,但具有有机物毒性,COD(化学需氧量)、Fe(铁)分别超标0.25倍、30.3倍,悬浮物高达260mg/L。重庆市相关部门将污染水体封存在水库内,对受污染水体实施药物净化等应急措施。千丈岩水库水污染事件发生后,原环境保护部明确该起事件已构成重大突发环境事件。原环境保护部环境规划院环境风险与损害鉴定评估研究中心作出《重庆市巫山县红椿乡千丈岩水库突发环境事件环境损害评估报告》。该报告对本次环境污染的污染物质、突发环境事件造成的直接经济损失、本次环境污染对水库生态环境影响的评价等进行评估。并判断该次事件对水库的水生生态环境没有造成长期的不良影响,无须后续的生态环境修复,无须进行进一步的中长期损害评估。湖北省环保厅于2014年9月4日作出行政处罚决定,认定磺厂坪矿业公司硫铁矿选矿项目水污染防治设施未建成,擅自投入生产,非法将生产产生的废水和尾矿排放、倾倒至厂房下方的洼地内,造成废水和废渣经洼地底部裂隙渗漏,导致千丈岩水库水体污染。责令停止生产直至验收合格,限期采取治理措施消除污染,并处罚款1 000 000元。行政处罚决定作出后,建始磺厂坪矿业公司仅缴纳了罚款1 000 000元,但并未采取有效消除污染的治理措施。2015年4月26日,法院依原告申请,委托北京师范大学对千丈岩环境污染事件的生态修复及其费用予以鉴定,北京师范大学鉴定认为:(1)建始磺厂坪矿业公司系此次千丈岩水库生态环境损害的唯一污染源,责任主体清楚,环境损害因果关系清晰。(2)对《重庆市巫山县红椿乡千丈岩水库突发环境事件环境损害评估报告》得出的对水库生态环境没有造成长期的不良影响,无须后续生态环境修复,无须进行中长期损害评估的结论予以认可。(3)本次污染土壤的生态环境损害评估认定:经过9个月后,事发区域土壤中的乙基钠黄药已得到降解,不会对当地生态环境再次带来损害,但洼地土壤中的Fe(铁)污染物未发生自然降解,超出当地生态基线,短期内不能自然恢复,将对千丈岩水库及周边生态环境带来潜在污染风险,须采取人工干预方式进行生态修复。根据《突发环境事件应急处置阶段环境损害评估推荐方法》(环办〔2014〕118号),采用虚拟治理成本法计算洼地土壤生态修复费用约需991000元。(4)建议后续进一步制定详细的生态修复方案,开展事故区域生态环境损害的修复,并做好后期监管工作,确保千丈岩水库的饮水安全和周边生态环境安全。在案件审理过程中,重庆绿联会申请通知鉴定人出庭,就生态修复接受质询并提出意见。鉴定人王金生教授认为,土壤元素本身不是控制性指标,就饮用水安全而言,洼地土壤中的Fe(铁)高于饮用水安全标准;被告建始磺厂坪矿业公司选矿厂所处位置地下暗河众多,地区降水量大,污染饮用水的风险较高。

重庆市万州区人民法院作出(2014)万法环公初字第00001号民事判决:一、建始磺厂坪矿业公司立即停止对巫山县千丈岩水库饮用水源的侵害,重新进行环境影响评价,未经批复和环境保护设施未经验收,不得生产;二、建始磺厂坪矿业公司在判决生效后180日内,对位于恩施自治州建始县业州镇郭家淌国有高岩子林场选矿厂洼地土壤制定修复方案进行生态修复,逾期不履行修复义务或修复不合格,由建始磺厂坪矿业公司承担修复费用991000元支付至指定的账号;三、建始磺厂坪矿业公司对其污染生态环境、损害公共利益的行为在国家级媒体上赔礼道歉;四、建始磺厂坪矿业公司支付重庆市绿色志愿者联合会为本案诉讼而产生的合理费用及律师费共计150000元;五、驳回重庆市绿色志愿者联合会的其他诉讼请求。一审宣判后,建始磺厂坪矿业公司不服,提起上诉。重庆市第二中级人民法院作出(2016)渝02民终77号民事判决:驳回上诉,维持原判。

分析: 本案的焦点问题之一为是否需判令停止侵害并重新作出环境影响评价。环境侵权行为对环境的污染、生态资源的破坏往往具有不可逆性,被污染的环境、被破坏的生态资源很多时候难以恢复,单纯事后的经济赔偿不足以弥补对生态环境所造成的损失,故对于环境侵权行为应注重防患于未然,才能真正实现环境保护的目的。本案建始磺厂坪矿业公司只是暂时停止了生产行为,其"三同时"工作严重滞后、环保设施未建成等违法情形并未实际消除,随时可能恢复违法生产。由于建始磺厂坪矿业公司先前的污染行为,导致相关区域土壤中部分生态指标超过生态基线,因当地降水量大,又地处喀斯特地貌山区,裂隙和溶洞较多,暗河纵横,而其中的暗河水源正是千丈岩水库的聚水来源,污染风险明显存在。考虑到建始磺厂坪矿业公司的违法情形尚未消除、项目所处区域地质地理条件复杂特殊,在不能确保恢复生产不会再次造成环境污染的前提下,应当禁止其恢复生产,才能有效避免当地生态环境再次遭受污染破坏,亦可避免在今后发现建始磺厂坪矿业公司重新恢复违法生产后需另行诉讼的风险,减轻当事人诉累、节约司法资源。故建始磺厂坪矿业公司虽在起诉之前已停止生产，仍应判令其对千丈岩水库饮用水源停止侵害。此外，千丈岩水库开始建设于 2008 年，而建始磺厂坪矿业公司项目的环境影响评价工作开展于 2010 年 7 月，并于 2011 年 5 月 16 日才取得当地环境行政主管部门的批复。《环境影响评价法》（2002 年）第 23 条第 3 款规定："建设项目可能造成跨行政区域的不良环境影响，有关环境保护行政主管部门对该项目的环境影响评价结论有争议的，其环境影响评价文件由共同的上一级环境保护行政主管部门审批。"[①] 考虑到该项目的性质、与水库之间的相对位置及当地特殊的地质地理条件，本应在当时项目的环境影响评价中着重考虑对千丈岩水库的影响，但由于两者分处不同省级行政区域，导致当时的环境影响评价并未涉及千丈岩水库，可见该次环境影响评价是不全面且有着明显不足的。由于新增加了千丈岩水库这一需要重点考量的环境保护目标，导致原有的环境影响评价依据发生变化，在已发生重大突发环境事件的现实情况下，涉案项目在防治污染、防止生态破坏的措施方面显然也需要作出重大变动。根据《环境影响评价法》（2002 年）第 24 条第 1 款[②]"建设项目的环境影响评价文件经批准后，建设项目的性质、规模、地点、采用的生产工艺或者防治污染、防止生态破坏的措施发生重大变动的，建设单位应当重新报批建设项目的环境影响评价文件"及《水污染防治法》（2008 年修订）第 17 条第 3 款[③]"建设项目的水污染防治设施，应当与主体工程同时设计、同时施工、同时投入使用。水污染防治设施应当经过环境保护主管部门验收，验收不合格的，该建设项目不得投入生产或者使用"的规定，鉴于千丈岩水库的重要性、作为一级饮用水水源保护区的环境敏感性及涉案项目对水库潜在的巨大污染风险，在应当作为重点环境保护目标纳入建设项目环境影响评价而未能纳入且客观上已经造成重大突发环境事件的情况下，考虑到原有的环境影响评价依据已经发生变化，出于对重点环境保护目标的保护及公共利益的维护，建始磺厂坪矿

---

① 该条款于 2018 年 12 月 29 日被《全国人民代表大会常务委员会关于修改〈中华人民共和国劳动法〉等七部法律的决定》（中华人民共和国主席令第二十四号）修改为："建设项目可能造成跨行政区域的不良环境影响，有关生态环境主管部门对该项目的环境影响评价结论有争议的，其环境影响评价文件由共同的上一级生态环境主管部门审批。"
② 2018 年修正《环境影响评价法》时，该条款未修改。
③ 该条款于 2017 年 6 月 27 日被《全国人民代表大会常务委员会关于修改〈中华人民共和国水污防治法〉的决定》（中华人民共和国主席令第七十号）修改为第 19 条第 3 款："建设项目的水污染防治设施，应当与主体工程同时设计、同时施工、同时投入使用。水污染防治设施应当符合经批准或者备案的环境影响评价文件的要求。"

业公司应在考虑对千丈岩水库环境影响的基础上重新对项目进行环境影响评价并履行法定审批手续，若未经批复和环境保护设施未经验收，则不得恢复生产。

【风险提示】

结合污染预防和治理的需要，创新民事责任承担方式，将停止侵害的具体履行方式进一步明确为重新申请环境影响评价。未经环境保护行政主管部门批复和环境保护设施未经验收的不得恢复生产，较好地将行政权和审判权相衔接，使判决更具可执行性，有利于及时制止违法生产行为，全面保护社会公共利益。

问题 15：基于同一行为提起的环境民事、行政公益诉讼是否可以一并审理？

【解答】

人民法院在审理人民检察院提起的环境行政公益诉讼案件时，对人民检察院就同一污染环境行为提起的环境民事公益诉讼，可以参照《行政诉讼法》及其司法解释规定，采取分别立案、一并审理、分别判决的方式处理。

【案例】

吉林省白山市人民检察院诉白山市江源区卫生和计划生育局、白山市江源区中医院环境公益诉讼案[1]

案情： 白山市江源区中医院在新建综合楼时，未建设符合环保要求的污水处理设施即投入使用。吉林省白山市人民检察院发现该线索后，进行了调查。调查发现白山市江源区中医院通过渗井、渗坑排放医疗污水。经对其排放的医疗污水及渗井周边土壤取样检验，化学需氧量、五日生化需氧量、悬浮物、总余氯等均超过国家标准。还发现白山市江源区卫生和计划生育局在白山市江源区中医院未提交环评合格报告的情况下，对其《医疗机构职业许可证》校验为合格，且对其违法排放医疗污水的行为未及时制止，存在违法行为。检察机关在履行了提起公益诉讼的前置程序后，诉至法院，请求：（1）确认被告白山市江源区卫生和计划生育局于2015年5月18日为第三人白山市江源区中医院校验《医疗机构执业许

---

[1] 参见最高人民法院2019年12月26日发布的第24批指导性案例136号。

可证》的行为违法；（2）判令白山市江源区卫生和计划生育局履行法定监管职责，责令白山市江源区卫生和计划生育局限期对白山市江源区中医院的医疗污水净化处理设施进行整改；（3）判令白山市江源区中医院立即停止违法排放医疗污水。白山市中级人民法院（以下简称白山中院）于2016年7月15日以（2016）吉06行初4号行政判决，确认被告白山市江源区卫生和计划生育局于2015年5月18日对第三人白山市江源区中医院《医疗机构执业许可证》校验合格的行政行为违法；责令被告白山市江源区卫生和计划生育局履行监管职责，监督第三人白山市江源区中医院在三个月内完成医疗污水处理设施的整改。同日，白山中院作出（2016）吉06民初19号民事判决，判令被告白山市江源区中医院立即停止违法排放医疗污水。一审宣判后，各方均未上诉，判决已经发生法律效力。

分析：《行政诉讼法》第25条第4款及《民事诉讼法》第55条第2款分别规定了检察行政公益诉讼和检察民事公益诉讼制度，公益诉讼制度是检察机关履行法律监督职能的新方式。最高人民法院和最高人民检察院也联合出台了《关于检察公益诉讼案件适用法律若干问题的解释》，就相关法律问题进行了明确。审判实务中，基于同一行为提起的环境民事、行政公益诉讼，应如何立案、审理，也是亟须明确的问题。《行政诉讼法》第61条第1款规定，在涉及行政许可、登记、征收、征用和行政机关对民事争议所作的裁决的行政诉讼中，当事人申请一并解决相关民事争议的，人民法院可以一并审理。《最高人民法院关于适用〈中华人民共和国行政诉讼法〉的解释》第140条第1款规定，人民法院在行政诉讼中一并审理相关民事争议的，民事争议应当单独立案，由同一审判组织审理。该解释第142条第1款规定，对行政争议和民事争议应当分别裁判。参照上述法律和司法解释规定，针对检察机关在行政公益诉讼中附带提出的民事公益诉讼请求，吉山中院采取分别立案、一并审理、分别判决的方式处理，值得肯定。虽然均是针对白山市江源区中医院排放医疗污水的行为，但卫生部门承担的是行政责任，白山市江源区中医院承担的是民事责任，案件性质不同，应分别立案。但由于案件事实存在关联，由同一审判机构一并审理，有利于查清案件事实，加快审理节奏，加速环境修复，同时也节省司法资源。本案中，针对行政公益诉讼部分，根据国务院发布的《医疗机构管理条例》第5条、第40条的规定，白山市江源区卫生和计划生育局对辖区内医疗机构具有监督管理的法定职责。《吉林省医疗机构审批管理办法（试行）》第44条规定，医疗机构申请校验时应提交校验申请、执业登记项目变更情况、接受整改情况、环评合格报告等材料。白山市江源区卫生和计划生育局在白山市江源区中医院未提交环评合格报告的情况下，对其《医疗机构执业许可证》校验为合格，违反上述规定，该校验行为违法。白山市江源区中医院违法排放医疗污水，导致周边地下水及土壤存在重大污染风险。白山市江源区卫生和计划生育局作为卫生行政主管部门，未及时制止，其怠于履行监管职责的行为违法。白山市江源区中医院通过渗井、渗坑违法排放医疗污水，且污水处理设施建设完工及环评验收需要一定的时间，故白山市江源区卫生和计划生育局应当继续履行监管职责，督促白山市江源区中医院污水处理工程及时完工，达到环评要求并投入使用，符合《吉林省医疗机构审批管理办法（试行）》第44条规定的校验医疗机构执业许可证的条件。针对民事公益诉讼部分，原《侵权责任法》第65条、第66条规定[①]，因污染环境造成损害的，污染者应当承担侵权责任。因污染环境发生纠纷，污染者应当就法律规定的不承担责任或者减轻责任的情形及其行为与损害之间不存在因果关系承担举证责任。本案中，根据公益诉讼人的举证和查明的相关事实，可以确定白山市江源区中医院未安装符合环保要求的污水处理设备，通过渗井、渗坑实施了排放医疗污水的行为。从检测机构的检测结果及检测意见可知，其排放的医疗污水对附近地下水及周边土壤存在重大环境污染风险。白山市江源区中医院虽辩称其未建设符合环保要求的排污设备系因政府对公办医院投入建设资金不足所致，但该理由不能否定其客观上实施了排污行为，产生了周边地下水及土壤存在重大环境污染风险的损害结果，以及排污行为与损害结果存在因果关系的基本事实。且环境污染具有不可逆的特点，故作出立即停止违法排放医疗污水的判决。

【风险提示】

人民法院在审理人民检察院提起的环境行政公益诉讼案件时，对人民检察院就同一污染环境行为提起的环境民事公益诉讼，要按照《行政诉讼法》和《民事诉讼法》的规定，审查检察机关是否分别履行了公益诉讼前置程序，在符合起诉条件的情况下分别立案，一并审理，分别判决。同时，应当按行政案件、民事案件的标准分别收取诉讼费用。

[①] 现对应《民法典》第1229条、第1230条的规定，即因污染环境造成损害的，侵权人应当承担侵权责任并就法律规定的不承担责任或者减轻责任的情形及其行为与损害之间不存在因果关系承担举证责任。

问题 16：环境行政公益诉讼中行政机关履行法定职责的判断标准是什么？

【解答】

环境行政公益诉讼中，人民法院应当以相对人的违法行为是否得到有效制止，行政机关是否充分、及时、有效采取法定监管措施，以及国家利益或者社会公共利益是否得到有效保护，作为判断行政机关是否履行法定职责的标准。

【案例】

云南省剑川县人民检察院诉剑川县森林公安局怠于
履行法定职责环境行政公益诉讼案[①]

案情： 2013年1月，剑川县居民王某某受某公司的委托在国有林区开挖公路，被剑川县红旗林业局护林人员发现并制止，剑川县林业局接报后交剑川县森林公安局进行查处。剑川县森林公安局于2013年2月20日向王某某送达了林业行政处罚听证权利告知书，并于同年2月27日向王某某送达了剑川县林业局剑林罚书字〔2013〕第288号林业行政处罚决定书。行政处罚决定书载明：某公司在未取得合法的林地征占用手续的情况下，委托王某某于2013年1月13日至19日，在13林班21、22小班之间用挖掘机开挖公路（长度为494.8米，平均宽度为4.5米，面积为2226.6平方米，共计3.34亩）。根据《森林法实施条例》第43条第1款规定，决定对王某某及某某公司给予如下行政处罚：（1）责令限期恢复原状；（2）处非法改变用途林地每平方米10元的罚款，即22 266元。2013年3月29日某公司交纳了罚款后，剑川县森林公安局即对该案予以结案。其后直到2016年11月9日，剑川县森林公安局没有督促某公司和王某某履行"限期恢复原状"的行政义务，所破坏的森林植被至今没有得到恢复。2016年11月9日，剑川县人民检察院向剑川县森林公安局发出检察建议，建议依法履行职责，认真落实行政处罚决定，采取有效措施，恢复森林植被。2016年12月8日，剑川县森林公安局回复称自接到《检察建议书》后，即刻进行认真研究，采取了积极的措施，并派民警到王某某家对剑林罚书字〔2013〕第288号处罚决定第1项责令限期恢复原状进行催告，鉴于王某某死亡，执行终止。剑川县森林公安局没有向某公司发出

[①] 参见最高人民法院2019年12月26日发布的第24批指导性案例137号。

催告书。另外，剑川县森林公安局为剑川县林业局所属的正科级机构，2013年年初，剑川县林业局向其授权委托办理本县境内的所有涉及林业、林地处罚的林政处罚案件。2013年9月27日，云南省人民政府下发了《关于云南省林业部门相对集中林业行政处罚权工作方案的批复》，授权各级森林公安机关在全省范围内开展相对集中林业行政处罚权工作。2013年11月20日，经云南省人民政府授权，云南省人民政府法制办公室对森林公安机关行政执法主体资格单位及执法权限进行了公告，剑川县森林公安局也是具有行政执法主体资格和执法权限的单位之一。同年12月11日，云南省林业厅发出通知，决定自2014年1月1日起，各级森林公安机关依法行使省政府批准的62项林业行政处罚权和11项行政强制权。云南省剑川县人民法院经审理认为，剑川县森林公安局在查明某公司及王某某擅自改变林地的事实后，以剑川县林业局名义作出对某公司和王某某责令限期恢复原状和罚款22266元的行政处罚决定符合法律规定，但在某公司缴纳罚款后3年多时间里没有督促某公司和王某某对破坏的林地恢复原状，也没有代为履行，致使某公司和王某某擅自改变的林地至今没有恢复原状，且未提供证据证明有相关合法、合理的事由，其行为显然不当，是怠于履行法定职责的行为。行政处罚决定没有执行完毕，剑川县森林公安局依法应该继续履行法定职责，采取有效措施，督促行政相对人限期恢复被改变林地的原状。故判决：一、确认被告剑川县森林公安局怠于履行剑林罚书字〔2013〕第288号处罚决定第1项内容的行为违法；二、责令被告剑川县森林公安局继续履行法定职责。宣判后，当事人服判息诉，均未提起上诉，判决已发生法律效力，剑川县森林公安局也积极履行了判决。

分析：剑川县人民检察院提起本案诉讼符合《人民法院审理人民检察院提起公益诉讼案件试点工作实施办法》及《人民检察院提起公益诉讼试点工作实施办法》规定的行政公益诉讼受案范围，符合起诉条件。《行政诉讼法》第26条第6款规定："行政机关被撤销或者职权变更的，继续行使其职权的行政机关是被告。"2013年9月27日，云南省人民政府下发了《关于云南省林业部门相对集中林业行政处罚权工作方案的批复》，授权各级森林公安机关相对集中行使林业行政部门的部分行政处罚权，因此，剑川县森林公安局根据规定行使原来由剑川县林业局行使的林业行政处罚权，是适格的被告主体。本案争议的主要问题是剑川县森林公安局在作出案涉行政处罚后，没有督促某公司和王某某对破坏的林地恢复原状，也没有代为履行，是否构成怠于履行法定职责。这也涉及人民法院对行政机关是否履行法定职责的审查标准问题。行政机关怠于履行法定职责的行为本身具有消极性、隐蔽性和非强制性的特点，司法实务中该类案件的审查标准较难把握。环境行政公益诉讼中，人民法院应当以相对人的违法行为是否得到有效制止，行政机关是否充分、及时、有效采取法定监管措施，以及国家利益或者社会公共利益是否得到有效保护，作为审查行政机关是否履行法定职责的标准。本案中，剑川县森林公安局在作出林业行政处罚后，在长达3年多的时间内一直未督促某公司和王某某对破坏的林地恢复原状，导致森林遭受破坏的状态一直存在，未得到有效改善。剑川县森林公安局在收到检察机关的检察建议后采取的措施并不充分、有效，也未代为履行，导致森林植被一直未恢复，给国家和社会公共利益造成了损害，符合怠于履行法定职责的标准，故应承担行政行为违法并继续履行法定职责的法律后果。

【风险提示】

行政机关在履行法定职责时，一定要依据法律法规的规定严格执行，采取充分、及时、有效的法定监管措施，做到在生态环境保护、食品健康安全等事关人民群众切身利益的领域执法必严，这既是履行法定职责的要求所在，也是维护社会公共利益的题中应有之义。

问题 17：推定规则在环境公益诉讼中如何适用？

【解答】

在环境民事公益诉讼中，公益诉讼起诉人有证据证明行为人产生危险废物并实施了污染物处置行为，行为人拒不提供其处置污染物情况等环境信息，导致无法查明污染物去向的，人民法院可以推定公益诉讼人主张的环境污染事实成立。

【案例】

江苏省徐州市人民检察院诉苏州其安工艺品有限公司等
环境民事公益诉讼案[①]

案情： 2015年5月、6月，苏州其安工艺品有限公司（以下简称其安公司）将其工业生产活动中产生的83桶硫酸废液，以每桶1300~3600元的价格，交

---

① 参见最高人民法院2019年12月26日发布的第24批指导性案例135号。

由黄某某处置。黄某某将上述硫酸废液运至苏州市区其租用的场院内，后以每桶2000元的价格委托何某某处置，何某某又以每桶1000元的价格委托王某某处置。王某某到物流园马路边等处随机联系外地牌号货车车主或司机，分多次将上述83桶硫酸废液直接从黄某某存放处运出，要求他们带出苏州后随意处置，共支出运费43 000元。其中，魏某某将15桶硫酸废液从苏州运至沛县经济开发区后，在农地里倾倒3桶，余下12桶被丢弃在某工地。除以上15桶外，对于其余68桶硫酸废液王某某无法说明去向。2015年12月，沛县环保部门巡查时发现12桶硫酸废液。经鉴定，确定该硫酸废液是危险废物。2016年10月，其安公司将12桶硫酸废液合法处置，支付费用为116 740.08元。2017年8月2日，江苏省沛县人民检察院对其安公司、黄某某、何某某、王某某、魏某某等向徐州铁路运输法院提起公诉，该案经江苏省徐州市中级人民法院二审后，终审判决认定其安公司、黄某某、何某某、王某某、魏某某等构成污染环境罪。

江苏省徐州市人民检察院在履行职责中发现以上破坏生态环境的行为后，依法公告了准备提起本案诉讼的相关情况，公告期内未有法律规定的机关和有关组织提起诉讼。2018年5月，江苏省徐州市人民检察院向江苏省徐州市中级人民法院提起本案诉讼，请求判令其安公司、黄某某、何某某、王某某、魏某某连带赔偿倾倒3桶硫酸废液和非法处置68桶硫酸废液造成的生态环境修复费用，并支付其为本案支付的专家辅助人咨询费、公告费，要求五被告共同在省级媒体上公开赔礼道歉。

江苏省徐州市中级人民法院作出（2018）苏03民初256号民事判决：一、其安公司、黄某某、何某某、王某某、魏某某于判决生效后30日内，连带赔偿因倾倒3桶硫酸废液所产生的生态环境修复费用204 415元，支付至徐州市环境保护公益金专项资金账户；二、其安公司、黄某某、何某某、王某某于判决生效后30日内，连带赔偿因非法处置68桶硫酸废液所产生的生态环境修复费用4 630 852元，支付至徐州市环境保护公益金专项资金账户；三、其安公司、黄某某、何某某、王某某、魏某某于判决生效后30日内连带支付江苏省徐州市人民检察院为本案支付的合理费用3800元；四、其安公司、黄某某、何某某、王某某、魏某某于判决生效后30日内共同在省级媒体上就非法处置硫酸废液行为公开赔礼道歉。一审宣判后，各当事人均未上诉，判决已发生法律效力。

分析：《最高人民法院关于审理环境民事公益诉讼案件适用法律若干问题的解释》第13条规定了"环境信息不利推定规则"。本案是适用该规则作出裁判的

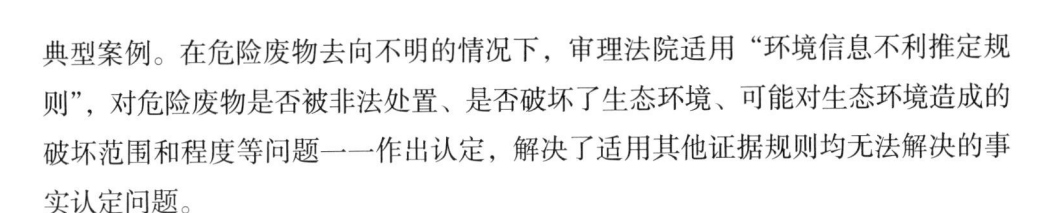

典型案例。在危险废物去向不明的情况下，审理法院适用"环境信息不利推定规则"，对危险废物是否被非法处置、是否破坏了生态环境、可能对生态环境造成的破坏范围和程度等问题一一作出认定，解决了适用其他证据规则均无法解决的事实认定问题。

第一，对推定规则的理解。在民事诉讼实践中，通常认为提起诉讼的当事人首先要对自己提出的诉讼请求所主张的事实加以证明，否则就应由当事人自己承担不利后果。但环境侵权基于其特殊性，如环境侵权行为的隐秘性等，其侵权结果与侵权行为之间的因果关系往往难以查证。因此，环境侵权案件中，举证难成为制约原告起诉乃至赢得诉讼的重要因素。究其原因，是双方信息的不对等。在本案中，倾倒硫酸废液本就是隐秘行为，涉及的所有硫酸废液到底倾倒在何处只有倾倒方才知晓，单靠公益诉讼人寻找是不可能找到的。如果环境侵权人不予配合，则公益诉讼人很难知晓相关信息。为了维护环境公益诉讼的公正价值，法院有必要在此类案件中适用"环境信息不利推定规则"。

推定作为根据某一事实的存在而作出的与之相关的另一事实存在与否的判断，可以免除主张推定事实的一方当事人的举证责任，并把证明不存在推定事实的证明责任转移给对方当事人。换句话说，推定的适用是针对环境侵权人作为优势证据的持有人有能力进行举证，但是可预见的证明结果会对其造成不利裁判结果，因而拒绝举证或举证不能的情形。因此，"环境信息不利推定规则"可以有效防止举证优势方基于避免承担不利后果的考虑拒绝举证或举证不能的情况，能够有效平衡环境侵权诉讼中当事人之间信息不对称导致的公益诉讼人举证能力不充分的局面。

值得注意的是，不利推定规则的适用有一个前提，即公益诉讼人必须有一定的证据将环境侵权人的行为与环境侵权结果相联系，这种联系可以是不完全对应的，如部分行为对应了部分结果但其余行为无法找到对应的结果的情况就可以适用该推定规则。本案即是如此。公益诉讼人提供了五被告涉及的3桶硫酸废液的偷排行为及污染结果，但对某公司涉及的其余68桶硫酸废液的处置情况无从考证，只知道是被五被告私自处理了。法院根据某公司应当履行而未履行申报登记义务，应当申请而未申请领取危险废物转移联单，黄某某、何某某、王某某、魏某某四被告应当记录而未记录硫酸废液的流向及处置情况，不能说明68桶硫酸废液的处置情况等，运用"环境信息不利推定规则"推定其余68桶硫酸废液被非法处置并污染了环境的事实成立。

第二,"环境信息不利推定规则"可适用于侵权人侵权行为及造成环境损害的认定。我国实行危险废物转移联单制度,要求企业申报登记危险废物的流向和处置情况等,并且要求在产生、收集、贮存、运输、处置危险废物时应设置危险废物识别标志。相关单位和个人都有防止危险废物污染环境的法定义务。本案中,其安公司既未申请领取危险废物转移联单,又未设置危险废物识别标志,非法转移危险废物后又不能说明其处置情况。因此,可以推定其安公司非法处置其余68桶硫酸废液的行为成立。这68桶硫酸废液造成的污染后果亦可以通过推定来实现。公益诉讼人证实了3桶硫酸废液污染的土壤环境敏感系数为7,其实际污染的环境介质即为Ⅱ类土壤。比照3桶硫酸废液造成的生态环境损害来推断其余68桶硫酸废液损害后果,推定其余68桶硫酸废液污染的土壤环境敏感系数也为7的结论具有合理性。

环境法将有效防范生态环境风险、维护和实现生态安全作为价值目标。"环境信息不利推定规则"实际上保障了环境公益诉讼的公正性,使得环境公益诉讼能够达到实现生态安全的目的。这起案件从源头上遏制了有意规避监管的违法排污行为,既形成了良好的社会导向,也为人民法院适用"环境信息不利推定规则"处理类似案件提供了指引。

【风险提示】

当我们以"人与自然和谐共生"理念来观察世界,便不难发现"生态兴则文明兴,生态衰则文明衰"的历史规律。维护国家生态安全是重大的政治责任,是满足人民群众对美好环境新向往、实现高质量发展的前提与基础。在公益诉讼人提供证据证明部分主张事实,侵权人作为举证优势方拒不提供相关证明材料,导致案件无法查明的情况下,"环境信息不利推定规则"可以发挥其功效,有效防范生态环境风险,维护和实现生态安全。

问题 *18*:环境污染侵权案件中,侵权人付出的环保技术改造费用能否用以抵扣应承担的生态环境损害赔偿金?

【解答】

受损生态环境无法修复或无修复必要,侵权人在已经履行生态环境保护法律法规规定的强制性义务基础上,通过资源节约集约循环利用等方式实施环保技术改造,经评估能够实现节能减排、减污降碳、降低风险效果的,可以结合环保技术改造的时间节点、生态环境保护守法情况等因素，将由此产生的环保技术改造费用适当抵扣其应承担的生态环境损害赔偿金。但是，为达到环境影响评价要求、排污许可证设定的污染物排放标准或者履行其他生态环境保护法律法规规定的强制性义务而实施环保技术改造发生的费用，不能抵扣其应承担的生态环境损害赔偿金。

【案例】

重庆市人民检察院第五分院诉重庆瑜煌电力设备制造有限公司等
环境污染民事公益诉讼案①

案情： 2015年4月10日，无危险废物经营资质的鹏展公司分别与重庆瑜煌电力设备制造有限公司（以下简称瑜煌公司）、顺泰公司签订合同，约定鹏展公司以420元/吨的价格向瑜煌公司、顺泰公司出售盐酸，由鹏展公司承担运费。2015年7月开始，鹏展公司将废盐酸从瑜煌公司、顺泰公司运回后，将废盐酸直接非法排放。2015年7月至2016年3月，鹏展公司非法排放废盐酸累计至少达717.14吨，造成跳蹬河受到污染。经评估，本次事件生态环境损害数额为6454260元，同时还产生事务性费用25100元及鉴定费5000元。本次污染事件发生后，瑜煌公司和顺泰公司投入资金开展酸雾收集、助镀槽再生系统等多个方面的技术改造，环境保护水平有所提升。公益诉讼起诉人重庆市人民检察院第五分院认为鹏展公司、瑜煌公司和顺泰公司应承担本次环境污染事件造成的损失，遂向人民法院提起诉讼请求判决鹏展公司、瑜煌公司、顺泰公司承担生态环境损害赔偿金及鉴定费等共计6484360元，并向社会公众赔礼道歉。

一审法院判决被告鹏展公司赔偿因非法排放废盐酸产生的生态环境修复费用6479360元、技术咨询费5000元，合计6484360元，被告瑜煌公司和被告顺泰公司对判决确定的被告鹏展公司的赔偿款分别承担3242180元的连带清偿责任，并要求三被告在重庆市市级以上媒体向社会公众赔礼道歉。宣判后，瑜煌公司和顺泰公司不服，提起上诉，并在二审中提出分期支付申请和对其技术改造费用予以抵扣的请求。重庆市高级人民法院二审判决维持一审判决第一项、第三项，撤销一审判决第二项，判决瑜煌公司、顺泰公司对鹏展公司应承担的生态环境损害

---

① 参见最高人民法院发布的第37批指导性案例204号。

赔偿金分别承担 3 242 180 元的连带清偿责任，在向重庆市第五中级人民法院提供有效担保后，按照 25%、25% 及 50% 的比例分三期支付，如果瑜煌公司、顺泰公司在本判决生效后实施技术改造，在相同产能的前提下明显减少危险废物的产生或降低资源的消耗，且未因环境违法行为受到处罚，其已支付的技术改造费用可以凭技术改造效果评估意见和具有法定资质的中介机构出具的技术改造投入资金审计报告，在支付第三期款项时向人民法院申请抵扣。

分析： 环境公益诉讼作为环境保护法确立的重要诉讼制度，其诉讼目的不仅是追究环境侵权责任，更重要的是督促引导环境侵权人实施环境修复，鼓励企业走生态优先、绿色发展的道路，实现环境保护同经济建设和社会发展相协调。瑜煌公司和顺泰公司在案涉污染事件发生后实施技术改造，并请求以技术改造费用抵扣生态环境损害赔偿金。对技术改造费用能否用以抵扣应承担的生态环境损害赔偿金的问题，应秉持前述环境司法理念，对企业实施的环保技术改造的项目和目的加以区分，分类对待。如果企业实施的环保技术改造的项目和目的仅满足其环境影响评价要求、达到排污许可证设定的污染物排放标准或者履行其他法定的强制性义务，那么对该部分技术改造费用应不予抵扣；如果企业在已完全履行法律对企业设定的强制性环境保护义务基础之上，通过使用清洁能源、采用更优技术、工艺或设备等方式，实现资源利用率更高、污染物排放量减少、废弃物综合利用率提升等效果，则该部分技术改造费用就应考虑予以适当抵扣。

【风险提示】

对于从事危险废物经营活动的单位来说，事前应当进行合规风险的防控，必须严格按照法律法规的相关规定申请领取经营许可证。事后，亦应当正确面对自身环境违法行为，积极承担环境法律责任，使受损的生态环境得到及时有效的修复。

问题 19：生态环境侵权人履行整体修复义务后，能否以代其他侵权人支出的修复费用折抵其应当承担的生态环境服务功能损失赔偿金？

【解答】

《最高人民法院关于审理环境民事公益诉讼案件适用法律若干问题的解释》第 24 条第 1 款规定，人民法院判决被告承担的生态环境修复费用、生态环境受到损害至修复完成期间服务功能丧失导致的损失、生态环境功能永久性损害造成的损失等款项，应当用于修复被损害的生态环境。故被告承担的生态环境受到损害至恢复原状期间服务功能损失的款项应当专项用于该案环境修复、治理或异地公共生态环境修复、治理。两个以上侵权人分别实施污染环境、破坏生态行为造成同一损害，每一个侵权人的污染环境、破坏生态行为都不足以造成全部损害，部分侵权人根据修复方案确定的整体修复要求履行全部修复义务后，可以以代其他侵权人支出的修复费用折抵其应当承担的生态环境服务功能损失赔偿金。

【案例】

北京市人民检察院第四分院诉朱某1、朱某2环境污染民事公益诉讼案[①]

案情： 2015年10月至12月，朱某1、朱某2在承包土地内非法开采建筑用砂89 370.8立方米，价值人民币4 468 540元。经鉴定，朱某1、朱某2二人非法开采的土地覆被类型为果园，地块内原生土壤丧失，原生态系统被完全破坏，生态系统服务能力严重受损，确认存在生态环境损害。鉴定机构确定生态环境损害恢复方案为将损害地块恢复为园林地，将地块内缺失土壤进行客土回填，下层回填普通土，表层覆盖60厘米种植土，使地块重新具备果树种植条件。恢复工程费用评估核算为2 254 578.58元。北京市人民检察院第四分院以朱某1、朱某2非法开采造成土壤受损，破坏生态环境，损害社会公共利益为由提起环境民事公益诉讼。2020年6月24日，朱某1、朱某2的代理人朱某3签署生态环境修复承诺书，承诺按照生态环境修复方案开展修复工作。修复工程自2020年6月25日开始，至2020年10月15日完成。2020年10月15日，北京市房山区有关单位对该修复工程的施工质量进行现场勘验，均认为修复工程依法合规、施工安全有序开展、施工过程中未出现安全性问题、环境污染问题，施工程序、工程质量均符合修复方案要求。施工过程严格按照生态环境修复方案各项具体要求进行，回填土壤质量符合标准，地块修复平整，表层覆盖超过60厘米的种植土，已重新具备果树种植条件。上述涉案土地内存在无法查明的他人倾倒的21 392.1立方米渣土，朱某1、朱某2在履行修复过程中对该部分渣土进行环境清理支付工程费用75.4

---

① 参见最高人民法院2022年12月30日发布的第37批指导性案例206号。

万元。

一审法院经审理认为，朱某1、朱某2非法开采的行为，造成了生态环境破坏，侵害了不特定多数人的合法权益，损害了社会公共利益，构成环境民事侵权。朱某1、朱某2作为非法开采行为人，违反了保护环境的法定义务，应对造成的生态环境损害承担民事责任。一审法院判决朱某1、朱某2对其造成的北京市房山区长阳镇朱岗子村西的14 650.95平方米土地生态环境损害承担恢复原状的民事责任，并确认已履行完毕；判决朱某1、朱某2赔偿生态环境受到损害至恢复原状期间的服务功能损失652 896.75元，在履行本判决第一项修复义务时处理涉案地块上建筑垃圾所支付费用754 000元进行折抵；判决朱某1、朱某2支付鉴定费115 000元；判决朱某1、朱某2在一家全国公开发行的媒体上向社会公开赔礼道歉。

分析： 关于被告对他人倾倒渣土的处理费用能否折抵生态功能损失赔偿费用的问题。就环境法的角度而言，生态环境具有供给服务、调节服务、文化服务以及支持服务等功能。生态环境受损将导致其向公众或其他生态系统提供上述服务的功能减少或丧失。朱某1、朱某2在其租赁的林果地上非法开采，造成地块土壤受损，属于破坏生态环境、损害社会公共利益的行为，还应赔偿生态环境受到损害至恢复原状期间的服务功能损失。根据鉴定评估报告对生态服务价值损失的评估意见，确定朱某1、朱某2应承担的服务功能损失赔偿金额为652 896.75元。《最高人民法院关于审理环境民事公益诉讼案件适用法律若干问题的解释》第24条第1款规定，人民法院判决被告承担的生态环境修复费用、生态环境受到损害至修复完成期间服务功能丧失导致的损失、生态环境功能永久性损害造成的损失等款项，应当用于修复被损害的生态环境。故被告承担的生态环境受到损害至恢复原状期间服务功能损失的款项应当专项用于该案环境修复、治理或异地公共生态环境修复、治理。朱某1、朱某2对案涉土地进行生态修复时，土地上还存在无法查明的他人倾倒渣土。朱某1、朱某2非法开采的行为造成受损地块原生土壤丧失、土壤的物理结构变化，而他人倾倒渣土的行为则会造成土壤养分的改变，两个侵权行为叠加造成现在的土壤生态环境损害。为全面及时恢复生态环境，朱某1、朱某2根据修复方案对涉案地块整体修复的要求，对该环境内所倾倒渣土进行清理并为此实际支出75.4万元，系属于对案涉环境的积极修复、治理，这与法律、司法解释规定的被告承担生态功能损害赔偿责任的目的和效果是一致的。同时，侵权人在承担修复责任的同时，积极采取措施，对他人破坏环境造成的后果予以修复治理,有益于生态环境保护,在修复效果和综合治理上亦更能体现及时优化生态环境的特点。因此,综合两项费用的功能目的以及赔偿费用专项执行的实际效果考虑,朱某1、朱某2对倾倒渣土环境进行清理的费用可以折抵朱某1、朱某2需要承担的生态功能损失赔偿费用。

【风险提示】

非法开采行为可能导致山体破损、地表裸露、耕地林地被占用,生态环境遭到严重破坏。无论是个人还是企业,在从事生产经营活动时,都应当注重生态环境的保护,不触碰法律的高压线。

问题 20：因非法采矿造成的生态环境损害,赔偿的具体范围应当如何认定？生态环境修复费用应当如何使用？

【解答】

人民法院审理环境民事公益诉讼案件,应当坚持山水林田湖草沙一体化保护和系统治理。对非法采矿等行为造成的生态环境损害,不仅要对造成山体（矿产资源）的损失进行认定,还要对开采区域的林草、水土、生物资源及其栖息地等生态环境要素的受损情况进行整体认定。同时,应当充分重视提高生态环境修复的针对性、有效性,可以在判决侵权人承担生态环境修复费用时,结合生态环境基础修复及生物多样性修复方案,确定修复费用的具体使用方向。

【案例】

江苏省南京市人民检察院诉王某某生态破坏民事公益诉讼案[①]

案情： 2015年至2018年,王某某违反国家管理矿产资源法律规定,在未取得采矿许可证的情况下,使用机械在南京市浦口区永宁镇老山林场原山林二矿老窑口内、北沿山大道建设施工红线外非法开采泥灰岩、泥页岩等合计十余万吨。南京市浦口区人民检察院以王某某等人的行为构成非法采矿罪向南京市玄武区人民法院提起公诉。该案审理期间,王某某已退赔矿石资源款4 455 998.6元。2020年3月、8月,江苏省环境科学研究院先后出具《"南京市浦口区王某某等人非法采

---

① 参见最高人民法院2022年12月30日发布的第37批指导性案例207号。

矿案"生态环境损害评估报告》(以下简称《评估报告》)、《"南京市浦口区王某某等人非法采矿案"生态环境损害(动物类)补充说明》(以下简称《补充说明》)。南京市人民检察院认为,王某某非法采矿造成国家矿产资源和生态环境破坏,损害社会公共利益,遂提起本案诉讼,诉请判令王某某承担生态破坏侵权责任,赔偿生态环境损害修复费用 1 893 112 元[具体包括:(1)生态资源的损失中林木的直接经济损失 861 750 元。(2)生态系统功能受到影响的损失:森林涵养水损失 440 233 元;水土流失损失 50 850 元;土壤侵蚀损失 81 360 元;树木放氧量减少损失 64 243 元;鸟类生态价值损失 243 122 元;哺乳动物栖息地服务价值损失 18 744 元。(3)修复期间生物多样性的价值损失 132 810 元]以及事务性费用 400 000 元,并提出了相应的修复方案。

法院经审理认为,环境民事公益诉讼案件应当坚持山水林田湖草沙一体化保护和系统治理。对非法采矿造成的生态环境损害,不仅要对造成山体(矿产资源)的损失进行认定,还要对开采区域的林草、水土、生物资源及其栖息地等生态环境要素的受损情况进行整体认定,同时应当充分重视提高生态环境修复的针对性、有效性。被告王某某违反《矿产资源法》的规定,未取得采矿许可证即实施非法采矿行为,造成生态环境的破坏,主观存在过错,非法采矿行为与生态环境损害之间具有因果关系,应当依照《侵权责任法》第 6 条[①]之规定,对其行为造成的生态环境损害后果承担赔偿责任。一审判决王某某对其非法采矿造成的生态资源损失 1 893 112 元承担赔偿责任,其中 1 498 436 元用于南京市山林二矿生态修复工程及南京市浦口区永宁街道大桥林场路口地质灾害治理工程,394 676 元用于上述地区生物多样性的恢复及保护,并承担损害评估等事务性费用 400 000 元。

分析: 第一,关于生态环境损害计算问题。(1)生态资源的经济损失计算合理。非法采矿必将使被开采区域的植被遭到严重破坏,受损山体的修复及自然林地的恢复均需要合理周期,即较长时间才能重新恢复林地的生态服务功能水平,故《评估报告》以具有 20 年生长年限的林地作为参照计算具有一定合理性,《评估报告》制作人关于林木经济损失计算的解释科学,故应对非法采矿行为造成林木经济损失 861 750 元依法予以认定。(2)鸟类生态价值损失计算恰当。森林资源为鸟类提供了栖息地和食物来源,鸟类种群维持着食物链的完整性,保持营养物质循环的顺利进行,栖息地的破坏必然导致林鸟迁徙或者食物链条断裂,一旦

---

① 现对应《民法典》1165 条。

食物链的完整性被破坏，必将对整个森林生态系统产生严重的后果。《补充说明》载明，两处非法开采点是林鸟种群的主要栖息地，非法采矿行为造成鸟类栖息地被严重破坏，由此必然产生种子传播收益额及改善土壤收益额的损失。鸟类为种子的主要传播者和捕食者，可携带或者吞食植物种子，有利于生态系统次生林的自然演替；同时，次生林和原始森林系统的良性循环，也同样为鸟类的自然栖息地提供了庇护，对植物种子的传播具有积极意义。《补充说明》制作人从生态系统的完整性和物种间生态平衡的角度，从非法采矿行为造成平衡性和生物多样性的破坏等方面对鸟类传播种子损失作出了详细解释，解释科学合理，故对非法采矿造成鸟类生态价值损失 243 122 元予以认定。（3）哺乳动物栖息地服务价值损失客观存在。森林生态系统是陆地生态系统的重要组成部分，同时也是哺乳动物繁衍和生存的主要栖息地之一。哺乳动物不仅对维持生态系统平衡有重要作用，还能够调节植物竞争，维护系统物种多样性以及参与物质和能量循环等，是改变生态系统内部各构件配置的最基本动力。虽然因客观因素无法量化栖息地生态环境损害价值，但非法采矿行为造成山体破坏和植被毁坏，导致哺乳动物过境受到严重影响，哺乳动物栖息地服务价值损失客观存在。结合案涉非法采矿区域位于矿坑岩口及林场路口的实际情况，综合考虑上述区域植被覆盖率以及人类活动影响造成两区域内哺乳动物的种类和数量减少等客观因素，公益诉讼起诉人主张按照其他生态环境损失 1 874 368 元的 1% 计算哺乳动物栖息地服务价值损失 18 744 元具有一定的合理性，应当依法予以支持。

  第二，关于生态环境修复问题。恢复性司法理念要求受损的生态环境切实得到有效修复，系统保护需要从各个生态要素全方位、全地域、全过程保护，对破坏生态所造成的损失修复，也要从系统的角度对不同生态要素所遭受的实际影响予以综合考量，注重从源头上系统开展生态环境修复，注重自然要素生态利益的有效发挥，对长江流域生态系统提供切实有效的保护。鉴于非法采矿给生态环境造成了严重的破坏，应当采取消除受损山体存在的地质灾害隐患，以及从最大限度恢复其生态环境功能的角度出发，结合经济、社会、人文等实际发展需要进行总体分析判断。案涉修复方案涵盖了山体修复、植被复种、绿地平整等生态修复治理的多个方面，充分考虑了所在区域生态环境结构的功能定位，体现了强化山水林田湖草沙等各种生态要素协同治理的理念，并且经法庭技术顾问论证，结论科学，方法可行。王某某赔偿的生态环境损失费用中，属于改善受破坏的自然环境状况，恢复和维持生态环境要素正常生态功能发挥范畴的，可用于侵权行为发生地生态修复工程及地质灾害治理工程使用。本案中生物栖息地也是重要的生态保护和修复目标，生物多样性受到影响的损失即鸟类生态价值损失、哺乳动物栖息地服务价值损失、修复期间生物多样性价值恢复费用属于生物多样性恢复考量范畴，可在基础修复工程完成后，用于侵权行为发生地生物多样性的恢复及保护使用。综上，法院最终判决王某某对其非法采矿造成的生态资源损失承担赔偿责任，并在判决主文中写明了生态修复、地质治理等项目和生物多样性保护等费用的使用方向。

【风险提示】

非法采矿对生态资源造成复合性危害，不仅造成国家矿产资源损失，还必然造成开采区域生态环境破坏及生态要素损失。环境和生物之间、生物和生物之间协同共生，相互影响、相互依存，形成动态的平衡。一个生态要素的破坏，必然会对整个生态系统的多个要素造成不利影响，最终影响到人类的生产生活和优美生态环境的实现。因此，个人或企业在进行非法采矿等违法行为时，必然面临多方面、多维度的生态环境损害赔偿责任。

问题 21：生态环境修复是否可以裁定先予执行？

【解答】

生态环境修复具有时效性、季节性、紧迫性的，不立即修复将导致生态环境损害扩大的，属于《民事诉讼法》第109条第3项规定的"因情况紧急需要先予执行的"情形，人民法院可以依法裁定先予执行。

【案例】

浙江省遂昌县人民检察院诉叶某某生态破坏民事公益诉讼案[①]

案情： 2018年11月月初，被告叶某某雇请他人在浙江省遂昌县妙高街道龙潭村村后属于龙潭村范围内（土名"龙潭湾"）的山场上清理枯死松木时，滥伐活松树89株。经鉴定，叶某某滥伐的立木蓄积量为22.9964立方米，折合材积13.798立方米，且案发山场属于国家三级公益林。根据林业专家出具的修复意见，叶某某应

---

① 参见最高人民法院2022年12月30日发布的第37批指导性案例209号。

在案涉山场补植 2~3 年的生木荷、枫香等阔叶树容器苗 1075 株。浙江省遂昌县人民检察院认为不需要追究叶某某的刑事责任，于 2019 年 7 月作出不起诉决定，但叶某某滥伐公益林山场林木的行为造成森林资源损失，破坏生态环境，遂于 2020 年 3 月 27 日提起环境民事公益诉讼。由于遂昌县春季绿化造林工作即将结束，公益诉讼起诉人在起诉的同时提出先予执行申请，要求叶某某根据前述专家修复意见原地完成补植工作。后由于种植木荷、枫香等阔叶树的时间节点已过，难以购置树苗，经林业专家重新进行修复评估，认定根据案涉林木损毁价值及补植费用 9658.4 元核算，共需补植 1~2 年的生杉木苗 1288 株。检察机关据此于 2020 年 4 月 2 日变更诉讼请求和先予执行申请，要求叶某某按照重新出具的修复意见进行补植。

一审法院裁定准予先予执行，要求被告叶某某在收到裁定书之日起 30 日内到案发山场及周边完成补植复绿工作。叶某某根据变更后的修复意见，于 2020 年 4 月 7 日完成补植，浙江省遂昌县自然资源和规划局于当日验收。一审法院判决被告叶某某自收到裁定书之日起 30 日内在"龙潭湾"山场补植 1~2 年的生杉木苗 1288 株，连续抚育 3 年（截至 2023 年 4 月 7 日），且种植当年成活率不低于 95%，3 年后成活率不低于 90%，如果被告叶某某未按本判决的第一项履行判决确定的义务，则需承担生态功能修复费用 9658.4 元。

分析： 生态恢复性司法的核心理念为及时修复受损生态环境、恢复生态功能。生态环境修复具有时效性、季节性、紧迫性的，不立即修复将导致生态环境损害扩大的，属于《民事诉讼法》第 109 条第 3 项规定的"因情况紧急需要先予执行的"情形，人民法院可以依法裁定先予执行。

森林生态环境修复需要考虑节气及种植气候等因素，如果未及时采取修复措施补种树苗，不仅增加修复成本、影响修复效果，而且将导致生态环境受到损害至修复完成期间的服务功能损失进一步扩大。叶某某滥伐林木、破坏生态环境的行为清楚明确，而当时正是植树造林的有利时机，及时补种树苗有利于新植树木的成活和生态环境的及时有效恢复。基于案涉补植树苗的季节性要求和修复生态环境的紧迫性，本案符合《民事诉讼法》第 109 条第 3 项规定的"因情况紧急需要先予执行的"情形，故对公益诉讼起诉人的先予执行申请予以准许。

【风险提示】

林地是森林资源的重要组成部分，是林业发展的根本。林地资源保护是生态文明建设中的重要环节，对于应对全球气候变化、改善生态环境有着重要作用。未经许可、在公益林山场滥伐林木的行为，是违反《森林法》的行为，破坏了林业资源和生态环境，对社会公共利益造成了损害，行为人将承担相应的环境侵权责任。

问题 22：违法行为人在刑事判决中未承担生态环境修复责任，行政机关是否可以代履行？

【解答】

在违法行为人的同一行为既违反行政法应受行政处罚又触犯刑法应受刑事处罚的情形下，行政机关在将案件移送公安机关时不应因案件移送而撤销已经作出的行政处罚，同时对刑事判决未涉及的行政处罚事项，行政机关应当在刑事判决生效后作出行政处罚决定。另外，违法行为人在刑事判决中未承担生态环境修复责任的，林业等行政主管部门应当及时责令其依法履行修复义务，若违法行为人不履行或者不完全履行时应组织代为履行。

【案例】

铜仁市万山区人民检察院诉
铜仁市万山区林业局不履行林业行政管理职责行政公益诉讼案[①]

案情： 2014年4月，被告人沈某某投资设立一人公司武陵农木业生产开发有限公司（以下简称武陵农木业公司）并任法定代表人。2014年5月至7月，该公司以修建种植、养殖场为由，在没有办理林地使用许可手续的情况下，雇用施工队使用挖掘机械在贵州省铜仁市万山区茶店街道梅花村隘口山组及万山区大坪乡大坪村马鞍山等处林地剥离地表植被进行挖掘，致使地表植被毁坏，山石裸露。经鉴定，毁坏林地276.17亩，其中重点公益林49.38亩，一般公益林72.91亩，重点商品林108.93亩，一般商品林44.95亩。涉案公益林功能设定为水土保持和水源涵养。本案一审审理时，被毁坏林地部分新植马尾松苗，苗木低矮枯黄，地表干涸破碎；水源涵养公益林部分未作任何处理，山岩裸露，碎石堆积，形如戈壁。

---

① 参见最高人民法院2022年12月30日发布的第37批指导性案例211号。

2015年1月,铜仁市万山区林业局以上述行为涉嫌构成非法占用农用地罪移送铜仁市公安局万山分局,但公安机关立案侦查后作撤案处理。万山区林业局遂对沈某某和武陵农木业公司作出行政处罚决定:责令限期恢复原状(未载明期限),并处罚款1 841 134元,但被处罚人均未履行。2016年1月20日,铜仁市公安局万山分局重新立案侦查。次日,万山区林业局撤销上述行政处罚决定。2016年12月,铜仁市万山区人民法院以(2016)黔0603刑初67号刑事判决,认定被告人沈某某犯非法占用农用地罪,判处有期徒刑二年,并处罚金人民币5万元。判决生效后,铜仁市万山区人民检察院向万山区林业局发出检察建议,建议其依法履行森林资源保护监管职责,责令沈某某限期恢复原状,按每平方米10元至30元并处罚款。万山区林业局书面回复,因沈某某正在服刑,公司倒闭,人员解散,无法实施复绿;林业局拟部分复绿造林,对其中难以复绿造林地块异地补植复绿;按"一事不再罚"原则不予罚款处罚。检察机关以万山区林业局既未对沈某某作出行政处罚,也未采取有效措施予以补植复绿,没有履行生态环境监管职责,导致林地被破坏的状态持续存在,当地生态环境遭受严重破坏为由提起行政公益诉讼,请求确认万山区林业局未依法履行监管职责的行为违法并判令其依法履行环境保护监管职责。

法院一审判决由被告铜仁市万山区林业局对沈某某以铜仁市万山区武陵农木业公司名义毁坏铜仁市万山区茶店街道梅花村隘口山组、大坪乡大坪村马鞍山林地补植复绿恢复原状依法履行监督管理法定职责,并限期完成复绿工程验收。

分析: 第一,万山区林业局未依法履行职责。万山区林业局作为万山区人民政府林业行政主管部门,依照《森林法》(2009年修正)第10条[①]规定,负责对万山区行政区域内森林资源保护、利用、更新的监督管理。万山区林业局应当依法履行职责,对违反林业管理法律、法规占用、毁坏森林资源、改变林地用途的行为依法查处。依照《森林法》(2009年修正)第44条[②]的规定,责令违法行为人停止违法行为并按法律规定补种树木,违法行为人拒不补种或者补种不符合国家有关规定的,由林业主管部门代为补种,所需费用向违法行为人追偿,但是万山区林业局未依法履行职责。

第二,公安机关立案侦查后,万山区林业局撤销行政处罚的决定违法。在违

[①] 现对应《森林法》(2019年修订)第9条。
[②] 现对应《森林法》(2019年修订)第74条。

法行为人的同一行为既违反行政法应受行政处罚又触犯刑法应受刑罚处罚的情形下，行政执法机关在将案件移送司法机关之前已经作出的行政处罚，折抵相同功能的刑罚。依照《行政处罚法》（2017年修正）第28条[①]关于"违法行为构成犯罪，人民法院判处拘役或者有期徒刑时，行政机关已经给予当事人行政拘留的，应当依法折抵相应刑期。违法行为构成犯罪，人民法院判处罚金时，行政机关已经给予当事人罚款的，应当折抵相应罚金"的规定和《行政执法机关移送涉嫌犯罪案件的规定》第11条第3款关于"依照行政处罚法的规定，行政执法机关向公安机关移送涉嫌犯罪案件前，已经依法给予当事人罚款的，人民法院判处罚金时，依法折抵相应罚金"的规定，这种折抵是执行上的折抵，而不是处罚决定本身的折抵，且仅折抵惩罚功能相同的处罚，功能不同的处罚内容不能折抵。因此，在刑事侦查立案前已经作出的行政处罚不应撤销。万山区林业局在将涉嫌犯罪的行政违法行为移送公安机关，公安机关立案后万山区林业局又撤销其在先已经作出的行政处罚决定时，不但撤销了与刑事裁判可能作出的罚金刑功能相同的罚款处罚，还一并撤销了不属于刑罚处罚功能的责令违法行为人补植复绿以恢复原状的行政处罚。万山区林业局这一撤销行为违反了法律规定。

第三，刑事判决生效后，万山区林业局未责令违法行为人恢复被毁坏林地的行为违法。对刑事判决未涉及的处罚事项，行政机关在刑事判决生效后应作出行政处罚决定。责令犯罪人补植复绿以修复环境，不属于刑罚处罚的范畴，而属于法律赋予行政主管机关的行政权，属于行政处罚的范畴。刑事判决生效后，在先没有作出行政处罚的，刑事判决生效后，行政机关不得基于同一行为作出与刑罚功能相同的行政处罚。在对违法行为人追究刑事责任后，刑事处罚未涉及环境修复责任的，行政机关应当依法作出决定，责令违法行为人按《森林法》要求种植树木、修复环境。因此，万山区林业局在刑事判决生效后应当依法作出责令违法行为人履行补植复绿义务的行政处罚决定并监督违法行为人履行，违法行为人拒不履行或者履行不合格的，应当代为补植复绿，并责令违法行为人承担费用。被告万山区林业局未作出责令沈某某及武陵农木业公司补植复绿以恢复原状并监督履行的行为违法。

第四，万山区林业局未履行代为补植复绿职责。特殊功能区生态环境被破坏的，原则上应当原地修复。修复义务人或者代履行人主张异地修复，但不能证明

[①] 现对应《行政处罚法》（2021年修订）第35条。

原地修复已不可能或者没有必要的，人民法院不予支持。万山区林业局在未作出责令违法行为人修复环境决定的情形下，会同乡镇人民政府等在被毁坏的林地上种植了部分树苗，但效果较差，没有保证成活率，没有达到环境修复的目的。且对于毁坏严重，形同戈壁的土地未进行治理复绿。鉴于被毁坏林地及林木的公益林性质和水源涵养、水土保持功能，补植复绿应当就地进行，不得异地替代。万山区林业局代为补植树木的行为，虽已部分履行职责，但尚未正确、全面履行，仍应继续履行。

【风险提示】

行政机关在生态环境的保护中起到了重要的作用，生态环境保护的相关部门应当准确理解和把握法律法规的相关规定，依法行使生态环境行政处罚权。

问题23：非法占用农用地案件中，行政责任、刑事责任、民事责任如何有效衔接？

【解答】

根据《土地管理法》第77条第1款的规定，对非法占用土地的行为，由县级以上人民政府自然资源主管部门责令退还，要求限期恢复土地原状，并可处以罚款，构成犯罪的，依法追究刑事责任。《刑法》第342条亦规定了非法占用农用地罪。《民法典》第1229条、第1232条、第1234条规定，在行为人污染破坏生态环境后，除了要承担侵权赔偿责任，还可能承担生态环境修复责任与生态环境损害赔偿责任。从上述法条以及实践情况来看，在非法占用农用地案件中容易碰到行政责任、刑事责任、民事责任竞合的问题，在处理此类情况时应当注意以下要点：第一，根据《行政执法机关移送涉嫌犯罪案件的规定》第3条的规定，行政机关在查处非法占用农用地行为的过程中，发现涉嫌非法占用农用地罪，依法需要追究刑事责任的，必须向公安机关移送。第二，根据《行政处罚法》第35条与《环境保护行政执法与刑事司法衔接工作办法》第16条的规定，行政责任中的罚款、行政拘留与刑事上的罚金、拘役可以相互折抵，行政机关在向公安机关移送案件时尚未作出处罚决定的，应当在公安机关决定不予立案或者撤销案件、人民检察院作出不起诉决定、人民法院作出无罪判决或者免予刑事处罚后，再决定是否给予行政处罚。第三，违法行为人逾期未履行义务的，行政机关可以实施代履行或申请人民法院强制执行。第四，根据《民法典》第187条、第1235条的规定，行政责任或刑事责任不影响民事责任的承担，在非法占用农用地案件中，行政机关已经作出行政处罚决定的，检察机关依然有权提起民事公益诉讼。

【案例】

山东省滨州市人民检察院诉杨某义、山东省某实业有限公司民事公益诉讼案①

案情： 2011年1月10日，杨某义（山东省某实业有限公司的出资人及经营管理人）与山东省滨州市沾化区古城镇某村村民委员会就村内45.21亩集体土地签订租赁合同，用于厂房及其他项目的建设。2017年8月7日，山东省滨州市沾化区国土资源局（以下简称沾化区国土局）对山东省某实业有限公司、杨某楠（系杨某义之子、山东省某实业有限公司法定代表人）的非法占地行为作出行政处罚，责令其拆除违法占地上的建筑物和其他设施、退还非法占用的土地、恢复土地原貌，并给予罚款，同时将该案件线索移送公安机关立案侦查。2018年2月7日，沾化区国土局又向山东省某实业有限公司作出《履行行政处罚决定催告书》，山东省某实业有限公司仍未履行。在法定期限内，沾化区国土局未申请强制执行。2018年5月2日，山东省滨州市沾化区人民法院作出刑事判决，认定杨某义、山东省某实业有限公司均构成非法占用农用地罪。之后，山东省滨州市人民检察院向济南铁路运输中级法院提起民事公益诉讼，请求判令杨某义、山东省某实业有限公司停止侵害，排除非法占用涉案耕地上的建筑物及设施，恢复土地原状。

济南铁路运输中级法院认为，杨某义、山东省某实业有限公司未经批准，以租赁形式长期非法占用涉案耕地建造厂房、污水处理设施等用于生产经营，造成涉案耕地大量毁坏，损害国家利益和社会公共利益。本案检察机关提起民事公益诉讼符合法律规定，不受行政机关是否先期作出行政处罚、采取行政措施的制约。判决：一、杨某义、山东省某实业有限公司立即停止对涉案耕地的非法占用，于本判决生效之日起6个月内自行拆除涉案耕地上的建筑物及设施并对涉案耕地进行修复，修复完成后应经当地行政主管部门验收合格；二、上述第一项义务逾期未完成的，杨某义、山东省某实业有限公司应当交纳生态环境修复费用223 633.65元；三、杨某义、山东省某实业有限公司于本判决生效后10日内向山

---

① 参见2024年1月10日最高人民法院发布的人民法院依法保护农用地典型案例。

东省滨州市人民检察院支付鉴定费 28 400 元。

山东省高级人民法院二审维持原判。

分析：本案是行为人因非法占用农用地被行政处罚和刑事制裁，在未履行行政处罚决定情形下，同时依法承担拆除违法建筑物、修复涉案耕地的民事责任的典型案例。保护耕地就是保护粮食安全，人民法院应当统筹适用多种法律责任，对农用地进行"全环节、全要素、全链条"保护。本案中，行政机关对非法占用耕地的行为作出行政处罚决定后，根据自然资源领域行政执法和刑事司法衔接机制的规定，将案件移送司法机关依法追究了当事人非法占用耕地行为的刑事责任。同时，人民法院依法支持检察机关提起的生态环境保护民事公益诉讼，判决当事人立即停止对涉案耕地的非法占用，拆除非法占用耕地上的建筑物及设施并对涉案耕地进行修复或承担生态环境修复费用，体现了保护耕地重在修复的理念。人民法院统筹协调行政、刑事、民事法律手段，有效衔接对同一违法行为的行政处罚、刑事制裁和民事赔偿三种责任，对严厉打击违法违规占用耕地违法犯罪行为，实现受损耕地的有效修复，形成耕地资源保护整体合力具有重要意义。

【风险提示】

耕地是中华民族永续发展的根基，是端牢"中国饭碗"的关键保证。当前，我国实行最严格的耕地保护制度，不断织密法律体系，持续凝聚多方合力，展现出守住耕地保护红线的坚定决心。企业、集体和个人应当强化农用地保护意识，依法依规利用土地，杜绝侥幸心理，存在非法占用农用地行为的，应当及时履行退还土地、恢复原状的义务。各地自然资源主管部门、公安机关、检察机关与人民法院应当加强合作协同，以科学周密的流程安排，做好民事责任、行政责任与刑事责任的衔接，让我国土地管理制度真正"长出牙齿"。

问题 24：自然资源主管部门将非法占用农用地案件移送公安机关后，是否应继续履行监督检查职责？

【解答】

《土地管理法》第 67 条第 1 款规定："县级以上人民政府自然资源主管部门对违反土地管理法律、法规的行为进行监督检查。"据此，自然资源主管部门在按照《行政执法机关移送涉嫌犯罪案件的规定》第 3 条之规定移送案件后，仍要履行申请强制拆除、督促恢复原状等一系列职责，确保案涉土地在第一时间获得修复。

自然资源主管部门怠于履行上述职责的，检察机关有权提起公益诉讼，人民法院依法予以支持。

【案例】

洛阳铁路运输检察院诉河南省栾川县自然资源局未全面履行职责行政公益诉讼案[①]

案情： 栾川县某养殖专业合作社违法建设养鸡场总面积达 9.968 亩，造成了 8.879 亩耕地（其中基本农田 6.722 亩，一般耕地 2.157 亩）的种植条件严重毁坏，违法建筑面积为 4720.17 平方米（7.08 亩）。2022 年 1 月 18 日，河南省栾川县自然资源局（以下简称栾川县自然资源局）下达《责令停止违法行为通知书》《责令改正违法行为通知书》。1 月 19 日，河南省栾川县人民检察院向栾川县自然资源局发出检察建议。3 月 9 日，栾川县自然资源局经委托鉴定后认为该案已涉嫌刑事犯罪，遂将案件移交河南省栾川县公安局，对该案中止调查。12 月 8 日，河南省栾川县人民检察院发现栾川县某养殖专业合作社在行政复议和行政诉讼法定期满后，未恢复土地原貌，未达到种植条件。栾川县自然资源局未继续向人民法院申请强制拆除违法建筑，也未采取恢复土地种植条件措施。洛阳铁路运输检察院提起行政公益诉讼，请求判令栾川县自然资源局依法全面履行法定职责。诉讼过程中，栾川县自然资源局根据"三区三线"划定成果，对栾川县某养殖专业合作社作出了相应的行政处罚，洛阳铁路运输检察院将诉讼请求变更为确认原行政行为违法。

郑州铁路运输法院认为，栾川县某养殖专业合作社未经批准占用耕地建设养鸡场，栾川县自然资源局将案件移交公安机关后中止调查，存在未依法全面履行职责的问题。诉讼中，栾川县自然资源局对栾川县某养殖专业合作社作出相应的行政处罚。判决：确认栾川县自然资源局未依法全面履行职责的行为违法。

栾川县自然资源局未提起上诉，本案一审生效。

分析： 本案是人民法院依法监督行政机关应当依法全面履行保护耕地职责的典型案例。珍惜、合理利用土地和切实保护耕地是我国的基本国策。《土地管理法》第 67 条第 1 款规定了县级以上人民政府自然资源主管部门对违反土地管理法律、法规的行为进行监督检查的职责。本案中，栾川县自然资源局发现某养殖专

[①] 参见 2024 年 1 月 10 日最高人民法院发布的人民法院依法保护农用地典型案例。

业合作社非法占用基本农田构成犯罪后，不仅要移送公安机关追究刑事责任，还要继续履行职责，向人民法院申请强制拆除基本农田上的违法建筑，督促违法当事人履行土地复垦义务，或者违法当事人拒不复垦的，责令其缴纳土地复垦费并代为组织复垦。栾川县自然资源局将案件移送公安机关后怠于履行上述法定职责，导致土地未能复垦，损害国家和公共利益。检察机关依法提起行政公益诉讼，人民法院判决确认栾川县自然资源局未依法全面履行职责的行为违法，充分彰显了人民法院服务法治政府建设、依法监督行政机关全面履行守护耕地安全和粮食安全职能的责任担当。

【风险提示】

相互推诿、各管一段是农用地保护工作的大忌。自然资源主管部门是农用地保护的关键责任人，要以"守土有责"的使命感，持续跟进督察执法，不断提高工作的时效性、精准度和震慑力。检察机关要充分发挥法律监督作用，通过公益诉讼的方式及时督促行政机关履职。人民法院要扎实做好审判工作，以高质量司法助推依法行政，坚决守护耕地红线。

◎ 法律规定速查

《中华人民共和国民法典》（2020年5月28日）

第一百八十七条　民事主体因同一行为应当承担民事责任、行政责任和刑事责任的，承担行政责任或者刑事责任不影响承担民事责任；民事主体的财产不足以支付的，优先用于承担民事责任。

第一千一百六十八条　二人以上共同实施侵权行为，造成他人损害的，应当承担连带责任。

第一千二百二十九条　因污染环境、破坏生态造成他人损害的，侵权人应当承担侵权责任。

第一千二百三十条　因污染环境、破坏生态发生纠纷，行为人应当就法律规定的不承担责任或者减轻责任的情形及其行为与损害之间不存在因果关系承担举证责任。

第一千二百三十二条　侵权人违反法律规定故意污染环境、破坏生态造成严重后果的，被侵权人有权请求相应的惩罚性赔偿。

第一千二百三十四条　违反国家规定造成生态环境损害，生态环境能够修复的，国家规定的机关或者法律规定的组织有权请求侵权人在合理期限内承担修复责任。侵权人在期限内未修复的，国家规定的机关或者法律规定的组织可以自行或者委托他人进行修复，所需费用由侵权人负担。

《中华人民共和国刑法》（2023年12月29日修正）

第三百三十八条　违反国家规定，排放、倾倒或者处置有放射性的废物、含传染病病原体的废物、有毒物质或者其他有害物质，严重污染环境的，处三年以下有期徒刑或者拘役，并处或者单处罚金；情节严重的，处三年以上七年以下有期徒刑，并处罚金；有下列情形之一的，处七年以上有期徒刑，并处罚金：

（一）在饮用水水源保护区、自然保护地核心保护区等依法确定的重点保护区域排放、倾倒、处置有放射性的废物、含传染病病原体的废物、有毒物质，情节特别严重的；

（二）向国家确定的重要江河、湖泊水域排放、倾倒、处置有放射性的废物、含传染病病原体的废物、有毒物质，情节特别严重的；

（三）致使大量永久基本农田基本功能丧失或者遭受永久性破坏的；

（四）致使多人重伤、严重疾病，或者致人严重残疾、死亡的。

有前款行为，同时构成其他犯罪的，依照处罚较重的规定定罪处罚。

第三百四十二条 违反土地管理法规，非法占用耕地、林地等农用地，改变被占用土地用途，数量较大，造成耕地、林地等农用地大量毁坏的，处五年以下有期徒刑或者拘役，并处或者单处罚金。

第三百四十五条 盗伐森林或者其他林木，数量较大的，处三年以下有期徒刑、拘役或者管制，并处或者单处罚金；数量巨大的，处三年以上七年以下有期徒刑，并处罚金；数量特别巨大的，处七年以上有期徒刑，并处罚金。

违反森林法的规定，滥伐森林或者其他林木，数量较大的，处三年以下有期徒刑、拘役或者管制，并处或者单处罚金；数量巨大的，处三年以上七年以下有期徒刑，并处罚金。

非法收购、运输明知是盗伐、滥伐的林木，情节严重的，处三年以下有期徒刑、拘役或者管制，并处或者单处罚金；情节特别严重的，处三年以上七年以下有期徒刑，并处罚金。

盗伐、滥伐国家级自然保护区内的森林或者其他林木的，从重处罚。

《中华人民共和国环境保护法》（2014年4月24日修订）

第五十八条 对污染环境、破坏生态，损害社会公共利益的行为，符合下列条件的社会组织可以向人民法院提起诉讼：

（一）依法在设区的市级以上人民政府民政部门登记；

（二）专门从事环境保护公益活动连续五年以上且无违法记录。

符合前款规定的社会组织向人民法院提起诉讼，人民法院应当依法受理。

提起诉讼的社会组织不得通过诉讼牟取经济利益。

第六十四条 因污染环境和破坏生态造成损害的，应当依照《中华人民共和国侵权责任法》的有关规定承担侵权责任。

《中华人民共和国固体废物污染环境防治法》（2020年4月29日修订）

第四十一条 产生工业固体废物的单位终止的，应当在终止前对工业固体废物的贮存、处置的设施、场所采取污染防治措施，并对未处置的工业固体废物作出妥善处置，防止污染环境。

产生工业固体废物的单位发生变更的，变更后的单位应当按照国家有关环境保护的规定对未处置的工业固体废物及其贮存、处置的设施、场所进行安全处置或者采取有效措施保证该设施、场所安全运行。变更前当事人对工业固体废物及其贮存、处置的设施、场所的污染防治责任另有约定的，从其约定；但是，不得免除当事人的污染防治义务。

对2005年4月1日前已经终止的单位未处置的工业固体废物及其贮存、处置的设施、场所进行安全处置的费用，由有关人民政府承担；但是，该单位享有的土地使用权依法转让的，应当由土地使用权受让人承担处置费用。当事人另有约定的，从其约定；但是，不得免除当事人的污染防治义务。

《中华人民共和国渔业法》（2013年12月28日修正）

第三十条 禁止使用炸鱼、毒鱼、电鱼等破坏渔业资源的方法进行捕捞。禁止制造、销售、使用禁用的渔具。禁止在禁渔区、禁渔期进行捕捞。禁止使用小于最小网目尺寸的网具进行捕捞。捕捞的渔获物中幼鱼不得超过规定的比例。在禁渔区或者禁渔期内禁止销售非法捕捞的渔获物。

重点保护的渔业资源品种及其可捕捞标准，禁渔区和禁渔期，禁止使用或者限制使用的渔具和捕捞方法，最小网目尺寸以及其他保护渔业资源的措施，由国务院渔业行政主管部门或者省、自治区、直辖市人民政府渔业行政主管部门规定。

《中华人民共和国森林法》（2019年12月28日修订）

第九条 国务院林业主管部门主管全国林业工作。县级以上地方人民政府林业主管部门，主管本行政区域的林业工作。

乡镇人民政府可以确定相关机构或者设置专职、兼职人员承担林业相关工作。

第七十四条 违反本法规定，进行开垦、采石、采砂、采土或者其他活动，造成林木毁坏的，由县级以上人民政府林业主管部门责令停止违法行为，限期在原地或者异地补种毁坏株数一倍以上三倍以下的树木，可以处毁坏林木价值五倍以下的罚款；造成林地毁坏的，由县级以上人民政府林业主管部门责令停止违法行为，限期恢复植被和林业生产条件，可以处恢复植被和林业生产条件所需费用三倍以下的罚款。

违反本法规定，在幼林地砍柴、毁苗、放牧造成林木毁坏的，由县级以上人民政府林业主管部门责令停止违法行为，限期在原地或者异地补种毁坏株数一倍以上三倍以下的树木。

向林地排放重金属或者其他有毒有害物质含量超标的污水、污泥，以及可能造成林地污染的清淤底泥、尾矿、矿渣等的，依照《中华人民共和国土壤污染防治法》的有关规定处罚。

《中华人民共和国行政处罚法》（2021年1月22日修订）

第三十五条 违法行为构成犯罪，人民法院判处拘役或者有期徒刑时，行政机关已经给予当事人行政拘留的，应当依法折抵相应刑期。

违法行为构成犯罪，人民法院判处罚金时，行政机关已经给予当事人罚款的，应当折抵相应罚金；行政机关尚未给予当事人罚款的，不再给予罚款。

《中华人民共和国土地管理法》（2019年8月26日修正）

第六十七条 县级以上人民政府自然资源主管部门对违反土地管理法律、法规的行为进行监督检查。

县级以上人民政府农业农村主管部门对违反农村宅基地管理法律、法规的行为进行监督检查的，适用本法关于自然资源主管部门监督检查的规定。

土地管理监督检查人员应当熟悉土地管理法律、法规，忠于职守、秉公执法。

第七十七条 未经批准或者采取欺骗手段骗取批准，非法占用土地的，由县级以上人民政府自然资源主管部门责令退还非法占用的土地，对违反土地利用总体规划擅自将农用地改为建设用地的，限期拆除在非法占用的土地上新建的建筑物和其他设施，恢复土地原状，对符合土地利用总体规划的，没收在非法占用的土地上新建的建筑物和其他设施，可以并处罚款；对非法占用土地单位的直接负责的主管人员和其他直接责任人员，依法给予处分；构成犯罪的，依法追究刑事责任。

超过批准的数量占用土地，多占的土地以非法占用土地论处。

《中华人民共和国民事诉讼法》（2023年9月1日修正）

第五十八条 对污染环境、侵害众多消费者合法权益等损害社会公共利益的行为，法律规定的机关和有关组织可以向人民法院提起诉讼。

人民检察院在履行职责中发现破坏生态环境和资源保护、食品药品安全领域侵害众多消费者合法权益等损害社会公共利益的行为，在没有前款规定的机关和组织或者前款规定的机关和组织不提起诉讼的情况下，可以向人民法院提起诉讼。前款规定的机关或者组织提起诉讼的，人民检察院可以支持起诉。

第一百零九条 人民法院对下列案件，根据当事人的申请，可以裁定先予执行：

（一）追索赡养费、扶养费、抚养费、抚恤金、医疗费用的；

（二）追索劳动报酬的；

（三）因情况紧急需要先予执行的。

《最高人民法院、最高人民检察院关于检察公益诉讼案件适用法律若干问题的解释》（2020年12月29日修正）

第四条 人民检察院以公益诉讼起诉人身份提起公益诉讼，依照民事诉讼法、行政诉讼法享有相应的诉讼权利,履行相应的诉讼义务,但法律、司法解释另有规定的除外。

第十三条 人民检察院在履行职责中发现破坏生态环境和资源保护,食品药品安全领域侵害众多消费者合法权益,侵害英雄烈士等的姓名、肖像、名誉、荣誉等损害社会公共利益的行为,拟提起公益诉讼的,应当依法公告,公告期间为三十日。

公告期满,法律规定的机关和有关组织、英雄烈士等的近亲属不提起诉讼的,人民检察院可以向人民法院提起诉讼。

人民检察院办理侵害英雄烈士等的姓名、肖像、名誉、荣誉的民事公益诉讼案件,也可以直接征询英雄烈士等的近亲属的意见。

第二十条 人民检察院对破坏生态环境和资源保护,食品药品安全领域侵害众多消费者合法权益,侵害英雄烈士等的姓名、肖像、名誉、荣誉等损害社会公共利益的犯罪行为提起刑事公诉时,可以向人民法院一并提起附带民事公益诉讼,由人民法院同一审判组织审理。

人民检察院提起的刑事附带民事公益诉讼案件由审理刑事案件的人民法院管辖。

《最高人民法院关于审理环境民事公益诉讼案件适用法律若干问题的解释》(2020年12月29日修正)

第十三条 原告请求被告提供其排放的主要污染物名称、排放方式、排放浓度和总量、超标排放情况以及防治污染设施的建设和运行情况等环境信息,法律、法规、规章规定被告应当持有或者有证据证明被告持有而拒不提供,如果原告主张相关事实不利于被告的,人民法院可以推定该主张成立。

第二十一条 原告请求被告赔偿生态环境受到损害至修复完成期间服务功能丧失导致的损失、生态环境功能永久性损害造成的损失的,人民法院可以依法予以支持。

第二十三条 生态环境修复费用难以确定或者确定具体数额所需鉴定费用明显过高的,人民法院可以结合污染环境、破坏生态的范围和程度,生态环境的稀缺性,生态环境恢复的难易程度,防治污染设备的运行成本,被告因侵害行为所获得的利益以及过错程度等因素,并可以参考负有环境资源保护监督管理职责的部门的意见、专家意见等,予以合理确定。

第二十四条 人民法院判决被告承担的生态环境修复费用、生态环境受到损害至修复完成期间服务功能丧失导致的损失、生态环境功能永久性损害造成的损失等款项,应当用于修复被损害的生态环境。

其他环境民事公益诉讼中败诉原告所需承担的调查取证、专家咨询、检验、鉴定等必要费用,可以酌情从上述款项中支付。

第二十五条 环境民事公益诉讼当事人达成调解协议或者自行达成和解协议后,人民法院应当将协议内容公告,公告期间不少于三十日。

公告期满后，人民法院审查认为调解协议或者和解协议的内容不损害社会公共利益的，应当出具调解书。当事人以达成和解协议为由申请撤诉的，不予准许。

调解书应当写明诉讼请求、案件的基本事实和协议内容，并应当公开。

第三节　生态环境损害赔偿类案件

问题 1：生态环境损害赔偿磋商中，如何体现磋商的公开透明、保障社会公众的环境权益？

【解答】

《最高人民法院关于审理生态环境损害赔偿案件的若干规定（试行）》（2020年修正）第20条规定，经磋商达成生态环境损害赔偿协议的，当事人可以向人民法院申请司法确认。人民法院受理申请后，应当公告协议内容，公告期间不少于30日。公告期满后，人民法院经审查认为协议的内容不违反法律法规强制性规定且不损害国家利益、社会公共利益的，裁定确认协议有效。裁定书应当写明案件的基本事实和协议内容，并向社会公开。该解释第21条规定，一方当事人在期限内未履行或者未全部履行发生法律效力的生态环境损害赔偿诉讼案件裁判或者经司法确认的生态环境损害赔偿协议的，对方当事人可以向人民法院申请强制执行。生态环境损害赔偿磋商涉及社会公众的环境权益，磋商过程应体现公开性，保证行政主管部门、社会公众的知情权及参与权。

【案例】

湖州市生态环境局申请生态环境损害
赔偿协议司法确认案[①]

案情：杨某经营的车队自2017年上半年开始从事建筑生活混合垃圾清运业

---

① 参见浙江省长兴县人民法院（2019）浙0522民特569号民事裁定书。

务，由许某等3人调度车辆前往杭州市各垃圾中转站装运垃圾，由许某等5人指挥车辆前往外地各倾倒点实施倾倒，由陈某等5人作为车队驾驶员根据安排装运垃圾前往湖州南太湖产业集聚区长兴分区一处山体脚下实施倾倒，当地村民周某等3人为垃圾倾倒提供寻找场地、联系挖机、"望风"等协助。2018年1月，附近村民发现有车队偷倒垃圾，遂报警处理。公安机关、环保行政主管部门赶往现场处置，发现场地上堆放有大量生活、建筑混合垃圾的固体废物。公安机关随即立案侦查，陆续将杨某等犯罪嫌疑人抓获，并移送检察机关审查起诉，检察机关向长兴县人民法院（以下简称长兴法院）提起公诉。浙江省环境保护科学设计研究院对现场固体废物进行检测，认定混合垃圾含有铅、锌等重金属，渗滤液形成的地表水体含有锌、铬、镍等重金属，地表水体中化学需氧量、氨氮、总磷、总氮均超过基线的20%，土壤中的铅、镉、铜、镍均超过基线值，倾倒的混合垃圾为污染物，倾倒现场另有507立方米土壤受到污染。当地政府立即采取应急措施，对固体废物作防风防雨处理，并委托专门机构清运固体废物及受污染土壤，为此支出费用共计3 549 450元，包括：防止污染扩大费用4500元、实际清理垃圾费用2 684 532元、现场数量勘测费30 000元、损害鉴定评估费用200 000元、土壤污染调查费用150 000元，以及受污染土壤处置费用480 417余元。湖州市人民政府指定湖州市生态环境局作为赔偿权利人，杨某等车队经营者、倾倒实施者、场地提供者共14人作为赔偿义务人，具体参与本案生态环境损害赔偿磋商。前后经历三轮磋商，从框架式意向到具体分摊金额再到详尽履行方式，最终达成一致，签署赔偿协议，确定的赔偿金额为3 549 450元，各个赔偿义务人按照在倾倒活动中的地位作用、参与次数、倾倒数额确定各自承担比例及数额。由于赔偿义务人尚不具备全部履行的能力，赔偿支付方式为分期给付。为赋予该赔偿协议法律强制效力，赔偿权利义务人共同向长兴法院申请司法确认。

长兴法院受理该案后，为保障公众知情权与参与权，依照规定，对协议主要内容在《人民法院报》上进行为期30日的公告。公告期内，未收到有关主体对该生态环境损害赔偿协议的异议或意见。长兴法院认为，赔偿权利义务人达成的生态环境损害赔偿协议，符合司法确认调解协议的法定条件，依照《民事诉讼法》的相关规定，裁定确认赔偿权利义务人达成的生态环境损害赔偿协议有效，当事人应当按照赔偿协议的约定自觉履行义务，一方当事人拒绝履行或者未完全履行，对方当事人可向人民法院申请强制执行。

分析： 目前，跨区域倾倒垃圾现象仍普遍存在，主要原因在于：一方面，不具备处理资质的个人企业以远低于市场标准的价格进行报价,取得垃圾处理业务,形成了垃圾非正规处理的利益链;另一方面,个人企业为获取利润,利用隐蔽方式将垃圾随意处置。由此引发的跨区域生态环境损害赔偿呈现环境污染范围广、协调解决阻力大、后续处置进度慢等特点。本案涉及具有典型性的跨区域环境污染事件,当地政府及时处置,并支出大量清运费用,但在追偿费用时遇到难题。为破解原有污染事件中"个体污染、群众受害、政府买单"的困局,法院在赔偿权利人追偿过程中,引入生态环境损害赔偿磋商制度。磋商需要考虑修复支出是否合理必要,磋商主体对费用组成是否认可,并对赔偿义务人的履行能力进行考量。法院在磋商过程中明法析理,给予赔偿权利义务人法律指导,最终促成赔偿协议的达成。

生态环境损害涉及多个行政管理领域,多元共治机制有助于受损生态环境的修复。本案中,法院主动加强与检察、公安机关、环境资源行政主管部门之间的衔接,构建环境资源修复协同机制,多次召开联席会议,会商解决磋商过程中出现的问题,共同审查修复方案可行性、费用支出合理性。

生态环境损害赔偿磋商有利于节约国家司法资源、提高环境修复效率,同时关乎社会公众利益,应保障当地群众,特别是环境污染地群众的知情权和参与权。本案中,法院利用微信公众号定时发布磋商信息,通报磋商进程,邀请媒体拍摄磋商过程,并在当地新闻中予以播放。赔偿协议公示期满后,利用湖州市生态环境司法保护一体化平台,征求人大代表对磋商的意见,最大限度地保护社会公众的环境权益。

【风险提示】

生态环境损害赔偿磋商作为一项重要的制度创新,旨在构建公权力机关与赔偿义务人开展平等对话的全新模式,有利于节约国家司法资源,提高环境修复效率。生态环境损害赔偿磋商需要法院积极引导,检察机关全过程跟踪监督,行政主管部门参与损失确认、修复方案确定,通过多元协同方式完成修复目标。磋商过程、结果应当透明公开,保障公众的知情权,特别是受污染当地群众的知晓参与度。

问题 2：生态环境损害赔偿磋商协议是否需要进行司法确认？

【解答】

《最高人民法院关于审理生态环境损害赔偿案件的若干规定（试行）》（2020年修正）第20条第1款规定，经磋商达成生态环境损害赔偿协议的，当事人可以向人民法院申请司法确认。该司法解释为生态环境损害赔偿磋商协议可以进行司法确认提供了明确依据。

【案例】

绍兴市环境保护局等申请司法确认案[①]

案情： 2017年4月11日，诸暨市环境保护局会同诸暨市公安局对上峰建材公司联合突击检查时发现，为达到干扰自动监测数据的目的，该企业在大气污染物在线监控设施监测取样管上套装管子并喷吹石灰中和后的气体。上峰建材公司超标排放氮氧化物、二氧化硫等大气污染物，对周边大气生态环境造成损害。经绍兴市环保科技服务中心鉴定评估，造成生态环境损害数额110.4143万元，鉴定评估费用12万元，合计122.4143万元。上峰建材公司违法排放的大气污染物已通过周边次坞镇大气生态环境稀释自净，无须实施现场修复。

绍兴市环境保护局经与上峰建材公司、次坞镇人民政府进行磋商，达成了《生态环境损害修复协议》，主要内容如下：（1）各方同意上峰建材公司以替代修复的方式承担生态环境损害赔偿责任。上峰建材公司在承担生态环境损害数额110.4143万元的基础上，自愿追加资金投入175.5857万元，合计总额286万元用于生态工程修复，并于2018年10月31日之前完成修复工程。（2）次坞镇人民政府对修复工程进行组织、监督管理、资金决算审计，修复后移交大院里村。（3）修复工程完成后，由绍兴市环境保护局委托第三方评估机构验收评估，提交验收评估意见。（4）生态环境损害鉴定评估费、验收鉴定评估费由上峰建材公司承担，并于工程验收通过后7日内支付给鉴定评估单位。（5）如上峰建材公司中止修复工程，或者不按约定时间、约定内容完成修复的，绍兴市环境保护局有权向上峰建材公司追缴全部生态环境损害赔偿金。

绍兴市中级人民法院受理司法确认申请后，对《生态环境损害修复协议》内

---

① 参见浙江省绍兴市人民法院（2018）浙06民特48号民事裁定书。

容进行了公告。公告期内，未收到异议或意见。绍兴市中级人民法院对协议内容审查后认为，申请人达成的协议符合司法确认的条件，遂裁定确认协议有效。一方当事人拒绝履行或者未全部履行的，对方当事人可以向人民法院申请强制执行。

分析：因大气污染致生态环境损害的案件，均会碰到两个具有共性的问题：排污者排入大气环境的污染物质，因空气的流动，通常在案发后已检测不出，或检测不到污染损害结果。排污者是否还需对生态环境进行修复？如何进行修复？首先，上峰建材公司排放的大气污染物虽然通过周边次坞镇大气环境本身的自净已经稀释、飘散，但并不等于大气环境没有受到损害。上峰建材公司排放的污染物随大气扩散，势必会对其他地方的生态环境造成损害。因此，上峰建材公司应当承担生态环境损害的赔偿责任。其次，由于大气污染所致生态环境损害案件的特殊性，案发后上峰建材公司排入周边次坞镇大气环境的污染物客观上已经自然稀释、飘散，再对其修复已无实质意义。由此产生了上峰建材公司以替代修复的方式承担生态环境损害赔偿责任的问题。对大气污染所致生态环境损害赔偿案件的处理，具有很好的示范作用。此外，经磋商，上峰建材公司在依法承担110.4143万元生态环境损害赔偿的基础上，自愿追加资金投入175.5857万元用于生态环境替代修复，体现了生态环境损害赔偿制度在推动企业主动承担社会责任方面起到了积极作用。

同时，司法确认程序是司法机关通过确定性的法律规则和强制性的国家权力确认人民调解协议的法律效力，使经确认的生态环境损害赔偿协议获得强制执行力。

【风险提示】

大气污染是人民群众感受最为直接、反映最为强烈的环境问题，打赢蓝天保卫战是打好污染防治攻坚战的重中之重。环境司法对大气污染的"零容忍"，有利于引导企业积极履行生态环境保护的主体责任，自觉遵守环境保护法律法规，推动企业形成绿色生产方式。

问题 3：承担生态环境损害责任时，责任人提供有效担保后可以分期支付赔偿费用吗？

【解答】

企业事业单位和其他生产经营者造成环境污染的，应当承担生态环境损害责任。人民法院可以综合考虑企业事业单位和其他生产经营者的主观过错、经营状况等因素，在责任人提供有效担保后判决其分期支付赔偿费用。

【案例】

江苏省人民政府诉安徽某化工科技有限公司
生态环境损害赔偿案①

案情： 2014年4月28日，安徽某化工科技有限公司（以下简称某公司）营销部经理杨某将该公司在生产过程中产生的29.1吨废碱液交给无危险废物处置资质的李某某等人处置。李某某等人将上述废碱液交给无危险废物处置资质的孙某某处置。2014年4月30日，孙某某等人将废碱液倾倒进长江，造成了严重的环境污染。2014年5月7日，杨某将某公司的20吨废碱液交给李某某等人处置，李某某等人将上述废碱液交给孙某某处置。孙某某等人于2014年5月7日、6月17日，分两次将废碱液倾倒进长江，造成江苏省靖江市城区5月9日至11日集中式饮用水源中断取水40多个小时。2014年5月8日至9日，杨某将53.34吨废碱液交给李某某等人处置，李某某等人将上述废碱液交给丁某某处置。丁某某等人于2014年5月14日将该废碱液倾倒进新通扬运河，导致江苏省兴化市城区集中式饮用水源中断取水超过14小时。上述污染事件发生后，靖江市环境保护局和靖江市人民检察院联合委托江苏省环境科学学会对污染损害进行评估。江苏省环境科学学会经调查、评估，于2015年6月作出了《评估报告》。江苏省人民政府向江苏省泰州市中级人民法院提起诉讼，请求判令某公司赔偿生态环境修复费用3637.90万元，生态环境服务功能损失费用1818.95万元，承担评估费用26万元及诉讼费等。江苏省泰州市中级人民法院审理认为，某公司作为化工企业，对其在生产经营过程中产生的危险废物废碱液负有防止污染环境的义务。某公司放任该公司营销部负责人杨某将废碱液交给不具备危险废物处置资质的个人进行处置，导致废碱液被倾倒进长江和新通扬运河，严重污染环境。故作出（2017）苏12民初51号民事判决：一、被告某公司赔偿环境修复费用3637.90万元；二、被告某公司赔偿生态环境服务功能损失费用1818.95万元；三、被告某公司赔偿评估费用26万元。宣判后，某公司提出上诉，江苏省高级人民法院作出（2018）苏民终1316号民事判决：一、维持江苏

---

① 参见最高人民法院2019年12月26日发布的第24批指导性案例129号。

省泰州市中级人民法院（2017）苏 12 民初 51 号民事判决。某公司应于本判决生效之日起 60 日内将赔偿款项 5482.85 万元支付至泰州市环境公益诉讼资金账户。

二、某公司在向江苏省泰州市中级人民法院提供有效担保后，可于本判决生效之日起 60 日内支付上述款项的 20%（1096.57 万元），并于 2019 年 12 月 4 日、2020 年 12 月 4 日、2021 年 12 月 4 日、2022 年 12 月 4 日前各支付上述款项的 20%（每期 1096.57 万元）。如有一期未按时履行，江苏省人民政府可以就全部未赔偿款项申请法院强制执行。如某公司未按本判决指定的期限履行给付义务，应当加倍支付迟延履行期间的债务利息。

分析： 妥善处理环境保护与企业发展之间的关系，是环境资源审判领域中的棘手问题。一方面要"用最严格制度最严密法治保护生态环境"，充分有效保障公众的环境权益，提高环境违法成本，使污染者得不偿失；另一方面要实现企业与生态环境协调发展，在倒逼企业转型升级的过程中不能对企业"一棒子打死"，要争取实现保障保护生态环境与经济发展的有效衔接。企业事业单位和其他生产经营者将生产经营过程中产生的危险废物交由不具备危险废物处置资质的企业或者个人进行处置，造成环境污染的，应当承担生态环境损害责任。本案中，某公司根据原《侵权责任法》第 15 条[①]规定，应当承担恢复原状、赔偿损失的侵权损害赔偿责任。但由于造成的环境污染后果严重，环境修复费用、生态环境服务功能损失、评估费等高达 5482.85 万元。某公司以企业负担过重、资金紧张，如短期内全部支付赔偿将导致企业破产为由，申请分期支付赔偿费用。为保障保护生态环境与经济发展的有效衔接，江苏省人民政府在庭后表示，在某公司能够提供证据证明其符合国家经济结构调整方向、能够实现绿色生产转型，在有效提供担保的情况下，同意某公司依照《民事诉讼法》的相关规定，分五期支付赔偿款。

【风险提示】

企业事业单位要提高环境责任意识，充分认识到其生产经营可能造成的环境污染，加强环保技术投入和创新，防止先污染后治理、边污染边治理。综合考虑企业事业单位和其他生产经营者的主观过错、经营状况等因素，在责任人提供有效担保后可允许其分期支付赔偿费用，实现保护生态环境与经济发展的有效衔接。

---

① 现对应《民法典》第 179 条。

问题 4：同一损害生态环境行为引起的生态环境损害赔偿诉讼案件和民事公益诉讼案件，应如何裁判？

【解答】

同一损害生态环境行为引起的生态环境损害赔偿诉讼案件和民事公益诉讼案件在特定条件下可以同时裁判。环境污染责任承担形式应当多样化，法院可判决侵权人承担赔礼道歉、消除影响等责任，也可用诉中修复治理取代判决后支付修复费用，最大限度减少对生态环境的污染。此外，还要探索环评机构出具失实评价文件的责任承担形式，即判令退还评估费用至生态环境损害资金账户用于环境治理。

【案例】

中华环保联合会诉山东辰龙纸业股份有限公司、
中材地质工程勘查研究院有限公司环境污染责任案[①]

案情： 2018年10月，生态环境管理部门对被告山东辰龙纸业股份有限公司（以下简称辰龙公司）进行现场检查时，发现辰龙公司将污水处理厂的污泥堆填在小寨村砖瓦厂废弃的窑湾内，且该填埋区域未按照环评要求铺设防渗地膜，其有毒有害物质迁移扩散的环境风险较大。经专业机构分析，可以判定堆填的污泥属于固体废物。2018年10月19日至20日，生态环境部南京环境科学研究所（以下简称南京环科所）对辰龙公司的堆场进行现场踏勘、样品采集与检测等工作，发现土壤存在 pH 污染，地下水已不能满足《地下水质量标准》Ⅳ类要求。涉事场地总面积约为 50 105 平方米，其中固废层分布面积为 44 985.9 平方米，体积约为 430 373 平方米，平均厚度为 9.59 米，堆填的物质可认定为固体废物。2017年9月，辰龙公司停止向涉案窑湾堆填污泥。经过污染物特性调查、专家评审会等程序，2019年6月，辰龙公司开始对场地的固废进行无害化处理，用于烧结制造砖。2020年11月，窑湾堆填污泥清挖和处置工作结束。经评估，土壤环境质量均满足农用地和建设用地土壤污染风险管控标准（试行）的相关标准，环境质量较好。地下水已不能满足《地下水质量标准》Ⅳ类水要求。原告中华环保联合会对于涉案场地的固体废物已清理完毕、所涉土壤无须再修复予以认可。

---

① 参见山东省淄博市中级人民法院 (2019) 鲁 03 民初 119 号民事判决书。

一审法院经审理认为，原告中华环保联合会符合《环境保护法》第58条、《最高人民法院关于审理环境民事公益诉讼案件适用法律若干问题的解释》对提起环境公益诉讼社会组织的要求，具备提起环境民事公益诉讼的主体资格。

关于辰龙公司是否实施了生态环境损害行为、中华环保联合会的诉求应否予以支持的问题。原被告双方提供的相关证据均证实，辰龙公司实施了污染环境、破坏生态的行为，且被告污染环境、破坏生态的行为与生态环境损害之间具有关联性，应承担停止侵害、消除危险、恢复原状、赔偿损失、赔礼道歉等民事责任。但因辰龙公司自2017年9月即停止向涉案窑湾堆填污泥，并于2019年6月开始对场地的固体废物进行无害化处理。2020年12月，经委托评估和专家评审意见确认，目前涉案场地的固体废物已经处置完毕，南、北侧农用地检测点土壤环境质量均满足相关标准，环境质量较好。涉案场地地下水虽经检测不能满足地下水质量标准Ⅳ类水的要求，但涉案场地的地下水质量标准与上游对照点的地下水质量标准基本相当。同时，在涉案场地地下水中，检测机构并未检测出堆填固体废物中的特征污染物。故南京环科所及山东共享环境管理咨询有限公司出具的调查报告和评估报告中，仅建议对场地地下水采取制度控制，通过制定和实施管理要求，减少或阻止人群对污染物的暴露，阻断地下水污染暴露途径，防止对周围敏感点产生影响，而未要求对地下水进行修复等。经专家评估，现被污染的土壤、地下水等均符合当地土壤和地下水的要求。故中华环保联合会要求辰龙公司立即停止侵害，将非法填埋的25万立方米污泥依法清理完毕，并进行合法处置；要求辰龙公司对因非法填埋而造成的土壤、地下水污染，依法承担治理、修复责任等诉讼请求均已实现，该院不再支持。关于中华环保联合会要求辰龙公司承担生态环境受到损害至恢复原状期间服务功能损失费用的问题。依据《最高人民法院关于审理生态环境损害赔偿案件的若干规定（试行）》第17条的规定，因判令辰龙公司支付服务功能损失费用1 109 371.2元的诉求在原告淄博市生态环境局诉被告辰龙公司生态环境损害赔偿纠纷案件中已予以支持，故本案中不再处理。一审判决：一、被告辰龙公司于本判决生效后10日内向原告中华环保联合会支付律师费、差旅费3万元；二、被告中材地质工程勘查研究院有限公司于本判决生效后10日内将收取的评估费12万元缴纳至淄博市生态环境损害赔偿资金账户；三、驳回原告中华环保联合会的其他诉讼请求。一审宣判后，双方均未提出上诉。

分析： 本案涉及的主要问题：同一损害生态环境行为引起的生态环境损害赔偿诉讼案件和民事公益诉讼案件审理问题，环境污染责任和生态损害赔偿责任承担形式问题，诉中修复治理和判后修复费用承担问题以及环评机构出具失实评价文件的责任承担形式问题。

第一，同一损害生态环境行为引起的生态环境损害赔偿诉讼案件和民事公益诉讼案件在特定条件下可以同时裁判。在案件的审理过程中，淄博市生态环境局于 2019 年 9 月 5 日对被告提起生态环境损害赔偿诉讼，请求判令被告立即停止违法污染环境的行为，并通过当地媒体向公众赔礼道歉；判令被告承担修复环境、消除风险费用，赔偿服务功能损失费和律师费等合理支出。《最高人民法院关于审理生态环境损害赔偿案件的若干规定（试行）》明确，人民法院受理因同一损害生态环境行为提起的生态环境损害赔偿诉讼案件和民事公益诉讼案件，待生态环境损害赔偿诉讼案件审理完毕后，就民事公益诉讼案件未被涵盖的诉讼请求依法作出裁判。但鉴于环境类案件的特殊性，生态环境修复治理的紧迫性、两起案件诉求的重合性，法院将这两起案件的现场调查、诉中修复治理、协调督促工作同时进行。最终，法院对生态环境局提起的案件判决被告承担公开赔礼道歉、消除影响、赔偿服务功能损失费和律师费的责任，同时对本案未重合诉求作出裁判，提高生态环境司法保护的效率。

第二，环境污染责任的承担形式趋于多样化，法院判决被告承担赔礼道歉、消除影响等多种责任。在生态环境局提起的生态环境损害赔偿案件中，法院判决被告辰龙公司在当地媒体公开赔礼道歉、消除影响。被告辰龙公司虽然主动停止了污染行为，修复了生态环境，消除了污染风险，但其污染环境的行为确实导致了严重的后果，对当地环境造成了恶劣的影响。故判令其承担赔礼道歉、消除影响的责任，提醒辰龙公司在以后的生产经营中注意保护环境，警示其他社会企业和个人牢记发展经济的同时确保生态环境不受损害。此外，也能消除社会大众对当地生态环境的不良印象，进一步优化当地营商环境，推进经济社会可持续发展。

第三，本案中用诉中修复治理取代判决后支付修复费用，最大限度减少对生态环境的污染。在环境污染责任纠纷案件中，通常会判决责任人承担停止侵害、依法治理、排除危险、缴纳修复费用等责任。本案在审理过程中，法院即督促责任人对非法填埋的 25 万平方米污泥进行了无害化处理，排除了环境污染的风险，同时对污染的土壤和地下水进行了修复，并由当地政府委托专门的环境管理咨询公司进行了评估，评估结果显示被污染的土壤、地下水等均符合当地土壤和地下水的要求，公益诉讼起诉人亦认可涉案固废清理完毕，环境无须再进行修复。与案件审理结束后判决缴纳修复费用相比较，诉中即督促污染责任人完成修复治理，一方面能尽量缩短环境污染的持续时间，减轻对生态环境的损害；另一方面责令污染责任人主动修复，利用污染责任人更熟悉污染情况、更有修复治理积极性，能够取得事半功倍的效果。同时，污染责任人修复治理的过程也是对其的一次警示教育，更能杜绝类似行为的发生。

第四，探索环评机构出具失实评价文件的责任承担形式，判令其退还评估费用至生态环境损害资金账户用于环境治理。《环境保护法》第65条规定："环境影响评价机构、环境监测机构以及从事环境监测设备和防治污染设施维护、运营的机构，在有关环境服务活动中弄虚作假，对造成的环境污染和生态破坏负有责任的，除依照有关法律法规规定予以处罚外，还应当与造成环境污染和生态破坏的其他责任者承担连带责任。"环评机构在生态环境保护中承担着重要的责任，环境污染行为对环境的污染程度如何、环境污染行为是否已经停止、应当采取何种修复治理措施、修复治理费用几何、修复治理效果等都需要专业的环评机构进行评估，故环评机构评价的真实性直接关系法院判决结果的公正性和生态环境保护的效果。环评机构若出具失实评价文件，危害巨大，因此应当对其进行处罚并判令其与造成环境污染和生态破坏者承担连带责任。本案中，根据山东省生态环境厅发布的相关调查情况，被告中材研究院在被告辰龙公司尚未对涉案环境污染进行处置和修复的情况下出具《评估报告》，存在出具失实评价文件的行为，应当承担连带责任。

但在本案中，侵权人在诉讼过程中即对生态环境进行了修复，故法院不再判令其承担修复费用，也就无法判令环评机构对修复费用承担连带责任。一审法院创新性地判决被告中材研究院在其前期收取被告辰龙公司评估12万元范围内对涉案环境侵权承担赔偿责任，判决其将收取的评估费用缴纳至淄博市生态环境损害赔偿资金账户内，用于淄博地区生态环境治理。这一做法既惩治了环评机构的行为，又促进了当地生态环境保护，是一次有益的创新举措。

【风险提示】

"谁损害，谁修复，谁担责。"行为人因同一损害生态环境行为可能要承担生态环境损害赔偿诉讼案件和民事公益诉讼案件的不同责任。而环评机构出具失实评价文件，也要与造成环境污染和生态破坏的侵权人承担连带责任。无论是生产企业还是环评机构，都必须对污染环境的危害与严重后果予以高度重视，不要挑战司法权威和法治底线。

◎ 法律规定速查

《中华人民共和国民法典》（2020 年 5 月 28 日）

第一百七十九条 承担民事责任的方式主要有：

（一）停止侵害；

（二）排除妨碍；

（三）消除危险；

（四）返还财产；

（五）恢复原状；

（六）修理、重作、更换；

（七）继续履行；

（八）赔偿损失；

（九）支付违约金；

（十）消除影响、恢复名誉；

（十一）赔礼道歉。

法律规定惩罚性赔偿的，依照其规定。

本条规定的承担民事责任的方式，可以单独适用，也可以合并适用。

第一千二百二十九条 因污染环境、破坏生态造成他人损害的，侵权人应当承担侵权责任。

《中华人民共和国环境保护法》（2014 年 4 月 24 日修订）

第六十四条 因污染环境和破坏生态造成损害的，应当依照《中华人民共和国侵权责任法》的有关规定承担侵权责任。

第六十五条 环境影响评价机构、环境监测机构以及从事环境监测设备和防治污染设施维护、运营的机构，在有关环境服务活动中弄虚作假，对造成的环境污染和生态破坏负有责任的，除依照有关法律法规规定予以处罚外，还应当与造成环境污染和生态破坏的其他责任者承担连带责任。

《中华人民共和国民事诉讼法》（2023 年 9 月 1 日修正）

第二百四十二条 在执行中，被执行人向人民法院提供担保，并经申请执行人同意的，人民法院可以决定暂缓执行及暂缓执行的期限。被执行人逾期仍不履行的，人民法院有权执行被执行人的担保财产或者担保人的财产。

《最高人民法院关于审理生态环境损害赔偿案件的若干规定（试行）》（2020年12月29日修正）

第十八条 生态环境损害赔偿诉讼案件的裁判生效后，有权提起民事公益诉讼的国家规定的机关或者法律规定的组织就同一损害生态环境行为有证据证明存在前案审理时未发现的损害，并提起民事公益诉讼的，人民法院应予受理。

民事公益诉讼案件的裁判生效后，有权提起生态环境损害赔偿诉讼的主体就同一损害生态环境行为有证据证明存在前案审理时未发现的损害，并提起生态环境损害赔偿诉讼的，人民法院应予受理。

第十九条 实际支出应急处置费用的机关提起诉讼主张该费用的，人民法院应予受理，但人民法院已经受理就同一损害生态环境行为提起的生态环境损害赔偿诉讼案件且该案原告已经主张应急处置费用的除外。

生态环境损害赔偿诉讼案件原告未主张应急处置费用，因同一损害生态环境行为实际支出应急处置费用的机关提起诉讼主张该费用的，由受理生态环境损害赔偿诉讼案件的人民法院受理并由同一审判组织审理。

第二十条 经磋商达成生态环境损害赔偿协议的，当事人可以向人民法院申请司法确认。

人民法院受理申请后，应当公告协议内容，公告期间不少于三十日。公告期满后，人民法院经审查认为协议的内容不违反法律法规强制性规定且不损害国家利益、社会公共利益的，裁定确认协议有效。裁定书应当写明案件的基本事实和协议内容，并向社会公开。

编后记

乡村是中华文明的基本载体，农耕文明源远流长。"国以民为本"，农业、农村、农民问题是关系国计民生的根本性问题。实施乡村振兴战略，是新时代做好"三农"工作的总抓手，没有农业农村的现代化，就没有国家的现代化。进入21世纪以来，2020年已是中央连续第17年发布聚焦"三农"工作的中央一号文件。"产业兴旺、生态宜居、乡风文明、治理有效、生活富裕"是实施乡村振兴的总要求，其中，产业兴旺是重点，生态宜居是关键，乡风文明是保障，治理有效是基础，生活富裕是根本。

乡村振兴内涵丰富，是涵盖乡村产业、文化、生态等各方面的全面振兴。乡村是具有自然、社会、经济特征的地域综合体，兼具生产、生活、生态、文化等多种功能。"准确把握乡村振兴的科学内涵，挖掘乡村多种功能和价值，统筹谋划农村经济建设、政治建设、文化建设、社会建设、生态文明建设和党的建设，注重协同性、关联性，整体部署，协调推进"是实施乡村振兴战略的基本原则之一。因此，乡村振兴不仅是农业的全面升级，也是农村的全面进步和农民的全面发展。如此诸多方面都离不开法律的引领、规范、保障与推动作用。

法律始终是人的行为规范和社会关系的调整器，如何发挥法的规范作用（指引、预测、评价）和社会作用，让法律出版助推乡村振兴，是本套丛书的根本目的。国家出台了有关乡村振兴、美丽乡村建设一系列政策措施意见，而如何从法律的视角切入，同时又着眼于乡村振兴的协同性、关联性、整体性，以系统化思维去思考与设计丛书，着实有很大难度。为此，我们紧紧围绕《中共中央 国务院关于实施乡村振兴战略的意见》《乡村振兴战略规划（2018—2022年）》实施乡村振兴的两个纲领性文件，并从有关乡村社会的书籍中汲取营养，启发思路，寻找法律与乡村振兴的契合点。产业兴旺需要法治营商环境；生态宜居离不开生态环境保护与修复；治理有效需要夯实基层基础，健全现代乡村治理体系，增强基层干部法治观念、法治为民意识，等等。而乡村作为地域综合体，涉农法律内容横跨刑法、行政法、民商法等各个部门法，如何围绕与乡村振兴关涉最密切、最突出的问题展开，需要一个切入点，于是选取了美丽乡村建设这一主题，从规划、建设、运营等各个纬度涉及的问题去思考、调研、抓取、组织了有关专题。

为深入实际，获取第一手资料，先后调研走访了浙江省、河南省法院和乡镇的部分法官与基层干部，以及乡村振兴的有关培训单位。在浙江，涉农案件（2014—2018年）中，侵害集体经济组织成员权益纠纷占比较高，其次是承包地征收补偿费用分配纠纷，农嫁女权益纠纷问题突出，涉农土地案件是涉农审判的重点难点。涉农纠纷普遍存在关系错综复杂，矛盾尖锐、易激化，群体性、示范性特征突出，情理法相冲突，程序运用和法律适用难度大等问题。在浙江桐庐县，以村委会及村经济合作社为被告的180件案件中，其中涉合同纠纷最多，主要包括工程建设、借贷、承揽、买卖、租赁等经济活动中产生的合同纠纷。基层情况复杂、问题多，民刑交叉、行民交叉，自治与法治，法律与法律之间、政策与法律之间都会存在交叉与不统一、不协调之处。调研获得了极为生动丰富的素材和成果，在上述问题之外，有关乡村规划、涉农犯罪等各方面仍有诸多问题，有待进一步观察与梳理。

调研中，目睹了乡村发生的深刻变化，也深刻感受到了基层工作的繁忙、辛劳与不易。基层干部致力于乡村建设，扎根基层、埋头苦干的精神给我们留下了深刻的印象。在浙江余村，村里搭建了信息化村务公开平台，村委会每一笔报销单据，村民可随时在村务公开平台上查阅。在与安吉县鲁家村党支部书记座谈时，他谈到为了村民文明素质的培养是如何煞费苦心。正如著名社会学家、人类学家费孝通先生在谈到乡村改良时说，"社会是多么灵巧的一个组织，哪里经得起硬手硬脚的尝试？如果一般人民的知识不足以维持一种新制度时，这种制度迟早会蜕形的"。因而乡村振兴，美丽乡村建设，若农民的基本知识不足，文明素质不提升，就不足以从根本上改善乡村的面貌。在河南濮阳我国第一个农村党支部书记学院，人大代表李连成老支书干事创业、不怕吃亏的精神激励了一批人。在浙江桐庐县江南法庭，刘钢庭长设身处地为当事人着想，对于政策法律规定不明确、法院只能驳回起诉的案件，在当事人诉至法院后，即使再忙，他也会争取在立案七日内，及时与当地村民委员取得联系，协调村民委员会调解处理，以做到案结事了，以实际行动诠释了司法为民的精神。

丛书汇聚了诸多领导和专家以及基层法官的思想、经验与智慧。最高人民法院有关领导和民一庭、环资庭、行政庭、研究室领导及部分专家型法官积极提供了一批乡村振兴的典型案例，并参与指导提纲设计与内容讨论、内容审定，给予了大力支持与指导，在此表示衷心的感谢！同时，感谢浙江省高级人民法院朱深远副院长、徐建新副院长、朱新力副院长、基层工作处二级巡视员吴道富同志等领导为本丛书的出版所作的大量指导、统筹协调组织工作！感谢各位作者在繁忙的工作之余为撰写丛书付出的辛勤劳动和智慧！另外，丛书策划组织过程中，自然资源部空间规划局张兵局长在百忙之中提供了无私的帮助与精心的指导，农业农村部法规司给予了积极的支持，在此一并表示诚挚的感谢！

特别感谢，第十三届全国人民代表大会宪法和法律委员会江必新副主任委员、浙江省高级人民法院李占国院长自始至终对丛书出版给予的大力指导与帮助！

民为邦本，本固邦宁。实施乡村振兴战略，在我国"三农"发展进程中具有划时代的里程碑意义。在丛书即将付梓之际，欣喜之余，深感乡村振兴的课题任重道远，真诚希望社会各界专家、学者、实务工作人员，积极关注乡村振兴中的问题，共同研究、探讨构建乡村振兴的政策法律体系，为共同谱写新时代乡村全面振兴的新篇章作出应有的贡献！

编者

2020 年 10 月